U0903697

普通高等教育"十一五"国家级规划教材

21 世纪房地产系列教材

房地产估价

（第二版）

曲卫东　叶剑平　编著

中国人民大学出版社

·北京·

21 世纪房地产系列教材
组委会名单

主　编　叶剑平　谢经荣
副主编　吕　萍　谭　峻　丰　雷　曲卫东
编　委　（按姓氏笔画排序）
丰　雷　叶剑平　曲卫东　吕　萍　乔志敏
严　星　严金明　李延荣　张正峰　张占录
张秀智　张跃松　陆克华　林增杰　孟繁瑜
俞明轩　殷　红　谢经荣　谭　峻

总　序

"21世纪房地产系列教材"自2001年陆续出版以来多次印刷，得到了兄弟院校同行的支持和广大读者的厚爱，被许多大专院校作为房地产相关专业的教材采用，为我国房地产理论的推广起到了一定的积极作用，也得到许多读者的认可。在这期间，房地产市场、政策、企业经营、消费者消费模式、政府管理目标、政策法规等均发生了巨大变化，以下几个统计数据可以说明房地产业发展变化的情况：与2001年相比，2005年房地产企业从近3万家增加到近6万家，房屋建筑面积从79 411.7万平方米增加到166 053.26万平方米，商品房销售面积也从22 411.9万平方米增加到55 486.2万平方米，房地产投资额占GDP的比重从5.87％增加到8.65％（支柱产业的标准是5％以上）。除了统计数据的巨大变化，政府对房地产市场的管理也经历了从培育市场、促进市场发展到对市场调控，以保证房地产市场特别是住宅市场稳定为目标的转变。同时民众对房地产产品的认识也不断深入，房地产产品从百姓的生活必需消费品向具有投资消费双重属性的商品过渡，百姓投资置业观念越来越理性。企业对房地产市场的把握对企业在竞争中能否获胜至关重要，企业从卖方市场—买方市场—卖方市场的不断转换，特别是新的土地出让（招拍挂）政策的实施，金融政策的出台，企业间的合作、兼并、重组等已不是新闻，房地产企业经营管理方式也随之变化。随着我国物权法的颁布，房地产销售方式、物业管理内容、业主的维权意识、城市拆迁、土地的征用程序等都发生了变化，出现了房地产金融从放宽鼓励其发展到完善金融制度等的变化。在这期间，我国房地产业也从初期阶段进入了完善和规范发展时期，房地产理论与实践取得了长足进步，不论是价格评估，还是房地产金融、房地产政策制度、企业经营管理、房地产营销、物业管理、房地产投资等的研究都不断深入。相比我国房地产的实践发展，本丛书第一版的有些内容已经不适应发展的需要，在中国人民大学出版社的再三敦促下，系列教材第二版的编写工作终于于2006年年底启动。在保留原有风格不变的前提下，本次编写吸收了部分读者的意见，更新和增加了与当前发展相适应的内容，删除了陈旧的内容。同时尽量协调好各书之间的内容，避免出现各书间大量的重复描述。我们要求作者编写时力求做到理论阐述深入浅出，为更好地掌握理解，加入一些实践内容，实践描述尽量做到言简意赅，与理论相互呼应。同时，在编写中，我们还吸收了一些国内外最新研究成果。除了原来《房地产估价》、《房地产市场营销》、《房地产开发与经营》、《房地产产权产籍管理》、《房地产经济学》、《房地产金融》、《房地产投资分析》、《房地产管理法》等八部教材外，本次出版还增加了《房地产政策分析》、《房地产服务市场》、《房地产市场分析》、《房地产经纪理论与实务》、《房地产项目管理》等五部教材，以使其更全面完善。其中《房地产估价》等四部教材被评为“十一五”国家级规划教材。

“21世纪房地产系列教材”是中国人民大学土地管理系教师在长期教学、研究基础上吸收兄弟单位相关学者的成果编写而成的。希望本系列教材的出版，能为当今房地产市场热带去理性的分析工具，为培养房地产相关专业的学生作出贡献。同时，本系列教材也可以作为从事、热爱、关心房地产业的读者学习时的参考工具。

中国人民大学于1985年设立土地管理专业，1988年成立土地管理系，1992年开始招收房地产经营管理专业的本科生，是全国最早从事土地管理以及房地产教学、科研的大学之一。中国人民大学现设有土地资源管理（含房地产经营与管理）、工程管理两个本科专业，土地资源管理、房地产经济学两个硕士专业，城市建设和房地产开发、土地行政管理两个MPA专业方向及土地资源管理（含房地产经营与管理）博士点，能够提供从本科生到博士生完善的教学和培养服务。本科教育一直是土地管理系教学的重点，我们也很重视教材和著作的编写、引进，如出版“21世纪土地管理系列教材”、“房地产经典译丛”、“房地产前沿丛书”等。

感谢中国人民大学出版社刘晶女士、曹沁颖女士的耐心催促与辛勤编辑，感谢所有作者在承担大量日常教学任务的同时，参与本系列教材的编写，更感谢本学科的所有前辈，是他们的研究为我们奠定了向前探索的基础。由于我们国家处在社会经济转型过程中，发展与变化是我们时代的特征，教材中必定有许多有待完善的地方，望广大读者不吝赐教。

叶剑平

2007 年 8 月 6 日

于中国人民大学求是楼

第二版前言

房地产估价在房地产经济领域占有重要地位，估价方法和体系不仅能够为房地产经济研究提供基础，还能够服务于其他相关领域。

房地产估价首先是政府部门管理经济必不可少的基础和手段，对估价有直接需求的政府部门主要集中在土地管理、房产管理、规划、财政和税收等领域。在我国，国家对经济实施调控的方法除了纯粹的市场手段（供求、货币和利率政策等）之外，参与市场调控的一个独特手段就是土地管理。政府可以通过土地价格、土地供应以及规划等手段参与市场调控，这是由我国土地所有制的特点决定的。不了解地价形成理论和土地价格变化规律，很难想象可以把土地管理工作做好。房产管理部门实施房产的产权产籍管理，并通过市场研究和房价监测等手段，及时掌握房地产市场的供求变化和价格变化情况，为制定管理政策和办法提供依据。财政税收部门征收的与房地产有关的税不下七八种，而其中很多税的征收依据是房地产的价值，征收管理的基础是评估结果。因此，房地产估价是政府税收管理的基础。政府在制定和修改土地利用规划时，需要研究土地在空间上的价值表现，并以此为根据编制土地利用规划。土地价值的空间表现仍然需要通过估价理论和方法进行研究。

除了政府管理部门对房地产估价存在较高的需求之外，社会经济的很多领域都需要房地产估价为之提供服务。金融保险机构在贷款和提供保险服务时，对于涉及房地产的业务首先就要确定房地产的价值，如房地产抵押贷款业务、房地产保险业务等。房地产金融的衍生产品——抵押债权的证券化产品MBS的设计、管理和销售必须要有估价结果作为基础，而估价服务质量的高低可能会影响这一衍生产品的安全。美国于2007年6月开始出现“次贷危机”，随着危机的进一步恶化，引发了美国乃至全球的金融危机，这次危机爆发的一个重要技术原因就是房地产估价，由此可见房地产估价的重要性。在房地产投资领域，房地产估价服务更是不可或缺。例如，房地产基金投资房地产所遵循的一个重要原则就是资产组合。选择资产组合里的具体房地产时，房地产基金管理公司就需要通过房地产估价确定拟选择投资房地产的投资价值。对房地产基金管理公司的日常管理和监管同样需要房地产估价，通过评估基金所拥有的房地产的价值，并向投资人公布这些房地产价值及其变化，投资人就能够了解基金公司的管理水平，甄别投资风险，选择适当的房地产基金产品。

对从事房地产估价服务业务的评估公司来说，估价更是它们的看家本领和盈利基础。当前，在中国设立的估价公司的主要估价业务有日常性的为买卖服务的估价、从金融机构获取的服务于抵押贷款的房地产抵押价值评估业务、从政府部门获取的服务于旧城改造或农村居民点改造任务的拆迁评估业务。总体来说，我国估价机构的业务面还比较狭窄，但是应该可以预见，在不远的未来，社会上将对评估公司提出更多和更高的服务需求。例如，房地产基金所属房地产的估价、房地产证券化的评估、房地产抵押贷款支持证券或债券的评估、房地产抵押贷款价值评估的纵深化服务（贷后监管评估和简短评估等）、征收房地产税（物业税）需要的批量评税技术等等。房地产估价公司要应对未来这些新任务和新挑战，必须深入研究和学习房地产估价的新方法和新技术，掌握各种特殊房地产的估价技术和技巧。

我们在教学实践中注意到了上述变化和社会对估价的新需求，已经在教学环节上作了相应的调整。我们在本科房地产估价教学上侧重估价的理论方法体系以及中国估价实践，并补充了抵押贷款价值评估、房地产税的计税价值所依据的批量评税、拆迁估价以及高价值商业房地产估价等估价专题的教学。本科教学的参考书是叶剑平教授与我在2006年编著和出版的《不动产估价》（北京，中国人民大学出版社，2006）一书，这本书基本涵盖了上述教学目的，起到了很好的参考作用。但是因为教科书篇幅所限，很多内容无法写到这本书里。适逢中国人民大学出版社要求我们修订“21世纪房地产系列教材”，其中有叶剑平教授主编的《房地产估价》这本书。叶教授让我全权负责这本书的修订工作，使我有机会将自己的想法付诸实践。因此，我要感谢叶剑平教授对我的信任和关心。他不仅是我的领导，更是我的朋友！

在本书的修订过程中，我们充分考虑了其与《不动产估价》一书的互补性，打算把它作为《不动产估价》一书的姊妹篇。如果说《不动产估价》这本书侧重的是估价的方法和体系的话，本书将把重点放在房地产估价的专题研讨、特殊房地产估价以及房地产估价前沿理论上。因此，修订完成的本书将从理论和实践两方面对《不动产估价》一书进行有力的补充和完善。本书可作为系统学习完《不动产估价》的本科高年级学生以及硕士研究生的教学参考书，也可作为广大房地产估价从业人员的实践参考教材，还可供对房地产估价感兴趣的科研人士参考使用。

本书分为16章，前5章是关于房地产估价理论的深化和探讨，我们跳开了我国土地产权制度的限制，从国际层面去思考估价的方法和理论，并深入探讨了房地产资本化率和房地产折旧模型，首次提出了房地产利率的概念。第6、第7、第8章详细地讲解和探讨了我国三大估价领域——拆迁评估、课税评估和抵押贷款价值评估的估价理论、方法、实践以及存在的问题。从第9章开始，本书进入评估专题和特殊房地产估价环节，重点讲述房地产和房地产市场评级理论方法，写字楼、酒店、购物中心、高尔夫球场、网球场馆、加油站和骑马场的评估方法、技巧、经验参数以及注意事项，并加入了大量丰富的案例，有助于对上述问题的理解。

本书的顺利付梓要感谢叶剑平教授对我的信任和支持，也要感谢我的学生唐璐、姬琳和延扬帆，她们参加了部分章节的写作。同样，对为本书撰写提供评估案例和有关素材的朋友们和评估机构，我要表示深深的谢意！

曲卫东

2009年1月于德国慕尼黑

第一版前言

随着住房制度改革措施的到位，我国房地产市场将更加活跃，房地产估价活动在房地产市场中将扮演越来越重要的角色。不论是房地产的买卖交易、出租、抵押贷款，还是企业股份制改制、股票上市、企业兼并，或是房地产的分割、析产、法院仲裁等都需要房地产估价。因此，可以说房地产估价是市场经济不可或缺的一项服务。如何才能获得一宗房地产的正常价格呢？这是房地产买卖双方都非常关心的话题。对于买方来说，想尽量买到“价低质优”的房地产；对于卖方而言，则是希望卖出“好价钱”；而对于市场而言，则是希望成交的价格是公平、合理、客观的。只要价格是公平、合理、客观的，买卖双方就一定能够接受。房地产是特殊商品，其特殊性主要表现在：(1) 土地是有限的，土地的位置是固定的；(2) 房地产信息是不充分的，买卖双方很难像一般商品那样根据产品性能、规格来决定价格；(3) 房地产交易过程繁杂，牵涉到法律问题及专业方面的知识。因此，在房地产交易过程中需要专业估价师的评估，使得交易的价格公平合理。但如何才能得到公平合理的价格呢？本书从理论到实践，由浅入深，对房地产估价理论、实务进行了详细的论述，本书的特点是不拘泥于理论的阐述，而是通过实例的分析达到对房地产估价技术的了解和掌握。本书分为8章，包括：概述、房地产估价理论基础、房地产估价方法与程序、地价评估、房地产估价及实例、负有他项权的房地产评估、数理统计方法在房地产估价中的应用和房地产估价信息系统。一、二、三章主要阐述估价基本理论和方法；四、五、六章通过案例分析各类房地产的评估实务和评估技巧，包括土地、收益性房地产和非收益性房地产及特殊房地产的评估；七、八章则是数理统计方法和IT技术在房地产评估中的应用，是对房地产估价理论和实践的深化。本书力图从全新的角度来阐述估价理论，以各种实例来运用估价理论，而这些实例都是来自估价实践，都是读者听到、见到甚至是亲身体验的。希望读者能在轻松看案例的过程中，达到对估价理论知识的掌握。

本书在编写过程中得到林增杰教授、柴强博士、谢经荣教授等的大力支持，尤其是柴强博士对本书的定稿提供了宝贵意见和资料，在此一并致谢。丰雷博士参加了本书有关章节的编写和整理，在此表示感谢。

本书可作为房地产估价师、土地估价师继续教育用书，也是房地产研究人员、大专院校师生及对房地产估价有兴趣的人士的参考书。由于时间紧加之编者水平有限，书中错误在所难免，望读者批评指正。

叶剑平

2002年1月于人大静园

目　　录

第1章

比　较　法

学习指导

重点掌握比较法的基本概念、原理以及应用过程，比较法在应用时选取比较案例的注意事项。掌握统计学基本知识在比较法上的应用。根据本章理论内容理解比较法应用的具体评估实例。

1.1　基本概念及应用范围

比较法（comparison method）是用于评估房地产价值的基本方法，又称市场法或市场比较法。根据开发状况可以将房地产分为尚未开发建设的土地（荒地、毛地、素地等）和已开发建设的土地（即通常意义上的房地产）。尚未开发建设的土地是指除了必要建设条件之外（如“五通一平”、“七通一平”），没有建设其他固定性的建、构筑物的土地。已开发建设的土地是指已经开发建设用于生产、生活等各种目的的长久性建、构筑物的土地。由于地面上的建筑物的个体差异，运用比较法评估已经开发建设的土地（房地产）就变得相对困难。从这个意义上来说，比较法在评估已经开发建设的土地方面起到的作用相对于其他评估方法来说是次要的，可以说是其他评估方法的补充，起着检核作用。

但从根本上来说，比较法是评估土地价值的最基本方法，其评估结果最具说服力。与此相对应，其他方法（如剩余法和收益法）在评估土地价值时可能会产生错误的结果。因此，对于土地评估而言一般不会采用这些评估方法。

实践证明，如果存在足够的比较案例，比较法不仅是最可信的评估方法，而且是最简单的评估方法。德国 2006 年更新的《交易价值评估准则 2006》中的 2.3 节甚至规定，评估尚未开发建设的土地的价格基本上采用比较法。

只有在无法运用比较法评估土地价值时，才会考虑运用其他评估方法，但是这些评估方法必须具备足够的置信度。例如，以从土地上的建筑物收益中分离出来的虚构的土地收益为基础，运用收益法评估土地的价值，不仅常常会出现许多错误，而且不符合经验原则。

尽管在评估界经常提到三大经典评估方法——比较法、收益法和成本法，但在三大评估方法中，比较法一直占据着最重要的地位，被认为是最具说服力的、最可信的评估方法。只有当缺少足够的比较案例时或者评估已经开发建设的土地时，才会运用其他评估方法。对于房地产评估，由于房地产（特别是建筑）本身具有异质性，难以运用直接比较法，因此，必须通过比较因素的推导，来改善运用比较法评估房地产的前提条件。这就是所谓的间接比较法。

另外，由于土地与其他商品或者物品比较而言，具有安全、抗风险的投资特点，其价格受市场上需求和供给的影响也表现出不同的特点，因此，采用通常的市场比较收益或者收益率是不正确的。基于这些市场经验参数的评估方法自然也受到了很大的质疑，采用这些方法评估土地价值的可信性也同样受到很大的质疑。

根据上面的讨论，在选择评估方法时必须考虑评估标的物的类型，并顾及在正常交易状况下的习惯和其他个别状况。具体而言，评估方法的选择是通过估价师来实施的，而方法选择必须予以说明。尤其是在土地或者房地产评估产生争议或者法律上的诉讼时，评估方法的选择起着非常重要甚至是决定性的作用。

1.2　比较法的基本原则

1.2.1　概述

比较法的基本思想是，一件商品的价值相当于它在正常的市场条件下可以实现的价格。以市场上可以比较的商品的价格为导向，这也符合房地产市场交易的习惯。市场交易习惯也是选择估价方法重要的、必须要考虑的因素。

一般来说，比较法在应用上可以分为直接比较法与间接比较法两种。

（1）直接比较法。市场价值被直接从比较价格中推导出来。这些比较价格在时间上与评估案例的评估基准日接近，而且这些比较案例与评估标的物的主要特征是一致的。

（2）间接比较法。运用这种方法首先必须对比较案例的价格进行修正，或者（并且）将其调整成与评估案例的特征值相一致。

在直接比较法中评估案例的土地价值应该从比较案例的交易价格中推导出来。请参照下面的案例（见图1—1）。

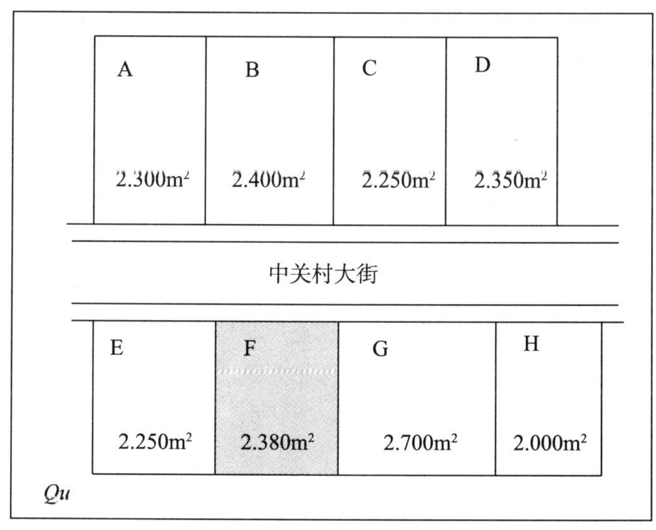

图1—1　直接比较法应用实例

现在需要评估土地F的价值，可以从市场上得到如下比较案例（见表1—1）。

表1—1

地块	交易日期	全部交易价格（元）	地价（元/m²）
E	2008-01-03	742.500	330
G	2008-01-18	931.500	345
D	2008-01-30	752.000	320
		平均值	332

评估土地F的市场价值为332元/m^2，土地F的总价值为790.200元（2.380m^2×332元/m^2=790.200元）。

从上面的案例可以看出，几块比较案例土地与评估标的物在交易日期等特征方面表现出一致性，因此不需要对交易价格进行调整修正，可以直接计算平均数求得评估结果。

1.2.2 比较法流程

比较法评估程序如图1—2所示。

比较法计算流程是比较简单的，主要包含下列步骤：

1. 状况评定和一般性价值关系

与其他评估方法一样，比较法首先要做的是评定待评估房地产的状况以及确定估价时点。

2. 引用比较价格或基准地价

在确定了待评估房地产的状况和估价时点之后，必须引用比较案例的比较价格。这些比较案例的特征必须与待评估房地产的特征尽可能地相似，而且这些比较案例的交易日期尽可能地位于待评估房地产的估价时点附近。

除了引用比较价格外，评估房地产或者土地时也同样可以引用基准地价。

3. 换算

房地产不同于一般的产品，由于它所处的位置，每个房地产都会具有自己的个性，表现出与比较房地产不同的特点。除了上述的房地产本身特征不同之外，比较房地产的交易时期与待评估房地产的评估基准日在价格或者价值水平上的区别也必须在估价时予以考虑。房地产市场价值会因为一般性的经济关系的变化而表现出一定的波动性，很少保持不变，或者只在很短的时期表现出稳定性。

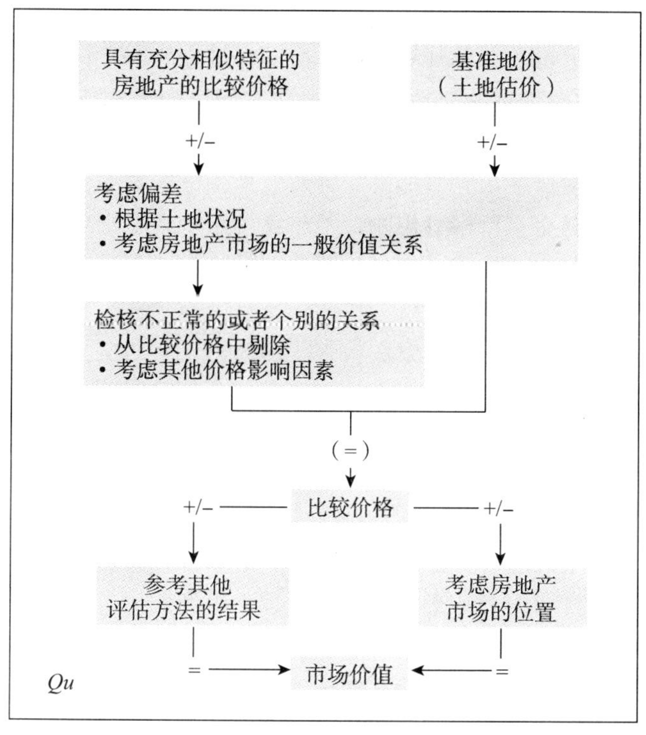

图 1—2　比较法评估过程

由于几乎很少可以找到与待评估房地产在特征上和估价时点的市场价值关系上完全一致的比较房地产，所以需要将比较房地产的交易价格或者基准地价根据待评估房地产的特征和评估基准日的房地产市场的价值关系进行质量和时间上的换算。因此，在应用比较方法时，必须顾及以下两点：

- 为了比较价格而引用的比较交易案例与评估案例在特征上的区别（质量上的价格比较）；
- 经济景气的不同以及在估价时点上影响比较价格的一般性房地产市场价值发展的关系的区别（时间上的价格比较）。

4. 非比较案例的确定和剔除

根据待评估房地产的特征和评估基准日的房地产市场行情，将比较案例的比较价格进行修正后，比较价格仍然存在一定程度的偏差。这些交易价格的扩散不能被限定在特定的影响范围之内。偏差产生的原因可能是房地产市场交易的偶然因素。即使在正常的房地产市场上也可能存在一定程度的偶然性，例如，交易双方在对交易房地产的主观观念和谈判技巧等方面存在不同特点。

在对比较价格进行加总等计算之前，必须仔细地检查在比较价格中是否存在“严重”偏离其他比较价格的交易案例，这些案例可能无法反映正常的市场交易情况，这样的案例被称为“非比较案例”。非比较案例的交易价格不能作为比较价格应用在房地产估价中，除非能够非常肯定地确定影响非比较案例的不正常交易产生的原因及其对交易价格的影响，并将这种影响从交易价格中剔除。剔除了影响的交易价格被称为“纠正后交易价格”。纠正后交易价格可以作为比较价格应用在房地产估价中。

基准地价不需要进行非比较案例检查，因为不正常的交易价格不能用于推导和计算基准地价。也就是说，不正常的市场交易条件和影响在评估基准地价时已经被排除在外，由此得出的基准地价是正常的市场交易条件下的地价的综合表现。

5. 评估比较价值

在对每个比较案例进行分析并剔出了其中的非比较案例之后，就可以对剩下的比较案例，采取合适的方式进行进一步处理，得到比较价值。计算比较价值的一般方法为算术平均值法。在引用基准地价时则不必计算平均值，因为对所引用的基准地价的换算已经考虑到了待评估房地产的特征，或者已经考虑到了评估基准日的市场价值关系，从而直接得出比较价值。但是，在引用多个基准地价时，则必须采取合适的计算方法计算比较基准地价。

6. 评估市场价值

通过上述过程得到的比较价值并不一定与最后评估得到的市场价值相一致。但是，通过上述过程得到的比较价值（收益价值和成本价值也应该如此）应该尽量接近市场价值。这只能在估价所需要的全部初始数据（参数）最佳地反映了估价基准日的房地产市场状况，而且完全在估价的方法中被充分考虑到的条件下，才可能实现。这个目标在运用比较法时相对容易达到，因为通过比较价值，房地产市场的状况可以最直接地得到反映。

只有当可以充分说明由于某些情况的存在使房地产市场的状况没有得到充分反映时，市场价值才可以通过加减调整方法从比较价值中推导出来。此外，当收益法或者成本法也同时被应用于估价，并且得到了与比较价值相偏差的结果，而由于专业性的原因，收益价值或者成本价值必须予以考虑时，也必须对比较价值进行调整。

1.2.3 比较价格

1. 选取标准

选择比较案例的标准主要有以下三个：

（1）比较案例与待评估房地产应该尽可能在所有影响价格/价值的特征上一致；

（2）比较价格在时间上应该尽量与评估基准日接近，也就是说，比较交易案例应该尽量与待评估房地产的评估基准日接近；

（3）为了确保有足够的比较房地产案例，在必要的情况下可以引用与待评估房地产相距较远的比较房地产（可以采取合适的数学方法，例如模糊聚类分析）。

2. 足够的、一致的状态特征

比较房地产案例要求的足够的、一致的状态特征主要有如下几个：

（1）位置；

（2）房地产用途和建筑指标；

（3）土壤及土地特性；

（4）大小（土地面积、建筑大小）；

（5）土地形状；

（6）土地开发状况（五通一平或者七通一平）；

（7）建筑年代；

（8）建筑状况；

（9）房地产权益。

在满足足够的、一致的状态特征条件下，比较价格对比较法来说是非常适用的。而那些个性化设计和建设的房地产所引用的比较房地产与市场上普遍性的房地产所引用的比较房地产之间会存在较大的偏差。

根据国际经验，检验特征值之间相符合程度的标准为，比较案例与待评估房地产的同一比较指标上下偏差不超过30%。这个尺度对于不均一的房地产市场而言是非常严格的。即使是完全可比的房地产在正常的市场条件下，它们的交易价格之间的离散程度也不是不显著的，10%的偏差已经算是非常正常的了。很多专家甚至认为这个尺度也过于严格。总体来说，对比较房地产的特征所作的调整越大，对比较房地产的市场经济状况所作的调整越大，比较法得出的结果的可信程度就越小。

3. 接近估价基准日的比较价格

除了上述的房地产应该具备足够的可比性的质量性要求之外，比较房地产与待评估房地产之间在交易时间上也应该尽量接近。尽管可以通过房地产价格指数将过去交易的房地产交易价格换算到评估基准日，但是这种换算同时给评估结果增加产生误差的可能性。而且，究竟过去多久的房地产交易案例可以通过指数换算在比较法中作为比较案例予以应用，仍是一个值得研究的问题。房地产交易案例收集整理系统可以提供更加可靠的各类房地产价格指数，因此，尽快开发和建立这样的系统是非常有意义的。

究竟可以引用过去多久的房地产交易案例也取决于这些房地产的个别情况以及其他可以利用的房地产交易案例情况。一般而言，在评估实践上允许将最近四年内的房地产交易案例作为比较案例应用。

有些时候，引用过去的房地产交易案例作为比较案例比利用接近评估基准日的案例要好。这是因为：一方面，最近的房地产市场可能受到特殊原因的影响而不正常；另一方面，为了特定目的而进行的评估，要求利用过去特定时间段发生的房地产交易案例。例如，旧城改造时评估房地产的补偿价格，不能以改造规划确定之后，其价值增值的房地产交易案例作为比较案例。为了特定的目的，有时评估基准日选择在过去某个时间，为此而进行的评估必须应用与该基准日接近的房地产交易案例作为比较案例，当然这些房地产的交易也必须是在正常的市场交易条件下发生的。

4. 足够数量的比较房地产

为了得到可靠的结果，必须在运用比较法的过程中引入足够数量的比较房地产。选取比较房地产的标准除了上述的质量标准（特征值类似）和时间标准（交易时间接近评估基准日）之外，还必须注意以下两个基本原则：

（1）应该在待评估房地产所在区域选择比较房地产；

（2）如果在待评估房地产所在区域选择的比较房地产数量不够，可以在与该区域类似的区域选择比较房地产。

当依照上述两个基本原则选取的比较房地产的数量仍然不能满足运用比较法的条件时，则可以考虑在其他行政区域选择比较房地产。这种方法常常在房地产市场不健全的地区得到应用。而在我国东部沿海地区和城市，经济起步较早，房地产市场相对于内地和西北地区发育得也较成熟，因此，在这些地区可以选择到足够的房地产比较案例。在对待评估房地产所在城市和比较房地产所在城市进行了整体比较之后，就可以将比较房地产的交易价格换算成与待评估房地产具有可比性的交易价格，从而满足运用比较法的条件。选择比较行政区的标准一般包括人口规模、行政区大小以及该行政区的区域地位（例如，靠近大城市）等因素。

1.2.4　基准地价

因为比较法主要适用于评估土地价值，而基准地价又反映了一定区域的平均地价水平，所以，基准地价常常在比较法中被用来评估土地价值。通过修正基准地价评估土地价值，其评估质量的高低主要取决于所使用的基准地价测算和制定体系是否科学、基准地价是否得到及时更新和调整。我国虽然已经初步建立起了基准地价体系，各个城市基本都完成了基准地价的测算和修正系数的编制工作，但是基准地价的更新还很不及时，基准地价无法保证现势性。虽然国家规定基准地价要及时更新，通常每隔 2～3 年要更新一次，但是因为资金和时间的原因，能够实现基准地价 2～3 年更新一次的城市凤毛麟角。另外一个明显需要改变的内容是基准地价修正体系和相应参数。我国采用基准地价系数修正法评估宗地价格时需要修正的内容包括时间因素修正、区域因素修正、个别因素修正、土地出让年期修正以及容积率修正等。但是，当这些修正因素和对应的参数不能被很好地把握的时候，就会给评估结果带来偏差，降低评估结果的准确性和可信性。因此我们认为，修正和调节越多，评估结果越难把握；修正越少的评估方法，其结果也越准确。建议应该转变基准地价测算和制定思路，改变先确定土地级别，再划分基准地价分区，并以此测算基准地价的方法；应当从市场交易数据出发，根据市场数据反映的特点，运用相应的数学方法直接划分基准地价分区，并进一步测算基准地价。如果能将基准地价分区划分得足够精细，就可以省掉区域因素修正和个别因素修正的绝大多数内容；如果能做到基准地价动态更新（如每年一次），就可以省却时间因素修正。事实上，对基准地价进行调整和修正的最关键因素是土地面积和容积率。在我国，还要考虑土地出让年期不一致的影响。

尽管如此，直接的土地比较案例还是最能反映被评估土地的特点。因此，比较价格仍然优先于基准地价。

1.2.5　时间上和质量上比较

由于以下原因比较价值不能直接从比较价格或基准地价中推导出来：

（1）比较房地产或者代表基准地价的房地产的特征与待评估房地产的特征存在偏差；

（2）与比较价格相关的市场条件与评估基准日的房地产市场条件不一致，基准地价评估日期与评估基准日存在偏差。

因此，在运用比较法时必须注意以下事项：

(1) 考虑比较房地产与评估房地产在特征上的区别（质量上比较）；

(2) 考虑经济景气和比较房地产相关的市场状况与评估基准日的经济景气和房地产市场一般状况之间的区别（时间上比较）。

上述两种比较可以通过相应的修正或换算方法实现。

比较房地产与待评估房地产在质量上的比较可以通过换算系数、加减修正、回归分析加以实现，或者采取其他适合的数学方法予以实施。

比较房地产与待评估房地产在时间上的比较必须考虑评估基准日房地产市场的一般价值关系，如果评估土地价值，可以利用地价指数换算。

1.2.6 非比较案例的确定和剔除

如果个别房地产的交易价格严重偏离其他比较价格，这就显示了该房地产交易价格受到了非正常的市场因素或者人为因素的影响，这样的房地产交易案例称为非比较案例。根据估价原则，这样的比较案例只有在影响交易价格的特殊因素被充分考虑到，交易价格被修正到合理的价格水平之后，才可以作为比较价格应用在房地产评估中。而这在评估实践上几乎做不到。

识别非比较案例的标准仍然是个别比较案例交易价格与所有引用比较案例交易价格平均值之间显著的偏差。具体的偏差数量标准是偏离平均值±30%。在数学上广泛用于识别非正常统计样本的标准是所谓的“3σ 准则”。①

对非比较案例进行检验，只有当对所有交易价格进行换算并统一到一个评估基准日之后，才能进行。

剔除非比较案例之后，在剩下的分散的比较价格中并非最小的或者最大的交易价格就可以作为评估的标准，而是必须根据数理统计分析的基本原则，对适当的比较交易价格进行统计计算。一般来说，平均值（加权平均值）被认为是最能够代表在正常的房地产市场条件下可以实现的待评估房地产的交易价格，因此也最适宜作为市场价值。有关统计基础知识可参见相关统计参考书。

---

① 根据数理统计知识，对于一个正态分布的统计样本，所有的数据应位于 $[\bar{X}-3\sigma, \bar{X}+3\sigma]$ 区间。

1.3 从比较价值推导市场价值

比较价值属于中间过渡值，因此不必与市场价值完全一致。但是通过比较法得到的比较价值如同通过收益法得到的收益价值、通过成本法得到的成本价值，应该尽量与市场价值相符合。比较价值根据需要还应进行相应的调节，以便从比较价值推导出市场价值。

需要对比较价值进行调节的情况主要是发生在待评估房地产有一项或几项特点与比较房地产完全不同，而这些特点无法在修正比较房地产的价格时予以考虑时。这些独特的特点多种多样，可能是独特的景观视角、特殊的市场地位等等。

需要从比较价值推导市场价值的另外一个原因是评估师出于不同评估目的会对市场价值有不同理解。如果是出于交易目的，待评估房地产的市场价值基本上可以选用比较价值。如果是出于抵押贷款目的，估价师则需要以更长远的市场眼光和更加审慎的态度从比较价值推导出市场价值，这样推导出的市场价值应该充分考虑到各种可能存在的风险因素，并且对比较价值作出相应的价值扣除。

基于上述分析，我们必须检视关于市场价值的定义和内涵。究竟什么是市场价值？根据英国皇家测量师学会出版的估价“红皮书”的定义，房地产估价的价值依据是公开市场价值。公开市场价值的形成必须满足若干个条件，例如，必须存在公开透明的、健康的房地产市场，买卖双方交易自愿，并且要有足够的交易时间，买卖双方需要有必要的房地产市场专业知识等。这些条件有时对发展中国家或者市场不够成熟的地区而言过于苛刻。在中国是否存在透明健康的房地产市场是存在争论的，而公开市场价值是否能通过估价获取，就成了一个不可回避的问题。

总而言之，不应该简单地把比较价值当做市场价值，从比较价值到市场价值还应该存在一个不可缺少的市场调节步骤。一个负责的估价师应该审慎地对待比较价值，不应该忽视从比较价值到市场价值的必要调节过程。

1.4 比较法举例

【例 1—1】 估价对象为一块写字楼用地，总面积为 1 000m^2，于 2001 年 9 月底获得 50 年使用权。写字楼总建筑面积为 4 500m^2，建成于 2004 年 9 月底，为钢筋混凝土结构，建筑层高 5 米，没有电梯。

搜集有关资料如下：

(1) 搜集了三宗出让年限为 50 年的土地交易实例作为可比实例，有关资料如表 1—2 所示。

表 1—2

实例	交易价格（元/m^2）	交易情况	交易日期	房地产状况
A	2 200	正常	2006 年 3 月 30 日	比估价对象劣 3%
B	2 050	正常	2005 年 12 月 30 日	比估价对象劣 8%
C	2 380	比正常价格高 3%	2006 年 5 月 30 日	比估价对象优 5%

经过测算发现，2005 年 11 月至 2006 年 10 月地价逐月上升 0.5%。

(2) 当地征收农地的费用等资料如下：

在估价时点征收城市边缘土地平均每亩需要 57.32 万元的征地补偿和安置等费用，向政府交付土地使用权出让金等为 150 元/m^2，土地开发费用、税金和利润等为 120 元/m^2，以上合计为城市边缘土地使用权年限为 50 年的熟地的价格。该城市土地分为八个级别，城市边缘土地为第八级，而估价对象为第六级土地。各级土地之间的价格差异如表 1—3 所示。

表 1—3

级别	一	二	三	四	五	六	七	八
地价是次级土地的倍数	1.4	1.4	1.4	1.4	1.4	1.3	1.5	1
地价是最差级余地的倍数	10.54	7.53	5.38	3.84	2.74	2.00	1.50	1

试用比较法和成本法评估该写字楼用地 2006 年 9 月 30 日的市场价值。

解答：

(1) 采用比较法求取出让年限为 50 年的土地价格。

1) 测算公式。

$$比准价格=\begin{matrix}可比实例\\成交价格\end{matrix}\times\begin{matrix}交易情况\\修正系数\end{matrix}\times\begin{matrix}交易日期\\调整系数\end{matrix}\times\begin{matrix}房地产状况\\调整系数\end{matrix}$$

2) 求取比准价格。

$$V_A=2\ 200\times\frac{100}{100}\times(1+0.5\%)^6\times\frac{100}{100-3}=2\ 336.94(元/m^2)$$

$$V_B = 2\ 050 \times \frac{100}{100} \times (1+0.5\%)^9 \times \frac{100}{100-8} = 2\ 330.56(元/\mathrm{m}^2)$$

$$V_C = 2\ 380 \times \frac{100}{100+3} \times (1+0.5\%)^4 \times \frac{100}{100+5} = 2\ 244.99(元/\mathrm{m}^2)$$

3）估价对象土地的单价。

$$单价 = (2\ 336.94 + 2\ 330.56 + 2\ 244.99) \div 3 = 2\ 304.16(元/\mathrm{m}^2)$$

（2）利用成本法求取出让年限为50年的土地价格。

$$\begin{aligned} &城市边缘土地使用权年限为50年的熟地的价格(单价) \\ &\quad = 57.32 \times 10\ 000 \div 666.67 + 150 + 120 = 1\ 129.80(元/\mathrm{m}^2) \end{aligned}$$

$$估价对象土地的单价 = 1\ 129.80 \times 2 = 2\ 259.59(元/\mathrm{m}^2)$$

（3）综合求取出让年限为50年的土地价格。

由以上两种方法求得的估价对象土地的单价分别为2 304.16元/m²和2 259.59元/m²，综合两种方法求得的结果，取算术平均数得到估价对象土地的最终价格（单价）为：

$$估价对象土地单价 = (2\ 304.16 + 2\ 259.59) \div 2 = 2\ 281.88(元/\mathrm{m}^2)$$

（4）进行土地使用权出让年期修正。

估价对象土地至估价日期已经使用了5年，剩余使用年期为45年，因此，经过年期修正后的土地单价为：

$$\begin{aligned} 土地单价 &= 2\ 281.88 \times \left[1 - \frac{1}{(1+5\%)^{45}}\right] \div \left[1 - \frac{1}{(1+5\%)^{50}}\right] \\ &= 2\ 281.88 \times 0.888\ 7 \div 0.912\ 8 \\ &= 2\ 221.7(元/\mathrm{m}^2) \end{aligned}$$

（5）求取估价对象土地的总地价。

$$估价对象的土地总价 = 2\ 221.7 \times 1\ 000 \div 10\ 000 = 222.17(万元)$$

本章小结

本章讲述了比较法的基本概念和基本原则，包括比较法的评估流程、比较价格的测算方法、比较法运用的注意事项等内容，最后通过案例分析说明比较法的具体运用过程。

关键术语

比较法　　比较案例　　非比较案例　　比较价格　　时间上比较　　质量上比较

复习思考题

1. 如何理解比较法的基本概念?
2. 如何选择比较案例?
3. 什么是比较法时间上和质量上的比较?
4. 如何剔除非比较案例?
5. 如何才能改进比较法的评估质量?

第 2 章

收　益　法

学习指导

重点掌握收益法的基本概念、原理以及应用过程，收益法在应用时主要参数资本化率、运营费用比率和可持续租金等的推导。根据本章理论内容理解收益法应用的具体评估实例。

2.1　应用范围

房地产的市场价值被定义为与基准日相关的，并以未来为导向的价值。这个价值主要受到对该房地产使用的影响。准确地说，对房地产的使用不仅可以保证现有房地产所有者的利益，而且可以保证该房地产未来其他任何所有者的利益。对该房地产的使用不会受到目前所有者的影响。这才是客观的利用所产生的客观收益，这个客观收益对应的是房地产的客观价值——市场价值。

对于评估已开发建设的房地产而言，在正常的市场交易条件下该房地产可以实现的持续性收益是最重要的因素，这样，房地产的市场价值是由在评估基准日的收益折现值确定的。未来可以持续实现的收益不仅对于房地产的建筑物价值部分是一个重要的影响因素，就是土地价值部分也是由市场上可以持续实现的收益决定的。例如，在评估土地价值时必须根据建筑容积率进行价值修正，这就反映了收益可能性对地价的影响和决定作用。

收益法的核心是必须将所有未来收益在评估基准日的现值估计出来。因此，收益法是一种现值方法（现金流方法）。

收益法的经典应用范围是出租物业、商业房地产和混合使用的房地产。收益法目前在房地产评估中的一般适用性越来越得到证实，尤其适合于评估已开发建设的房地产。甚至有些专家认为可以应用收益法评估别墅类房地产。评估别墅类房地产最适合的方法应该是成本法，因为在正常房地产市场上，人们在决定是否购买别墅时通常会考虑它的建造成本。也就是说，人们会思考这样的问题——究竟是自己建造，还是购买。当然，从理论上来说，可以运用收益法评估别墅类房地产，但是必须清楚其资本化率的高低。由于资本化率的高低因房地产的位置和装修的不同而不同，有时对别墅类房地产而言甚至表现为负值。因此，在实践中运用收益法评估别墅类房地产是比较困难的。如果别墅类房地产用于出租，其在市场上得到的租金远比普通住宅类房地产高。国外的研究资料表明，单体别墅的租金要比多层住宅高30%左右，排房要比一般的多层住宅高20%左右。

对于旅馆、医院和养老院房地产、休闲和服务性房地产以及特殊性房地产的评估而言，采用收益法同样可以得到理想的结果。根据评估原则，应该采用另外一种评估方法作为结果检核，以避免出现较大的偏差或者错误。通常，成本法被用来检核收益法的评估结果。在上述几种类型房地产的评估中，采用收益法和成本法得到的结果会有较大的差别。例如，对于养老院房地产而言，投资（土地、建筑物、家具和其他设施）和收益之间会存在较大的差别。收益在一定的时间内会保持相对平稳，但是根据需要（补充备件、装修和维护）投资则会不断增加，以维持该房地产的服务功能，甚至改善服务质量。而对于旅馆来说，为了保住其所占据的市场地位必须每隔10～20年大规模重新装修一次，为此所需的投资自然非常巨大。

评估工业房地产的首要方法在过去一直被公认为是成本法。在市场上自由出售工业性房地产时，一般会考虑到工厂未来的收益而打个折扣，这个折扣通常为成本价的30%～50%。这样的折扣一般是因为考虑到工业房地产的不经济性，例如考虑到建筑物的平面布局、高度和建筑施工方式等。

物流公司的办公室和管理性房地产、社会性房地产、仓库、汽车维护和清洗公司等，也被视为纯粹的收益性物业。对于购买者来说，他们首先感兴趣的是可以从该房地产上得到什么样的、多少数量的持续性收益。单独的商业房地产同样符合上述规律，例如商业房地产的销售面积必须与现有的购买力相当，否则就会影响收益的大小和持续性。

对于公共性房地产（如政府办公所需要的房地产），在评估时也越来越多地运用了收益法。其原因在于，公共部门在考虑购买办公楼时同样会考虑类似的问题，究竟是租赁还是自行建设（根据成本价）。在评估这样的房地产时，必须要注意的是土地的利息。也就是说，计算土地价值的利息必须采用与租金相当的土地价值。

在运用收益法时首先考虑的是某个房地产的未来，该房地产所能带来的可持续的收益构成了评估的基础。对于已开发建设的房地产而言，考虑的收益就是在建筑物全部的经济寿命期内该房地产（主要是建筑物）所能带来的持续性收益。这个时期可能非常长，而且难以清楚预测。但是在评估时，估价师必须采取经济的、清楚的眼光来考察该房地产在估价时点的持续收益能力，并估算房地产的经济使用寿命。从根本上说，估价师应该相信，如果他采用了在当地房地产市场上根据持续性发展估算出来的房地产资本化率，他就已经考虑了该房地产在估价时点上、在当地的房地产市场上可以实现的普遍性、持续性收益。

应用不同评估方法——比较法、成本法和收益法的核心都是应该运用与评估基准日尽量接近的房地产评估专家所拥有的房地产市场经验数据，如比较价格、建筑物标准建造成本并考虑到房地产未来用途的收益。房地产的未来可利用性同样也是房地产评估重要的影响因素。

房地产的市场价值是由未来的期望确定的，这点在运用收益评估方法时具有重要意义。因此，收益法是从房地产未来用途通过未来期望的持续性收益推导出来的。过去实现的收益主要是作为未来可能实现收益的指标而在评估时予以考虑，但是只能局限在它所能反映的程度范围内。从市场价值的定义来看，收益价值必须从可持续实现的价值出发，不正常的、个人的影响不能予以考虑。

所有在收益法中使用的数据必须符合房地产的正常经营，所发生的运营费用也必须是持续性的。不属于正常市场的情况和个人的影响不在考虑之列，在收益法中采用的参数也必须以市场为导向。

2.2 收益法的基本原则

2.2.1 收益法的内涵

如前文所述，收益价值是未来所有收益的现值。由于维护房地产的正常状态不能缺少运营费用，因此具体而言，收益价值与来自房地产的净收益相关。如果考察房地产每年的净收益，则该房地产的收益价值等于在房地产的建筑物部分剩余的全部经济耐用年限之内的所有年净收益折现到评估基准日之和，并扣除在剩余耐用年限之后房地产剩余价值的折现值所得到的数值。一般来说，剩余价值是土地价值。上述表达可以通过数学公式表示如下：

$$V=\frac{a_1}{q^1}+\frac{a_2}{q^2}+\frac{a_3}{q^3}+\cdots+\frac{a_i}{q}+\cdots+\frac{a_n}{q^n}+\frac{LV}{q^n} \qquad (2—1)$$

式中，V 为收益价值；a_i 为每年净收益；n 为建筑物的剩余使用年限；q 为利息因子$=1+i/100$；i 为贴现利息率；LV 为土地价值。

上面的公式是收益价值法的原始形式（一般净值法）。

如果通过上述公式来评估尚未开发建设土地的价值，则剩余价值具体指的是土地价值减去场地清理费。对于较长的建筑物剩余使用年限，因场地清理而对土地进行的减价修正可以忽略不计。而对于较短的建筑物剩余使用年限，这些场地清理费用则必须被考虑，在估价时进行减价修正。

如果建筑物的剩余使用年限较长，采用上述计算公式计算收益价值会花费相当多的时间。因此，有必要采取其他方法缩短计算时间，降低计算难度。为此，可以采用如下不同的方法：

（1）对于未来收益保持不变的房地产（a_i—常量），可以采用如下公式。

$$V=a\times f+\frac{LV}{q^n} \qquad (2—2)$$

式中，f 为乘系数（现值因子）[①]。

---

① 乘系数，在财务数学上又称为现值因子，其计算公式为：

$$f=\frac{1}{\frac{q-1}{q^n-1}+i}=\frac{q^n-1}{q^n\times(q-1)}=\frac{1-(1+i)^{-n}}{i}=\frac{V-\frac{LV}{q^n}}{a}$$

如果建筑物的剩余使用年限较长，上述的土地价值折现部分趋向于零。因此，可以忽略这部分计算。上述公式可以被简化为：

$$V=a\times f \qquad (2—3)$$

通过上述计算方法可以得到全部房地产的收益价值，即土地和房屋的收益价值。上述方法根据计算方式可以被称为“单轨式”。

这个公式可以首先通过数学方式改写成由土地价值部分和建筑物价值部分共同形成的收益价值。由于土地价值部分和建筑物价值部分分开计算，因而可以被称为“双轨制”。

$$V=(a-LV\times i)\times f+LV \qquad (2—4)$$

式中，$(a-LV\times i)\times f$ 为建筑价值部分；LV 为土地价值部分。

采用公式 2—4 评估房地产的收益价值具有很多优点，这点会在以后的内容中予以说明。

运用上述公式评估收益价值的前提条件是来自房地产的净收益保持不变，但是这个条件很难得到满足。通货膨胀、经济的一般变动和类似于租金合同等特殊原因都会使来自房地产的净收益发生变动。但是这并不妨碍应用这些公式，因为上述的影响净收益的特殊性可以通过下面的方式予以考虑和解决：

- 一般性经济结构的发展（如租金收入或者价值关系的改变），可以通过贴现利息率得到反映，也就是说，对净收益的贴现通过经验性的、动态性的房地产资本化率来进行。
- 租金发展的特殊性（如租金合同的种类），将通过补充性的计算方法来予以考虑。

上面的论述证明，收益法通过采取合适的房地产资本化率，动态性地、充分地考虑到了收益的一般发展，并将反映市场的实际利率作为评估基础。上面介绍的收益法的“双轨制”通过分别计算来自建筑物的收益和来自土地的收益，使该方法运用时更加有效率，也更加灵活。

很多专业人士认为，收益法依赖于大量过时的房地产交易数据，因而具有很大的方法性弱点。事实上，这是不正确的。收益法强调的是未来的、可持续性的收益。未来的、可持续性的收益代表着收益法不仅仅运用来自过去的数据，更主要依赖的是对房地产未来收益的评估。未来的、可持续性的收益不是通过对未来投机性的预测，而是尽量采取与评估基准日接近的、以房地产未来用途为基础的、与实际相符合的参数。在收益法中应用的房地产资本化率一般是由权威的政府土地管理部门（估价委员会）根据所掌握的房地产交易资料推导出来的，因此，这些资本化率可以按照客观的尺度充分地考虑到房地产市场的未来。由于考虑到了房地产市场的未来，这样的资本化率可以说是以未来为导向的、动态的利息率。如果采取投机性的资本化率，就可以通过评估方法对房地产作出不同的评估和预测。但是，这样做已经不属于科学合理的估价方法。

房地产资本化率在很大程度上表达了房地产的实际利率，因而对于研究包含房地产在内的投资来说是一种正确的研究工具。

（2）对于长时间保持不变收益，由于特殊原因（主要是租金合同种类），这些收益在不同的较长时间段之间有变化，而在这些时间段之内保持不变的房地产的情况，可以通过采用不同的计算方法充分考虑（见图 2—1）。

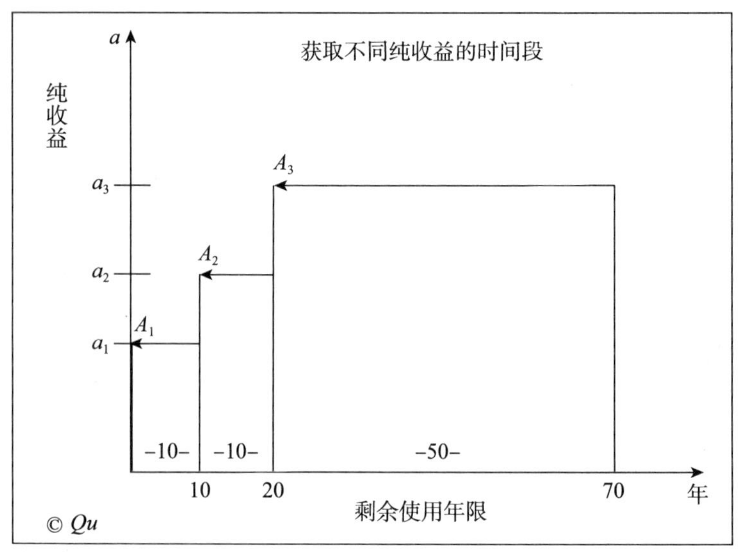

图 2—1　在不同的较长时间段拥有不同收益的房地产

图 2—1 中的房地产收益价值由不同时间段的收益价值加和得出，而不同时间段的收益价值又是由各自时间段的收益贴现到估价基准日得到的。只是在直接与估价基准日衔接的时间段的收益不需要贴现，因为资本化了的净收益直接给出了估价基准日的现值。其计算公式为：

$$A=a_1\times f+(a_2\times f)\times q^{-10}+(a_3\times f)\times q^{-20}+LV\times q^{-70} \tag{2—5}$$

式中，$a_1\times f=A_1$，是第一阶段净收益的现值；$(a_2\times f)\times q^{-10}=A_2$，是第二阶段净收益的现值的贴现；$(a_3\times f)\times q^{-20}=A_3$，是第三阶段净收益的现值的贴现；$LV\times q^{-70}=LA$，是地价的贴现，即来自土地的收益价值。

乘系数 f 是根据房地产资本化率和每个时间段的长度来确定的。图 2—1 中显示的分别为 10 年、10 年和 50 年，房地产资本化率可以根据实际情况来确定。

上述的计算过程可以简化，即用本阶段的乘系数减去上个阶段的乘系数得到的差作为新的乘系数，这样做就不需要对各个阶段进行贴现。这种方法称为乘系数差法。

估算 A_2 的乘系数：

20 年的乘系数	12.46	($i=5\%$)
－10 年的乘系数	7.72	
＝乘系数差	4.74	

估算 A_3 的乘系数：

70 年的乘系数	19.34
－20 年的乘系数	12.46
＝乘系数差	6.88

乘系数的差值表达了一定程度上的贴现乘系数，因此不需要对 A_2 和 A_3 再贴现。对收益价值的计算因此被简化为：

$$V=a_1\times f+a_2\times\Delta f_{(20-10)}+a_3\times\Delta f_{(70-20)}+LV\times q^{-70} \quad (2—6)$$

式中，$a_1\times f=A_1$，是第一阶段的收益价值；$a_2\times\Delta f_{(20-10)}=A_2$，是第二阶段的收益价值；$a_3\times\Delta f_{(70-20)}=A_3$，是第三阶段的收益价值；$LV\times q^{-70}=LA$，是地价的贴现，即来自土地的收益价值。

上述的计算过程是最简单的，在计算技术上也是最佳的。而且，通过在房地产资本化率基础上进行的资本化同样在各个阶段考虑到了一般性的经济发展因素。

(3) 对于每年的收益都变化的情形，例如附有复杂租金合同的新建设完工的投资性物业经常会存在每年收益都发生变化的情形。在这种情况下，就必须采用收益法最初始的公式（一般净值法）。房地产的收益价值由每年的净收益贴现到评估基准日的现值加和得到（公式 2—1）。因此，计算量是非常大的。为此，同样需要寻求一种方法来减少计算量。从公式 2—1 不难发现，贴现的时间越长，净收益变化对现值的影响就越小。因此，可以将贴现的计算限定在 10 年内，其他年的贴现一次性进行（称为剩余价值法）（见图 2—2）。

因此，收益价值为：

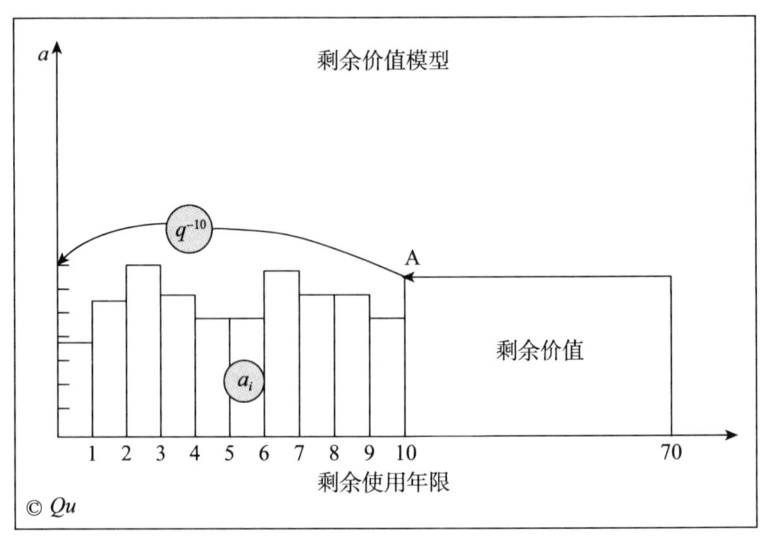

图 2—2 年收益不同的收益价值模型（剩余价值法）

资料来源：Kleiber，Simon & Weyers，*Verkehrswertermittlung von Grundstuecken*，Bundesanzeiger Verlag，2002。

$$V=a_1\times f+a_2\times f\times q^{-1}+a_3\times f\times q^{-2}+\cdots$$
$$+a_{10}\times f\times q^{-9}+a\times\Delta f_{(70-10)}+LV\times q^{-70} \quad (2\text{—}7)$$

式中，$a_i\times f\times q^{-(i-1)}$为每年净收益的贴现值；$a\times\Delta f_{(70-10)}+LV\times q^{-70}$为剩余价值的贴现值。

上述的简化计算公式还是非常花费时间的，而且剩余价值部分的贴现计算也是需要仔细、小心估算的。因为，将剩余价值限定在10年内，而在10年之后的相当长的剩余年限里所发生的现金流贴现的数额还是非常大的，在评估的结果中占有重要地位。因此，这部分剩余价值不能简单地估算，而必须小心地计算。

对于每年发生的现金流的贴现应该采取银行通行的利率进行，通过银行通行的利率可以将通货膨胀和价值的变化考虑进去。此外，财务成本和其他个别的现金收入流、支出流可以被包含在收益价值的计算中。这种情况已经不属于纯粹的市场价值评估，而是投资价值估算。因此，人们将这种方法称为“现金流法”。事实上，上面所介绍的各种计算方法都属于一般性的现值方法（现金流方法），这与收益流（现金流）是否变化无关。这些计算公式由于考虑到资金的个别特点，因而不是完全意义上的房地产估价。

根据一般性的估价原则，收益法应该被限定在一定的公式形式上，但是不应该否定对这些公式的变化。由于收益法建立在房地产资本化率基础上，考虑到未来的市场发展，因而可以被称为动态的方法。房地产的特殊性收益关系，包括期望变化的特殊性（例如由于租金合同原因），在应用收益法时可以被充分考虑到。此外，该方法将来自土地和建筑物的收益分开计算（双轨制），使方法更具灵活性；或者不做上述分割，采用简化了的收益法。

2.2.2 收益法流程

房地产的收益价值由下列因素组成：

（1）在评估基准日的土地价值。地价应该以尚未开发建设土地为基础评估，并且扣除场地清理费。场地清理费只有在具有较长的建筑物剩余使用年限的情况下才可以忽略不计。

（2）所有来自建筑物、构筑物和其他设施（花园、植物和停车场等）的收益的现值。

（3）其他没有在上述收益中得到考虑的收益的现值。

基于上述考虑，收益法的基本公式如下：

$$V=(a-LV\times i)\times f+LV \tag{2—8}$$

式中，a 为每年来自土地和建筑物（房地产）的净收益；f 为乘系数；i 为房地产资本化率；LV 为土地价值；$LV\times i$ 为每年土地利息；$(a-LV\times i)\times f$ 为建筑物收益价值。

如前所述，上述方法称为“双轨制”方法。这种方法在如下情况下使用具有特别意义：

（1）已经开发建设的土地，但是地上建筑物的剩余使用年限较短；

（2）建筑物的价值需要与土地价值分开评估。

上述评估思路可以通过图 2—3 得到直观说明。

对于投资者而言，投资于土地或者房地产的目的在于，通过地上建筑行为使投入的资金可以获得不同于（一般应该高于）来自银行的收益。因此，来自房地产的净收益必须减去来自土地的收益。而只有经过收益扣减之后的净收益才能进行资本化还原，得到属于地上建筑物的价值部分。

根据上面的分析，一方面，土地价值可以直接提高房地产的收益价值，这是通过土地与地上建筑物的分离评估，最后加和得到的；另一方面，土地价值也会降低房地产的收益价值，这是因为来自土地的收益会降低房地产的收益，从而降

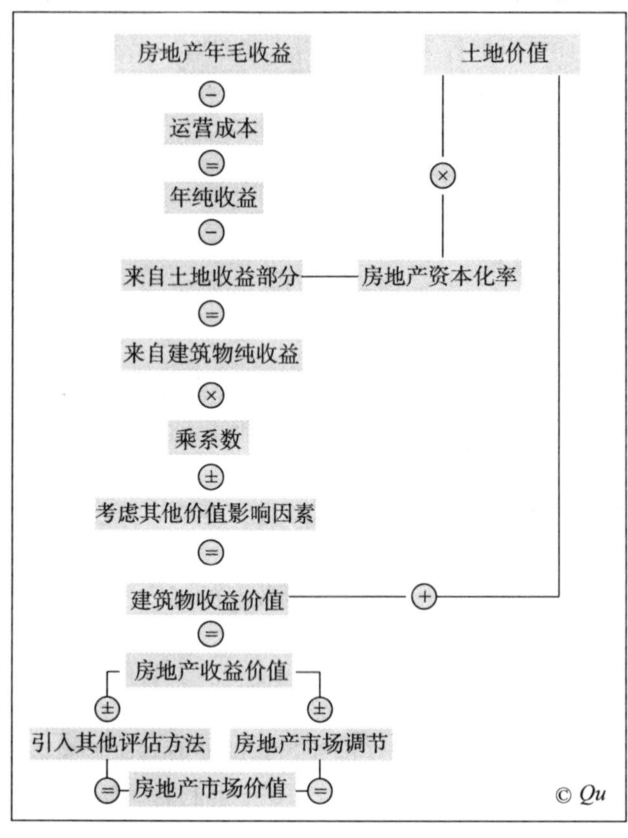

图 2—3　收益法评估过程

低地上建筑物的收益部分，最后使地上建筑物的收益价值降低，而导致全部房地产的收益价值降低。通过上述的土地价值对房地产收益价值影响的分析，同时应该注意的是房地产的价值变化并不代表土地价值的变化，也不应该影响土地价值。随着使用年限的变化，建筑物所带来的收益也相应发生变化，但是土地价值应该保持不变，当然前提条件是影响土地价值的宏观、微观环境没有发生变化。土地价值不变不包含土地自然增值。因此，在评估房地产选取比较案例时不应该因为地上建筑物建筑年代的不同而对土地价值进行修正。已经开发建设的土地价值高于尚未开发建设的土地价值，是因为经过开发的土地本身的环境改变了，土地自然发生了增值。这是土地价值变化的内在因素。

上述的土地价值和地上建筑物价值分别评估的技术路线可以通过如下公式予以表达。

$$V=a\times f+\frac{LV}{q^n}=a\times f+LV\times q^{-n} \tag{2—9}$$

上述公式与公式 2—2 在形式上完全一致，不同的是净收益 a 代表的是来自建筑物和土地的总的净收益，n 代表的是建筑物的剩余使用年限。将来自土地和建筑物的净收益分离计算房地产的收益价值（公式 2—4）与混合计算（公式 2—9）在结果上应该是一致的。

例如：

评估房地产的基本情况为：

土地价值 LV	100 000 元
净收益 a	24 000 元
房地产资本化率 i	6%
建筑物剩余使用年限 n	70 年

估价过程：

（1）按照公式 2—4 计算如下：

$$V=(a-LV\times i)\times f+LV$$

净收益	24 000 元
－土地价值×6%	6 000 元
＝建筑物净收益部分	18 000 元
×乘系数 16.384 5	294 921 元
＋土地价值	100 000 元
＝收益价值	394 921 元

（2）按照公式 2—9 计算如下：

$$V=a\times f+LV\times q^{-n}$$

净收益	24 000 元
×乘系数 16.384 5	393 228 元
＋土地利息贴现（$1/q^{70}=0.016\ 927\ 4$）	1 693 元
＝收益价值	394 921 元

上述计算结果验证了公式 2—4 与公式 2—9 在计算结果上相一致的理论假设。

2.3 收益法举例

【例 2—1】 混合使用房地产的评估

该房地产具有混合用途，位于一般性的居住区域，土地面积为 799m^2。该房地产主体建筑物拥有四层，砖混结构，全部阁楼经过扩建，建筑年代为 1996 年。另外，还拥有钢混结构的四个车库。该房地产的土地利用完全符合规划要求，地块前面 35 米深的土地可以开发建设，后面土地不可以开发建设，属于花园用地。建设用地的基准地价为 2 400 元/m^2。

该建筑物内部有 6 间单元房（总居住面积为 900m^2）和两间办公室（使用面积为 240m^2）。建筑物的建筑装修符合目前普通标准，建筑物状况良好。订立的合同租金为净冷租，所有可以分摊的运营成本将被分摊。居住部分的租金为 40 元/m^2·月（居住面积），办公部分为 56 元/m^2·月（使用面积）。每个车库的租金为 400 元/月。当地房地产市场上同类普遍性的房地产资本化率为 5.5%①，市场调节因素为 5%（向下修正）。试评估该房地产在 2003 年 1 月 1 日的市场价值。

位置略图如图 2—4 所示。

解答：

（1）土地估价。

2001 年 12 月 31 日的基准地价图显示了该宗地所处的地区是一般性的居住区，该区域的建设用地基准地价为 2 400 元/m^2。该房地产的土地完全符合基准地价宗地的特征要求。后面的非建设用地——花园用地，可以按照建设用地 15%的地价计算。

前面建设用地	17×35×2 400	1 428 000 元
后面非建设用地	17×12×360	73 440 元
总地价		1 501 440 元

（2）建筑物估价。

① 市场调节减价修正是通过比较交易价格与采取估价委员会公布的平均房地产资本化率所评估出来的收益价值而得到的。作为市场减价修正的替代方法，可以采用从比较交易价格中推导出来的实际房地产资本化率（6%）来计算。

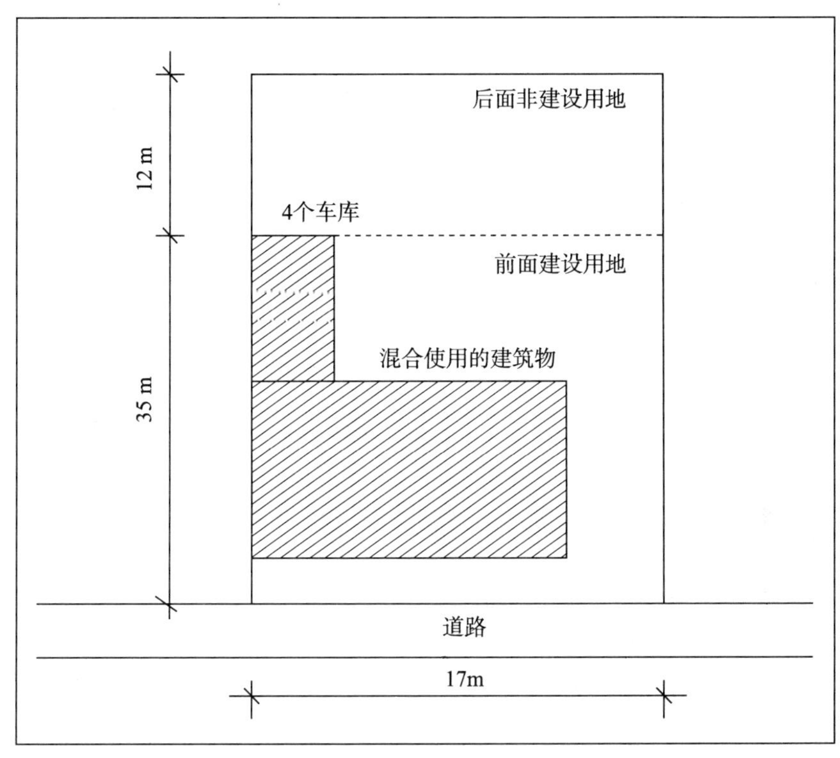

图 2—4　待评估房地产位置草图

房地产毛收益		
居住部分	900×40	36 000 元
办公部分	240×56	13 440 元
4 个车库		1 600 元
合计		51 040 元
年毛收益	51 040×12	612 480 元
运营成本		
管理费用	2%×612 480	−12 249.6 元
租金风险	2%×612 480	−12 249.6 元
维修费用	1 140×62.4	−71 136 元
	4×360	−1 440 元
房地产净收益		515 404.8 元
土地收益部分	1 501 440×5.5%	−82 579.2 元

建筑物净收益部分　　432 825.6 元

剩余使用年限为 53 年（70－17）、房地产资本化率为 5.5%时的乘系数为 17.11。

建筑物的收益价值　432 825.6×17.11　　7 405 646 元

土地价值　　1 501 440 元

房地产的收益价值　　8 907 086 元

（3）市场价值。

根据经验数据，市场调节因素为向下修正 5%　　－445 354.3 元

待评估房地产的市场价值　　8 461 732 元

约 8 461 000 元

（4）比较数据。

市场价值/（居住面积＋使用面积）　　7 422 元/m²

市场价值/房地产年毛收益　　13.8 倍

市场价值/房地产年净收益　　16.4 倍

本评估案例学习目的：

- 混合使用房地产评估的特点和技术路线；
- 学会根据房地产的不同用途进行评估；
- 学习收益还原法评估中房地产的运营成本估算方法；
- 学习根据土地不同利用程度评估土地价值的方法。

【例 2—2】　简单化收益还原法

某人想在 2000 年底购买位于城中心的一幢商业房地产，该房地产当时的年收益为 500 000 元。[①] 从 2003 年开始，该房地产每年可以实现净收益 600 000 元。[②] 请问该房地产的收益价值为多少？

解答：

房地产净收益（2001—2002 年）　　500 000 元

使用年限为 2 年、房地产资本化率为 6.5%时的乘系数为 1.82。

---

① 考虑到了建筑物建筑成本每年 1.5%的折旧。

② 考虑到了建筑物建筑成本每年 1.5%的折旧。

房地产收益价值（2001—2002 年）	500 000×1.82	910 000 元
房地产净收益（自 2003 年始）		600 000 元

在房地产资本化率为 6.5%、无限期使用时①的乘系数为 15.38，减去 2 年的乘系数 1.82，自 2003 年始的乘系数为 13.56。

房地产收益价值（自 2003 年始）	600 000×13.56	8 136 000 元
		9 046 000 元
扣除 14%的房地产购置税		−1 266 440 元
房地产预期收益价值		7 779 560 元
		约 7 780 000 元

本评估案例学习目的：

- 学习在房地产不同时期、不同收益条件下，采用简单化收益还原法评估房地产收益价值。

【例 2—3】 超级市场评估

某公司拥有一个超级市场，在此超级市场中有另外两个对外出租的商店和一个牙医诊所。由于公司将要进行资产重组，该超级市场将从总公司中分离出去，因此需要评估该超级市场的市场价值。估价基准日为 2008 年 2 月 1 日。

其他数据如下：

土地面积	4 900m²
基准地价	200 元/m²
区位质量	中等
建筑物建筑年代	2003 年
营业面积	900m²
位于一层的仓库面积和附属面积	110m²
位于地下室的仓库面积和附属面积	220m²
停车场	50 个
营业面积的年营业额	10 000 元/m²
净冷租金	年营业额的 2.2%
使用年限	40 年
商店的净冷租金（80m²）	1 600 元/每月

① 根据《物权法》关于居住用途房地产土地使用权的自动续期规定，假定评估房地产在持续维护条件下可以无限年期使用。

牙医诊所净冷租金	1 560 元/月
比较价格	1 800 元/m^2（使用面积）

位置略图如图 2—5 所示。

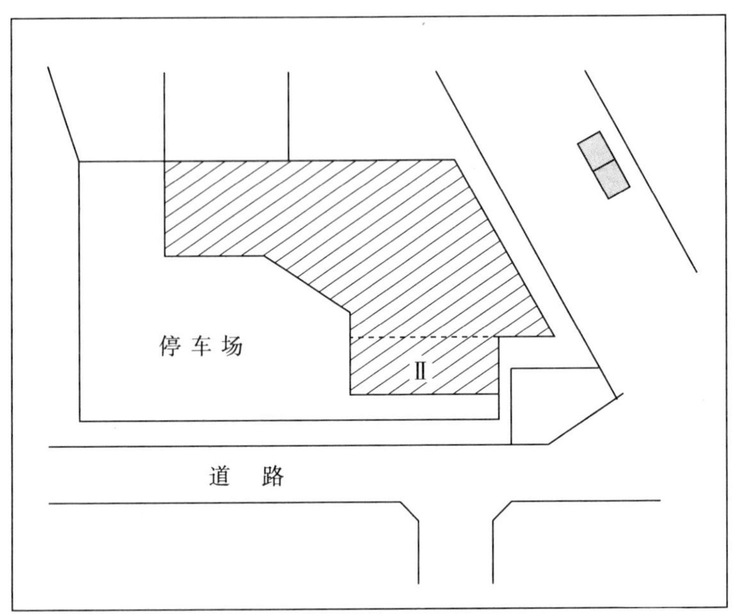

图 2—5　超级市场位置草图

解答：

(1) 土地估价。

土地价值	200×4 900	980 000 元

(2) 建筑物估价。

房地产毛收益		
超级市场(营业额的 2.2%)	2.2%×10 000×900	198 000 元
商店	1 600×12	19 200 元
牙医诊所	1 560×12	18 720 元
合计		235 920 元
运营成本(取毛收益的 17%)		—40 106 元
房地产净收益		195 814 元
土地收益部分(7%资本化率)	980 000×7%	—68 600 元
建筑物收益部分		127 214 元

剩余使用年限为35年、房地产资本化率为7%时的乘系数为12.95。

建筑物的收益价值	127 214×12.95	1 647 421元
土地价值		980 000元
房地产的收益价值		2 627 421元
		约2 600 000元

(3)比较价值。

1 800元/m^2使用面积×1 230m^2	2 214 000元

(4)市场价值。

在评估基准日的市场价值为	2 600 000元

(5)比较数据。

市场价值/使用面积	1 818元/m^2
市场价值/房地产毛收益	11.02倍
市场价值/房地产净收益	13.28倍

本评估案例学习目的：

- 学会商业房地产收益计算方法；
- 学会多种评估方法综合运用，相互印证评估结果。

本章小结

本章讲述了收益法的基本概念和基本原则及收益法的评估流程、运营费用的测算、资本化率的选取等内容，并讲解了评估房地产价值的“单轨制”和“双轨制”收益法。特别需要注意的是本章提出的收益乘系数的概念，这个概念对收益法的内涵有很好的诠释。本章最后通过案例分析说明收益法的具体运用过程和注意事项。

关键术语

收益法　毛收益　净收益　净冷租金　运营费用　资本化率　乘系数

复习思考题

1. 如何理解收益法的内涵?
2. 如何求取房地产的净收益?
3. 什么是乘系数? 如何运用乘系数进行简化的收益法评估?
4. 收益法评估房地产的注意事项有哪些?

第3章

成 本 法

学习指导

重点掌握成本法的基本概念、原则以及应用过程，成本法在应用时主要评估参数（如标准重置单价、折旧计算、成本价值市场修正等）的注意事项。根据本章理论内容理解成本法应用的具体评估实例。

3.1 成本法概述

当根据市场交易习惯需要通过替代成本确定评估标的物的价值时，应该采用成本法。成本法又称为成本逼近法（cost approach）或者成本替代法（depreciated replacement cost approach)。采用成本法评估的房地产一般以自用为主，例如别墅住宅。对这些房地产的消费不是以收益为目的，而是为了满足房地产所有者的自身需求，例如居住在自己漂亮的住宅里所带来的心理和生理上的成功和舒适感。

成本法主要应用于评估自己使用的别墅等类型房地产的事实，并不意味着成本法只是用来评估自己使用的非收益性房地产。事实上，很多自用的商业和工业房地产、正在使用的用于管理的房地产以及政府部门所使用的建筑设施都采用成本法来评估它们的价值。

3.1.1 工业和商业房地产

工商业房地产一般不被看做是标准的成本价值型物业，因为这类房地产的使用者使用和消费该类型房地产主要是为了追求收益。应用成本法评估该类房地产的主要原因是这些房地产的收益关系不明晰，或者是受到个人原因、税收上的特点等原因的影响，作为收益法评估的基础的收益不能被确认为是在正常经营条件下可以持续实现的，从而不可能或者难以采用收益法等其他方法评估。在个别情况下，有些特殊企业难以划分它的确定类型，这种类型企业又具有独特的企业价值，因此只能采用成本法进行估价。在企业评估中采取成本法评估上述企业往往会得到所谓的“资产价值”，即企业价值的一个组成部分。

因此，评估工业和商业房地产通常不能够采用成本法。只是在评估某些特例时，例如评估非常老的工商企业时才可以应用成本法。这些企业的生产方式或者厂房已经不符合今天的现代化生产条件和要求（例如过厚的建筑墙体），必须采用成本法才能够得到一个价值，然后对这个价值进行市场修正，即大幅度减价修正。对于新建的房地产运用成本法进行评估可以帮助投资者“计算”他所投资开发的房地产的成本价值，当投资者可以在市场上租到合适的房地产时，这种成本计算才有意义。在这种情况下，成本法可以作为收益法的辅助方法而得到应用。

3.1.2 公共房地产

对于评估公共使用的房地产目前也越来越少使用成本法。而收益法并不与公共房地产的评估相对立。以当地通常可以实现的收益为基础，采用收益法评估公共房地产可以比采用成本法更加准确地得到该房地产的真实和内在价值。而且这不仅限于该房地产是公共性质的或者是被政府部门所占有的，就是在该房地产继续被公共部门所使用的情况下，使用收益法也是非常合适的。评估公共房地产时应用成本法，仅是为了得到待评估房地产的替代价值。公共部门因为某种原因（例如资产置换和盘活资产的需要）必须在当地放弃该房地产时，就需要根据评估所得到的替代价值异地重建该房地产。

成本价值评估的基础是考虑到评估基准日的经济状况，重新建造房地产所需要的“正常建筑成本”。因此，为了评估正常建筑成本而需要应用的“标准建筑成本”并不是指为了建设旧的建筑物（例如天安门城楼）而需要的重新建设成本，而是指在评估基准日的经济条件下，考虑到建筑技术发展，建设与旧建筑物可以相比较的类似建筑物所需要的成本。因此，评估一幢 19 世纪建设的住宅不能按照砖木结构所需要的成本来进行评估，而必须按照现行的钢混结构成本来评估。这个建筑成本就是所谓的“标准建筑成本”。因此，成本法不是从重新建设成本出发，而是以新时期的替代建筑成本为出发点的。

上述观点必须与评估中的“顾及其他价值影响因素”的规定同时予以考虑，尤其是必须考虑到目前的经济条件。例如，一幢花费很高的设计费建设的房地产，因其特有的高价值艺术内涵而在房地产市场上实现了很高的交易价格。但如果以标准建筑成本为基础对其进行评估，则得到的成本价值会大大低于实际所花费的建筑成本。这同样适用于如下情况，在评估时发现所评估的房地产具有超高的层高，而超高的层高会加大房地产的运营成本。在评估这样的房地产时就不能考虑超高层高通常所导致的价值减损，而是从正常建筑成本出发来评估。

在评估实践中，人们通常对成本价值不加任何市场调节，而直接将其作为市场价值予以应用，这是原则性的错误。成本法首先是一种求取建筑物客观价值的计算方法，而市场价值则是由房地产市场所决定的，即房地产的自愿交易方愿意出多少钱在市场上交易该房地产，或者换句话说，该房地产在市场上值多少钱。成本价值在特定条件下可能会大大低于该房地产的成本价值，例如，一幢装修豪华的别墅住宅在房地产市场成熟的西方发达国家通常是以低于其成本价值的市场价值进行交易的，而在中国却以远高于其成本价值的市场价值进行交易。因此，对房地产的成本价值进行相应的市场调节是非常必要的。

对房地产的成本价值进行市场调节所进行的价值增加或减少数值通常都比较大，这也客观地说明了成本和价值之间的区别。对市场调节具有重要意义的是成本法中的建筑物折旧计算方法。根据成本法的基本原则对建筑物进行折旧计算的基础是建筑物的剩余经济使用年限，而不是建筑物的剩余物理或者技术使用年限。但是如果成本法从成本价值到市场价值所实施的市场调节总是太大，就说明成本法本身存在缺陷或者模型问题。因此，必须对成本法进行修正或者改善模型。在实践中，成本法还将继续得到应用。

总的来说，成本法具有如下作用：

（1）成本法可以作为收益法的补充手段，对于新建的收益性房地产而言，更是具有辅助作用。如果采用成本法评估收益性房地产得到的正常成本超过了它的收益价值，投资者就很难会对这样的房地产作出较高评价。任何一个理智的投资者对这样的房地产的成本价值都会仔细研究和控制。

（2）对于存在重大维修、现代化或者结构调整需要的收益性房地产，人们同样采用成本法进行评估。因为通过收益法评估这样的房地产，高昂的维修费用会抵消土地价值部分，因而应采用成本法辅助收益法评估该房地产的市场价值。

（3）上述关于成本法的思考也体现在房地产的抵押贷款价值评估中。为了确保贷款的安全性，在对房地产的抵押价值进行评估时必须同时采用收益法和成本法。

3.2 基本原则

3.2.1 概述

成本价值由三部分组成：（1）土地价值；（2）建筑物价值；（3）其他设施的价值。其中，建筑物价值除了包含建筑房屋本身的（成本）价值之外，还包含室外建筑设施价值以及特殊、必要的设施价值。其他设施价值指的是非建设的外部设施，特别是花园、植物和停车设施。

由上述部分共同组成的成本价值不等于市场价值。市场价值是在考虑到房地产市场的状况，并对采用其他方法得到的结果进行有说服力的论证的基础上推导出来的。因此，成本价值仅是作为评估市场价值的中间结果而存在的（见图3—1）。

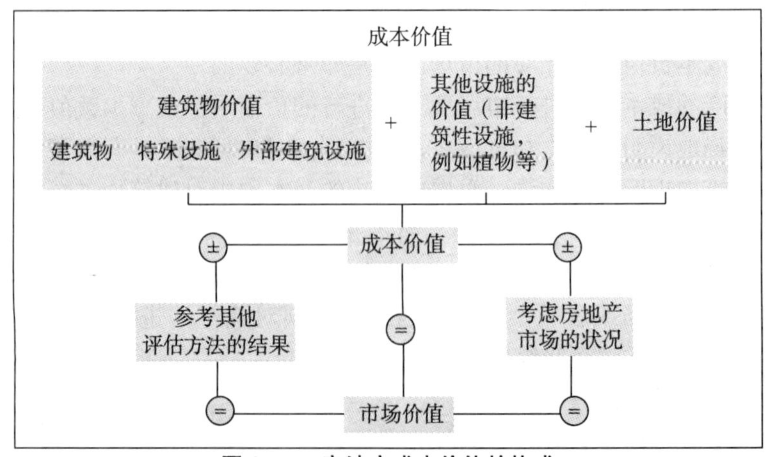

图3—1　房地产成本价值的构成

建筑物和特殊设施的价值以建筑价值为基础进行评估，这是根据正常建筑成本测算出来的在评估基准日的新建价值。只要评估标的物不是在评估基准日刚刚竣工的房地产，计算出来的在评估基准日假想的替代价值就是评估建筑物价值的初始值。从这个初始值出发，考虑到建筑物的价值减损及因缺陷和损坏而造成的价值减损，估计到其他价值影响因素，就可以得到建筑物的成本价值。

详细的成本法估价步骤见图 3—2。

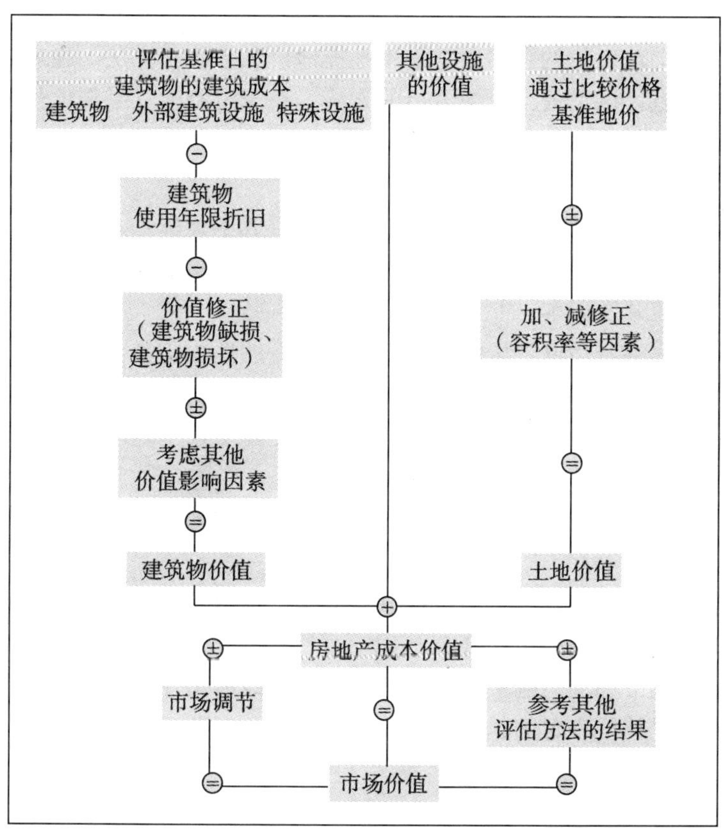

图 3—2　成本法的评估流程

土地的一个显著特点是其使用的永续性，或者称其为不灭失性，除非发生严重的自然灾害，人们可以永远使用土地，在土地上进行生产和生活，因而土地是不存在折旧的。与土地不同的是，土地上面的建筑物或构筑物在使用的过程中随着时间的推移会发生价值减损，因此，地上建筑物的价值必须根据估价时点和建筑物的使用年限进行折旧。

如果外部设施的价值没有被土地价值包含在内，就可以运用上述成本法评估的基本原则评估外部设施的价值。但在考虑到时间因素时，必须从这些设施达到理想的功能开始（例如植物的栽种时刻），随着时间的增长，外部设施的价值通常也会增长。

3.2.2 土地价值

成本法中土地价值的评估通常采用基准地价系数修正方法。在基准地价体系成熟完善的区域，这是最为简便可行的方法。对于没有建立基准地价或者基准地价体系不完善的地区，无法有效运用基准地价系数修正方法，那就只好从地价的成本构成出发来评估土地价值。

地价通常由六大项成本构成：（1）土地取得成本；（2）开发成本；（3）管理费用；（4）投资利息；（5）销售税费；（6）开发利润。上述（2）～（6）项又可统称为总的土地开发成本。

土地取得成本是指取得房地产开发用地所需的费用、税金等。在完善的市场经济下，土地取得成本一般是由购置土地的价款和在购置时由开发商缴纳的各种税费（如契税、交易手续费等）构成。在目前情况下，土地取得成本的构成根据房地产开发用地取得的途径，可分为下列三种：

（1）通过征用农地取得的，土地取得成本包括农地征用中发生的各种费用和土地使用权出让金等。

（2）通过在城市中进行房屋拆迁取得的，土地取得成本包括城市房屋拆迁中发生的费用和土地使用权出让金。

（3）通过在市场上“购买”取得的，如购买政府出让或其他开发商转让的已完成征用或拆迁补偿安置的熟地，土地取得成本包括购买土地的价款和在购买时应由买方缴纳的税费等。

土地开发成本是指进行土地开发所需要的直接费用、税金等，在实际生活中主要包括下列三项：

（1）勘察设计和前期工程费，包括可行性研究、规划、勘察、设计等工程前期所发生的费用。

（2）基础设施建设费，包括所需的道路、给水、排水、电力、通信、燃气、热力、绿化、环卫等开发建设费用。

（3）开发建设过程中的有关税费。

土地管理费用是为了管理和组织土地开发经营活动所发生的各种费用，包括开发商所支付的工资及福利费、办公费、差旅费等，通常是土地取得成本的一定比率，在实际估价中，管理费用通常可以按土地取得成本乘以这一比率来测算。

土地从取得到开发完成需要一定的周期，当土地取得费用的投资有一部分来自贷款时，在开发期内开发商要负担贷款利息。利息是使用资金的成本。值得注意的是，此处的投资利息与会计上的财务费用不同，包括土地取得成本、开发成本和管理成本，无论它们的来源是借贷资金还是自有资金，都应计算利息。另外，从估价的角度来看，开发商自有资金应得的利息也要与开发商应获得的利润分开，不能算做利润。

销售税费是指销售开发完成之后的土地应由开发商（作为买方）缴纳的税金和费用，可以分为以下两类：

（1）销售税金及附加，包括营业税、城市维护建设税和教育费附加（“两税一费”）等。

（2）其他销售税费，包括应由开发商负担的交易手续费、销售代理费和广告宣传费等。

销售税费通常是售价的一定比率，在实际估价中，销售税费通常是按销售价格乘以这一比率来测算。

3.2.3 建筑物成本价值

1. 建筑物成本价值的内涵

建筑物的成本价值是建筑物的建设过程中所投入的成本形成的价值。从建筑角度看，建设建筑物需要投入的成本有很多项，一般包括直接成本和间接成本。直接成本是开发建设建筑物的直接投入，包括建筑物建设、安装和装修所发生的成本。间接成本是建筑物建设直接成本外的其他一切必要支出成本，包括工程建造期间接费用、其他费用和税金、投资利息和开发利润。工程建造期间接费用包括城市基础设施建设费、工程勘察费、工程设计费、环境影响咨询收费、施工图设计文件审查费、勘察招投标交易服务收费、设计招投标交易服务费、监理招投标交易服务费、招标代理服务收费、施工招投标管理费、规划许可证执照费、监理费（设计阶段和施工阶段）、竣工图编制费、新建住宅区绿化建设费、建筑节能与新型墙体材料专项基金、散装水泥专项资金、噪声招标排污费等成本。工程建造期间接费用一般占建安工程造价的9%～10%。其他费用和税金包括：道路、围墙等零小配套费，担保费，施工人员意外伤害保险费，可行性研究费，资产评估费，建设工程管理费，基本预备费/风险系数，建设工程项目管理费，房产测绘费用，中介服务收费，基建预、结算审计服务费，销售费用，营业税、城市建设维护税、教育费附加、印花税等销售税费等成本。其他费用和税金一般占建安工程造价的30%左右。贷款利息是建设投资所产生的贷款成本，不仅包括建设贷款利息，还包括建设者的自有投入资金成本，一般占建安工程造价的10%左右。开发商建设建筑物也同样需要获取相应的开发利润，通常为建安工程造价的15%。

上述建筑物成本，包括的成本项目非常多，建筑物成本的计算需要估价师拥有丰富的建筑工程知识，能够完成建筑物的建筑成本概预算。这样的要求对估价师来说太高，也是没有必要的。

估价师在运用成本法评估房地产时，使用的是建筑物的标准重置单价，而非上面的所有成本逐项计算后累加的方式。

2. 标准建筑成本单价

标准建筑成本单价是成本法的评估起点，是成本法的基础。标准建筑成本单价一般应该由专业的成本测算机构进行详细测算，建立针对不同建筑类型、建筑结构和地区的标准建筑物成本单价索引表，并配备相应的换算参数。估价师在评估时，可以根据待评估房地产的类型、特点、建筑形式等内容，查表获取标准建筑成本单价，并根据建筑物的竣工日期进行必要的换算，就可以得到待评估建筑物的全新的建筑成本（单位建筑成本乘以建筑面积），这个单价已经包含了前文介绍的全部建筑成本。

通常，标准建筑成本单价分为两种类型：一种称为标准重建单价；另一种称为标准重置单价。标准重建单价指的是采用与待评估房地产的建筑设计、结构、形式、材料等完全一致的建筑技术，重新建设一个新的房地产所需要的成本，简单地说就是“拷贝”一个待评估房地产所需要的投入成本。从这个定义出发不难发现，对于比较旧的房地产或者历史纪念性房地产而言，标准重建单价的求取是非常困难的或者根本不可能实现，例如，一些过去使用的建筑材料现在已经不存在了或者被禁止使用。

为了解决这个问题，在估价领域被广泛使用的另一个概念是标准重置单价。标准重置单价指的是采用估价时点的建筑技术重新开发建设一个与待评估房地产用途、功能、规模等一致的房地产所需要投入的建筑成本。标准重置单价与标准重建单价相比更加注重评估实际情况，更具应用性。

应用于德国估价领域的标准重置单价被称为 NHK。20 世纪 90 年代以前，在德国估价界使用的 NHK 是以 1938 年的标准建筑成本为基础测算和推导出来的，借助于德国稳定可靠的长期建筑造价指数，可以把这个成本基准日期久远的标准重置单价换算到估价时点。尽管如此，换算完的结果已经不能让估价师满意了，偏差有时让人难以忍受。因此，估价师不得不在成本法评估的最后步骤上通过市场调节，将成本价值与市场价值之间的偏差调整消除。有的时候，这种市场调节幅度是很大的。笔者就曾评估过德国汉诺威市郊的单家庭住房，最后采用的市场调节系数达到40%。而且德国的估价师告诉笔者，这个比例很常见，还有调节至60%的情况。基于这种状况，德国估价界开始反思成本法的标准重置单价标准问题，并将这个成本基准调整到1995年。因此，1997年以后在德国使用的成本估价基准就是NHK95。但是这个基准调整后的标准成本单价也不是很可靠，特别是用于评估比较旧的房地产时，也会出现比较明显的偏差，须借助市场调节系数进行处理。在这之后，德国估价界继续调整这个标准建筑成本单价，并进一步调整到2000年基准日，称之为NHK2000。表3—1就是德国标准建筑成本单价2000的类型为1.01的单家庭住房（见图3—3）的标准重置单价表，与这张表相配套的还有关于装修水平的详细说明。确定装修水平高低的主要依据有外墙、门窗、屋顶、卫生间设施、卫生间和厨房的内墙、地面、内门、暖气和电器装修。通过装修水平和建筑年代就可以查表确定待评估房地产的标准重置单价。如果建筑年代不是2000年，就需要通过线性内插计算。在这个标准重置单价的基础上还要计算建筑附加费，建筑附加费也是配合相应的表格给出的，表3—1中的建筑附加费是16%，建筑物的整个使用年限为60～100年。

表3—1　　住房类型为1.01，包括地下室和底层、可以居住的阁楼的单家庭住房

每平方米建筑面积的成本（欧元/m²），平均层高2.85米							
装修标准	1925年前	1925—1945年	1946—1959年	1960—1969年	1970—1984年	1985—1999年	2000年
简单	410～425	430～440	440～475	475～500	505～530	535～580	580
中等	470～485	490～500	500～540	540～575	575～605	610～660	660
好	540～560	565～580	580～625	625～660	665～700	700～760	760
很好	740～765	770～785	790～850	855～900	905～955	955～1035	1040

这个以2000年为基础的标准重置单价同样存在缺陷，因此，估价师又致力于NHK2000的改进工作。目前，德国标准重置单价的时间基准已经被调整到了2005年。目前这个标准的应用情况还是比较令德国的估价师满意的。

在中国正是缺少这样的系统、完善的标准建筑成本价格表格，才导致估价师在评估实践中对成本法的应用把握不好，特别是年轻的估价师和缺少建筑背景的估价师，很难运用好成本法。因此，我们应该学习德国的做法，尽快组织测算我国不同地区的标准重置单价。因为国情不同，我国幅员辽阔，不能像德国那样测

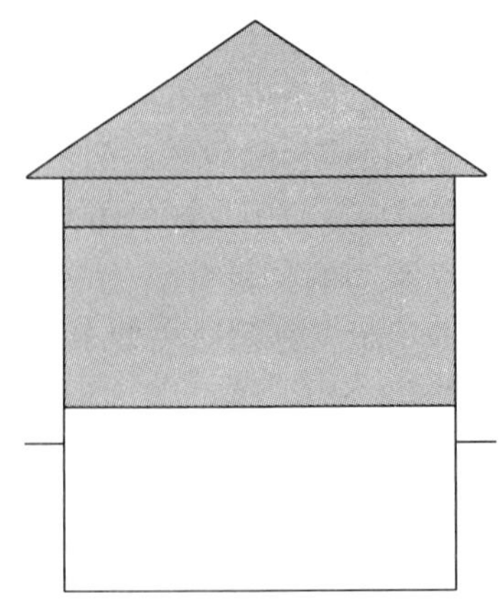

图 3—3 住房类型为 1.01，包括地下室和底层、可以居住的阁楼

算和编制全国统一的标准重置单价，但可以按照行政管理的习惯以省级为单位测算和编制。近些年来，我国在实施物业税改革的研究和探讨过程中，具体说是在建立成本法评税模型的工作过程中，测算和建立了相似的标准建筑成本单价和间接费用比率表，这个尝试向标准重置单价的建立迈出了正确的一步。只可惜这种尝试是发生在房地产估价师和土地估价师的体系之外，不能不令人感到遗憾。

3. 建筑物使用年限折旧

通过查表计算得到建筑物的全新的重置成本后，需要对建筑物因时间经过而产生的价值减损作相应的扣除，扣除的价值量在估价上称为折旧。建筑物发生折旧的种类很多，主要有物理折旧、功能折旧和经济折旧。物理折旧主要是由于随着时间经过，自然界对建筑物产生物理作用（如风吹、日晒、雨淋等）所造成的建筑物价值的减损。功能折旧主要是由于建筑物随着时间经过而产生的功能不足或者过剩而导致的价值减损，如过去住宅的客厅很小，甚至是没有客厅，与现在人们对较大客厅的需求相比，功能上存在明显的不足，这必然导致老旧住宅价格因功能残缺而产生的价值减损。相反，如果住宅的层高过大，会因为耗费过多的能源而导致市场需求不足，从而引起价值减损，这属于功能过剩而导致的折旧。随着时间经过，建筑物的外部经济环境也在不断发生变化，不利的变化同样会导致建筑物价值的减损，这被称为经济折旧。上述三种折旧共同构成了建筑物的年限折旧。

关于建筑物年限折旧及其计算方法将在本书第 5 章进行详细讲解，这里就不再重复。

扣除建筑物折旧之后的成本价值称为建筑物的时间价值。

4. 建筑缺陷和损坏引起的价值减损

建筑缺陷和损坏所引起的价值减损属于建筑物使用年限折旧里面的物理折旧部分。如果这个价值减损没有通过建筑物年限折旧予以考虑，那么就必须单独进行测算和扣除。在标准重置单价的表格里面无法顾及建筑物缺陷和损坏引起的价值减损，标准重置单价表格里面测算的是普遍性的、一般性的、平均化的建筑成本，并尽可能考虑一些普遍因素的影响，如装修水平。建筑物遭受突如其来的外力的作用，导致建筑发生破损，形成建筑缺陷，并对价值产生影响，这称为建筑缺陷和损坏价值修正。突如其来的外力作用可以是自然灾害，也可以是其他事故，例如位于路边的建筑物受到交通事故的影响，遭到肇事车辆的撞击而发生损坏。建筑缺陷包括缺少外墙保温材料、建筑物坚固性不足以及建筑材料不符合目标要求等情况。不规范的建筑施工操作以及偷工减料对建筑物质量产生的负面影响都会导致建筑缺陷的出现。建筑损坏一般是在建筑完成之后由于外部影响产生的。例如忽视了建筑物应有的保养，由于采矿造成地面塌陷、水渍、树木受病及病虫害，这些都属于建筑损坏。

这些缺陷和损坏所引起的价值减损如果在上面的评估步骤里没有予以考虑的话，对价值的修正就需要单独进行，即在不考虑这个价值减损的情况下，正常估算建筑物的成本价值和时间价值，再对建筑缺陷和损坏所引起的价值减损进行科学的测算和评定。对这个价值减损的测算需要估价师拥有建筑设计与结构的专业知识，没有此类教育背景的估价师很难胜任这份工作。因此，大的估价机构通常会配备不同教育背景的估价师，以解决本书所讨论的类似问题。

由于建筑缺陷和损坏引起的价值贬值可以通过如下方式予以考虑：

（1）测算因减少造价所引起的建筑缺陷的价值减损；

（2）测算剩余使用年限的减少所引起的价值减损；

（3）测算因缺少或者减少建筑部件所引起的价值减损；

（4）通过扣除消除损坏的费用的方式测算价值减损。

5. 其他价值影响因素

前文尚未考虑到的、对建筑物成本价值有影响的其他因素可以通过加减数额或其他适当的方式给予考虑。例如，良好的建筑维护带来的价值增值和建筑实际用途与规划设计用途之间的偏差可能带来的价值影响。

良好的建筑维护会延长建筑物的使用寿命，只要这个影响因素没有通过建筑物使用年限予以考虑，就需要单独进行测算和修正。

如果建筑物的实际使用与法律规定不符或者与该房地产周边的环境不符合（不符合最佳使用原则），那么建筑物的使用就会受到限制或者超出设计的使用条件，从而影响建筑物的价值。

3.2.4 外部设施和特殊设备成本价值

外部设施是对主体建筑物的一种补充和完善，例如超级市场通常需要较大的停车场和放置购物车的场地，这些设施的价值如果没有被包含在建筑物的标准重置价格里面，就需要单独予以估算。特殊设备是保证主体建筑物正常使用和运转的一些设备，其价值估算也类似上面的做法。

外部设施和特殊设备的成本价值估算一般需要估价师依据其估价经验进行，通常按照主体建筑物价值的一定比例进行测算，具体比例因建筑物类型的不同而不同，没有明确的规定。

3.2.5 其他设施成本价值

如果土地价值里不包括其他设施的价值，如自然园林绿化场地、人工栽种绿化场地和公园等的价值，那就只能单独对其进行评估。如果有必要，其他设施的价值可以凭借经验，从一般的成本价值里评估出来，比如树林的价值可以根据采伐林木的价格进行倒算推导。

3.2.6 成本价值

上述几部分成本价值测算并加总后，就得到了全部建筑物和土地的成本价值之和，即待评估房地产的成本价值，也称为积算价格，意思是经过若干部分成本累计计算得到的。

得到待评估房地产的成本价值之后，离完成成本法的评估工作仅有一步之遥。而从成本价值到最终评估结果——市场价值还需要进行市场调节，并应该参考其他估价方法的结果。

3.2.7 市场价值

如前文所述，德国修改标准重置单价的主要原因之一是时间太过久远的测算基准导致评估结果产生比较大的偏差，从而需要采用大幅度的市场调节手段。这仅仅从成本法的评估基础方面说明了市场调节的必要性。其实，市场调节对于成本法本身来说也是不可缺少的一个环节。图 3—2 清楚地表明了从成本价值到市场价值的推算需要借鉴其他评估方法的结果，同时也应该考虑必要的市场调节。从成本法的理论依据和评估流程中不难发现，成本法在有些情况下不能很好地顾及房地产在市场上的表现和所处的独特环境。例如，一栋建筑物里面的不同的居住单元，就有可能因为景观和朝向不同而影响价格。一般来说，拥有良好朝向和景观的居住单元的价格会高于没有这些条件的居住单元。这些因素无法在前面的评估环节被顾及，因为它们并不构成建筑物的成本价值。土地价值虽然能够反映此类特点对价格的一些影响，但是正如前文所述，土地价值可以通过一定的方法分摊到该栋建筑物的全部居住单元，却无法顾及一些特殊因素对房地产价值的影响。因此，通过市场调节参数可以解决这个问题。然而，在我国的估价实践中，这一重要的市场调节过程被很多估价师在运用成本法时所误解、忽视或放弃。成本法的这一评估理念必须要得到解释和传播，只有这样才能保证三大经典估价方法之一的成本法得到正确应用，也才能保证成本法的评估结果尽可能准确。笔者在参加辽宁省丹东市地税局物业税试点研究课题时，曾参与成本法评税模型的检验和校正工作，最后正是通过在成本法评估模型中加入了市场调节这个参数，才解决了模型误差过大的问题。

3.3 成本法举例

【例 3—1】 为了遗产继承的目的，需要评估一幢单家庭住房的房地产价值。该幢单家庭住房位于一个大城市的非常好的居民区。评估基准日是 2008 年 4 月 1 日。该幢单家庭住房于 2003 年建设完工，拥有完全地下室、一层、二层和阁楼，总居住面积为 196m^2。地下室有双车位车库。特殊建筑部分是入口处的大面积遮盖和屋顶阳台。整幢建筑物状态完好，位置略图见图 3—4。

该建筑物位于规划纯粹的居住区，建筑容积率为 0.6①，土地面积为 462m^2；该地区基准地价为 2 720 元/m^2，标准宗地的面积为 600m^2（建筑容积率为 0.4）。查当地基准地价修正系数表得到，建筑容积率为 0.4 时的换算系数②为 0.66，建

① 现状建筑容积率可以通过下面方法近似估算：建筑容积率＝（居住面积×100/75）/462m^2＝(196m^2×100/75）/462m^2＝0.5656≈0.6。居住面积和建筑面积的换算系数这里假设是 100/75。

② 不同的容积率对地价有明显的影响，根据大量的交易数据通过数理统计分析得到了容积率与基准地价之间的换算关系，这被称为换算系数。

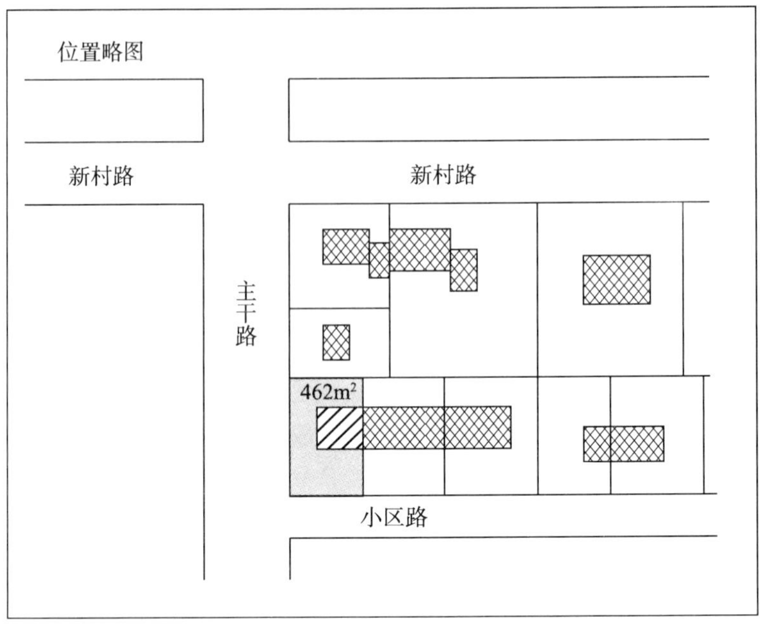

图 3—4　待评估房地产位置略图

筑容积率为 0.6 时的换算系数为 0.78。

其他数据如下：

建筑容积	976m³
重置单价	2 320 元/m³
特殊建筑部分造价	200 000 元

采取直线折旧模型计算，假设建筑物的耐用寿命为 70 年

市场调节率	—10%

解答：

（1）土地估价。

待评估宗地与基准地价宗地在建筑利用上的区别——建筑容积率的差别，可以通过变换系数得到换算，求得评估宗地的地价。计算过程如下：

容积率为 0.4 时的换算系数	0.66	
容积率为 0.6 时的换算系数	0.78	
变换之后的土地价值	2 720×0.78/0.66	3 214.54 元/m²
		约 3 200 元/m²

土地价值	3 200×462m²	1 478 400 元

(2) 建筑物估价。

建筑容积	976 m³	
建筑造价（按照容积计算，包含建筑附加费）		2 320 元/m³
建筑物建造成本价值	976×2 320	2 264 320 元
特殊建筑部分		200 000 元
		2 464 320 元

建筑物折旧

建筑物建成年代为 5 年，通常全部使用年限为 70 年，采用线性折旧方法计算的折旧率为 7.14%(5÷70)。

折旧额	2 464 320×(5÷70)	−176 023 元
建筑物时间成本价值		2 288 297 元
其他外部设施		
（一般采用包干方式计算，这里取 6%，已经考虑到折旧）		
	2 288 297×6%	137 298 元
全部建筑物的时间成本价值		2 425 595 元
土地价值		1 478 400 元
房地产的成本价值		3 903 995 元
		约 3 900 000 元

(3) 市场价值。

根据近期的市场调查发现，比较房地产——位于最佳区位、装修好的单家庭住房的市场交易价值通常比成本价值低 10%①。因此，本单家庭住房在评估基准日的市场价值为 3 510 000 元。

(4) 比较数据。

每平方米居住面积的市场价值	17 908 元
每平方米居住面积的房地产成本价值	19 898 元

① 一般来说，别墅住房的市场调节数据为−30%左右。

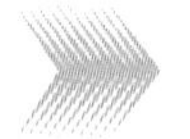

本章小结

本章详细地讲述了成本法的概念和评估原则，介绍了成本法评估房地产的程序，结合评估程序分析和探讨了成本法的主要评估参数的概念和内涵。最后，通过案例分析讲解成本法的评估特点和注意事项。

关键术语

成本法　　标准重置单价　　建筑物年限折旧　　建筑缺陷
建筑损坏　　建筑物成本价值　　市场调节

复习思考题

1. 什么是成本法?
2. 成本法的主要评估流程是什么?
3. 房地产建筑物的成本价值由哪几部分组成?
4. 什么是建筑物的标准建筑成本单价? 它分为几类?
5. 如何理解标准重置单价?
6. 成本法有哪些缺陷? 如何去完善成本法?
7. 为什么说成本法中的市场调节是必要的?

第4章

房地产利率和资本化率

学习指导

重点掌握房地产利率和资本化率的基本概念和内涵，掌握二者之间的区别和联系，熟悉两种不同利率在房地产估价中的具体应用，并通过实例了解房地产利率和资本化率对估价结果的影响。

4.1 研究房地产利率和资本化率的必要性

借用国外专家的观点，房地产估价是一个处于变化之中的动态领域。其这一特点使得对估价的理论、实务操作和专业术语很难达成统一的标准和认识，但是在估价这一技术领域中，内涵清晰、界定清楚的技术语言是不可或缺的。在我国目前估价理论还不成熟、实务操作非常混乱的背景下，对收益法中资本化率概念的理解和研究运用是十分必要的。

运用收益法评估房地产时，房地产利率或资本化率的选取对评估结果起着重要的影响作用。例如，某房地产年净收益 5 万元，地价 20 万元，该房地产的使用年期（近似等于收益年期）为 75 年，采用两种公式[①]计算在选取不同的资本化率的情况下的该房地产收益价值的变动情况。表 4—1 列出了在资本化率以 0.5%的变动幅度从 2%到 10%的变化情况下，以两种不同方式进行地价处理后的房地产的评估结果。从表中可以看出，资本化率的微小变化可能会导致房地产评估结果发生较大幅度变化，例如，当资本化率从 2%变为 2.5%时，评估结果从 2 500 000 元变为 2 000 000 元，变动幅度达 20%。

表 4—1　　不同资本化率对收益法评估房地产收益价值的影响

房地产资本化率（%）	房地产收益价值 1（元）	房地产收益价值 1 变动幅度（%）	乘系数	房地产收益价值 2（元）	房地产收益价值 2 变动幅度（%）
2.00	2 500 000	—	38.68	1 979 147	—
2.50	2 000 000	−20.00	33.72	1 717 523	−13.22
3.00	1 666 667	−16.67	29.70	1 506 880	−12.26
3.50	1 428 571	−14.29	26.41	1 335 488	−11.37
4.00	1 250 000	−12.50	23.68	1 194 577	−10.55
4.50	1 111 111	−11.11	21.40	1 077 549	−9.80
5.00	1 000 000	−10.00	19.48	979 399	−9.11
5.50	909 091	−9.09	17.85	896 304	−8.48
6.00	833 333	−8.33	16.46	825 322	−7.92
6.50	769 231	−7.69	15.25	764 172	−7.41
7.00	714 286	−7.14	14.20	711 069	−6.95
7.50	666 667	−6.67	13.27	664 609	−6.53
8.00	625 000	−6.25	12.46	623 677	−6.16
8.50	588 235	−5.88	11.74	587 380	−5.82
9.00	555 556	−5.56	11.09	555 001	−5.51
9.50	526 316	−5.26	10.51	525 955	−5.23
10.00	500 000	−5.00	9.99	499 764	−4.98

① 第一种情况，在房地产剩余使用年限比较长的情况下，忽略房地产使用年期结束后的土地价值；第二种情况与第一种情况相反，考虑土地价值的影响。

图 4—1 显示了房地产评估结果收益价值对资本化率变化的敏感性。从图中可以看出，在资本化率比较小时，其变动对评估结果带来的影响比较显著；而资本化率比较大时，其变化对评估结果的影响就变得不那么敏感了。因此，对那些比较小的资本化率对应的房地产类型的房地产进行估价时，需要格外谨慎选取资本化率。资本化率一旦选取不慎，就会对房地产评估价值带来非常大的影响。这一点也是收益法的致命弱点，必须加强对资本化率的研究，增强收益法评估结果的说服力。

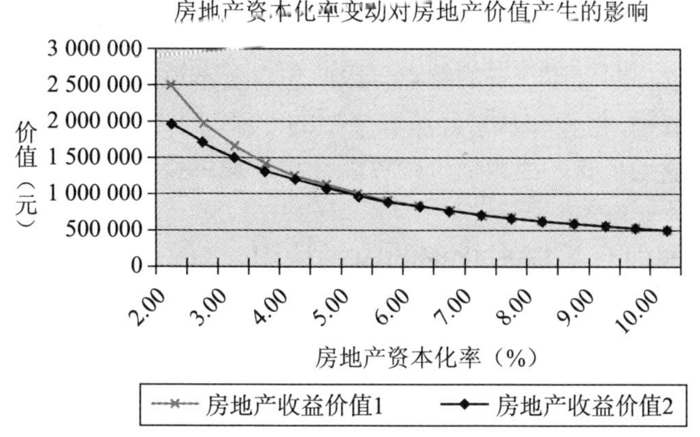

图 4—1　房地产资本化率变动对收益价值的影响

因此，我们有必要回顾和归纳国内外有关房地产利率和资本化率的主要观点和求取方法，并借鉴国外关于房地产利率的概念，希望从中得到启示，以利于我国尽早建立起标准化的估价方法体系，提高我国房地产估价的服务质量。

4.2　对房地产资本化率和房地产利率内涵与本质的认识

房地产资本化率也被称为资本化率，是财务数学里面的一个重要概念。而房地产利率这个概念在各种文献里却很少被提及，甚至有些房地产估价师也不了解这个概念。但对这两个概念的认识不仅对房地产估价的收益法具有重要意义，对房地产估价在金融领域的服务更具有重要意义。本节将主要探讨这两个概念的内涵和本质。

4.2.1 国外有关资本化率的概念

国外有些文献将房地产估价中的资本化率（capitalization rate）定义为贴现率和资本返还率之和。这个定义应用在一定期限内投资本金将被投资者或借款人收回的收益流分析中。而在财务文献中，资本化率被定义为一种贴现率，用来发现一系列未来现金收益的现在价值，因此，资本化率有时也被称作贴现率。

美国关于资本化率的争论焦点在于资本化率是否应该包括资本返还率，即资本化率在估价和财务中是否应当使用同一概念。房地产具有有限的经济寿命和通过大量抵押贷款分期偿还投资的特点，因此包含资本返还率的资本化率便于测算收益的现在价值①；但大多从事经济和金融的专家和学者则不同意改变定义，他们认为这样做毫无必要，因为估价师可以计算并提供资本返还。

4.2.2 国内有关资本化率的内涵认识

国内关于资本化率的认知可以总结成如下几种观点：

（1）资本化率是将一项投资的净收益折现以确定该投资在估价时点的价格的投资收益率。持这种观点的专家学者主张资本化率应采取内部收益率来测算。②

资本化过程在估价的角度包含两种意思：第一，资本化是指将一系列实际的或预测的净收益在某个给定的时点转化为相等的资本价值的过程；第二，资本化是用某一公式将实际的或预测的在估价时点的租金净收益转化为房地产的购买价格的过程。③

（2）资本化率是反映资本价值随时间变化而产生的变化幅度的参数。个别资本化率是反映作为房地产投资该宗物业年收益价值与总价值的平均比例；行业资本化率反映所属房地产开发行业的资本经营平均变化比率；在项目评估与房地产经纪评价中，现金流量表中的折现率也是资本化率。④

（3）资本化是将房地产未来年净现金流转化为现在价值的过程，资本化率是这一转化过程的百分率。

---

① Alfred A. Ring, *The Valuation of Real Estate*, Englewood Cliffs. N. J., Prentice-Hall, 1970.

② 参见曹军建编著：《现代房地产估价理论与方法》，广州，中山大学出版社，1997。

③ 参见曹军建：《对房地产资本化理论的再认识》，载《中山大学学报》，1996（6）。

④ 参见李典凯、金公、郭向东：《对房地产资本化率的认识》，载《建设与管理》，2003（8）。

4.2.3 国内关于资本化率本质的观点

除了上述关于资本化率概念与内涵的认识之外，国内关于资本化率的本质也存在不同的理解。总结起来，国内关于资本化率本质主要存在以下几种观点：

（1）资本化率实际上是一种资本投资的收益率。根据收益率与投资风险成正比的原理，房地产估价中应用的资本化率等同于具有同等风险的资本的收益率。

（2）资本化率的本质不能简单地界定为资本投资的收益。资本化率的确定须和净收益的处置相匹配，应针对净收益的不同处置情况采用不同的资本化率。[①]

（3）房地产估价中的资本化率就是投资房地产的收益率，等同于投资房地产具有相同风险水平的行业的资本收益率。

（4）资本化率实际上是投资者所投资房地产行业不同类型物业的基准收益率或最低期望收益率，对于任何投资行为，一旦其所预测的收益率低于该最低期望收益率，该投资行为就不会发生。[②]

（5）资本化率与最低期望收益率在性质上属同一范畴，但这并不是说资本化率就是某项投资的期望收益率。并且从性质和数量上看，资本化率不可与内部收益率类比。资本化率是一个独特的指标，其确定有自己独特的要求。[③]

骆汉宾对资本化率、最低期望收益率和内部收益率进行过详细研究，三者之间的区别如表4—2所示。

4.2.4 房地产利率的内涵和本质

如果说房地产资本化率反映了不同类型房地产在不同区位、环境和其他条件下的收益与价值之间的关系，资本化率是因房地产类型不同、区位不同、环境不同而不同的“个体”指标数据，那么房地产利率就是能够反映某种类型房地产在一定时期的平均化的资本和收益之间关系的“群体”指标。房地产利率反映的是一定区域范围内的同一种类型房地产的平均化的收益能力，是平均化的代表性指标。图4—2是德国汉诺威市多家庭住房的房地产利率统计数据。这条房地产利

① 参见吴守志：《论资本化率与纯收益的匹配问题》，载《苏州城建环保学院学报》，1999（1）。

② 参见王吓忠：《房地产估价资本化率的国内外比较分析及启示》，载《中国资产评估》，2003（1）。

③ 参见骆汉宾：《房地产开发项目评估用收益率指标比较分析》，载《武汉城市建设学院学报》，1998（3）。

表 4—2　　资本化率、最低期望收益率和内部收益率的区别

名称	最低期望收益率	资本化率	内部收益率
概念	单位投入资本平均每年（时间周期）应该从房地产项目中获得的净收益（增值收益）	某项房地产投资中应具有的贴现率	投资项目在某一测算期内各年（时间周期）净现金流量现值累计等于零时的贴现率
确定及求取	借贷利息率＋管理报酬率＋风险报酬率	确定资本化率应当以某种资产收益率为基础，综合考虑房地产项目的风险性、管理难易程度、流通性、增值性以及要求的角度（转让者或投资者）等因素来进行	$\sum_{t=0}^{n}(CI-CO)_t(1+IRR)^{-t}=0$ 式中 $(CI-CO)_t$ 为第 t 期（年）净现金流量
作用及意义	投资决策的“门槛”指标，在目前的投资项目流量分析中有广泛的应用	运用到收益法中确定房地产的收益价格	评价投资项目的重要技术经济指标；某个投资项目的内部收益率随考虑的资本投入类型的不同（自有资本、全投资）及收入环节（税前、税后）等的不同，表现为一组指标
相互间区别	与利息率指标属同一范畴，具基准属性，该指标不随具体投资方案（投入安排、收入安排等）的不同而变化	与内部收益率在性质和数值（是否包含资本回收）上不同，不可类比；与房地产利率性质相同，但资本化率的确定有自己独特的指标	与最低期望收益率的区别在于，内部收益率反映具体投资的实际投资收益水平，会随具体投资方案的变化而不同，因此两者可能在数值上相同，但性质不同

资料来源：骆汉宾：《房地产开发项目评估用收益率指标比较分析》，载《武汉城市建设学院学报》，1998 (3)。

率曲线的发展趋势不仅反映了 1992 年至 2007 年 15 年间汉诺威市多家庭住房的收益能力变化情况，也反映了这个时期汉诺威市住宅市场的发展变化情况。从图 4—2 中可以看出房地产市场周期循环的变化规律。因此，房地产利率可以反映房地产市场的发展变化规律，反映房地产经济的发展特点，是从事房地产市场研究不可缺少的重要指标之一。

如同银行的存款利率一样，房地产利率是一个计算利息的比率指标；存款利率反映了货币的时间价值，是货币可以因时间经过而获取基本收益的指示器。同

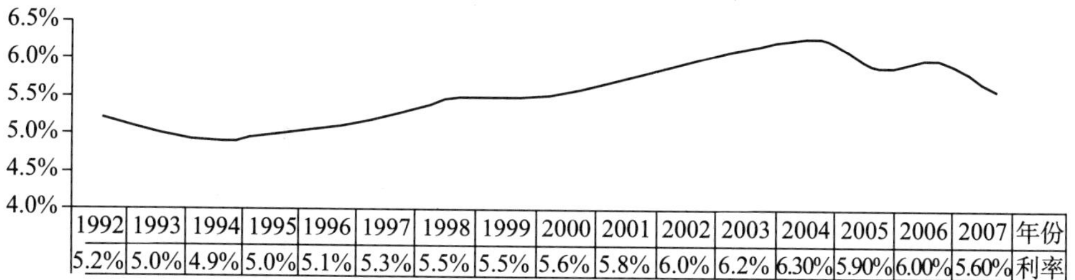

图 4—2 德国汉诺威市多家庭住房的房地产利率走势

样，将资金注入房地产后形成的房地产资本，也需要因时间经过而产生收益——房地产资本利息。当然因为房地产的特殊性，这个利息率不是无风险的收益率，还要包括诸多房地产自身的收益特点，最后形成房地产利率。影响房地产资本化率和房地产利率的因素很多，请参考 4.5 节。

房地产利率是个平均化的指标，而房地产资本化率是个单一性的指标。房地产资本化率针对某种房地产类型有一定的选择区间（见表 4—3），估价师可以在这个范围内选择他认为适当的资本化率，将测算的房地产收益进行资本化。房地产利率则是位于这个区间内的该类房地产的一个平均值，反映了一定时期房地产

表 4—3 德国北部州银行针对不同房地产类型的房地产资本化率（2001 年）

房地产类型	房地产资本化率
住宅	5.0%～6.0%
商店	6.0%～7.0%
写字楼	6.0%～7.0%
大型商店	6.5%～7.0%
超级市场和专业市场	6.5%～7.5%
消费品市场、购物中心	6.5%～7.5%
旅馆和餐馆	6.5%～7.5%
休闲类房地产，如网球馆、水上娱乐中心	6.5%～8.5%
医院、疗养院等	6.5%～8.5%
养老院、敬老院、老年康复中心等	6.5%～8.5%
停车场、加油站等	6.5%～8.5%
仓库	6.5%～8.5%
生产车间	6.5%～8.5%

的平均收益能力。当我们需要了解来自土地的收益或建筑物的收益时，就可以采用土地利率或者建筑物利率与土地价值或建筑物价值相乘的方法进行计算。所以，房地产利率反映了房地产资本的价值。

4.3 美国关于资本化率构成与资本返还的观点

4.3.1 观点之一

资本化率的两个基本组成部分是资本返还率（recapture rate）和房地产利息率（interest rate）。投资者期望投入的资本能全部得到返还，并得到报酬。因此，收益资本化法中应明确区分资本返还和资本报酬。资本返还率和房地产利息率则是分别衡量这两个部分的指标。下面通过例子来说明两者间的区别。

【例 4—1】 某公司以 100 000 元的成本开发建设了一个办公楼，这个办公楼有 20 年的经济寿命。该公司期望在其经济寿命期间，从这个项目获得 10％的年净收益，也期望在这段时间使建筑物的投资得以偿还。为了实现这两个目标，则必须实现以下规模的净经营收益：

100 000×10％＝10 000（元）——利息（资本报酬）

100 000÷20＝5 000（元）——年返还（投资返还）

10 000＋5 000＝15 000（元）——年净经营收益

在上面的例子中，年净经营收益为 15 000 元，资产价值为 100 000 元。因此，这个办公楼的资本化率就为“投资收益/资产价值”，即 15 000/100 000＝15％。而投资回报占到总资本化率 15％中的 5％(5 000/100 000)。

资本化率必须反映期望资本的回收，在美国收益资本化法的直接资本化法中使用的收益率和收益因子隐含了投资返还率，而报酬资本化法则需要明确区分资本返还和资本报酬两个部分。

4.3.2 观点之二

1. 延期消费补偿

投资者为了投资，须延期消费，因此首先需要获得的是延期消费补偿，即使其投资没有任何风险。

2. 通货膨胀补偿

投资者认为未来回收金额应与现在延期消费金额相当，若货币贬值，就需要获得通货膨胀补偿。通常可以用具有高度流动性而又无风险的长期国债利率作为通货膨胀补偿，因为国债利率一般反映了通货膨胀的影响。

3. 风险补偿

由于房地产投资存在风险，因此要求有比无风险的国债更高的利率作为风险补偿，其与无风险利率的差额即为风险溢价。风险补偿具体体现为购买力风险补偿、管理负担补偿、财务风险补偿及资产缺乏流动性补偿等。风险补偿究竟应该有多少，这是各国学者一直争论不休的问题。美国用资本资产定价模型 CAPM，即 $\beta[E(R_m)-R_f]$ 来作为风险补偿，其中，β 指估价对象房地产不可分散风险的标准化度量系数，$E(R_m)$ 指房地产市场期望收益率，R_f 指无风险收益率。在中国则采用风险调整值法。无论怎样确定风险调整系数，有一点是很明确的，即风险越高，风险补偿就越高，资本化率也就越高。

4. 投资回收补偿

在收益法的评估公式中除了要体现投资回报外，还应体现投资回收，对没有体现投资回收的，就需要在资本化率中进行投资回收补偿，否则，结论会存在较大误差。美国的资本化率就包含对投资回收进行的补偿。

4.4 资本化率的分类

房地产资本化率与房地产收益之间息息相关，是房地产收益与房地产价值之间的纽带。因此，对资本化率进行分类需要从收益类型和特点出发。

房地产资本化率可以根据不同的收益流量，从不同的实体成分或产权权益成分中求取各成分比率，在估价计算过程中应注意不同类型的资本化率与其成分的匹配问题。收益流量和资本化率的对应关系如图 4—3 所示。

图 4—3 中的资本化率在估价实践中会被交叉使用。例如，估价师有时会根据自有资金资本化率和抵押贷款资本化率测算综合资本化率，也可以通过土地资本化率、建筑物资本化率测算综合资本化率；或者用上述两组资本化率中的两个测算第三个。

关于这些资本化率之间的关系也存在着争论。有些学者认为，建筑物不能脱离土地单独存在，因此，建筑物资本化率不可能游离于土地资本化率之外而单独存在，建筑物资本化率这个概念与土地资本化率始终是相依存的关系。故

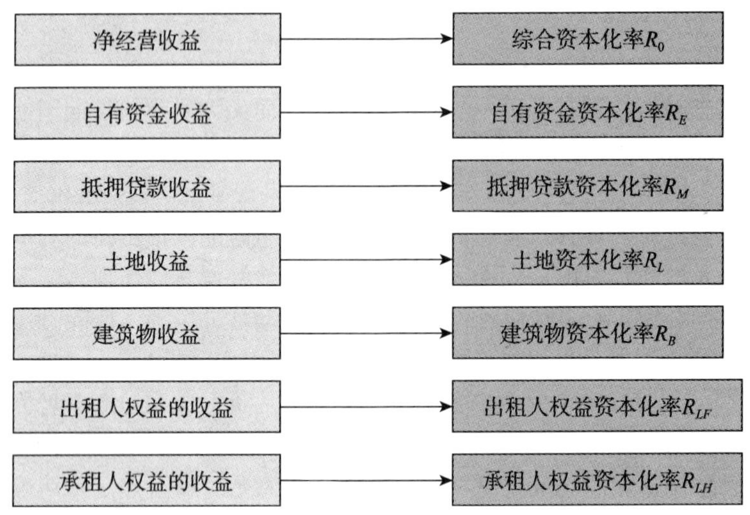

图 4—3　收益流量和资本化率的对应关系

资料来源：美国估价学会：《房地产估价》，11 版，北京，地质出版社，2001。

而在大小上，这两种资本化率也应表现出一致性，即建筑物资本化率应该等于土地资本化率。持反对观点的学者认为，既然资本化率与风险是相对应的关系，那就应该区分土地资本化率和建筑物资本化率。无论是从物质存在的角度，还是从资本存在和投资角度看，土地与建筑物相比都更加安全，因此，土地资本化率通常应该低于建筑物资本化率。在中国评估实践中，估价师们对建筑物资本化率的选取通常要高于土地资本化率 2 个百分点。当然这种处理方式是值得探讨的。

4.5　资本化率的影响因素

房地产资本化率的影响因素很复杂，并且难以确定，主要影响因素包括：自有资本所占的比例，也可用贷款价值比表示；借贷资本利息，主要是银行利率；因建筑物老化产生的贬值和收益降低；因通货膨胀或通货紧缩带来的房地产价值的变化；各种风险补偿；管理的难易程度；房地产的变现能力、增值能力等。资本化率的主要影响因素如图 4—4 所示。

无论是自有资金还是借贷资金都要求一定的投资回报，这些回报需要在房地产资本化率上反映出来，正如前面所探讨的，它们会构成房地产的资本返还部

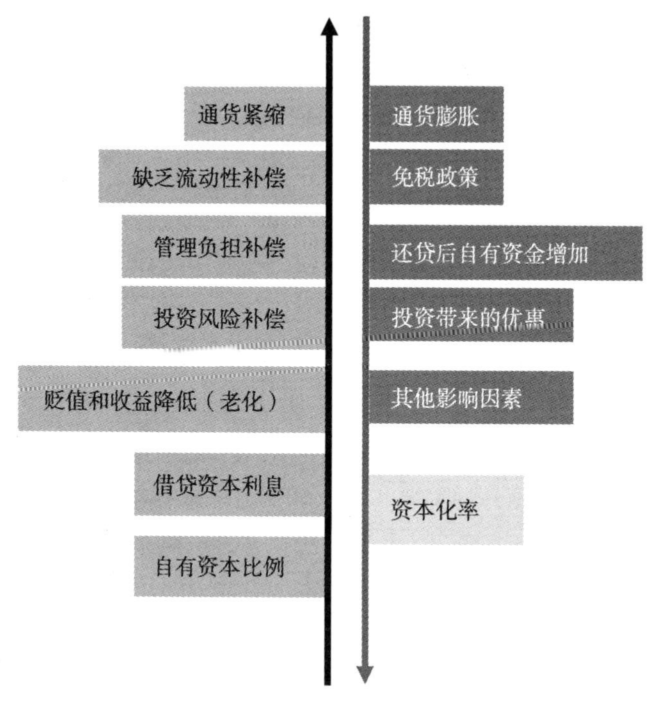

图4—4　房地产资本化率的影响因素分析

资料来源：叶剑平编著：《房地产估价》，北京，中国人民大学出版社，2002。

分。房地产在使用过程中会发生老化、功能落后等折旧问题，这同样需要通过资本化率反映出来。投资存在风险，而有风险就要求风险补偿，因此，这还会加到资本化率上。房地产是个需要由专业人员管理的财产类型，由此所带来的管理成本会形成房地产的管理负担，这个负担需要通过房地产的收益进行补偿，因此，这也会反映到房地产资本化率上。房地产是房地产财产，因土地不可移动，房地产实体上难以转移，因此，房地产形成的房地产财产不如股票、债券等证券类资产的流动性强，出售房地产获取流动性资金需要一定时间。房地产的这种流动性较差问题也需要通过资本化率进行补偿。发生通货紧缩时，房地产的租金下调，房地产的保值增值特点就需要通过资本化率进行调整。上面讨论的几个方面都会增加房地产资本化率的数值。

与此相对应的另外一些因素，例如通货膨胀、免税政策等，反映了投资房地产的好处，这些好处也要通过房地产资本化率进行补偿和调整。这些投资房地产的利好因素会在数值上降低资本化率的大小。

上述正反两方面因素综合作用，就会形成市场上一定时点下的特定房地产类型的资本化率。运用收益法评估房地产价值时，需要根据房地产类型、区位以及其他个体因素，依据估价经验，科学、合适、正确地选取房地产资本化率，把经过测算的房地产收益资本转化为房地产价值。

究竟这些因素对资本化率形成的贡献有多大，如何充分考虑这些不同因素的影响，关系到资本化率的测算问题。资本化率测算是一件非常困难的工作，一直值得深入研究和探讨。

4.6 资本化率求取方法

由于对资本化率的理解不同，国内外在求取资本化率的方法上也存在一些差别。下面主要介绍代表国外的美国、日本和国内求取资本化率的方法。

4.6.1 国外求取资本化率的方法

1. 美国的资本化率求取方法

(1) 从比较案例销售资料中求算。

在市场交易活跃、类似的比较房地产销售资料充足时，通过比较案例求取资本化率是较好的方法。在大量搜集资料的过程中，估价师应确定房地产交易的净经营收益的计算方式应与待评估房地产的求算方式一致，并且比较案例的总风险也应与待评估房地产相似。满足上述条件后，估价师每个比较案例的房地产净经营收益除以售价，就能得到综合资本化率。其计算公式为：

$$R_0 = \frac{NOI}{V} \tag{4—1}$$

净经营收益是求取综合资本化率的基础，在美国对不同收益的计算有非常明确的要求。通常从居住单元的租金出发，用居住单元的单位租金乘以该房地产的居住单元总数，就得到了该房地产的潜在总租金收益（PGI）。由于房地产可能存在空置和租客交替，从而产生租金损失，当然也存在其他收益的可能，因此，租金的减少和收益的增加都需要在潜在总租金收益里做调整。PGI 经过调整之后就得到有效毛收益 EGI。EGI 还需要扣除经营成本才能得到净经营收益 NOI。

表 4—4 是美国从比较案例的售价和收益资料测算综合资本化率的过程。

表 4—4　从比较案例销售资料测算综合资本化率表

可比实例	A	B	C	D
交易价格（美元）	368 500	425 000	310 000	500 000
年净经营收益（美元）	50 000	56 100	42 718	68 600
资本化率 R_0	0.135 7	0.132 0	0.137 8	0.137 2

资料来源：美国估价学会：《房地产估价》，11 版。

使用这种简便有效的综合资本化率的估算方法通常需要满足三个条件：

1）待评估房地产和所有比较房地产的收益与费用估计的基础相同；

2）市场对所有房地产的再出售价格和持有期间具有相似的期望；

3）影响比较房地产的融资条件和市场条件，必须与影响待评估房地产的条件相似，必须对存在的任何差异都进行修正。

（2）从有效总收益乘数中求算。

从净收益率（*NIR*，经营费用率 *OER* 的补集，$NIR=1-OER$）和有效总收益乘数（*EGIM*），求取综合资本化率的公式为：

$$R_0=\frac{(1-OER)}{EGIM}=\frac{NIR}{EGIM} \tag{4—2}$$

在市场资料不能满足直接求取综合资本化率，但可从比较案例获得可信的交易及总收益资料时，可从各比较案例的综合资本化率的修正值得出一个综合资本化率的估计值。

（3）投资组合法之一——抵押贷款和自有资本投资复合收益率法。

美国所使用的投资复合收益率法是将购买房地产的抵押贷款的利息率与自有资本要求的收益率加权平均，求出房地产的综合资本化率。其计算公式为：

$$R_0=M\times R_M+(1-M)\times R_E \tag{4—3}$$

式中，R_0 为综合资本化率；M 为贷款价值比率，即抵押贷款额占房地产价值的比率；R_M 为抵押贷款常数；R_E 为税前自有资金收益率。

值得注意的是公式 4—3 中参数 R_M 和 R_E 的确定方法。抵押贷款常数是每年的本金和利息偿还额与抵押贷款本金总额的比率。抵押贷款常数 R_M 与抵押贷款报酬率 Y_M 不同，后者是使各期本息偿还额的现值等于贷款本金的折现率。自有资金收益率 R_E 是自有资金投资者所追求的一个系统性的现金收益的资本化率，是年度税前现金流量与自有资金总额的比率。自有资金收益率 R_E 不同于自有资金报酬率 Y_E，在数值上前者可能高于或低于后者，具体计算过程见例 4—2。

【例 4—2】 待评估房地产可取得的贷款价值比为 75%，贷款利率为 10%，偿还期为 25 年（月付），所对应的抵押贷款常数为 0.109 0，自有资金收益率为 12%（从比较实例中计算得出）。

$$R_0 = (0.75 \times 0.1090) + (1 - 0.75) \times 0.12 = 0.1118$$

只有在市场资料足以抽取和计算自有资金收益率，而且税前现金流量是买卖双方主要投资标准时，这个方法才适用。

（4）投资组合法之二——土地与建筑物投资组合法。

如果房地产实体组成的土地和建筑物的每一部分可被独立地估算，而且每一部分占房地产的价值可以确定，并可依据价值计算出土地和建筑物的加权比率，则采用土地和建筑物投资组合法计算综合资本化率的公式为：

$$R_0 = L \times R_L + B \times R_B \tag{4—4}$$

式中，R_0 为综合资本化率；L 为房地产总价值中土地价值的百分比，即土地权重；R_L 为土地的资本化率；B 为房地产总价值中建筑物价值的百分比，即建筑物权重；R_B 为建筑物的资本化率。

【例 4—3】 土地占房地产总价值的 45%，建筑物占房地产总价值的 55%，通过比较案例测算法求出的土地资本化率为 10.25%，建筑物的资本化率为 16.00%。则综合资本化率 R_0 计算如下：

$$R_0 = (0.45 \times 0.1025) + (0.55 \times 0.1600) = 0.1341$$

土地与建筑物的资本化率，也可用剩余分析法从已有建筑物的房地产比较案例中抽取。

（5）债务保障公式。

机构贷款人经常使用债务保障率（DCR-debt coverage ration）来提高本金的安全性。债务保障率是净经营收益（NOI）与年本息偿还额（I_M）的比率。即 $DCR = NOI/I_M$。

债务保障率乘以抵押贷款常数和贷款价值比率，可求算综合资本化率。其计算公式为：

$$R_0 = DCR \times R_M \times M \tag{4—5}$$

【例 4—4】 待评估房地产净经营收益为 50 000 元，年本息偿还额为 43 264 元，抵押贷款常数为 0.156 5，贷款价值比率为 0.75。则综合资本化率计算如下：

$$DCR = 50000 \div 43264 = 1.1557$$

$$R_0 = 1.155\,7 \times 0.156\,5 \times 0.75 = 0.135\,7$$

通过这种方法，贷款者可用市场资料核对从比较实例中求取的综合资本化率是否合理。

2. 日本的资本化率求取方法

日本《房地产鉴定评价基准》对于求取资本化率的方法曾作出过如下规定：决定资本化率时，以认为最具有一般性的投资利润率为标准，并比较观察与该投资对象相关的房地产特性，即就投资对象的危险性、流动性、管理的困难性以及作为资产的安全性等加以综合比较观察，以求得房地产的资本化率。这个规定与我国资本化率的安全利率加风险调整值求取法是类似的。

4.6.2 国内求取资本化率的方法

国内求取房地产资本化率的方法是在借鉴国际经验的基础上，结合我国国情设计出来的，具有较强的实用性，但是也存在尚需完善的地方。

1. 市场提取法

市场提取法是通过收集市场上相同或相似房地产的净收益、交易价格等资料，利用收益资本化的计算公式计算资本化率，从而得出市场上认可的资本化率。

这种方法的缺陷是要求市场资料必须丰富，并且需要估价人员对某些特殊交易情况等作出修正后才能应用。

2. 安全利率法

安全利率法就是选用一种公认无风险的投资收益率作为资本化率。在美国通常是选用长期国债利率。在我国根据实际情况，一般选取年限较长的国债收益率作为资本化率。在有保值贴补率的情况下，还应增加保值贴补率作为对通货膨胀因素的补偿。

这种资本化率确定方法的重要缺陷是对投资风险安全没有予以考虑。此外，安全利率并不能充分反映房地产的投资属性。

3. 安全利率加风险调整值法

这种方法的实质是安全利率法的修正，即在安全利率的基础上，根据估价人员对于风险的判定，确定在原来的安全利率的基础上，加上一定比例的风险调整系数，以此作为资本化率。其计算公式为：

$$\begin{matrix}资本\\化率\end{matrix} = \begin{matrix}安全\\利率\end{matrix} + \begin{matrix}投资风\\险补偿\end{matrix} + \begin{matrix}管理负\\担补偿\end{matrix} + \begin{matrix}缺乏流动\\性补偿\end{matrix} - \begin{matrix}投资带来\\的优惠\end{matrix} \quad (4—6)$$

具体计算步骤是：

（1）找出安全利率：无风险投资的收益率，是资金的机会成本。

（2）确定在安全利率基础上的加码（或扣减），包括对投资风险、管理负担和投入资金缺乏流动性的各项补偿。

完全无风险的投资在现实中难以找到，一般选用同一时期的一年期存款利率或一年期国债利率去代替安全利率。于是投资风险补偿就变为投资估价对象相对于投资一年期存款的风险补偿；管理负担补偿变为投资估价对象相对于投资一年期存款的管理负担补偿；缺乏流动性补偿变为投资估价对象相对于投资一年期存款的缺乏流动性补偿；投资带来的优惠变为投资估价对象相对于投资一年期存款所带来的优惠。

由于待评估房地产的风险水平难以准确判断，这种方法对于估价人员的素质有一定要求。并且同安全利率法所存在的缺陷一样，采用安全利率作为调整的基础并不能完全反映房地产的投资属性。但是这种方法由于基本反映了资本化率实质的几个方面，在实际应用中不失为一种简便易行的方法。

4. 实质利率法

实质利率法是台湾的林英彦教授提出的，其计算公式为：

$$\text{实质利率}=\frac{\text{一年期定期存款利率}}{\text{物价指数}} \tag{4—7}$$

这种方法同安全利率法一样没有考虑到房地产风险因素和投资性特点。

5. 投资收益率排序插入法

这种方法是将社会上各种类型的投资收益率找出来，各种投资及其风险、收益率的一般排列顺序是银行存款、贷款、国库券、债券、股票、期货、保险等。将各个领域的投资收益率按其数值的大小从低到高排列，并制成图表的形式，将待评估房地产的投资与其他投资进行比较分析，考虑投资的风险性、流动性和管理上的难易程度。由估价人员根据其经验判断待评估房地产的资本化率应该落在哪个范围之内，从而确定出所要求取的资本化率的数值（见图 4—5）。

这种方法倚重于估价人员的经验，对于估价人员的素质要求较高，主观性较强。

6. 投资复合收益率法

这种方法将购买房地产的抵押贷款的利息率与自有资本要求的收益率加权平均，求出综合资本化率。这与美国资本化率求取的第 3 种方法——抵押贷款和自有资本投资复合收益率法相同。

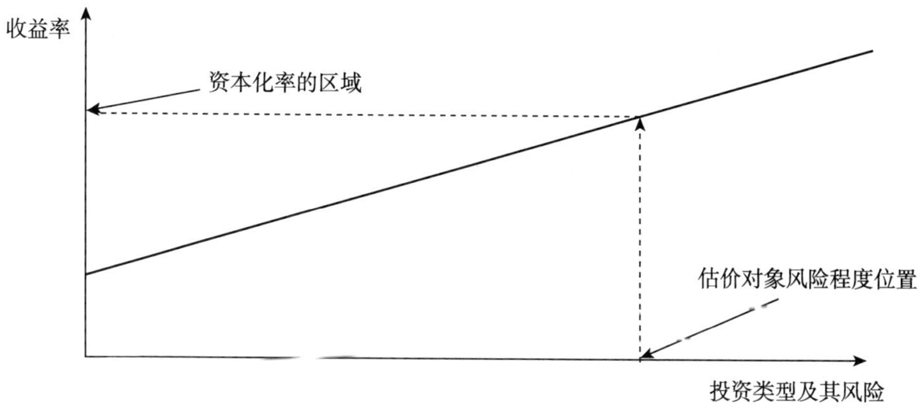

图 4—5　投资收益率排序插入法示意图

7. 实际利率调整法

实际利率调整法先通过市场法调查三宗以上类似房地产的价格，并调查类似房地产的平均租金价格，以此求得收益无期限的资本化率 $r=\frac{a}{V}$，再根据待评估房地产收益有期限的具体情况，进行修正调整，采用收益法反算式逐渐迭代、逼近的方式求得资本化率。即将 $r_1=\frac{a}{V}$ 代入 $r_2=\frac{a}{V}\left[1-\frac{1}{(1+r_1)^n}\right]$，再将 r_2 代入 $r_3=\frac{a}{V}\left[1-\frac{1}{(1+r_2)^n}\right]$，如此迭代计算不断逼近，一般经过三次迭代后即可达到比较满意的精度。最后将求得的资本化率代入收益法公式，便可计算出待评估房地产的收益价格。

4.7　房地产利率求取方法

因为我国估价界还没有房地产利率这个概念，所以很少有文献资料提及和探讨房地产利率的求取方法。因此，下面主要介绍美国和德国测算房地产利率的方法。

4.7.1　美国求取房地产利率的方法

在美国求取房地产利率的主要方法是市场萃取法（market extraction method），估价师可以通过从源于房地产的总净经营收益中减去属于建筑物返还的资产净经营收益之后，再除以房地产售价中的剩余部分，来确定房地产利率。

【例 4—5】 某房地产的售价为 200 000 元，土地价值为 50 000 元，并且该房地产有 40 年的剩余经济使用年限，它的总净经营性收益为 30 000 元。则：

建筑物的价值＝ 200 000－50 000＝150 000（元）

返还资本率（类似直线折旧率）＝1÷40＝0.025

建筑物的资本返还（类似折旧额）＝150 000×0.025＝3 750（元）

建筑物的资本返还可得到的净经营收益是 3 750 元，余下的房地产可得到的净经营收益为 26 250 元（30 000－3 750）。

该房地产的利率＝26 250÷200 000＝0.131 25

待评估房地产的总综合资本化率是 0.131 25＋0.025，也就是 15.625%，约等于 15.6%。

上例中是对房地产所有权的评估，因为土地具有保值增值性，所以没有对其进行资本返还的计算。下面将考虑在土地使用权情况下房地产利率的变动情况。

为了简化问题，假设土地的剩余使用年限也为 40 年。由于资本返还率一致，都是 0.025，因此：

房地产的返还额＝200 000×0.025＝5 000（元）

房地产的净经营收益＝30 000－5 000＝25 000（元）

房地产利率＝25 000÷200 000＝0.125

房地产综合资本化率＝0.125＋0.025＝0.15

在我国现行土地使用制度下，土地的使用权价值也是逐年递减的，但房地产的所有权价值是客观存在的。利用房地产利率的概念可以剔除资本回收和使用年限的影响因素，对房地产的客观投资收益能力进行衡量。

4.7.2 德国关于房地产利率的观点和求取方法

德国估价界专家学者认为房地产利率是用房地产交易价值计算房地产利息的市场平均化的利息率。房地产利率是采用收益法的基本原理，针对不同的土地或者房地产类型，在考虑到剩余使用年限之后，从适当的房地产交易价格及其相对应的净收益推导计算出来的。①

① 参见《联邦德国建筑法典》第 15～20 条。

房地产利率对于房地产价值评估的收益法而言具有重要意义。它表示房地产计算利息所采取的市场化的、一般性的利息率。房地产利率的高低是依据专业知识，从某种类型的房地产的客观的、一般性的收益和价值关系出发推导出来的，并构成了房地产价值评估的重要依据和基础。房地产利率是客观的、市场化的、一般性的和平均性的，并针对特定的房地产类型。

房地产利率具有如下作用：

(1) 房地产利率在采用收益法评估房地产时起着市场调节作用。

在采用收益法评估房地产选取资本化率时，以房地产利率为基础，根据房地产市场的发展和变动趋势，在权衡房地产的区位特点、宏观和微观经济环境、投资和收益风险等因素的基础上，对房地产利率进行调整修正，并把结果作为恰当的资本化率。这样可以保证收益法的评估结果能够反映房地产市场的现势性。

(2) 房地产利率对收益法评估模型固有的缺点和模型的一般化处理起着修正作用。

收益法评估模型固有的缺点主要是资本化率难以确定和收益测算不准确。如果事先能够科学准确地测算房地产利率，房地产资本化率的选取就有了参考基准，这样就可以相对有效地克服收益法的第一个固有缺点。房地产收益测算以及收益模型的建立都需要有一般化、平均化和模型化的参数，这就不是资本化率的问题了，而是属于房地产利率的范畴。收益法模型的建立是建立在房地产利率的基础上的，而不是个体化的资本化率。因此，只有房地产利率才能对收益法模型的建立和一般化起到修正作用。

(3) 房地产利率对房地产投资的收益效果起着指示器的作用。

与其他资金不同，房地产利率不是通过约定的方式确定下来的，而是根据房地产的市场化的、可以持续实现的收益确定下来的，具有客观性，而不是主观的参数。现金或者其他金融资产的利率一般是通过主观方式约定下来的。

在德国，估价师应用的测算房地产利率的基本公式是：

$$房地产利率=净收益/交易价格 \tag{4—8}$$

在德国，采用收益法评估房地产的基本计算公式为：

$$\begin{aligned} EW &= \left(RE - BW \times \frac{p}{100}\right) \times f + BW = RE \times f + BW \\ &= RE \times f + \frac{BW}{q^n} \end{aligned} \tag{4—9}$$

式中，EW 为收益价值；RE 为年净收益；BW 为土地价值；f 为乘系数；q 为利息因子；p 为房地产利率；n 为剩余使用年限。

只要知道房地产的净收益、土地价值以及收益年期，就可以利用公式 4—9、采用迭代逼近计算方法测算房地产利率。测算房地产净收益必须注意的内容参见图 4—6。

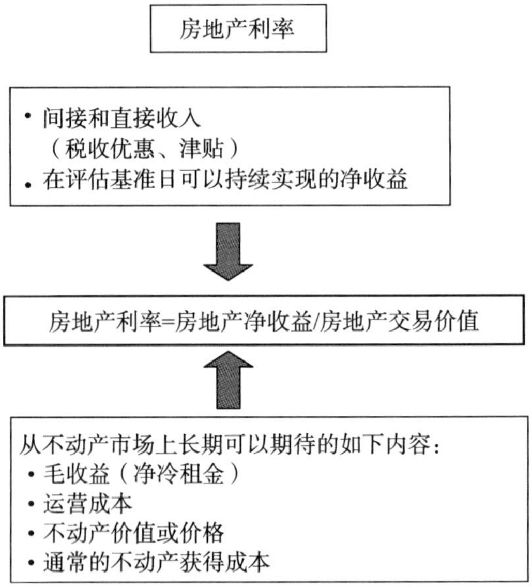

图 4—6　德国房地产利率测算公式

推导房地产利率必须选择合适的房地产交易价格，选择用于推导房地产利率的房地产交易价格需要遵守如下原则：

（1）交易价格必须隶属于“同种类型建筑和使用”的房地产组团或样本；

（2）交易价格以及收益关系不能受到非正常或个别因素的影响；

（3）交易价格必须具有现势性，针对的是同一个价格基准日；

（4）除了已知上述的房地产交易价格外，还必须知道土地、净收益和建筑物的剩余使用年限等信息；

（5）被用来推导房地产利率的交易价格所对应的房地产规模大小必须与其用途相符；

（6）房地产不仅在建筑上应该一致，在使用上也应该相同。

我们知道，房地产剩余使用年期或收益年期对房地产的价值有很大的影响作用，年期长短不同在评估公式上也不尽相同，这方面详细内容可以参考第 2 章收益法的有关内容。

在剩余使用年限较长情况下（剩余使用年限大于 50 年），可以简化收益计算公式，不考虑土地价值的折现值，即：

$$EW = RE \times V$$
$$V = \frac{EW}{RE} \qquad (4—10)$$
$$p = \frac{RE}{EW} = \frac{1}{V}$$

因此，房地产利率为：

$$p = \frac{\sum \frac{RE_i}{KP_i}}{n} \qquad (4—11)$$

房地产利率也可以通过毛收益推导，公式如下：

$$p = (1 - \text{运营成本比率}) \times \frac{\text{毛收益}}{\text{交易价格}} \qquad (4—12)$$

在剩余使用年限较短情况下（剩余使用年限小于 50 年），则不能忽视土地价值的影响，因此，推导房地产利率的计算公式如下：

$$p = \frac{RE \times 100}{KP} - \frac{100(q-1)}{q^n - 1} \times \frac{KP - BW}{KP} \qquad (4—13)$$

式中，KP 为房地产的交易价格或价值；其他参数符号含义与前面相同。

4.8 牛顿迭代计算求解房地产利率

在初始资金 K_0、最终资金 K_n 和期限 n 已知的条件下求取利率，计算公式如下：

$$K_n = K_0(1+i)^{n_1}(1+n_2 i) \qquad (4—14)$$

式中，$n_1 = \text{int}(n)$；$n_2 = n - n_1$。

根据公式 4—14 是不能够求得通用的一般解——利率 i 的。因此，与采用单利计息和纯粹复利计息不同的是，采用混合计息方式难以精确求取利率。因此，只能够求得利率 i 的近似解。这个近似解 i 可以满足公式 4—14 的要求。

【例 4—6】 某人想知道拥有多高的利率才能将 100 元通过混合计息的方式，

在 4 年零 3 个月后变为 150 元。

如果有足够的时间，而且又不怕麻烦，可以采取不同的利率进行试验，最终得到在例子中给定的已知条件下，能够最佳满足公式 4—14 要求的利率。但是这在实践上是不可行的，因此，必须通过适合的数学方法来求取近似解。

首先将公式 4—14 进行变化，并构建一个函数：

$$f(i)=-K_n+K_0(1+i)^{n_1}(1+n_2 i) \tag{4—15}$$

在这个变化了的表达式中我们就将问题转化为求解合适的利率 i，使函数 $f(i)$ 等于 0 的问题。在应用数学里，将求解这样的问题称为零点确定问题。而在数学中确定零点有很多种方法，因为存在很多不同的函数，对这些函数必须分别对待。公式 4—15 所对应的函数是连续、单调上升或者下降，这一切对于求解零点问题都是极为有利的条件，故而我们只需要标准的求取零点方法就可以解决问题。

用来确定零点问题的一个最著名的方法是牛顿迭代计算法。牛顿迭代计算法是一种迭代方法，即通过输入初始值，之后计算出新的输入数据，进行迭代计算，一步一步地改善输入数据以逼近最终结果。当 i_k 代表初始值 i 经过 k 次迭代改善计算得到新的利率，则可以通过牛顿方程计算第（$k+1$）次计算所对应的数值 i_{k+1}，即：

$$i_{k+1}=i_k-\frac{f(i_k)}{f'(i_k)} \tag{4—16}$$

式中的 $f(i_k)$ 代表当 $i=i_k$ 时函数 $f(i)$所取的值，$f'(i_k)$ 代表在同一位置函数 $f(i)$ 对 i 的一阶导数所取的函数值。为了借助牛顿方程解决我们的问题，必须先求取函数 $f(i)$ 对 i 的一阶导数。我们将公式 4—15 改变形式为：

$$f(i)=-K_n+K_0(1+i)^{n_1}+K_0(1+i)^{n_1}\cdot n_2 i$$

将上式对 i 求一阶导数，得到

$$f'(i)=n_1K_0(1+i)^{n_1-1}+n_1K_0(1+i)^{n_1-1}n_2 i+K_0(1+i)^{n_1}n_2$$

或者改变为合理的形式

$$f'(i)=(1+i)^{n_1}K_0\cdot\left(\frac{n_1(1+n_2 i)}{1+i}+n_2\right) \tag{4—17}$$

现在就可以将已知条件代入上面的方程中，进行迭代计算。已知 $K_0=100$，$K_n=150$，$n=4.25$，$n_1=4$，$n_2=0.25$，现在需要给定利率 i 的第一次试验值，我们假设为 5%，即 $i_0=0.05$。上述的数据代入公式 4—15 中，可以计算出必要的函数值：

$$f(0.05)=-150+100\times1.05^4\times(1+0.25\times0.05)=-26.93$$

下面将 i_0 代入公式 4—17 中，计算一阶导数的函数值：

$$f'(0.05)=1.05^4\times100\times\left(\frac{4\times(1+0.25\times0.05)}{1.05}+0.25\right)=499.23$$

将上面的结果代入牛顿方程中，可以得到第一次改进值：

$$i_1=0.05-\frac{-26.93}{499.23}=0.103\ 9$$

这个结果再次被代入公式 4—15 中，得到如下结果：

$$f(0.103\ 9)=-150+100\times1.103\ 9^4\times(1+0.25\times0.103\ 9)=2.38$$

一阶导数函数计算的结果为：

$$f'(0.103\ 9)=1.103\ 9^4\times100\times\left(\frac{4\times(1+0.25\times0.103\ 9)}{1.103\ 9}+0.25\right)$$
$$=589.26$$

将上述结果再次代入牛顿方程中，可以得到第二次改进结果：

$$i_2=0.103\ 9-\frac{2.38}{589.26}=0.099\ 9$$

将上述改进后的利率 i_2 代入公式 4 15 中，可以得到新的函数值：

$$f(0.099\ 9)=-150+100\times1.099\ 9^4\times(1+0.25\times0.099\ 9)=0.01$$

这个结果已经很接近于 0，因此无须再继续进行迭代计算了，我们将 i_2 作为我们所求解的近似结果，即 $i=9.99\%$。将上述迭代计算过程统计进表中，可以得到迭代计算表 4—5。

表 4—5　　借助于牛顿方程进行混合计息方式利率迭代计算过程

k	i_k	按照公式 4—14 计算的 $f(i_k)$	按照公式 4—16 计算的 $f'(i_k)$
0	0.050 0	−26.93	499.23
1	0.103 9	2.38	589.26
2	0.099 9	0.01	

显然如果我们能够选定合适的迭代计算初始值 i，将会大大缩短计算过程和时间。初始值越接近实际值，计算时间就越短。

【例 4—7】 某房地产的市场交易价格为 100 万元，土地价值为 40 万元，年净收益为 15 万元，房地产的剩余使用年限为 10 年，请用牛顿迭代计算方法推导该房地产利率。

解答：

（1）构造关于 p 的函数。

$$f(p)=\frac{RE}{KP}-\frac{p}{(p+1)^n-1}\times\frac{KP-BW}{KP}-p \tag{4—18}$$

（2）求公式 4—18 的一阶导数形式。

$$f'(p)=\frac{(n-1)\times q+q^{1-n}-n}{n[q^n-1]^2}\times\frac{KP-BW}{KP}-1 \tag{4—19}$$

（3）牛顿迭代计算结果见表 4—6。

表 4—6　　迭代计算表

k	p	计算公式 4—18	计算公式 4—19
0	0.05	0.052 3	−0.985 6
1	0.103 1	0.009 8	−0.992 6
2	0.113 0	0.001 6	

（4）计算结果为 $p=11.30\%$。

本章小结

从本章的对比分析我们可以看出，我国的收益估价体系多是借鉴国外的经验，特别是英美的经验。不可否认，经过长时间的发展，英美的估价体系已经渐趋成熟和完善。我们应该在学习它们的同时，注意消化和吸收，联系我国土地使用制度，探索符合我国国情的估价体系和方法。目前关于收益法资本化率和房地产利率，应该改进的有以下几方面：

（1）规范估价术语，统一概念内涵和使用限制；

（2）统一收益额和资本化率的计算口径；

(3) 引入房地产利率的概念。

上述改进将会对修正现有的收益法评估、对评估结果进行市场调节及税收评估等方面产生积极的作用。

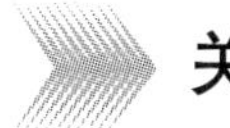

关键术语

房地产资本化率　　房地产利率　　房地产净收益　　房地产交易价值

牛顿迭代计算

复习思考题

1. 如何理解房地产资本化率的内涵和本质?
2. 如何理解房地产利率的内涵和本质?
3. 美国房地产资本化率和房地产利率的计算方法有哪几种?
4. 我国测算房地产资本化率有哪几种方法?
5. 在美国如何测算房地产利率?
6. 在德国如何测算房地产利率?
7. 如何运用牛顿迭代计算法计算房地产利率?
8. 谈谈你对我国在房地产资本化率和房地产利率方面的改进方向的认识。

第 5 章

折旧计算

学习指导

重点掌握房地产折旧的概念、内涵以及构成，折旧计算的主要方法，了解特殊情况下房地产的折旧处理方法。

5.1 概　述

应用成本法评估房地产的市场价值时，需要从建筑物的标准重置成本或者替代成本出发，估算评估物在估价基准日（或称为估计时点）的重置价值。这个重置价值还需要根据待评估建筑物的剩余使用年限与一般性的全部使用年限之间的关系进行相应的价值修正。这个价值修正是因为建筑物被使用和消费而引起的，通常被称为折旧。

评估上的折旧概念与财务、会计制度上的折旧概念不同。会计上的折旧主要是原始投资的摊销和回收，评估上的折旧则主要是针对房地产因时间经过而产生的价值减损的一种修正和调整。

计算建筑物的折旧额的基本参数有两个，即建筑物的一般性的全部使用年限和建筑物的剩余使用年限。建筑物的全部使用年限与房地产类型和采取的建筑形式有关，例如采取钢筋混凝土结构形式建设的居住性房地产的全部使用年限为60～100年，我国的建筑规范将其定义为80年。而对剩余使用年限的定义却存在各种各样的理解。比较具有说服力的定义同样是从收益法出发，认为建筑物的剩余使用年限是建筑物在正常使用和经营条件下还能够被经济利用的年数。从这个定义出发确定建筑物的剩余使用年限就应该从经济角度，对建筑物剩余使用年限作出预测。而物理使用年限或者技术使用年限对上述定义的剩余使用年限则起着限定作用，即通过对建筑物的不间断地维护、保养及现代化，会延长建筑物的剩余物理使用年限，而建筑物的失修会缩短其物理使用年限。关于这些措施对建筑物使用年限的影响将在本章的第3节进行讨论。

如果不考虑建筑物延迟维修或者勤于保养等特殊情况，就存在一般性的建筑物使用年限计算关系式，即：

$$\text{剩余使用年限}=\text{全部使用年限}-\text{建筑物已使用年限} \quad (5—1)$$

根据这个关系式，并结合实际情况可以选取不同的计算公式计算建筑物的折旧。

5.2 折旧计算方法

从不同的观点出发存在不同的建筑物折旧额计算方法，总体而言可以将折旧计算方法划分为两种类型：理论折旧模型和经验折旧模型。理论折旧模型主要有直线折旧模型和罗斯折旧模型。下面分别介绍这些折旧计算方法及其应用。

首先介绍几个符号：

GND 为房地产总使用年限；

RND 为房地产剩余使用年限；

A 为建筑物已使用年限；

R 为折旧率（%）。

5.2.1 理论折旧模型

1. 直线折旧模型

直线折旧模型是指等额折旧或者等比折旧方法，简便易行，其计算公式如下：

$$R=\frac{A}{GND}=\frac{(GND-RND)}{GND} \tag{5—2}$$

由于计算简便，直线折旧模型在国内和国际上被估价师广为采用。直线折旧模型假设建筑物在使用过程中随着剩余使用年限的减少，其价值也直线均匀地减少。公式 5—2 假设该房地产的建筑物使用寿命终了时没有残余价值，也就是说全部建筑物价值将随着使用年限的增加逐渐减少，直至完全被折旧掉，建筑物价值等于零。如果建筑物在其使用寿命终了时还存在一定的残值，例如存在 4%的残值率，那么建筑物价值在使用寿命终了时，就还存在这个残值部分（4%的重置价值）。

一些房地产估价专业人士认为上述假设很难实现，即建筑物价值在使用期内并非按照直线方式均匀地减少价值，而是表现出不同的价值变化速度。因此，他们反对对任何房地产类型都采用直线折旧模型。

2. 罗斯折旧模型

除了直线折旧模型之外，另外一个得到广泛应用的折旧计算方法是罗斯（Ross）折旧模型。这是在 100 多年前由德国人罗斯提出的折旧计算方法，这个方法目前在德国估价领域乃至世界范围仍然被普遍使用。罗斯折旧模型的折旧额随着建筑物使用年限的增加呈现加速增长的趋势（见图 5—1），因此罗斯折旧模型也被称为渐进折旧模型或累进折旧模型。罗斯折旧模型的计算公式如下：

$$R=\left[\frac{1}{2}\times\left(\frac{A^2}{GND^2}+\frac{A}{GND}\right)\right] \tag{5—3}$$

罗斯折旧模型的理论基础是物理学上的球形飞行轨迹原理，罗斯折旧模型就是按照这个理论构建起来的，与其他折旧模型相比其折旧速度较慢，或者在同一折旧率上与其他折旧模型相比相当于建筑物具有较短的剩余使用年限。罗斯折旧模型在剩余使用年限较短时呈现出更加陡的曲线，也就是说在建筑物的使用寿命接近结束时折旧的速度更快。事实上建筑物的折旧表现为递减特征，尤其是建筑物的使用年限折旧并不单纯从技术角度予以考虑，更多的是根据经济观点从房地产市场的情况出发考虑建筑物的年限折旧问题。因此，罗斯折旧法存在着模型本身的缺陷。

此外，房地产税和房地产开发中的房地产所有者的独特要求也可能成为房地产在未来出售时的减价因素，因为售价过高会导致较高的赋税，而开发者的独特要求不一定符合其他人的需要。诸如此类的经济因素对房地产的折旧都会产生很

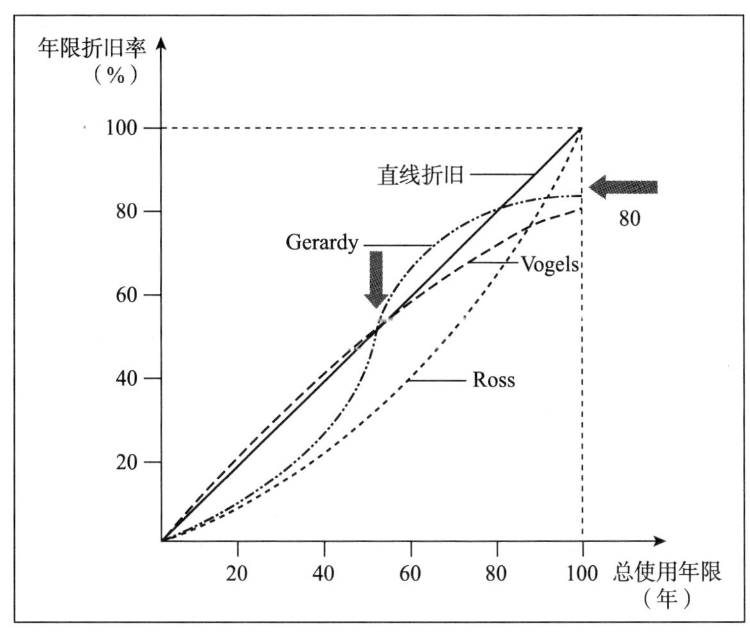

图 5—1　不同折旧模型折旧速度比较

大程度的影响。因此，罗斯折旧模型在处理这些问题上也存在一定的缺陷。

大量的经验调查得出了非常不同的结果，而且没有哪个结果可以证明比其他结果更加准确、更加符合实际，或者优于其他结果。因此，在评估实践中仍然广泛地应用直线折旧模型和经典的罗斯折旧模型。而对于工业房地产而言，似乎直线折旧模型得到了更大程度的认可。

5.2.2　经验折旧模型

一些房地产评估专家不满意理论折旧模型，认为房地产价值与时间之间的对应关系采用直线和 Ross 曲线模型太粗糙，于是尝试利用房地产市场数据直接测算建立折旧模型。他们根据对大量经验数据的统计分析得出了在一定范围内和一定程度上被认可了的经验折旧模型。下面介绍几个德国估价师建立的经验折旧模型。需要指出的是，这些经验模型不是适用于所有的房地产类型，而仅适用于与推导这个折旧模型的房地产统计数据类型一致的房地产，读者在选择折旧模型时必须谨慎行事。

在德国得到专家认可的主要经验折旧模型有蒂曼（Tiemann）经验折旧模

型、格拉底（Gerardy）经验折旧模型和福格斯（Vogels）经验折旧模型。

1. 蒂曼经验折旧模型

蒂曼经验折旧模型的计算公式为：

$$R=\left(1-\frac{EW_{Build(n)}}{EW_{Build(GND)}}\right) \tag{5—4}$$

$$EW_{Build(n)}=RE_{(A+1)}\frac{1}{q}+RE_{(A+2)}\left(\frac{1}{q}\right)^2+\cdots+RE_{(A+n)}\left(\frac{1}{q}\right)^n$$

$$RE_{(A+1)}=RE\left(1-\frac{A^2}{GND^2}\right), RE_{(A+2)}=RE\left(1-\frac{(A+1)^2}{GND^2}\right),\cdots,$$

$$RE_{(A+n)}=RE\left(1-\frac{(A+n-1)^2}{GND^2}\right)$$

式中，EW_{Build} 为建筑物的收益价值部分；$EW_{Build(n)}$ 为剩余使用年限为 n 年时的建筑物的收益价值部分；$EW_{Build(GND)}$ 为全部使用期的建筑物的收益价值部分；n 为房地产剩余使用年限；RE 为建筑物的收益部分；q 为利息因子＝1＋房地产资本化率＝$1+p$；$1/q$ 为贴现因子。

蒂曼认为，建筑物价值的大小与它在房地产总体收益中的贡献有关，建筑物折旧取决于收益价值，而不是简单的时间关系。

2. 格拉底经验折旧模型

根据德国另外一位著名的房地产评估专家格拉底的研究，建筑物折旧计算可以采取如下经验公式进行：

$$R=\sin^2\left(\frac{\pi}{2}\cdot\left(\frac{A}{100}\right)^{0.874}\right)+0.16\cdot\left(\frac{A}{100}\right) \tag{5—5}$$

格拉底测算和建立的模型说明建筑物已使用年限与折旧之间不是线性关系，而是正弦关系。在房地产使用期的前半段，通过格拉底经验折旧模型计算出来的折旧额比直线折旧模型计算的折旧额小，折旧速度比直线折旧模型慢；而在房地产使用期后半段，通过格拉底经验折旧模型计算的折旧额比直线折旧模型计算的折旧额大，折旧速度加快。同样，格拉底折旧模型也不是万能的，有很强的使用范围限制。

3. 福格斯经验折旧模型

另一位德国当代估价大师福格斯从长期对房地产市场的观察和经验数据中推导出了他的经验折旧模型，计算公式如下：

$$R=40\times\left(\frac{3A}{GND}-\frac{A^2}{GND^2}\right)\% \tag{5—6}$$

如果将不同的房地产类型的不同的使用寿命代入公式 5—6 中，会得到不同的折旧计算简化形式，即：

当全部使用年限为 100 年时，$R=1.2A-0.004A^2$；

当全部使用年限为 80 年时，$R=1.5A-0.00625A^2$；

当全部使用年限为 60 年时，$R=2.0A-0.01111A^2$；

当全部使用年限为 40 年时，$R=3.0A-0.025A^2$；

当全部使用年限为 20 年时，$R=6.0A-0.1A^2$。

福格斯的折旧模型同样是以房地产的使用寿命为基础测算和建立的，与建筑物已使用年限的关系同样是二次抛物线关系，但是与罗斯折旧模型不同的是抛物线的开口方向。福格斯经验折旧模型的曲线开口向下，是个上凸的抛物线。从图 5—1 可以看出，在房地产使用寿命期之初，福格斯经验折旧模型的折旧速度快于直线折旧模型；而在房地产使用寿命的后半段，福格斯经验折旧模型的折旧速度比直线折旧模型要慢。福格斯经验折旧模型是个先快后慢的折旧模型。根据经验我们很容易判断出，福格斯经验折旧模型尽管反映了某些房地产折旧的特点和规律，但是并非所有类型的房地产的折旧都遵循这个变化规律。因此，估价师可以参考福格斯经验折旧模型的测算和建立方法，但是不能不加分析地盲目乱用。

5.2.3 折旧模型选取标准

上面介绍了几个在德国经常被使用的折旧计算模型，那么在评估实践中如何选取这些折旧模型呢？是否存在着一个普遍适用的折旧模型选取标准呢？答案是否定的。唯一可以称得上折旧模型选择参考的是：对于办公型房地产和工业房地产，专家们比较倾向于选择直线折旧模型；对于其他房地产类型，专家们在评估实践中似乎倾向于使用经典的罗斯折旧模型。而其他经验折旧模型的应用不如上面介绍的理论折旧模型普遍，也不存在选择标准。

图 5—1 将上面介绍的几种折旧模型的折旧曲线同时表达在一张图上。从这个图形可以发现以下几个特点：

第一，经验折旧模型在剩余使用年限为总使用年限的一半时，折旧额也达到 50%，三个经验折旧模型与直线折旧模型在 50%处相交。这说明不管是理论折旧模型，还是经验折旧模型，对于新旧程度适当的房地产而言都很适用；换句话说，对于新旧程度适当的房地产而言，折旧模型的选取并不关键。

第二，经验折旧模型在到达使用寿命时，除了折旧额之外还剩下约 20%的残值。这一点与管理工作所进行的调查结果一致，即在普遍性的使用寿命终了之后，建筑物还存在一定比例的残值（约30%）。经验折旧模型证明的建筑物残值远比理论模型的大，这说明建筑设计规范中对建筑物残值的规定不正确。从经验上分析很容易解释这种现象。因为在一个建筑物中居住、生活和工作，为了保证令人满意的居住、生活和工作环境，必须持续地增加对建筑物维护、养护的投入，不可能等到建筑物理论使用寿命结束时刚好不投入任何维修资金。因此，相对比较大的残值是与建筑物的使用相关联的。忽视这一点而采用设计上的残值率，显然不符合客观事实。

第三，罗斯折旧模型对于较新的房地产而言，折旧速度比直线折旧模型和其他经验折旧模型都慢，对于比较旧的建筑物而言，其折旧速度又表现为最快。所以，对于维修养护很好的房地产而言，应该采用罗斯折旧模型。

此外，折旧模型的选取对成本法市场调节的影响很大。市场调节因子是从经验数据中推导出来的，因此应用经验折旧模型更为适合。但是经验折旧模型并不适用于所有的房地产类型，所以经验折旧模型不能满足评估的需要。基于这个原因，人们在评估房地产时经常应用理论折旧模型。因为应用不同的折旧模型所产生的折旧速度不同，因此对于同一个房地产应用不同折旧模型计算出的折旧额是不相同的，这就要求市场调节参数也应该针对不同的折旧计算而作出相应的改变。图5—2表达的是应用成本法评估房地产时采用直线折旧模型与罗斯折旧模型需要进行市场调节的幅度。事实上很难依据不同折旧模型进行相应的市场调节，这就导致了选用成本法评估房地产价格时可能采用不同比例的市场调节因

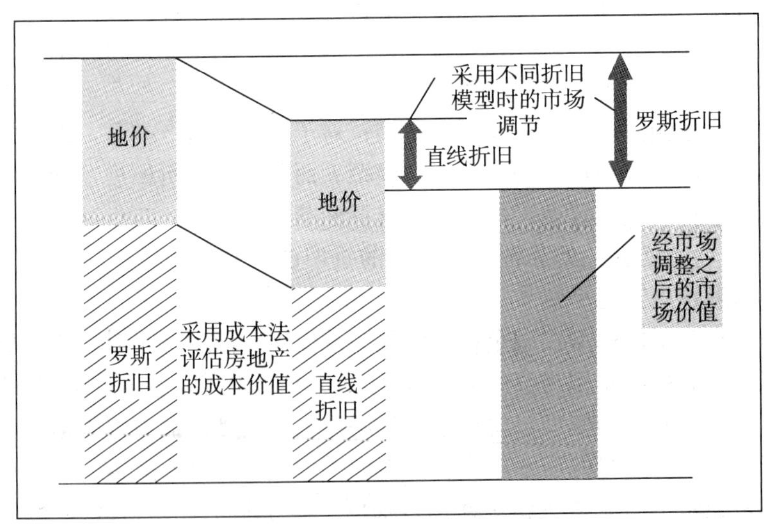

图5—2　应用成本法评估房地产时采用不同折旧模型与市场调节之间的关系

子，有时甚至高达 40%。这种高比例的市场调节不是正常的评估方法的必然要求，这从另一个侧面就要求对成本法或者折旧模型进行相应改进。

5.3 特殊情况下的折旧处理

估价中折旧的计算是以对房地产正常的经营和管理为前提的，计算基础是在这个前提下的房地产的普遍性的总的使用年限。根据需要对建筑物实施的必要的维护是正常的经营和管理的重要前提，而对建筑物所采取的现代化措施则不属于正常的经营和管理内容。对建筑物实施的维护措施不充分或者现代化手段不利，就会缩短建筑物正常的剩余使用年限。相反，资金投入充足的维护手段和及时的现代化维修手段可以延长房地产的剩余使用年限。缩短了的剩余使用年限和延长了的剩余使用年限都会影响到房地产的全部使用年限。

在建筑折旧计算中如何处理发生变化的剩余使用年限或者全部使用年限呢？通常的做法是：维持建筑物通常的全部使用年限不变，根据建筑物的实际情况评估一个相当的、假想的建筑已使用年限。通过这种处理方法可以保证成本法和收益法在方法上的一致性。

因此，在上述特殊情况下建筑物折旧率的计算可以通过如下公式进行：

$$\text{折旧率}=\frac{\text{假想的建筑已使用年限}}{\text{建筑物普遍性的总的使用年限}}\times 100\% \qquad (5—7)$$

这个假想的建筑已使用年限类似于通过表面观察去猜测一个陌生人的年龄，需要估价帅根据房地产专业知识，结合自身积累的估价经验，通过对待评估房地产的实地踏勘和观察，去判断这个房地产的已使用年限，这个年限有时被称为楼龄。

这种折旧处理方法的好处是简便易行，可以继续使用各种折旧计算表格和公式，并与正常的情况在折旧计算上保持一致。而假想的建筑已使用年限等于全部使用年限减去缩短了的或者延长了的剩余使用年限。

5.3.1 经过适当维护和现代化手段处理的建筑物折旧计算

如果建筑物因为维护及时，现代化养护手段适当，从而延长了总的使用寿命，那么假想的已使用年限等于实际已使用年限减去因上述措施而延长了的使用年限，即：

$$假想的已使用年限=GND-延长了的剩余使用年限 \tag{5—8}$$

具体的折旧率计算可以采用公式5—7。

【例5—1】 某房地产总的使用年限为80年，剩余使用年限为20年（实际已使用年限为60年）。经过实施现代化等维修养护措施，建筑物的剩余使用年限延长了20年。请用直线折旧模型测算该房地产实际发生的折旧率。

解答：

假想的建筑已使用年限=80－（20+20）=40（年）

$$折旧率=\frac{40}{80}\times100\%=50\%$$

【例5—2】 某房地产于1920年建设完成，总的使用年限为100年。1990年对该房地产实施了现代化维修养护，使房地产的剩余使用年限延长了20年。请用罗斯折旧模型分别计算该房地产在不采用和采用现代化措施情况下的折旧率。

解答：

（1）不采用现代化措施，已使用年限为70年，折旧率计算如下：

$$R=\left[\frac{1}{2}\times\left(\frac{70^2}{100^2}+\frac{70}{100}\right)\right]\times100\%=59.5\%$$

（2）采用现代化措施之后，假想的已使用年限等于70－20=50（年），折旧率计算如下：

$$R=\left[\frac{1}{2}\times\left(\frac{50^2}{100^2}+\frac{50}{100}\right)\right]\times100\%=37.5\%$$

上述特殊情况下的折旧处理方法克服了收益法与成本法在方法论上的潜在矛盾。我们知道，如果认为通过维护和现代化措施延长了建筑物的剩余使用年限，从而认为延长了建筑物的总的使用年限，则采用成本法评估时，直线折旧计算将采用如下公式：

$$折旧率=\frac{已使用年限}{延长了的总的使用年限}\times100\% \tag{5—9}$$

折旧率通过维护和现代化措施得到了相应的考虑（折旧率变小了）。但是从收益法出发评估房地产价值时对收益价值起着关键作用的是剩余使用年限和房地产资本化率，即由此计算得出的收益乘系数 f。建筑物的折旧只能是通过这个乘系数间接地得到反映。也就是说，对于 1940 年建成和 1960 年建成的房地产，在剩余使用年限和资本化率一致的情况下，其收益价值总是相同的。这显然是不正确的。这样的折旧计算方法将会导致成本法和收益法在体系上的矛盾。

上述折旧计算方法的关键之处在于对假想建筑年代的估计。估价师可以依赖其经验对建筑物假想建筑年代作出适当的估计，但是估价师个体所具备的经验无法体现在评估体系上，因此必须寻找一种可操作的计算方法。由于对建筑物实施的维护或者采取的现代化措施可以通过建筑面积或建筑规模得到反映，因此可以通过实施维护和采取现代化措施前后的建筑指标近似推算建筑物假想建筑年代。具体的计算公式如下：

$$\text{假想建筑年代}=\frac{\text{旧建筑年代}\times\text{旧建筑容积}+\text{新建筑年代}\times\text{新建筑容积}}{\text{总建筑容积}} \quad (5—10)$$

$$\text{假想建筑年代}=\frac{\text{旧建筑年代}\times\text{旧居住面积}+\text{新建筑年代}\times\text{新居住面积}}{\text{总居住面积}} \quad (5—11)$$

$$\text{假想建筑年代}=\frac{\text{旧建筑年代}\times\text{旧建筑物比例(\%)}+\text{新建筑年代}\times\text{新建筑物比例(\%)}}{100} \quad (5—12)$$

上述公式中的旧建筑年代指的是建筑物最初的建筑年代，新建筑年代指的是实施建筑物维护或者采取现代化措施的年代；旧建筑容积指的是建筑物未实施维护或者未采取现代化措施部分的建筑容积，新建筑容积指的是建筑物经维护或者现代化处理部分的容积。旧居住面积、旧建筑物比例、新居住面积和新建筑物比例的含义与上述含义类似。

【例 5—3】 某居住性建筑物的建筑年代为 1905 年，建筑容积为 1 500m^3，1996 年对其中的 800m^3 进行了维护和改造，则该建筑物的假想建筑年代为：

$$\frac{1950\times 700+1996\times 800}{1\ 500}=1954\ (\text{年})$$

对于不同的建筑物可以根据具体的维护或者现代化程度分别估算假想建筑年代，在估算过程中需要考虑的维护或者现代化措施是过去 20 年内发生的。

5.3.2　维护不当、存在无法消除缺陷或者损坏的建筑物折旧计算

如果建筑物存在建筑缺陷、损坏或者维护不当，建筑物的使用年限可能会短

于不存在上述问题的建筑物。因此，在评估房地产的价值时同样应该考虑到建筑物较差的维护状况，通过折旧适当地予以考虑。而折旧计算方法类似于上面介绍的延长了剩余使用年限的建筑物折旧计算，即需要计算建筑物的假想建筑年代或者假想的已使用年限，计算公式为：

$$\text{假想的已使用年限} = GND - \text{缩短了的剩余使用年限} \tag{5—13}$$

折旧率根据公式 5—7 依据上面计算得到的假想的已使用年限进行计算。

【例 5—4】 有一个房地产的总使用寿命为 80 年，剩余使用年限 20 年（已经使用年限为 60 年）。由于疏于维护造成实际上剩余使用年限缩短了 10 年，计算该房地产的折旧率。

解答：

$$\text{假想的建筑已使用年限} = 80 - (20 - 10) = 70\ (\text{年})$$

$$\text{折旧率} = \frac{70}{80} \times 100\% = 88\%$$

【例 5—5】 某房地产的建筑年代为 1940 年，普遍性的总的使用年限为 80 年，1990 年出现的一种建筑损坏使剩余使用年限缩短到 10 年。试计算该房地产的折旧率。

解答：

$$\text{没有建筑损坏的建筑物于 1990 年时的折旧率} = \frac{50}{80} \times 100\% = 62.5\%$$

$$\text{存在建筑物损坏的建筑物于 1990 年时的折旧率} = \frac{80 - 10}{80} \times 100\% = 87.5\%$$

有为数不少的专家认为建筑物维护成本应该从经过正常折旧计算的建筑重置价值中作为减价修正予以扣除，这种简单的做法会导致建筑损坏补偿计算与市场现象的混淆。在评估房地产时，我们需要考虑的是影响建筑物或者整体房地产价值的全部因素，并通过相应的方式予以考虑。建筑物失修、维护不利或者建筑物损坏本身属于房地产经营中的市场行为，是正常的市场现象，因此必须通过适当的方式予以考虑。评估的目的是根据房地产本身的特点，从市场规律出发求得房地产的市场价值，而不是计算房地产损坏的补偿成本。将建筑损坏补偿成本从建筑物的成本价值中扣除的做法相当于假设新建房地产具有不适当的市场价值，即将“新建筑”等同于“旧建筑”。这是不符合客观实际的做法。而从建筑损坏对房地产本身使用年限的影响出发估算建筑物的假想建筑年代，并进一步计算建筑物的折旧，才符合房地产市场本身的规律和特点。

5.3.3 必须提前拆除建筑物的折旧计算

如果评估基准日可以确定，由于客观原因建筑物在正常使用寿命结束之前必须被提前拆除，那么在评估该房地产价值时必须考虑减价修正。提前拆除建筑物的客观原因可能是城市规划建设的需要或者根据合同内容的要求。例如，在我国由于土地使用权的出让年期是有限的，如果建筑物采用的建筑方式能达到的使用年限长于土地使用权年期，就很可能在土地使用权出让合同中约定到期拆除建筑物的条款。而由于城市改造的原因，同样存在提前拆除改造区域房地产的情况。上述两种情况所发生的价值减损必须在评估时予以考虑。

在估算折旧时通常从建筑物一般性的总的使用年限出发，而由于客观原因必须提前拆除的建筑物折旧计算所需要的总的使用年限与通常的使用年限是不一致的，因此而产生的折旧差就可以通过建筑物实际使用年限与通常使用年限之差计算出来。

【例 5—6】

建筑物的重置成本		100 000 元
折旧率	40/100×100%	40%
折旧额		−40 000 元
建筑物成本价值		60 000 元
因为拆除义务而形成的价值减损	40/50×100%＝80%	
差	40%	
由于拆除而需要的减价修正占建筑物重置成本的 40%		40 000 元
实际建筑物成本价值		20 000 元

计算过程如图 5—3 所示。

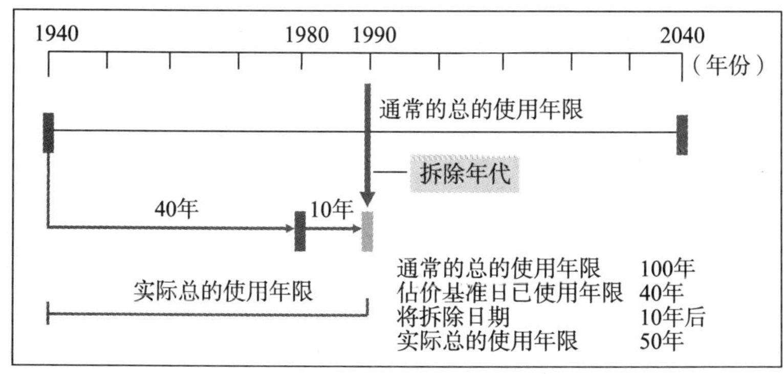

图 5—3 被提前拆除建筑物的折旧计算

5.4 应用举例

【例 5—7】 某房地产在评估基准日的重置价值为 800 000 元，总的使用年限为 80 年，剩余使用年限为 40 年，请按照不同折旧计算模型计算该房地产建筑物的折旧额。

解答:

(1) 采用直线折旧模型计算。

$$该房地产的折旧率\ R=\frac{40}{80}\times 100\%=50\%$$

$$该房地产的折旧额=800\ 000\times 50\%=400\ 000\ (元)$$

(2) 采用罗斯折旧模型计算。

$$折旧率\ R=\left[\frac{1}{2}\times(\frac{40^2}{80^2}+\frac{40}{80})\right]\times 100\%=37.5\%$$

$$折旧额=800\ 000\times 37.5\%=300\ 000\ (元)$$

(3) 采用蒂曼折旧模型计算。

假设房地产资本化率为 4%，经查蒂曼折旧表得折旧率为 51%，则

$$折旧额=800\ 000\times 51\%=408\ 000\ (元)$$

(4) 采用格拉底折旧模型计算。

$$折旧率\ R=\sin^2\left(\frac{\pi}{2}\cdot\left(\frac{40}{80}\right)^{0.874}\right)+0.16\cdot\frac{40}{80}=65\%$$

$$折旧额=800\ 000\times 65\%=520\ 000\ (元)$$

(5) 采用福格斯折旧模型计算。

$$折旧率\ R=40\times\left(\frac{3\times 40}{80}-\frac{40^2}{80^2}\right)\%=50\%$$

$$折旧额=800\ 000\times 50\%=400\ 000\ (元)$$

采用上面不同折旧模型测算得出的房地产折旧额不同，经对比可以看出不同模型对应的折旧速度也是不同的。

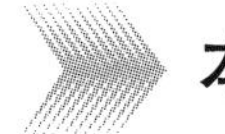

本章小结

本章系统地讲解了房地产折旧的计算方法，不仅包括理论折旧模型，也包括几种经验折旧模型。本章最后讲解了在特殊情况下对特殊房地产折旧的处理方法，通过案例分析比较了几种不同折旧模型对折旧额的影响。

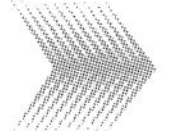

关键术语

房地产折旧　折旧模型　直线折旧模型　罗斯折旧模型
经验折旧模型　假想建筑年代

复习思考题

1. 如何理解房地产折旧的内涵和本质?
2. 什么是理论折旧模型?
3. 什么是经验折旧模型?
4. 如何选取折旧模型?
5. 如何处理特殊情况下房地产的折旧问题?
6. 房地产估价领域的折旧与财务会计上的折旧有何区别?

第6章

拆迁评估

学习指导

重点掌握我国拆迁评估的法律规定，熟练掌握拆迁评估的概念、方法和特点，了解我国拆迁评估的现状，存在的问题和发展方向。

6.1 拆迁评估的法律和政策规定

拆迁评估是一项政策性很强的评估业务，受土地和房地产相关法律、法规的影响非常大，或者说，拆迁评估必须按照法律法规的规定进行。因此，学习拆迁评估首先要掌握相关的法律、政策规定。

6.1.1 《中华人民共和国城市房地产管理法》中的相关规定

《中华人民共和国城市房地产管理法》第三十四条规定："国家实行房地产价

格评估制度。房地产价格评估，应当遵循公正、公平、公开的原则，按照国家规定的技术标准和评估程序，以基准地价、标定地价和各类房屋的重置价格为基础，参照当地的市场价格进行评估。”这项规定从法律上界定了房地产估价是一项国家行业制度，受到相关法律的约束。

6.1.2 《房地产估价规范》

《房地产估价规范》是我国从事房地产估价活动必须遵守的国家技术标准，在这个技术规范中的第6章第7节对征地和房屋拆迁补偿估价问题作了规定和说明。具体规定如下：

(1) 征地和房屋拆迁补偿估价，分为征用农村集体所有的土地的补偿估价（简称征地估价）和拆迁城市国有土地上的房屋及其附属物的补偿估价（简称拆迁估价）。

(2) 征地估价，应依据《中华人民共和国土地管理法》以及当地制定的实施办法和其他有关规定进行。

(3) 拆迁估价，应依据《城市房屋拆迁管理条例》以及当地制定的实施细则和其他有关规定进行。

(4) 依照规则，拆除违章建筑、超过批准期限的临时建筑不予补偿；拆除未超过批准期限的临时建筑给予适当补偿。

(5) 实行作价补偿的，可根据当地政府确定公布的房屋重置价格扣除土地价格后结合建筑物成新估价。

(6) 依法以有偿出让、转让方式取得的土地使用权，根据社会公共利益需要拆迁其地上房屋时，对该土地使用权如果视为提前收回处理，则应在拆迁补偿估价中包括土地使用权的补偿估价。此种土地使用权补偿估价，应根据该土地使用权的剩余年限所对应的正常市场价格进行。

上述六条规定指明了拆迁估价应该针对具体情况依照相应的法律、法规和规定去实施。

6.1.3 《城市房屋拆迁管理条例》

该条例于2001年6月6日在国务院第40次常务会议上通过（国务院令第305号），并于2001年11月1日起实施。该条例对房屋拆迁管理工作作出了全面的规定，包括总则、拆迁管理、拆迁补偿与安置、罚则和附则五部分，共四十条。第三章是关于拆迁补偿与安置的具体规定，其中第二十二条规定："拆迁人应当依照本条例规定，对被拆迁人给予补偿。拆除违章建筑和超过批准期限的临时建筑，不予补偿；拆除未超过批准期限的临时建筑，应当给予适当补偿。"因此，估价师在接受估价委托任务时，必须要明确所评估的房地产是否属于补偿的范围，而且应该向委托方明确这个估价问题。第二十三条规定："拆迁补偿的方式可以实行货币补偿，也可以实行房屋产权调换。"第二十四条规定："货币补偿的金额，根据被拆迁房屋的区位、用途、建筑面积等因素，以房地产市场评估价格确定。具体办法由省、自治区、直辖市人民政府制定。"以上规定明确地说明，对被拆迁房地产实行货币补偿时，补偿的依据就是房地产估价的结果。可见，房地产估价师的责任是非常重要的。以上规定同时也说明，具体的评估办法由省级政府部门制定。第二十五条规定："实行房屋产权调换的，拆迁人与被拆迁人应当依照本条例第二十四条的规定，计算被拆迁房屋的补偿金额和所调换房屋的价格，结清产权调换的差价。拆迁非公益事业房屋的附属物，不作产权调换，由拆迁人给予货币补偿。"这一条规定，实施产权调换的差价也需要依据估价结果。

《城市房屋拆迁管理条例》明确规定，在进行城市房屋拆迁进行补偿时，补偿的依据是房地产估价的结果，估价方法根据省级政府制定的规定进行。

事实上，这个条例出台后对规范房地产拆迁市场起到了很好的作用，但是也出现了很多问题，特别是估价方法和标准等方面。因此，国家很快就制定了规范房地产拆迁市场的相应办法。

6.1.4 《城市房屋拆迁估价指导意见》

为规范城市房屋拆迁估价行为，维护拆迁当事人的合法权益，根据《中华人民共和国城市房地产管理法》、《城市房屋拆迁管理条例》的有关规定和国家标准《房地产估价规范》，建设部制定了《城市房屋拆迁估价指导意见》（2004年1月1日起实施）。《城市房屋拆迁估价指导意见》共二十九条，对拆迁评估价格标准、评估方法、评估机构和人员资质、拆迁估价复核等问题都作出了详细规定。可以说，《城市房屋拆迁估价指导意见》是城市房屋拆迁估价的主要指导标准。这个指导意见出台后，一些省市也纷纷制定了相应的拆迁估价技术标准和方法。

6.1.5 《国务院办公厅关于控制城镇房屋拆迁规模严格拆迁管理的通知》

随着中国经济的发展和城市建设的加速，城市房地产拆迁和农村集体土地征收的补偿问题非常严重，出现了很多损害被拆迁人和被征地农民利益的事情。国务院办公厅为了解决这些拆迁问题，以国办发文的形式（国办发［2004］46号文件）出台了这个《通知》。该《通知》对拆迁程序严格管理，确保拆迁公开、公正、公平地进行。要积极推进拆迁管理规范化，所有拆迁项目都必须按照《城市房屋拆迁管理条例》、《城市房屋拆迁估价指导意见》等规定的权限和程序进行，严格执行申请房屋拆迁许可、公示、评估、订立协议等程序；对达不成协议的，必须按照《城市房屋拆迁行政裁决工作规程》（建住房［2003］252号文件）的规定严格执行听证、行政裁决、证据保全等程序。特别要执行拆迁估价结果公示制度，依照有关规定实施行政裁决听证和行政强制拆迁听证制度，确保拆迁公开、公正、公平。政府投资建设的工程也要严格按照规定的程序进行。

《通知》也加强了对拆迁单位和人员的管理，进一步规范了拆迁行为。《通知》规定要加强对拆迁单位的资格管理，实施拆迁许可证制度，严格市场准入。对所有拆迁项目工程，都要通过招投标或委托的方式交由具有相应资质的施工单位拆除。进一步规范拆迁委托行为，禁止采取拆迁费用“大包干”的方式进行拆迁。房屋价格评估机构要按照有关规定和被搬迁房屋的区位、用途、建筑面积等，合理确定市场评估价格。拆迁人及相关单位要严格执行有关法律法规和规定，严禁野蛮拆迁、违规拆迁，严禁采取停水、停电、停气、停暖、阻断交通等手段，强迫被拆迁居民搬迁。地方各级人民政府和有关部门要加强对拆迁人员的法制教育和培训，不断增强其遵纪守法意识，提高业务素质。

这个《通知》出台之后，拆迁市场秩序得到了良好地维护，拆迁估价服务质量也到了很大改善。

6.1.6 相关地方规定或实施细则

各地区根据国务院相关条例的精神，结合本地区的有关法规、政策以及地区的实际情况制定了房屋拆迁评估规定及实施细则，对城市房屋拆迁中的房地产评估方法作出了不同的规定，例如《湖南省城市房屋拆迁评估管理规定》、《上海市城市房屋拆迁评估技术规范（试行）》、《重庆市城市房屋拆迁评估规定》等。地方法规与规范的出台和实施为房屋拆迁评估提供了法律准则和详细的技术标准，有效地保证了房屋拆迁工作的顺利进行。

6.2 房屋拆迁评估

6.2.1 概念

对拆迁评估的官方定义是《城市房屋拆迁估价指导意见》（以下简称《意见》）的第三条：城市房屋拆迁估价，是指为确定被拆迁房屋货币补偿金额，根据被拆迁房屋的区位、用途、建筑面积等因素，对其房地产市场价格进行的评估。

这个定义中的评估标的物是指城市规划区内国有土地上需要拆迁的房地产。根据建设部《城市房屋拆迁估价指导意见》的规定，城市规划区外国有土地上房屋拆迁涉及的房地产估价活动，参照该意见执行；以产权调换作为房屋拆迁补偿、安置方式的，对所调换房屋的房地产市场价格进行的评估，也参照该意见执行。

上述定义也明确了拆迁评估的目的，即为确定被拆迁房屋的货币补偿金额而进行的估价服务。

从这个定义中可以看出，实施拆迁评估必须要针对区位、用途和建筑面积进行必要的价值调整，也就是说，这三方面的因素必须要予以考虑。当然，其他影响被拆房地产价格的因素也必须要予以考虑。

6.2.2 价值依据

房屋拆迁评估的价值依据在《意见》里面也有明确的规定，评估价值依据为被拆迁房屋的房地产市场价格，不包含搬迁补助费、临时安置补助费和拆迁非住宅房屋造成停产、停业的补偿费，以及被拆迁房屋室内自行装修装饰的补偿金额。评估的价值依据是房屋的公开市场价值，不考虑房屋租赁、抵押、查封等因素的影响。搬迁补助费、临时安置补助费和拆迁非住宅房屋造成停产、停业的补偿费，按照省、自治区、直辖市人民政府规定的标准执行。被拆迁房屋室内自行装修装饰的补偿金额，由拆迁人和被拆迁人协商确定；协商不成的，可以通过委托评估确定。

拆迁评估的价值依据是被拆迁房地产的市场价格，而不是成本价格或者其他价值依据。因此，确定被拆迁房屋货币补偿额的价值出发点是通过评估得到的市场价值。

6.2.3 估价资格

对拆迁估价机构的确定和选择，《意见》中规定："市、县房地产管理部门应当向社会公示一批资质等级高、综合实力强、社会信誉好的估价机构，供拆迁当事人选择。"同时，为了保护拆迁当事人的合法利益，保证评估的公平性，《意见》还规定："拆迁估价机构的确定应当公开、透明，采取被拆迁人投票或拆迁当事人抽签等方式。""受托估价机构不得转让、变相转让受托的估价任务。"

此外，《意见》规定："房屋拆迁许可证确定的同一拆迁范围内的被拆迁房屋，原则上由一家估价机构评估。需要由两家或者两家以上估价机构评估的，估价机构之间应当就拆迁估价的依据、原则、程序、方法、参数选取等进行协调并执行共同的标准。"这是为了保证估价结果的一致性，避免因评估工作引起补偿纠纷。

就估价师而言，《意见》规定："拆迁估价由具有房地产价格评估资格的估价机构承担，估价报告必须由专职注册房地产估价师签字。"

"估价机构和估价人员与拆迁当事人有利害关系或者是拆迁当事人的，应当回避。"

6.2.4 评估原则

实施拆迁评估除了需要遵循一般性的估价原则之外，还要特别强调这些原则对拆迁评估的特殊性，注意实施拆迁评估必须遵循的原则。

1. 独立性原则

拆迁估价机构估价活动坚持独立性原则，是评估结果客观、公正的保证。任何组织或者个人不得非法干预拆迁估价活动和估价结果。只有保证估价机构、估价师和估价行为的独立性，才能确保估价结果的客观和准确，确保拆迁补偿的公平、公正和合理，保护被拆迁人的权益。

2. 客观性原则

估价人员应以房屋的公开市场价值为依据进行评估，避免其他人为因素的影响；应遵守有关规章制度的约束，落实评估的程序，运用适宜的评估方法，确定合理的评估参数，从而保证评估结果的客观性。

3. 公正性原则

拆迁评估要保证评估结果的客观性、准确性、真实性。拆迁评估涉及拆迁人和被拆迁人的切身利益，估价人员必须站在中立的立场上，不偏向任何一方，同一拆迁范围内统一估价标准，正确反映房屋应有的价值，保护拆迁当事人的合法利益不受侵害。

4. 合法性原则

合法性原则要求估价过程中涉及的各方主体及估价过程均要符合国家法律、法规的规定。

对拆迁估价委托人的合法性来说，拆迁房屋的单位取得房屋拆迁许可证后，方可实施拆迁。只有取得拆迁许可证的拆迁人或具有完全民事行为能力的被拆迁人（含其法定监护人）才可成为拆迁估价委托人。

拆迁估价对象的合法性，主要指拆迁范围和估价对象要符合相关法规规定。拆迁范围确定后，若拆迁范围内的单位和个人进行新建、扩建、改建房屋，改变房屋和土地用途，租赁房屋的行为，应视为估价对象不合法。

评估机构的合法性，是指估价机构必须具有有关规章制度中所要求的资质，同时，估价机构的确定也要符合规定。

6.2.5 房屋拆迁估价的特点

城市房屋拆迁评估不同于一般房地产的市场价格评估，其估价特点主要表现在以下几个方面：

1. 估价数量大

城市拆迁往往是由于旧城改造、新建和改建城市道路交通、新建大型基础设施等而引起的。随着我国城市建设的不断加快，必不可少地发生大规模城市房屋拆迁。由于拆迁数量大、待拆迁的户数多，由此带来的拆迁估价数量很大，少则一两栋，多则成片乃至一个或多个小区。

2. 涉及面广，社会影响大

拆迁房屋既有居民个人房屋，也有机关事业单位房屋；既有住宅用房，也有商业用房、办公用房、生产用房；既有独立产权用房，也有共有产权用房。从企事业单位来说，拆迁不仅仅涉及企事业单位财产的补偿问题，而且涉及企事业单位的生存和职工家庭的生活问题。从居民个人来说，房屋仍是当今我国大多数城市居民的最大财产。因此，城市房屋拆迁估价涉及千家万户的切身利益，所产生的社会影响很大。

3. 估价对象复杂，需要协调各种社会关系

相对于其他目的的估价，拆迁估价的对象比较复杂，一个拆迁项目往往包括住宅、商铺、办公楼、车库、构筑物等不同类型物业，导致估价方法的选择存在较大难度。同时，一次估价中还会面对大量的房屋，面对拆迁人和众多被拆迁人。人们出于对各自自身利益的维护，会出现不同的意见，导致估价的重要工作之一是协调各种利益关系。

4. 补偿价格关联性强

就同一城市而言，同一时期、同一地段、同种类型房屋的拆迁补偿价格之间，同一时期、同一地段、不同类型房屋的拆迁补偿价格之间，同一时期、不同地段、同种类型房屋的拆迁补偿价格之间都具有价格相互关联性。如果忽视了这种关联性，就可能引发拆迁冲突。

6.3 房屋拆迁评估程序

房屋拆迁评估同样需要遵循一定的评估程序，具体如下：

6.3.1 确定估价目的与估价时点

根据《意见》的规定，拆迁估价目的统一表述为“为确定被拆迁房屋货币补偿金额而评估其房地产市场价格”。

拆迁估价时点一般为房屋拆迁许可证颁发之日。拆迁规模大、分期分段实施的，以当期（段）房屋拆迁实施之日为估价时点。

上述估价目的和估价时点的规定都是拆迁估价必须要遵守的，不允许改变。尽管这样的规定可以保证估价报告质量的一致性，但也带来了格式上的死板性，有“八股文”之嫌，这一点是值得商榷的。

6.3.2 明确估价对象

拆迁当事人应当明确被拆迁房屋的性质（包括用途）和面积。确定被拆迁房屋性质和面积的方法主要有：

（1）被拆迁房屋的性质和面积一般以房屋权属证书及权属档案的记载为准。

（2）各地对被拆迁房屋的性质和面积认定有特别规定的，从其规定。

（3）拆迁人与被拆迁人对被拆迁房屋的性质或者面积协商一致的，可以按照协商结果进行评估。

(4) 对被拆迁房屋的性质不能协商一致的，应当向城市规划行政主管部门申请确认。

(5) 对被拆迁房屋的面积不能协商一致的，可以向依照《房产测绘管理办法》设立的房屋面积鉴定机构申请鉴定；没有设立房屋面积鉴定机构的，可以委托具有房产测绘资格的房产测绘单位测算。

因为对被拆迁房屋性质和面积的确定直接关系到拆迁人各方的利益，是未来拆迁工作顺利进行和补偿公正合理的基础和前提，因此，明确估价对象有特别重要的意义。

6.3.3 实地查勘和证据保全

在进行拆迁评估时，对估价对象进行实地查勘，并对查勘时采集到的证据进行保全，这对未来处理可能产生的拆迁评估纠纷、拆迁补偿纠纷等问题非常重要。具体要求如下：

(1) 拆迁估价人员应当对被拆迁房屋进行实地查勘，做好实地查勘记录，拍摄反映被拆迁房屋外观和内部状况的影像资料。在实地查勘过程中，应对被拆迁人提供的和事先收集的有关被拆迁房屋自身的建筑状况、使用状况、附属物状况等实物形态、权属状况、区位条件及周围环境等资料进行核实，认真做好实地查勘记录。

实地查勘记录由实地查勘的估价人员、拆迁人、被拆迁人签字认可。因被拆迁人的原因不能对被拆迁房屋进行实地查勘、拍摄影像资料或者被拆迁人不同意在实地查勘记录上签字的，应当由除拆迁人和估价机构以外的无利害关系的第三人见证，并在估价报告中作出相应说明。这些规定也是为了解决未来可能出现的纠纷做准备。

(2) 拆迁产权不明确的房屋，拆迁人应当提出补偿安置方案，报房屋拆迁管理部门审核同意后实施拆迁。拆迁前，拆迁人应当就被拆迁房屋的有关事项向公证机关办理证据保全。“证据保全”指对可能灭失或者以后难以取得的，证明一切法律行为或事件的证据，依法收集保管和固定，以保持其真实性和证明力的一种措施。

6.3.4 进行评估并出具估价报告

实地查勘后，根据由拆迁当事人提供的以及实地查勘所获得的估价对象资料，遵循独立、客观、公正、合法的原则，选择适宜的估价方法，对估价对象的拆迁补偿价格进行评估，并出具估价报告。

1. 评估方法

根据《城市房屋拆迁估价指导意见》第十六条的规定，拆迁估价一般应当采用市场比较法。不具备采用市场比较法条件的，可以采用其他估价方法，并在估价报告中充分说明原因。尽管如此，有些地方仍然以成本法作为评估方法，而且这些地方并非不具有使用市场比较法的条件，这实在是错误的规定，需要反思和改正。

拆迁评估价格应当以人民币为计价的货币单位，精确到元。尽管评估存在可以被容忍和接受的误差，但是作为货币补偿依据的评估结果对被补偿人来说是很重要的，因此，评估结果需要保留到整数，也就是人民币单位元。而不能像其他评估一样，可以根据评估标的物价值量的大小，对评估结果作相应的取舍。这一点在拆迁评估中必须要注意。

2. 估价报告

估价机构应按《房地产估价规范》的规定格式出具评估报告。其中，关于居住房屋的拆迁评估报告，估价机构还应按房地产权证、租用公房凭证或房屋租赁合同出具分户评估报告。评估报告和分户评估报告应经注册房地产估价师签名并加盖估价机构公章。

采用基准价格修正法评估时应提供估价结果汇总表。估价结果汇总表应包含分户估价对象坐落、产权人、建筑面积、基准价格、修正系数、评估单价等内容。

6.3.5 评估结果公示

与其他一般性的估价不同，拆迁估价的结果需要公示。估价机构应当将分户的初步估价结果向被拆迁人公示7日，并进行现场说明，听取有关意见。公示期满后，估价机构应当向委托人提供委托范围内被拆迁房屋的整体估价报告和分户估价报告。委托人应当向被拆迁人转交分户估价报告。

6.3.6 评估结果争议处理

1. 疑问及异议处理

拆迁人或被拆迁人对估价报告有疑问的，可以向估价机构咨询。估价机构应当向其解释拆迁估价的依据、原则、程序、方法、参数选取和估价结果产生的过程。

拆迁当事人对估价结果有异议的，自收到估价报告之日起5日内，可以向原估价机构书面申请复核估价，也可以另行委托估价机构评估。

拆迁当事人向原估价机构申请复核估价的，该估价机构应当自收到书面复核估价申请之日起5日内给予答复。估价结果改变的，应当重新出具估价报告；估价结果没有改变的，出具书面通知。

拆迁当事人另行委托估价机构评估的，受托估价机构应当在10日内出具估价报告。

2. 估价技术鉴定

拆迁当事人对原估价机构的复核结果有异议，或者另行委托估价的结果与原估价结果有差异，且达不成一致意见的，自收到复核结果或者另行委托估价机构出具的估价报告之日起5日内，可以向被拆迁房屋所在地的房地产价格评估专家委员会申请技术鉴定。

估价专家委员会应当自收到申请之日起10日内，对申请鉴定的估价报告的估价依据、估价技术路线、估价方法选用、参数选取、估价结果确定方式等估价技术问题出具书面鉴定意见。受理拆迁估价技术鉴定后，估价专家委员会应当指派3人以上（含3人）单数成员组成鉴定组，处理拆迁估价技术鉴定事宜。专家委员会成员人数为3人及以上的单数的原因，是为了保证在投票决定鉴定结果的时候能够有明确的表决结果。

估价报告不存在技术问题的，应维持估价报告；估价报告存在技术问题的，估价机构应当改正错误，重新出具估价报告。

如果拆迁当事人对估价专家委员会的最终裁决依然不满意，还可以依据《中华人民共和国行政诉讼法》依法提起行政诉讼。

6.3.7 评估资料存档

估价机构应当将下列资料与评估报告（含技术报告）共同整理存档：

（1）评估委托合同；

（2）拆迁许可证，或者建设用地规划许可证，或者有关批准文件；

（3）评估对象的产权证明材料及有关房屋基本情况的证明材料；

（4）评估对象的实地查勘记录、照片等资料；

（5）可比实例的实地查勘记录、照片等资料；

（6）确定评估结果的有关系数、参数等证明资料；

（7）其他涉及评估项目的一切必要资料。

评估报告及有关资料至少应保留十年。之所以要把评估资料存档，是为了针对可能出现的评估或者拆迁纠纷，十年的保存期也主要是为了在一定时期内发生任何与估价相关的纠纷时，可以查询和检查当时的评估资料和过程。

6.4 评估模式及方法

6.4.1 评估模式

按照评估方法侧重原则的不同，现阶段的房屋拆迁评估主要可以划分为两种模式：一是与市场接轨，按照市场比较法来确定被拆迁房屋的评估价格，即市场比较拆迁评估模式；二是由政府制定拆迁评估指导价，再根据被拆迁房屋的状况，来确定被拆迁房屋的评估价格，即政府指导拆迁评估模式。

市场比较拆迁评估模式，主要由房地产评估机构按照《房地产估价规范》对被拆迁房屋进行价值评估；在价值评估基础上，为了保障被拆迁人中部分弱势群体的利益，政府给予一定的补贴。这种方法是为了使政府行为和市场评估行为分开，使其按照各自职能运作。采用这种方法的有上海、天津、重庆等地。

政府指导拆迁评估模式，主要参照市场评估办法，结合政府对被拆迁人中部分弱势群体的保障政策，对市场评估办法进行具体规定，以提高拆迁房屋的市场评估价格，也就是说，政府的保障政策通过房地产评估机构的评估来实现。采用这种方法的有北京、浙江等地。

我们认为政府指导拆迁评估模式不可取，政府干预影响了评估专业本身的独立、客观原则。评估本身是一种专业服务，应该是科学、公正、客观的，不应该体现出政策倾向。政府对弱势群体的照顾和关心，应该通过其他手段予以体现，而不能强加入评估过程之中。

6.4.2 评估方法

《城市房屋拆迁估价指导意见》中规定，拆迁估价一般应当采用市场比较法。不具备采用市场比较法条件的，可以采用其他估价方法，并在估价报告中充分说明原因。拆迁估价应当参照类似房地产的市场交易价格和市、县人民政府或者其授权部门定期公布的房地产市场价格，结合被拆迁房屋的房地产状况进行。

对比较案例选取问题，在运用市场比较法时，应在与拆迁房屋相同或相似区域内收集成交时间一般不超过 6 个月的充分房地产市场交易实例，包括房屋拆迁范围内的交易实例；在分析、筛选的基础上确定与估价对象区位、用途、建筑类型、结构和设备等相同或相似的 3 个以上可比实例，并制作《可比实例调查表》。采用基准价格修正法确定基准价格的，应选取 4 个以上可比实例。可比实例的成交单价一般相差不应超过 30％。

对一些特殊的建设项目，地方政府可能制定相应的规定，估价师在估价时要遵守地方的有关规定。

《上海市城市房屋拆迁评估技术规范（试行）》中，对居住房屋和非居住房屋的评估分别作出了具体规定：

1. 居住房地产评估

（1）采用市场比较法。

可比实例比较修正时，应建立价格可比基础后进行交易情况、交易日期、区域因素、个别因素修正。每项修正对可比实例成交价格的调整不得超过 10％，综合调整不得超过 15％。

（2）基准价格修正法。

1）适用条件：对于房屋建筑类型相同、功能完整性相同或相似的同一拆迁地块的成片居住房屋，可采用市场比较法确定典型房屋的市场价格，作为该拆迁范围同类房屋的基准价格。然后根据不同房屋的楼层、朝向、采光、通风等因素，对该基准价格进行适当的调整、修正，确定其他被拆除房屋的评估价格。

2）评估程序：

- 按照居住房屋的建筑类型、建造年代、建筑结构、设备、房屋户型以及功能的完整性等因素划分房屋类别；
- 在同一房屋类别内确定典型房屋；
- 运用市场比较法对典型房屋进行评估，经核验后确定典型房屋的价格作为基准价格；
- 确定层次、朝向等其他因素修正系数；
- 运用本规范的计算公式确定房屋的市场价格，计算公式为：

估价对象价格＝类别基准价格 ×(1＋朝向修正系数)×(1＋层次修正系数)
×(1＋其他因素修正系数)

表 6—1、6—2 为上海市拆迁评估中的朝向和楼层修正系数。各地因本地区

实际情况的不同，朝向及楼层修正系数会有所不同。

表 6—1　　朝向修正系数表

主卧朝向	北	西	东	一间朝南	两间朝南	三间朝南
修正系数	−8%	−3%	−2%	0%	1%	2%

表 6—2　　楼层修正系数

层次＼总层数	一	一	二	四	五	六	七	高层
1	0%	0%	0%	0%	0%	0%	0%	0%
2		4%	4%	2%	2%	2%	2%	−2%
3			2%	6%	5%	5%	6%	−1%
4				−4%	4%	4%	5%	0%
5					−8%	2%	3%	0%
6						−8%	1%	1%
7							−10%	1%
8～11								2%
12～（顶层−1）								4%
顶层								−4%

资料来源：《上海市城市房屋拆迁评估技术规范（试行）》。

2. 非居住房屋的评估

非居住房屋包括商场、店铺、旅馆、办公、金融、娱乐、餐饮、服务业和工厂、站场码头、仓库堆栈、学校、文化馆、影剧院、福利院、医院、公共设施用房等经营性和非经营性房屋。

（1）评估方法。

能搜集充分成交案例并有符合规定要求可比实例的非居住房屋，应采用市场比较法进行评估。不能适用市场比较法的，可采用收益法进行评估。房屋收益应按照房屋的租金收益确定。难以确定房屋租金收益的，采用成本法等其他方法进行评估。

采用收益法进行评估的，房屋的租金收益按照其同一经营用途、同一区域的社会平均收益水平修正确定。

采用成本法进行评估的，应当采取房地分别评估的方式，评估出房地产市场价格；房屋占用范围内的土地价格应采用市场比较法、成本法或基准地价修正法等方法求取。

（2）评估参数。

建筑物重置价格的费用构成应符合《房地产估价规范》的有关规定。建筑、安装工程费应运用工料测量法或分部分项法求取。

房屋折旧以直线折旧法计算。不适用直线折旧法的，可以使用成新折扣法计算。房屋建筑设备应单独计算折旧。

3. 其他类别房地产拆迁评估

（1）在建工程评估。

应采用成本法进行评估。在建工程土地评估以政府管理部门批准的用途、参数或规划设计方案等为依据，工程建设进度以政府管理部门通知停止施工时的状态为准。

（2）公益事业房屋。

公益事业房屋一般指科教、文卫、社会公共福利等非生产性事业。公益事业多为非营利的社会福利事业，一般缺乏足够的交易案例，也没有收益，通常采用成本法评估。

（3）临时建筑。

拆除超过批准期限的临时建筑，不予补偿，不在估价范围之内；未超过批准期限的临时建筑应当按使用期限的残存价值参考剩余年限评估其建筑物残值。

6.5 拆迁评估案例

估价对象概述

估价对象位于A市B区主干道，东南两面均临区域次主干道，西临空地，北临民宅，交通比较便利，但道路状况特别是排水状况较差，周边有两个大型商场和建设银行、工商银行等分理处，医疗设施有该市第×医院、第一职工医院等，休闲娱乐设施有B区公园等，教育配套设施有小学、中学。

房屋拆迁许可证号为：×规拆迁许字［2007］第×号。拆迁总建筑面积2 995m^2，占地面积2 501m^2。其中非住宅建筑面积1 996m^2（至估价基准日，已经拆迁完毕），住宅建筑面积999m^2，本次评估范围为住宅部分，为一栋2层住宅楼（1楼部分住宅现状用途为商业门面），南北朝向，建筑面积999m^2。该房屋建成于20世纪50年代，整体外观比较陈旧，基础无不均匀沉降，墙体有少量细微裂纹，外墙空鼓、起沙、剥落严重，有渗水现象；预制屋板，红瓦坡屋顶，局部渗漏；普通木门窗，油漆剥落，风化、腐朽；单跑楼梯，水泥踏板，局部破损；电线局部老化，上、下管道锈蚀。房屋内部一般为水泥地面，少数铺300mm×300mm 地板砖，磨损较大；内墙为一般刷白，空鼓、起砂、剥落严重，少数 1.2m 油漆墙裙，局部剥落；楼板一般刷白，少数简单塑料扣板吊顶；卫生间为共用，一般铺 300mm×300mm 地板砖、瓷砖墙裙，少数水泥地面、普通内墙。

估价目的

为确定被拆迁房屋货币补偿金额而评估其房地产市场价格。

估价时点

2007 年 6 月 3 日

区域因素分析

估价对象所在的 B 区交通状况较好，现有城区道路网以及区内拥有的铁路站点、长途汽车客运站、客运码头等，形成了良好的对外、对内交通连接。区内基础设施完备，给排水系统、供电系统、通信系统完善。此外，区内空气质量优良，绿化率较高。

估价方法的选用

《城市房屋拆迁估价指导意见》明确要求拆迁房地产价值评估首选市场法，同时，通过分析有关估价对象的各种资料，结合估价人员的实地查勘情况及有关市场资料分析结果，估价对象周边区域二手住宅交易市场较为活跃，交易案例容易搜集，故住宅房地产区位价格采用市场比较法评估。对于商业房地产，因类似物业市场不活跃，可比实例难以收集，不宜采用市场比较法。估价对象周边区域商业门面出租较多，租金资料容易调查和收集，客观租金数据可通过市场调查获悉，故商业房地产采用收益法进行评估。该地房屋重置成本文件资料比较齐备，故房屋重置价格采用成本法评估。最终确定综合采用市场法、收益法和成本法进行拆迁评估。

估价技术路线

通过市场调查，选取 5 个与拟拆迁住宅房地产类似的可比实例，用市场法的模型测算一个典型的住宅房地产价格，扣除设定的典型房地产的重置价格，得出本片区住宅房地产的区位价；通过市场调查，对拟拆迁片区内商业房地产一般租金进行分析推算，用收益法的模型测算一个典型的商业房地产价格，扣除设定的典型商业房地产的房屋重置价格，得出本片区商业房地产的土地价格；房屋重置价格采用成本法进行评估，并进行楼层和朝向修正。各个房地产评估综合单价等于该房地产土地价格与房屋重置价之和，评估总价等于评估综合单价与建筑面积的乘积。

估价过程

1. 市场法评估拆迁房屋住宅区位价的测算过程

（1）搜集交易实例。

通过对估价对象同一供求圈内类似房地产交易市场的调查和分析，搜集与估价对象相类似的房地产交易实例，通过比较和筛选，选取 5 宗相邻地块住宅房地产一般交易实例作为可比实例，可比实例详细资料见表 6—3。

表 6—3　　可比实例资料

项目＼可比实例	A	B	C	D	E
房屋用途	住宅	住宅	住宅	住宅	住宅
地段等级	住宅四级	住宅四级	住宅四级	住宅四级	住宅四级
交易目的	转让	转让	转让	转让	转让
交易情况	正常	正常	正常	正常	正常
交易单价	2 030 元/m^2	1 650 元/m^2	1 500 元/m^2	1 520 元/m^2	1 940 元/m^2
交易时间	近期	近期	近期	近期	近期
建筑结构	砖混一等	砖混一等	砖混一等	砖混一等	砖混一等
建筑成新	90%	70%	60%	60%	85%
基础设施	水、电、卫	水、电、卫	水、电、卫	水、电、卫	水、电、卫
配套设施	齐全	齐全	齐全	齐全	齐全

（2）交易情况修正。

所选可比实例均为正常交易情况下实例，所以交易情况不做修正，可比实例的交易情况修正系数均为 100/100。

（3）交易时间修正。

所选可比实例的交易单价均为近期市场交易价格，与估价时点较近，交易时间不做修正，则可比实例交易时间修正系数均为100/100。

(4) 区位价格的确定。

区位价格的确定根据房地产的交易价格扣除房屋的价格，房屋价格的确定根据房屋的重置价格、楼层成新率等综合确定，具体详见表6—4。

表6—4　　建筑物价格修正表

项目＼可比实例	A	B	C	D	E
交易单价	2 030元/m²	1 650元/m²	1 500元/m²	1 520元/m²	1 940元/m²
交易情况修正	100/100	100/100	100/100	100/100	100/100
交易时间修正	100/100	100/100	100/100	100/100	100/100
修正后交易单价	2 030元/m²	1 650元/m²	1 500元/m²	1 520元/m²	1 940元/m²
重置单价	710元/m²	570元/m²	570元/m²	650元/m²	710元/m²
建筑成新	90%	70%	60%	60%	85%
区位价格	1 391元/m²	1 251元/m²	1 158元/m²	1 130元/m²	1 336.5元/m²

注：①房屋重置单价依据该市房屋重置价格标准确定。

②区位价格＝修正后交易单价－重置价格×成新率。

(5) 区域因素修正。

估价人员通过调查分析市场资料，结合估价经验，选取以下几种因子作为比较基础，各因子均以估价对象为比较基准，修正情况见表6—5。

表6—5　　区域因素修正情况表

项目＼估价对象与可比实例		估价对象	A	B	C	D	E
繁华程度	距市区商业中心距离	100	102	98	98	100	102
交通便捷	主要道路距离	100	102	100	98	98	100
	公交车站网	100	102	100	100	98	102
环境状况	环境污染	100	100	100	100	100	100
	卫生状况	100	100	100	100	100	100
景观	自然环境	100	102	102	98	98	102
	人文景观	100	100	100	100	100	100

续前表

项目 \ 估价对象与可比实例		估价对象	A	B	C	D	E
配套设施	基础设施	100	100	100	100	100	100
	公共服务配套	100	100	100	100	100	100
	小区内配套设施	100	102	100	98	99	100
各可比实例区域因素修正系数			0.905 7	1.000 4	1.073 2	1.062 5	0.942 3

（6）比准价格计算。

A：1 391×0.905 7=1 259.83（元/m^2）

B：1 251×1.000 4=1 251.50（元/m^2）

C：1 158×1.073 2=1 242.77（元/m^2）

D：1 130×1.062 5=1 200.63（元/m^2）

E：1 336.5×0.942 3=1 259.38（元/m^2）

取比准价格的算术平均值作为最终比准平均区位价格：

比准区位价格=(1 259.83+1 251.50+1 242.77+1 200.63+1 259.38)/5
=1 242.82≈1 243(元/m^2)

2. 成本法评估拆迁房屋重置价格的测算过程

（1）房屋重置基准价的确定。

待拆迁房屋建筑结构共可分为钢混、砖混、砖木及简易四大类。其重置基准价根据本市有关部门公布的房屋重置价格标准确定。

重置价格标准见表6—6。

表6—6　　房屋重置价格标准表

结构类型	等级	重置单价（元/m^2）
钢混	一等	1 150
	二等	990
	三等	830
砖混	一等	710
	二等	650
	三等	570

续前表

结构类型	等级	重置单价（元/m^2）
砖木	一等	680
	二等	520
	三等	420
简易		340

估价对象是一栋 2 层砖混结构建筑物，根据表 6—6 中的定级标准及估价对象的实际情况，综合确定其房屋结构等级为砖混三等。

（2）成新率的确定。

成新率的确定可根据观察法测算，或对建筑物的结构、初装修和设施等组成部分的完好程度进行鉴定评分，对各部分的评分进行加权平均，最终确定估价对象房屋的成新率。

本评估中估价对象的成新率确定为 53%。

（3）待拆迁房屋楼层调节系数的确定。

待拆迁房屋为 2 层建筑物，根据本市《城市拆迁评估操作技术规范》规定，3 层以下（含 3 层）房屋不做楼层调节修正，故估价对象不做楼层调节修正。

（4）建筑朝向修正。

估价对象建筑物均为南北朝向，不做朝向修正。

（5）估价对象建筑物现值的确定。

$$\begin{aligned}\text{估价对象建筑物现值} &= \text{房屋重置价}\times\text{成新率}\times(1+\text{楼层调节系数})\times\\&\quad(1+\text{朝向调节系数})\\&=570\times53.0\%=302.10\approx302\ (\text{元}/\text{m}^2)\end{aligned}$$

3. 收益法评估拆迁房屋商业区位价的测算过程

（1）年有效租金收入的测算。

经估价人员实地调查，估价对象 1 楼门面（建筑面积 29.94 m^2）招租价为每月 450～500 元/m^2，但是承租人全部都是将所租房屋前半部分用于门面经营，后半部分用于居住；估价对象周边商业门面租金在每月 30 元/m^2 左右；参考本市有关部门发布的房屋租赁参考租金和估价对象周边同类房地产的租赁情况，综合确定估价对象所处区域砖混三等三成新，商业门面的平均租金为每月 30 元/m^2，由房屋重置价格测算得平均成新单价为 302 元/m^2，租金损失率和空置率取 12%。则：

年有效租金收入＝30×12×(1－12%)＝316.8（元/m^2）

（2）求取年总费用。

年总费用，亦即租赁经营总成本，包括管理费、维修费、保险费、税费等。

1）管理费：对出租房屋进行的必要管理所需的费用，按年有效租金收入（即年总收益）的2%计算。

管理费＝年总收益×2%＝316.8×2%＝6.34（元/m^2）

2）维修费：为保障房屋正常使用每年需支付的修缮费，按房屋重置价的2%计算。

维修费＝房屋重置价×2%＝570×2%＝11.4（元/m^2）

3）保险费：房产所有人为使自己的房产避免意外损失而向保险公司支付的费用，按房屋现值的0.5%计算。

保险费＝房屋重置价×成新率×0.5%＝1.51（元/m^2）

4）税费：房地产应缴纳房地产税、营业税、城市建设维护税、教育费附加等有关税费，取综合税费率为营业额的17.8%。

年税费＝年总收益×17.8%＝316.8×17.8%＝56.39（元/m^2）

年总费用＝管理费＋维修费＋保险费＋税费

＝6.34＋11.4＋1.51＋56.39＝75.64（元/m^2）

（3）年净收益。

年净收益＝年总收益－年总费用＝316.8－75.64＝241.16（元/m^2）

（4）确定收益还原率。

采用安全利率加上风险调整值作为收益还原率。安全利率可选用同一时期国债年利率或中国人民银行近期公布的一年定期存款年利率；风险调整值应根据估价对象所在地区的经济现状及未来预测、估价对象的用途及新旧程度等确定。本项估价的折现率取一年期存款利率（1.98%）和风险报酬率之和，综合取定为8.0%。

（5）计算估价对象房地产价值。

估价对象土地使用权类型为划拨，本次评估先设定估价对象土地使用权类型为出让，出让年限为商业用地法定最高年限40年，然后扣除出让金得出估价对象房地产评估价格。

收益法计算公式为：

$$P = a/r \times [1-1/(1+r)^n]$$

式中，P 为房地产收益价格；a 为年净收益；r 为收益还原率，取 8%；n 为收益期，设定为 40 年。

$$房地产单价=241.16 \div 8\% \times [1-1/(1+8\%)^{40}]=2\ 875.77\ (元/m^2)$$

根据《×市市区商业用地级别与基准地价图》得知，估价对象商业用途用地级别为Ⅶ级，查《×市毛地批租楼面地价表》得知，商业Ⅶ级楼面毛地地价为建筑面积 120 元/m^2，故需扣除出让金建筑面积 120 元/m^2。

$$扣除出让金后房地产单价=2\ 875.77-120=2\ 755.77\ (元/m^2)$$

（6）计算估价对象区位价。

拆迁房地产区位价值（土地价值部分）为拆迁房地产的市场评估单价扣除房屋建筑重置单价后的剩余部分。由房屋重置价格测算得平均成新单价为 302 元/m^2。

$$商业门面房地产区位价=2\ 755.77-302=2\ 453.77 \approx 2\ 450\ (元/m^2)$$

4. 估价结果确定

根据以上分析测算，采用市场法测算的估价对象住宅区位价（土地价值部分）为 1 243 元/m^2，采用成本法测算的估价对象房屋重置价格为 302 元/m^2，采用收益法测算的估价对象商业区位价（土地价值部分）为 2 450 元/m^2。经过综合分析，以上结果作为最终评估结果，不做调整。

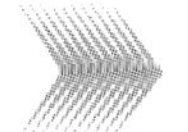

本章小结

本章主要讲解了房地产拆迁评估的方法和特点，针对拆迁评估政策性强的特点，本章首先介绍了拆迁评估的法律环境，接下来探讨了拆迁评估的概念、原则、评估方法选择、评估程序，最后通过案例分析讲解了拆迁评估的实际应用。

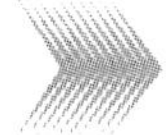

关键术语

房地产拆迁评估　　拆迁当事人　　拆迁补偿　　拆迁许可证

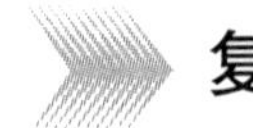

复习思考题

1. 什么是房地产拆迁评估?
2. 房地产拆迁评估需要遵循的主要评估原则是什么?
3. 房地产拆迁评估的方法有哪些? 如何选取评估方法?
4. 简述拆迁评估的法律环境?
5. 拆迁评估存在哪些问题?
6. 房地产拆迁评估的主要特点是什么?

第 7 章

房地产税收评估

学习指导

重点掌握批量评税的概念与内涵、数据收集与管理、房地产类别划分、评税分区、评税模型建立方法、评税结果审核、评税结果通知书等内容。

7.1 批量评税概述

7.1.1 批量评税的概念

批量评税指的是以成本法、市场比较法和收益法等估价方法为理论基础，运用数理统计原理建立评税模型，结合计算机、地理信息系统等技术，在评税时点一次性对多宗应税房地产进行的评税活动。完成这种批量评税活动的评估方法称为批量评税（也称为批量评估），英文为“mass appraisal”。

关于批量评税是否是一种独立的评估方法，行业内还存在一定程度的争议。有的专家认为，批量评税不是一种独立的评估方法，因为，无论批量评税采用何种模型，其核心都是基于三大经典的估价方法——市场法、成本法和收益法。究其本质来说，批量评税与这三大经典方法没什么实质区别。而将批量评税归结为独立的评估方法的专业人士认为，批量评税侧重的是评估的程序，即从数据收集到模型建立，再到模型的检验和应用，最后到计税价值依据的测算和纳税通知单的发送，以及可能产生的申述和复评工作，整个过程都属于批量评税。因此，从这个意义上来说，批量评税不同于通常意义上的评估，应该作为独立的方法予以研究和使用。

我们比较赞同后一种观点，将批量评税看做是一种独立的估价方法比较适当。批量评税是一种应用估价方法，其理论基础是三大经典估价方法，核心是评估模型，实现的技术手段是计算机信息技术。因此，将批量评税作为一种方法来研究，有利于批量评税技术的发展和完善，有利于提高人们对批量评税方法的认识。

7.1.2 批量评税的特点

房地产批量评税与一般性的房地产评估既有相同点，又有着明显的区别，这些区别构成了批量评税的主要特点。

1. 评估数量海量性

一般性的房地产评估具有偶发性和交易随从性的特点，即根据房地产交易需要或者接受客户委托进行评估，评估数量取决于地区房地产市场的活跃程度。而批量评税是一种政府行为，需要根据一国的房地产税制评估该国全部房地产，评估数量巨大，可以称得上是“海量评估”，这也是英文“mass appraisal”的本质含义。

2. 价值标准特殊性

一般性的房地产评估的价值标准是市场价值或公开市场价值。批量评税所采用的标准是为税收服务的，评估结果将作为课税的依据，公开市场价值不适合作为批量评税的价值标准。批量评税的价值标准称为计税价值（taxable value），指的是根据房地产税收有关法律、法规的规定，以房地产的公开市场价值为参考，忽略影响房地产价值的少数个性因素、房地产在评税时点所承受的他项权利及土地取得方式对价值的影响，通过评税方法确定的应税房地产价值。计税价值的货币单位应精确到元人民币。

3. 空间分布覆盖性

一般性的房地产评估具有随机性特点，评估案例的空间分布取决于当地的房地产市场交易情况。批量评税具有普遍性的特点，在空间分布上表现为覆盖整个征税区域的特点。一般来说，批量评税要覆盖整个行政管理区域。

4. 估价时点统一性

一般性的房地产评估的时点是根据评估要求确定下来的，是估价结果对应的日期，它可以发生在任何时间，例如过去、现在和未来。批量评税的估价时点一般是统一的，即决定征税的基准年或者基准日期，例如年初或年末。我国规定评估基准日是年度开始日，即某一年的 1 月 1 日。

5. 批量评税周期性

一般性的房地产评估是单次的，很少重复进行。批量评税从本质上讲是一种重复性估价活动，根据经济发展和价格变动表现为一定的周期性。当市场价格变化较明显时，就需要重新评估。如果房地产价格稳定，估价周期可以适当延长。如表 7—1 所示，不同国家或地区的房地产评税周期也不一样。

表 7—1　　不同国家或地区的房地产评税周期

国家或地区	评估周期
澳大利亚	对较大的已城市化的地区每年一次，对于较小的地方每 3 年一次
博茨瓦纳	每 5 年一次
巴西	法律未作要求
塞浦路斯	上一次重新评估是在 1980 年
爱沙尼亚	可能每 3 年一次
中国香港	每年一次
爱尔兰	上一次重新评估是在 1914 年
牙买加	每 5 年一次
肯尼亚	由市政当局自行决定，通常是每 10 年一次
马来西亚	每 5 年一次
荷兰	由市政当局自行决定，通常是每 4 年一次
新西兰	每 3 年一次
巴基斯坦	每 5 年一次
菲律宾	每 3 年一次
新加坡	每年一次
南非	每 4 年一次
泰国	每 4 年一次
津巴布韦	每次评估间隔不低于 3 年，不超过 10 年

6. 参数运用特殊性

批量评税方法在参数的运用上表现出与一般性的房地产评估不同的特点。以收益法为例，批量评税应用的是房地产的年毛收益，并作为收益价值估算的出发点，而一般性房地产评估采用的是扣除运营成本之后的净收益。根据我国现行房地产估价规范的要求，运营成本不仅包括管理成本、保险费和维修费，还包含房产税、营业税、城市建设维护税以及教育费附加。批量评税不可能在课税之前就知道要缴纳上述几种税费，因此只能运用来自房地产的毛收益作为评估参数，这与一般性的房地产评估完全不同。另外，乘系数的确定不仅需要考虑房地产市场的一般情况，还要考虑房地产的税负情况。因此，乘系数并不是纯粹的市场化系数，这与一般性的房地产收益法估价参数是不同的。

采用成本法进行批量评税时所选用的参数与一般性房地产评估也是不同的，例如批量评税多采用线性折旧模型，而一般性评估可以根据实际需要选用直线折旧模型、罗斯折旧模型等多元折旧模型，折旧额根据实际情况确定。批量评税将折旧额限定在一定范围内（一般不超过房屋重置成本的70%），因为当房地产接近使用期限终了时，其剩余价值较小，征收房地产税本身意义不大，这不符合课税的目的。

此外，批量评税采用成本法评估房地产时对成本价值的调整与一般性房地产评估不同。批量评税通常利用价值系数将成本价值调整到计税价值。一般性房地产评估是根据房地产市场情况和特殊价值影响因素对成本价值进行调整，不存在价值系数和计税价值标准，调整后的结果为市场价值。

7.1.3 与批量评税相关的概念

批量评税除需要遵循一般性估价的基本要求之外，还具有自身特点，这些特点是通过与批量评税相关的一些概念予以说明和界定的。与房地产批量评税相关的主要概念如下：

（1）评税时点（assessment date）：指的是评税结果对应的日期，我国规定为某年的1月1日。

（2）计税价值（taxable value）：根据房地产税收有关法律、法规的规定，以房地产的公开市场价值为参考，忽略影响房地产价值的少数个性因素、房地产在评税时点所承受的他项权利及土地取得方式对价值的影响，通过评税方法确定的应税房地产价值。计税价值的货币单位应精确到元人民币。

（3）个案评税（individual appraisal）：对不宜通过批量评税确定计税价值的

特殊房地产（如建筑结构特殊、规模庞大、价值量巨大、保有数量稀少等），由专业人员选用适合的评税方法所进行的评税活动。

（4）批量评税模型（mass appraisal model）：在评税过程中，通过数理统计分析所建立的能够满足统计检验指标要求的多元回归模型，或其他能确切表达房地产价值与价值影响因素之间数量关系的数学方程式。

（5）模型校准（model calibration）：指的是利用大量房地产实体和房地产市场数据，分析模型计算结果与市场真实数据的偏差，对模型中使用的各参数进行调整和确定的过程。

（6）评税分区（assessment zoning）：区分房地产用途，将待评税地区按照区域成片、地段相连、价值相近的原则划分为若干个小的区域，以反映不同区位房地产价格水平的梯度差异。评税分区是批量评税模型建立的基础。

（7）标准房地产（standard property）：为满足批量评税需要，根据同一评税分区内同类型应税房地产的情况，设定或选定的能反映分区房地产典型特征，符合建模要求的房地产。

（8）基准价值（standard value）：是评税分区标准房地产的评估价值。基准价值是分区内房地产计税价值评估的修正基准，根据具体评税方法，基准价值可以表现为基准单价、基准收益等形式。

（9）评税周期（assessment cycle）：根据房地产市场变化情况和房地产税征管工作需要所确定的两次评税工作之间的时间间隔，通常以年为单位。对于评税周期究竟应该多长，国际上没有统一的规定，主要是根据房地产市场价格的变动情况来决定。我国的香港地区，由于房地产交易非常活跃，所以，评税周期为 1 年，即每年香港特区的差饷物业估价署都要对全香港的房地产重新评估一遍。而德国的房地产市场表现很平稳，评税周期就约定为 6 年。然而 10 年过去了，德国并没有重新开展评税活动。除了房地产市场稳定之外，另外一个重要原因是评税所需要投入的人、财、物太大，地方政府缺乏重新评税的动力。

（10）基准价修正系数：指的是将基准价值修正到评税房地产价值所需要的修正系数，修正系数的选取是根据房地产价格影响因素、评税房地产个体因素以及批量评税模型来进行的。

7.1.4 批量评税的程序

如前文所述，批量评税是一种程序性的应用估价方法。批量评税程序原则上包括如下几个步骤：

（1）数据收集与管理；

（2）房地产类别划分；

（3）评税分区；

（4）建立评税模型；

（5）模型检验与校准；

（6）计税价值计算；

（7）评税结果审核。

本章将分别介绍这些步骤所包含的具体评估工作内容。

7.2 数据收集与管理

7.2.1 数据类型

数据收集对批量评税工作起着重要甚至是决定性的作用。所收集到的数据的质量关乎批量评税工作能否顺利进行。因此，在批量评税工作开始前，就应该制定周密的数据收集计划，明确需要收集的数据的类型。一般来说，应收集的评税数据类型包括地理空间数据、属性数据和纳税人信息数据三类。

1. 地理空间数据

地理空间数据指的是描述房地产空间特点的数据，包括土地和房地产图件、土地等级和区位、房地产位置等内容。地理空间数据在批量评税中的作用主要是对评税房地产进行空间定位，通过地理空间数据可以明确、直观地说明房地产的空间位置以及房地产的环境状况。批量评税需要借助计算机信息技术实现，这样的系统被称为计算机辅助批量评税系统（CAMA）。在这个系统中，地理信息技术 GIS 是一个重要的组成部分。GIS 的数据基础就是各种地理空间数据。评税区域的卫星遥感图或者航拍图是 GIS 不可缺少的图形基础，这些图形需要事先进行地理化处理，经过地理化处理的图形拥有地理坐标，地理坐标可直接被应用在评税房地产的区位分析上。此外，图件内容还要求尽可能包含完整的行政区划、房地产编号、宗地编号、道路、标志性建筑物名称、地物名称、地图注记等信息。土地等级和区位包括土地分级、分区及其范围，基准地价及其级别等信息。

地图上说明图面要素的名称、质量与数量特征的文字或数字，统称为地图注记。在地图上只有将表示要素和现象的图形符号与说明这些要素的名称、质量、数量特征的文字和数字符号结合起来，形成一个有机整体，即地图的符号系统，才能使地图更加有效地进行信息传输。只有图形符号而没有注记符号的地图，只能是一种令人费解的“盲图”。地图上的注记分为名称注记、说明注记和数字注记三种。名称注记用于说明各种事物的专有名称，如山脉名称，江、河、湖、海名称，居民地名称，地区、国家、大洲、大陆、岛屿名称等。说明注记用于说明各种事物的种类、性质或特征，用以补充图形符号的不足，常用简注形式表示（如石油用“油”，松树用“松”等表示）。数字注记用于说明事物的数量特征，例如地形高程、比高、路宽、水深、流速、承载压力等。同时，借助不同字体、字号、颜色的注记也能够进一步标明事物的性质、种类及数量差异。

上述数据都被称为地理空间数据。

2. 属性数据

属性数据是与空间数据相对应而言的，通俗地讲，除了空间数据之外的数据都可以被称为属性数据。批量评税中的属性数据包括房地产成本数据、房地产交易数据、房地产收益数据、房地产个体特征数据、批量评税参数以及税收政策要求的其他数据。

（1）房地产成本数据。

房地产成本数据包括建安造价和间接费用。房地产成本数据可根据实际情况，利用当地建设或工程造价管理部门发布的权威资料测算，也可由评税管理部门利用现有的工程造价资料整理、制定本地区的分类房地产成本数据。建安造价一般根据房地产类型和建筑结构制定，采用每建筑平方米的单价来表示。间接费用通常包括建筑前期勘察设计等工程费，表示为建安造价的一定比例，

（2）房地产交易数据。

房地产交易数据主要是房地产一手销售和二手买卖交易资料，包括房屋坐落、房屋类别、容积率、建筑结构、所在建筑总层数、所在层数、建筑面积、建成年份、居室数量、装修状况、朝向、物业管理信息、交易时间及价格、交易类型以及其他影响房地产交易价格的因素。

（3）房地产收益数据。

房地产收益数据指的是房地产的出租资料，包括租金水平、地理位置、临街状况、楼层、租用面积、建成年份、总建筑面积、建筑结构、用途、设备设施状况、装修状况、物业管理及其他影响房地产收益的信息。

（4）批量评税参数。

批量评税参数指的是批量评税过程中用到的各种计算参数，主要包括各类价格指数、利率、各类修正系数、资本化率、建安造价、间接费用比率、基准地价等。各类价格指数含地价指数、物价指数、建筑造价指数、房地产价格指数等。各类修正系数包括基准价格修正或调整系数、基准租金或收益修正系数、容积率修正系数、楼层调节系数、朝向修正系数、景观调节系数、成本价值市场修正系数等。

（5）税收政策要求的其他数据。

税收政策要求的其他数据指的是征收房地产税时建立评税模型和测算税负大小需要的其他数据，如国家统计年鉴、税收统计年鉴等。

3. 纳税人信息数据

纳税人信息数据包括纳税人基本情况及有关信息。从本质来讲，纳税人信息数据也是一种属性数据，之所以将其单独列出，是考虑到这些数据的来源以及用途。批量评税系统不应当是一个独立的信息系统，应该与现有的其他税种的征管系统进行融合。在融合的过程中，纳税人信息数据可以作为数据整合的依据。另外，在开发批量评税系统采集数据时，有一些数据本身就来自税务部门内部的信息系统，特别是契税等与房地产直接相关的一些税种，这些数据对房地产税的征收和批量评税很有帮助。这些数据一般可以通过纳税人信息数据进行检索与合并。

7.2.2 数据收集渠道

数据收集渠道与数据类型存在一定的相关性。空间数据一般来源于数据生产部门，例如，卫星遥感影像一般来源于卫星地面接收站或者专门从事遥感影像销售代理的公司。航拍图可以从测绘部门取得，或者直接投资拍摄。航拍图的获取成本比卫星遥感影像高，分辨率也更好。行政区划图可以从测绘部门、地名办公室等部门取得。土地定级成果图、基准地价图、地籍图等可以从国土资源管理部门取得。房地产编号等产权信息可以从房地产管理部门、建设管理委员会、城市规划部门收集。

属性数据中的房地产成本数据可以从建设管理部门、工程造价制定和管理部门、房地产开发公司等部门收集。房地产交易数据可以从房地产交易中心、产权登记管理部门、税务部门、房地产开发公司和销售代理、房地产中介公司、房地产评估公司等机构收集。房地产收益数据可以从税务部门、房屋土地管理部门、房地产中介机构、房地产评估公司等部门收集。

批量评税参数等数据不仅可以从上述部门收集和测算，更重要的是应该通过与房地产评估研究部门合作共同测算。这些参数中的一部分可以从相关研究机构获取。

税收政策要求的其他数据可以在各级统计和房地产、土地管理部门收集整理得到。

纳税人信息数据存在于税务管理部门。

7.2.3 数据收集质量要求

为了保证批量评税建立评税模型的要求，所收集到的房地产相关数据要满足一定的质量要求，具体的质量标准因数据服务的目的不同而不同。通常，收集到的房地产数据要满足如下质量要求：

1. 真实性

所收集的数据要真实可靠，买卖案例一定要是市场上实际发生的交易，租赁资料要根据真实的房地产出租合同整理得到，成本数据同样应该根据当地房地产市场的实际发生成本数额测算。这里必须注意的是，房地产所有者或使用者所申报的交易价格、租金和成本往往不真实。为了能够少缴契税，房地产的买卖双方很可能在申报交易价格时弄虚作假，低报价格。出租双方申报的租金也可能不真实，一方面可能出于保守商业秘密的原因，另一方面是由于错误地申报了租金如申报的租金总额对应了错误的出租面积。这些问题都必须在数据收集时发现和解决，以确保数据的真实性。

2. 完整性

不仅所收集到的数据类型要完整，而且每条数据的特征值也必须完整。数据是否完整关系到评估模型是否能够成功地建立，并且影响评估模型的质量。

3. 全面性

所收集到的数据应能够覆盖整个评税区域，房地产案例在空间上应尽可能均匀分布。

4. 代表性

所收集到的数据应能够反映房地产市场的基本情况，代表某类房地产的价格及其变动特征。依据代表性的房地产案例——典型案例所建立的评税模型能够更好地反映房地产市场的基本变动规律。

5. 现势性

所收集到的数据应是近期发生的，能够真实反映当前房地产市场情况和房地产的价格。

7.2.4 数据管理

为了保证数据的收集质量，必须严格实施数据管理。数据管理通常包括数据收集要求、数据收集手册、数据收集格式、数据录入和数据维护等。

1. 数据收集要求

评税管理部门应该制定数据收集与管理规则，制定数据收集质量等级标准，明确应该收集的数据内容、数据获取方式。数据收集应该借助评税软件进行。数据收集程序必须具备全面的数据质量控制、正确性检验以及筛选功能，能够检验数据的逻辑一致性和合法性。对收集到的房地产属性数据需要实施数量和质量检验，数据数量和质量要满足评估方法和统计分析的要求。

2. 数据收集手册

为了保证数据收集质量，评税管理部门应该编写数据收集手册。数据收集手册应该清晰、全面和容易理解，并根据实际工作需要及时更新。数据收集手册应该包括数据收集和记录方法，以及对相关专业术语的解释，应该尽量利用图解说明数据收集的方法和程序。

3. 数据收集格式

数据的格式设计既要方便外部收集，又要方便数据的内部录入和管理。数据收集格式应该符合数据内在的逻辑要求，做到客观、规范。数据收集格式除了要满足评税需要外，还应该考虑到其他税收管理信息系统以及有关政府部门的需要，满足数据在不同系统之间正确传输和共享的需要。

4. 数据录入

数据录入人员应该接受评税专业知识培训，数据录入内容要完整，录入程序要具备数据完整性和一致性检验功能，能进行数据编辑，检测不合法或不正常的数据，并提示错误或警告信息。

5. 数据维护

应该根据房地产属性特征的变化，定期更新计税价值评估信息系统的数据库。为了确保房地产的属性数据完整准确，应该在评税系统中开发数据周期性检验功能，定期对建筑物的实体属性进行检查，包括实地踏勘检验。

7.3 房地产类别划分

房地产根据用途可分为居住、商业、工业和综合四个类别。在批量评税过程中，可以根据当地房地产市场的特点和建立批量评税模型的需要，对房地产类别作进一步划分。

7.3.1 居住类房地产

居住类房地产是满足人们居住生活要求的房地产，一般包括别墅、公寓、成套住宅、非成套住宅、独门院落及其他居住性房地产。根据建筑形式又可以进一步将别墅划分为独栋别墅、连体别墅、叠拼别墅等。独栋别墅指的是自由坐落的独立式的别墅，具有比较大的私密性，在别墅类的房地产项目中价值最高。连体别墅指的是两栋或多栋别墅彼此连接建设，两栋别墅之间具有共同的建筑墙体，这样的别墅建造成本比独栋式别墅略低，但不如独栋别墅私密性大，档次也略低。连体别墅的最大好处是比较安全（由于邻居的存在）、比较节能（公共墙体的存在）。叠拼别墅指的是两套别墅在空间上交叉建设，每套别墅在每层上都有自己的建筑空间。连体别墅在建筑布局上采用的是并排建设形式，叠拼别墅采用的是空间交错的建筑布局形式。在价值量上不易确定究竟是连体别墅高，还是叠拼别墅贵。公寓一般是指新近开发建设的功能完善的成套住房，拥有完善的物业管理，在市场上出售时表现为比较高的销售价格。成套住宅是与公寓对应而言的，只是价位和档次不如公寓高。我国上市公有住房或者上市房改房都属于成套住房。非成套住房指的是功能上不独立的住房，例如没有独立厨房或者没有独立卫生间的住房。独门院落指的是成套的平房建筑形式，例如北京的四合院。居住类房地产的进一步细分要根据当地市场的具体情况来决定。

7.3.2 商业类房地产

商业类房地产指的是应用于商业经营和商业服务的房地产，一般包括商务房地产（写字楼、商务会馆等）、购物中心、商场、商铺、餐饮、旅游、娱乐及其他商业性房地产。

7.3.3 工业类房地产

工业类房地产是从事工业生产及其辅助工作的房地产，一般包括工业生产车间、工业生产辅助用房、工业相关配套用房及其他工业性房地产。

7.3.4 综合类房地产

综合类房地产指的是除上述三类房地产之外的其他房地产，一般包括办公性质、公共事业性质、公益性质和其他性质的房地产。有些专家也把多种用途混合的房地产称为综合类房地产，比如，同一个建筑物存在不同使用用途，不同用途在空间上或者产权上难以区分开，不能简单地把它归为居住类、商业类或者工业类房地产。目前，市场上比较普遍的建筑形式——商住两用楼就属于这种情况。

7.4 评税分区

市场分析最重要的方面是区位，类似房地产的价值会因为区位的变化而发生明显变化。为了能够有效地建立批量评税模型，必须对课征房地产税的范围进行分区。在评税分区内，经过分类的房地产将表现出较强的一致性等统计特征。

评税分区的基本原则是分区内的房地产具有一致性，即房地产价值与价值影响因素之间的关系表现为统计上的一致性特点。只要在节约和高效原则下能充分体现应税房地产的区位价格差异，不影响公平性原则，采用任何评税分区划分方法都是被允许的。

7.4.1 评税分区技术路线

根据我国的国情，可以采用下面两种评税分区技术路线：

(1) 对已建立城镇基准地价体系的地区，可以利用当地已有的土地定级估价成果，根据评税工作需要对基准地价分区进行适当调整划分评税分区。具体分区界限以及分区标准可以参考当地基准地价关于土地用途分级的相应标准，如果当地基准地价按用途分区方案有所调整，房地产评税分区应随之进行必要的调整。

(2) 尚未建立城镇基准地价体系的地区，可以参照当地建设管理部门或相关单位制定的住房指导价格分区方案等标准划定评税分区，或者采用7.4.2中的分区方法进行评税区域划分。

7.4.2 评税分区方法

评税分区的主要方法有三种，即地理分区法、聚类分析分区法和区位调整分区法。

1. 地理分区法

地理分区法指的是按照自然屏障、行政区划及道路等来划分评税分区，以反映区位间的主要差异。

2. 聚类分析分区法

聚类分析分区法指的是根据房地产实体特征，比如位置、建成年份、建筑结构、用途类别、面积、建筑质量、装饰装修情况等，采用聚类分析数学方法把房地产划分为若干评税分区。

3. 区位调整分区法

区位调整分区法指的是根据区位影响因素的影响度大小来划分评税分区。

7.4.3 评税分区调整

评税分区不是一成不变的，当房地产市场情况发生显著变化，特别是房地产价格变化显著时，需要对评税分区进行调整，甚至是重新划定评税分区。当一个城市的房地产市场的局部地区或者某类房地产价格发生较大变化时，需要对变动的局部地区或该类房地产进行评税分区调整。目前，我国实行基准地价动态更新制度，要求有条件的城市每隔2～3年要更新基准地价，基准地价分区随之进行必要的调整。如前所述，评税分区可以参照基准地价分区进行，当基准地价分区调整时，有必要根据调整过的基准地价分区调整评税分区。

7.5 建立评税模型

模型是对自然和社会经济现象的模拟和近似，一般由研究人员、科学家和分析人员建立，用来检验理论或是预测事件的结果。

模型可以分成物理模型、概念模型和数学模型。房地产估价模型试图从房地产数据出发，解释或预测其市场价值。模型的建立反映了在某一特定市场中供给和需求力量的运转，模型建立的理论基础是估价的三大经典方法——市场法、成本法和收益法。

模型的建立需要很好的理论、数据分析和研究方法作为基础。一个好的估价模型应该是精确、理性而且解释力强的。

7.5.1 一般模型结构

模型由一个因变量和多个自变量组成。因变量是待估量，如房地产价值。自变量是用来预测或解释因变量的，如居住面积或总收益。在模型建立过程中，由评估者决定使用哪些变量，以及这些变量之间的关系如何。在模型校准中，变量之间的关系要被量化，也就是说要决定每个自变量的系数（价格或是百分比的调整）。

一个基本的估价模型是：

$$V = BV + LV \tag{7—1}$$

式中，V 为市场价值的评估值；BV 为建筑物的评估值；LV 为土地的评估值。

以上的模型可以进一步扩展，以便更好地体现建筑物和土地部分对价值的贡献。将公式 7—1 根据建筑物和土地的大小和价格进行扩展，得到公式 7—2 和公式 7—3。

$$BV = BP \times BSIZE \tag{7—2}$$

$$LV = LP \times LSIZE \tag{7—3}$$

式中，BP 为建筑物的单位价格；$BSIZE$ 为建筑物的大小，通常以建筑面积来表示，单位为 m^2；LP 为土地的单位价格；$LSIZE$ 为土地的大小，单位为 m^2。

将公式 7—2 和公式 7—3 代入模型 7—1 中，可以得到：

$$V = (BP \times BSIZE) + (LP \times LSIZE) \tag{7—4}$$

这种相加型的线性模型的假设是土地和建筑物的价值可以分开、分别决定，并且每部分的价值随着其大小增长而相应增加。

在上述公式中引入一般质量因子（GQ_1，GQ_2，…，GQ_n），如区位和时间，可以得到完整的一般化的评估模型：

$$V = \pi GQ\left[(\pi BQ \times \sum BA) + (\pi LQ \times \sum LA) + \sum OA\right] \tag{7—5}$$

式中，πGQ 为一般质量修正因素；πBQ 为建筑物质量修正因素（包括折旧）；πLQ 为土地质量修正因素；$\sum BA$ 为建筑物各部分价值总和；$\sum LA$ 为土地各部分价值总和；$\sum OA$ 为其他附加物各部分价值总和。

模型包括累加与连乘两部分。与大小相关的特征是累加的（各项相加），与质量相关的特征是连乘的（各项相乘）。

这个模型是一般性的估价模型，因为从某种意义上来说它能包含几乎所有的影响房地产价值的属性特征。建模者决定模型中使用哪些变量、各变量之间相互关系怎样以及如何来校正模型。

7.5.2 市场法评税模型

市场法评税模型适用于评税分区内存在足够多交易案例的房地产评税，居住类房地产评税首选市场法。

1. 市场法评税公式

房地产计税价值＝适用的基准单价×个案价值影响因素修正系数×建筑面积×计税价值比例　　(7—6)

2. 市场法评税技术路线

在评税分区内收集大量的同一类别房地产交易案例，利用适当的统计方法和专家经验对数据信息进行整理分析，测算出分区分类别标准房地产的基准单价及价值影响因素修正系数，根据评税对象的具体情况确定个案价值影响因素修正系数，利用公式 7—6 计算计税价值。

3. 市场法评税步骤

第 1 步：交易案例数据整理，包括剔除异常数据、变量赋值以及案例数据标准化等。案例数据标准化包括统一付款方式（以一次付清所需支付的金额为基准）、统一计价方式（统一采用单价）、统一币种和货币单位、统一面积内涵（按建筑面积计价）以及统一面积单位。

第 2 步：建立市场法批量评税模型。对整理后的案例资料及有关数据进行统计分析，建立市场法批量评税模型。批量评税模型建立后必须进行有效性检验，包括拟合度分析、样本赋值分析以及残差分析等，以保证评税模型的准确性和一致性。

第 3 步：设定或选定标准房地产。在评税分区内，分类别设定或选定标准房地产。

第 4 步：确定标准房地产基准单价。将标准房地产价值影响因素的特征值代入模型，计算得到标准房地产的基准单价。

第 5 步：确定价值影响因素修正系数。运用适当的数学方法，通过已建立的批量评税模型，求取应税房地产相对于标准房地产的修正系数值，并根据专家评估经验对修正系数进行适当调整，制作《市场法评税价值影响因素修正系数表》。

第 6 步：求取计税价值。根据评税对象所属的用途类别和评税分区，查取《市场法评税价值影响因素修正系数表》，确定个案价值影响因素修正系数，根据公式 7—6 计算计税价值。

7.5.3 收益法评税模型

收益法评税模型适用于居住、商业、工业和综合用途房地产的评税，经营性房地产首选收益法。

1. 收益法评税公式

房地产计税价值＝适用的基准收益×收益影响因素修正系数
×(1－运营费用率)×收益年期修正系数
×建筑面积×计税价值比例　　(7—7)

2. 收益法技术路线

按用途类别在评税分区内收集大量的房地产收益资料，利用适当的统计分析方法和专家经验对数据信息进行整理分析，测算出分区分类别标准房地产的基准收益、收益影响因素修正系数，估算各类别房地产运营费用率及资本化率。根据评税对象的具体情况确定其适用的基准收益、收益影响因素修正系数、运营费用率、资本化率及收益年期，利用公式 7—7 计算计税价值。

3. 收益法评税步骤

第 1 步：房地产收益资料数据整理，包括剔除异常数据、变量赋值以及案例数据标准化等。案例数据标准化包括统一付款方式（以一次付清所需支付的金额为基准）、统一计价方式（统一采用单价）、统一币种和货币单位、统一面积内涵（按建筑面积计价）、统一面积单位以及统一收益内涵。

第 2 步：建立收益法批量评税模型。对整理后的收益资料及有关数据进行统计分析，建立收益法批量评税模型。批量评税模型建立后必须进行有效性检验，包括拟合度分析、样本赋值分析以及残差分析等，以保证评税模型的准确性和一致性。

第 3 步：设定或选定标准房地产。在评税分区内，分类别设定或选定标准房地产。

第 4 步：确定标准房地产的基准收益。将标准房地产收益影响因素的特征值代入模型，计算得到标准房地产的基准收益。

第 5 步：确定收益影响因素修正系数。通过对房地产收益案例实体因素和收益情况的统计分析，确定影响收益的主要因素及每个因素的影响程度，并根据专家评估经验对修正系数进行适当调整，制作《收益法评税影响因素修正系数表》，包含临街状况修正系数、特殊区域修正系数、实体状况修正系数等。

第 6 步：确定运营费用率标准。对不同用途的房地产运营费用情况进行广泛的市场调查，结合专家经验，确定评税分区内不同用途类别的房地产运营费用率标准。

第 7 步：确定资本化率标准。资本化率的求取方法主要有市场提取法、安全利率加风险调整值法、复合投资收益率法以及投资收益率排序插入法。资本化率应该根据评税对象房地产的类型、区位、市场风险、经营管理情况等客观因素，结合专家经验综合确定。评税管理部门应该定期测算和公布当地不同用途房地产的资本化率，作为评税依据。

第 8 步：确定房地产的收益年期。以土地使用权剩余年期和建筑物剩余经济年限二者中的较短者作为评税对象的收益年期。

土地使用权剩余年期＝土地使用权终止日期－评税时点日期

建筑物剩余经济年限＝建筑物经济耐用年限－(评税时点日期－竣工日期)

建筑物经济耐用年限依据《房产经济耐用年限和残值率表》确定。

第 9 步：制作《房地产收益年期修正系数表》。

第 10 步：确定收益年期修正系数。根据资本化率和收益年期查《房地产收益年期修正系数表》。

第 11 步：求取房地产计税价值。采用公式 7—7 求取评税对象的计税价值。

7.5.4 成本法评税模型

成本法评税模型适用于居住、商业、工业、综合四类房地产的计税价值评估，工业类房地产评估首选成本法。

1. 成本法评税公式

房地产计税价值 ＝(房产评估价值 ＋ 土地评估价值)× 计税价值比例 (7—8)

2. 成本法评税技术路线

成本法分别评估应税房地产的房产和土地，以二者评估价值之和乘以计税价值比例作为房地产计税价值。

3. 成本法评税步骤

第 1 步：房产价值评估。

（1）确定房产重置成本。

房产重置成本＝建安造价×(1＋间接费用比率)×建筑面积

（2）核定房产成新率。

成新率$=1-(1-R)\times T/N$

式中，R 表示残值率；T 表示已经使用年限；N 表示经济耐用年限。房产经济耐用年限和残值率依据《房产经济耐用年限和残值率表》确定。

对于能正常使用的工业房产，当实际成新率小于 20%时，成新率按 20%核定；除工业房产以外的房产，当实际成新率小于 30%时，成新率按 30%核定。

（3）计算房产评估价值。

房产评估价值＝房产重置成本×成新率

第 2 步：土地价值评估。土地价值评估一般采用基准地价系数修正方法，具体评估步骤如下：

（1）确定土地类别。根据用地性质，确定土地所属类别，包括总类和明细类。

（2）确定房地产所处地段的基准地价。根据房地产的土地类别和所处地段的土地级别，查询基准地价表，确定所处地段的基准地价。

（3）求取评税时点修正系数。通过时点修正系数将基准地价基准日的值修正为评税时点的值，修正系数测算公式如下：

$$评税时点修正系数=\frac{评税时点土地价格指数}{基准地价基准日土地价格指数}$$

土地价格指数依据当地统计局或土地管理部门发布的地价信息确定。

（4）确定容积率修正系数。根据《容积率修正系数表》确定容积率修正系数。

（5）确定行业用途修正系数。根据《行业用途修正系数表》确定行业用途修正系数。

(6) 计算宗地楼面熟地价、宗地地面熟地价。

商业、综合、居住用地的宗地楼面熟地价计算公式为：

宗地楼面熟地价＝基准地价(楼面熟地价)×评税时点修正系数
×容积率修正系数×行业用途修正系数

工业用地的宗地地面熟地价计算公式为：

宗地地面熟地价＝基准地价(地面熟地价)×评税时点修正系数
×行业用途修正系数

(7) 计算土地评估价值。

居住、商业、综合类房地产土地评估价值＝宗地楼面熟地价×建筑面积

工业类房地产土地评估价值＝宗地地面熟地价×土地使用面积

第3步：求取应税房地产评估价值。

应税房地产评估价值＝房产评估价值＋土地评估价值

第4步：求取应税房地产计税价值。根据公式7—8计算。

7.6 模型检验与校准

为了确保评税结果的准确、公平、可靠，必须对评税模型实施检验和校准。

7.6.1 模型检验方法

在评税分区内选择一定量的、已知市场价值的需要评税的房地产，利用所建立的评税模型评估其价值，并计算此价值与真实市场价值之间的标准差、残差、方差等统计指标，对模型拟合度实施检验。只有通过检验的模型才可用于评税。

模型检验常用的统计指标主要有如下几个：

(1) 相关系数(R)：反映变量间线性相关关系的数字形式。这里用以考察各种房地产特征因素对房屋单价的影响程度。R为正数，表明该因素与房屋单价变化方向一致；R为负数，表明其与房屋单价呈反方向变化。在统计学上，一般认为 $|R|<0.3$ 时变量间线性相关程度较弱，$0.3<|R|<0.8$ 时相关性较强，$|R|>0.8$ 时高度相关。

（2）学生化删除残差（$SRE_{(i)}$）：残差是实际观察值与回归模型预测值之差，即实际调查的房屋单价与方程测算的单价之差。残差过大将会影响回归效果，因此引入了改进后的残差，即学生化删除残差。当 $|SRE_{(i)}|>3$ 时可以判断该数据为异常值，需要剔除。

（3）库克距离（COOK'S D_i）：用以测量观察点是否是异常影响点。它是对删除残差的修正，反映一个异常值删除后其他观察值的残差变化。库克距离的判断标准为：当 $D_i<0.5$ 时为正常范围，若 $D_i>1$ 则认为是异常值点，需要删除。

（4）拟合优度：是指根据数据得出的回归模型的参数值与实际的参数值之间的吻合程度，是检验模型估计协方差矩阵和样本协方差的相似程度（见图 7—1），进而确定对模型取舍的一个重要指标。通常运用样本决定系数 R-square 对模型线性拟合优度进行检验，其值在［0，1］区间，越接近 1 模型拟合度越高。

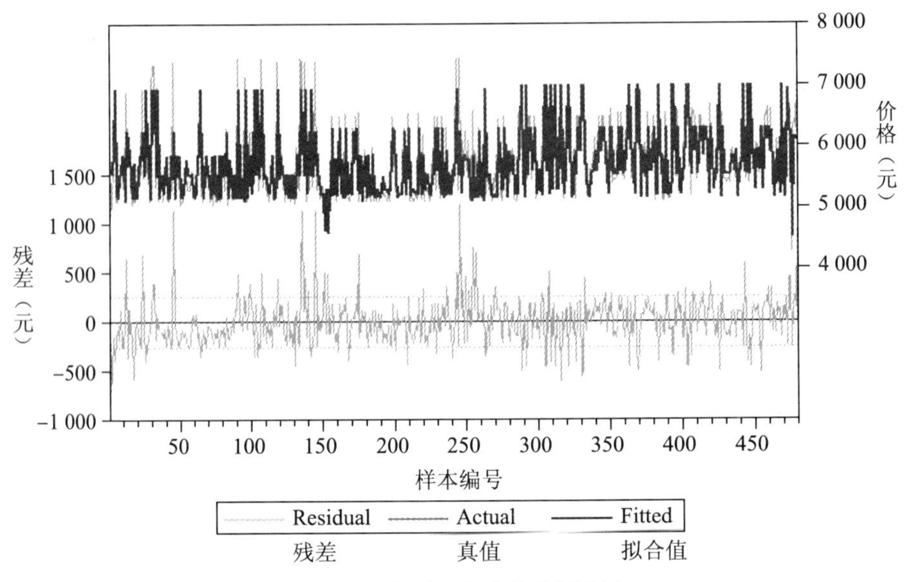

图 7—1　模型拟合度检验频谱图

（5）样本决定系数（R-square）：反映数据所拟合的回归线的拟合程度，也就是说，我们所作出的这条样本回归线对数据的拟合效果，当 R-square 越接近于 1 时，模型的拟合效果越让人满意。R square 的一个重要性质是，它是出现在模型中的解释变量或回归元的个数的非减函数，随着解释变量个数的增加，R-square 几乎必然增大并且不减小，而调整后的 R-square（Adjusted R-square）则剔除了解释变量个数的影响，反映了模型的真正的拟合效果。

（6）F 检验：评价所得模型合理性的重要统计量之一，即检验因变量与各种影响因素之间线性关系是否显著，是否可以用线性模型来描述因变量与影响因素间关系的指标。其实质也是对样本决定系数 R-square 进行的检验。F 统计量越显著，模型拟合得越好。

（7）T 检验：对估计出的房价影响因素的参数进行的检验，考察各因素对房屋单价的影响程度。当 ｜T｜＞临界值时，模型通过 T 检验。

（8）D W（Durbin-Watson）检验：是对模型残差是否具有自相关性的检验，体现回归模型对房屋单价变化反映的全面性。其值在 2.0 左右最好，当其值大于 2.0 时，说明残差存在负相关，当其值小于 2.0 时，说明残差存在正相关。当然，D-W 值在以 2.0 为中心的左右一定范围内，则这种相关性对于模型的拟合和预测效果没有明显的影响，即拟合和预测值被认为是接近真值的。至于这个范围（不拒绝域）的具体大小是由模型中的样本数量和解释变量的个数决定的。①

（9）误差比率：回归方程的预测值与实际值的误差比率，指预测值减实际值的差除以实际值。用以检验回归方程的应用效果。

（10）显著性水平（α）：指当零假设正确时人们却将它拒绝了的概率，即弃真的概率。SPSS 在认为零假设正确的情况下，根据样本数据计算出相伴概率 p 值（Sig.），我们通过相伴概率值与显著性水平的比较，来决定拒绝还是接受零假设。

7.6.2 模型的精度与校准

根据模型检验结果，确定发生偏差的原因，调整模型各项参数，对模型进行校准。校准过程需要经过检验、校正，再检验、再校正等几个反复过程，直至模型的拟合度指标达到统计检验要求。

7.7 计税价值计算

将经过检验和校准的模型应用于评税房地产数据，可以批量计算得出房地产的评估价值，将评估价值乘以计算价值比率就最终得到计税价值，即：

① 参见［美］古扎拉蒂：《计量经济学》，北京，中国人民大学出版社，2000。

计税价值＝评税模型的计算结果×计税价值比率

如前所述，计税价值比率是房地产税征收管理部门根据房地产税负高低，考虑到经济发展状况，根据不同房地产类型制定出来的政策性评税参数。这一比率不是一成不变的，是可以调整的。国际上，这个比率的取值范围一般为60%～85%。

7.8 评税结果审核

评税结果审核主要包括预审、模型检验、现场审核和室内审核几个方面的内容。

7.8.1 预审

预审指的是对批量评税程序进行的全面检查，检查各个程序的履行是否正常和顺利，是否达到每个程序的质量控制要求。

预审的一项重要内容是对数据收集进行检查，主要检查数据收集是否全面完整，评税分区的样本数据量是否满足建立评税模型的要求，数据收集的特征值是否全面，特殊的房地产价值影响因素是否被充分考虑到了。

预审的另外一个重要工作是核对评税结果清单是否齐全、没有遗漏。通过对结果清单的检视，发现是否存在同一个评税分区的同类型房地产存在结果上的明显差异。对这样的差异应该予以重视，找出结果差别明显的原因所在，避免发生评税疏忽和错误。这种检核借助CAMA系统将非常有效率，例如通过CAMA系统可以计算出各种比率、单价，这些参数对快速、全面地检核评税结果有很大的帮助。

7.8.2 模型检验

对模型检验主要是通过将近期房地产的实际交易案例与评估结果进行比对来进行的，这与前文在评税模型的建立和校准中已经讲过的统计检验技术不同。模型检验由有经验的资深估价师或者评税小组的领导负责实施——我们可以称其为评估检核师。评估检核师从近期发生交易的房地产数据中挑选比对对象，依照市场法原理评估CAMA系统中的评税房地产，再比较评估结果和模型结算结果的差异。选择比对的房地产应该在模型建立区域具有代表性，数量和分布均匀。如果比较结果显示二者之差不大（如不超过10%），基本上可以认为评税模型是可靠的。超过10%的比对房地产的数量如果不多，也不能说明所建立的模型质量不好。

相反，如果出现一定数量的比对房地产评估结果与模型计算结果差异比较大，或者出现差异趋势相同的情况，则说明模型可能存在问题，如模型对某一价值影响因素没有充分顾及。对于这种情况，必须认真分析，找出问题存在的原因，并且对评估模型进行修正。

7.8.3 现场审核

现场审核指的是评估检核师在经过预审和模型检验之后，根据评税结果清单和评税房地产的相关资料，到房地产现场进行检查核对的工作过程。一般来说，只要认真进行预审和模型检查，并且室内房地产资料准备充分，则对大多数房地产来说，评估检核师只需要驾车检查就可以完成审核任务；对于特殊房地产，评估检核师则需要下车进入房地产，认真细致地核对和检视。现场审核要求的时间随着房地产的类型和居住密度、数据质量、评估检核师审核数据和作出最终价值判断可获得的信息的变化而变化。

很多因素影响每天检查房地产的数量。表7—2比较了不同类型的房地产在有利条件下平均的检查效率高低。在居住密度高的城市区域，由于交通拥挤，一般需要步行而不是乘车去现场审核，因此，检查效率就偏低。在乡村区域，由于房地产之间距离较长，而且为了更充分地审核而需要离开公路接近房地产，这导致每个房地产检查时间偏长，因此，乡村地区和城乡接合部的房地产评税现场检查效率也不高。

表7—2　　不同类型房地产的日均检查数量

房地产类型	检查效率
典型的居住密度适中的城市房地产	100～150宗/天
郊区的住宅房地产	100～150宗/天
乡村的住宅房地产	60～100宗/天
农业房地产	25～40宗/天
沿闹街的商业房地产	20～40宗/天
大型的商业房地产	10～25宗/天

资料来源： Joseph K. Eckert, *Property Appraisal and Assessment Administration*, The International Association of Assessing Officers, 1990, p. 552。

7.8.4 室内审核

在完成上述检核之后，还需要在室内根据评税结果清单认真核对检查评税房地产的基本信息、房地产对应的纳税人信息以及评估结果。评估结果检查需要借助 CAMA 系统计算各种比率指标和单位指标，如租价比、地价占房地产总价的比例、房地产单价等。对这些指标出现异常值的房地产应该予以注意，并仔细检查。

7.9 评税结果通知书

在房地产评税完成之后，需要将评估结果和预计征收的房地产税额以评税结果通知书的形式发送给纳税人。评税结果通知书一般包括如下内容：

● 房地产所有者的姓名和邮寄地址。

● 通知的目的和原因，即通知纳税人该房地产已经进行了计税价值评估，该评估价值将用于确定房地产税的征收额度。

● 通知日期。

● 计税价值有效日期和纳税年份（评税日期）。

● 通知评估的房地产权属确认：地址、宗地数、一份简明的房地产法律描述。

● 其他重要的确认信息，如评税分区（特别是当分区情况影响到了评估时）和纳税号码。

● 免税情况（如果存在）。

● 房地产的新评估价值、税额的法定标准以及相应的评税价值。（法规通常规定印刷在通知上的最少信息，一些法规还要求显示土地和建筑物的特殊价值。）

● 税额的净变化值。

● 确定新税额的原因。

● 房地产的主要特征。

● 房地产以前的计税价值评估和评估价值。

● 纳税人的申诉权利、日期和时间以及评估审核和正式申诉档案编号。

● 该地区可利用的减免税程序。

随评税结果通知书可以附带一个小册子，它对于更详细地解释房地产税收系统、评税程序以及纳税人权利具有一定的帮助。

7.10 批量评税举例——北京市某开发区市场法评税模型建模

市场法评税模型建立的思路是通过对市场上房地产相关数据的统计分析，建立基于市场价值的房地产评税模型，实现批量评税，主要步骤包括：（1）全面收集市场上评税房地产的基础信息；（2）从房地产自身特征和统计角度对数据进行分析、科学分类；（3）根据类别标准，分别进行价格影响因素与住宅单价的多元回归分析，建立评税模型；（4）对模型进行统计检验；（5）从理论和实际两方面解释模型；（6）评税模型校准；（7）明确界定模型的适用条件；（8）模型应用。

下面主要介绍建立回归模型的具体分析流程。

（1）数据准备。

1）初审总体样本数据，根据房地产特征指标进行分类；

2）剔除异常情况的样本；

3）添加变量（如单价、楼龄）；

4）变量名转换（用英文替代）；

5）变量赋值（将影响房价的定性数据转换为数值型数据）

6）样本数据拆分与合并。

（2）回归分析与建立模型。

1）回归分析指标解释；

2）具体回归分析：独栋和双拼别墅、联排别墅、高层住宅、多层住宅；

（3）模型解释和应用限制说明。

（4）模型汇总表（略）。

7.10.1 数据准备

收集到的用于分析建模的住宅样本数据共计 2 284 个，全部数据均采自位于北京市某开发区的住宅小区。数据全部为住宅类房地产，包括的具体类型主要有独栋别墅、双拼别墅、联排别墅、叠拼别墅、花园洋房、高层住宅和多层住宅（7 层以下）等。由于不同类型房地产在建筑结构、建筑水平、市场定位、使用特性等方面的巨大差异，因此在数据分析过程中首先需要根据样本本身具有的属性对房地产特征指标进行分类，这是数据准备工作中的主要内容之一。除此之外，数据准备工作还包括剔除异常值、添加变量、变量名转换、变量赋值、数据合并与拆分等过程。

1. 剔除异常值

数据中的异常值指的是某条数据的某一项或者某几项特征值与总体调查数据样本相比存在较大的偏差，或者特征值数据缺项等，使这些数据不适合保留在数据样本中参与分析，否则会对分析结果构成较大影响。在进行回归分析时，这类数据需要剔除。

根据数据信息得知，总体样本中的金泰公寓（高层，总层数为 12 层，建筑容积率高达 6.7，其他小区的容积率一般为 0.8～2.4）位于开发区的住宅集中区域之外，微观区位环境因素与其他小区相比表现出明显的差异，因此，金泰公寓被从总体样本中剔除。梅园小区虽然位于开发区的住宅集中区域内，但由于其为回迁房，表现出区别于其他小区数据的特殊市场现象，属于异常样本数据，故而也被从总体样本中剔除。

2. 添加变量

采用市场法分析房地产各因素对价格的影响，需要使用每平方米的单位价格作为因变量，由于数据中没有直接调查的单价数据，因此我们添加“单价”作为因变量，单价根据房屋总价除以建筑面积求得。

由于房地产的价格将随时间发生变化，因此需要设立一个反映时间的变量。考虑到开发区的房地产多为近几年建成，且近期该市住宅房地产市场运行较为平稳（住宅市场价格指数基本保持不变），于是选择添加自变量“楼龄”反映房地产交易的时效性。“楼龄”以 2004 年为基期，减去竣工日期得出。

3. 变量名转换

为了能够满足统计分析软件分析数据建立模型的要求，需要将数据收集时用中文表达的房地产特征转化为言简意赅的英文或拼音缩写。常用的特征变量名字英文缩写如下：

Number：权证编号

Location：坐落

Faratio（floor area ratio）：建筑容积率

Bface（building face）：楼体朝向

Mbface（face of the master bedroom）：主卧室朝向

Bstyle（building style）：楼型

Bedroom：卧室数量（间）

Parlor：客厅数量（间）

Toilet：卫生间数量（间）

Decorate：装修

Frame：建筑结构

Tfloors（total floors）：总层数（层）

Lfloor（location floor）：所在层（层）

Use：用途

Cdate（complete date）：竣工日期

Prorigin（origin of property right）：产权来源

Prtype（type of property right）：产别

Trprice（transaction price）：交易价格（元）

Pradate（date of application for property right）：申请办理产权日期

Trtype（transaction type）：业务类型

Barea（building area）：建筑面积（m^2）

Iprice（individual price）：单价（元/m^2）

Age：楼龄（年）

4. 变量赋值

多元回归分析要求参与分析的变量必须是数值型，因此需要对变量赋值。变量赋值可以采取0、1哑元变量赋值或实际测算系数赋值等方式，将影响房价的定性数据转换为数值型数据。这里分析建模采用下面三种赋值方式：

第一，对含有两种情况的变量给予0（否）、1（是）赋值，具体包括：

用途：0=商业营业，1=住宅；

产别：0=国产，1=私产。

第二，对含有多种情况的变量，进行0、1、2……赋值，计算频数。具体包括：

楼型：0=低层，1=高层，2=联排，3=独栋，4=双拼，5=花园洋房；

装修：0=毛坯，1=简装，2=精装；

结构：0=钢混，1=混合，2=钢结构；

产权来源：0=购买（成本价），1=购买（商品价），2=转让，3=赠与；

业务类别：0=转移登记（存量），1=转移登记（一手），2=变更登记。

第三，对主卧室朝向采用求取系数方式赋值。这部分是赋值的难点和重点。

我们在界定其他因素尽可能相同的情况下，以朝南为最优（100），逐个分析不同朝向与南向间的价格比率，得到朝向赋值，如图 7—2 所示。

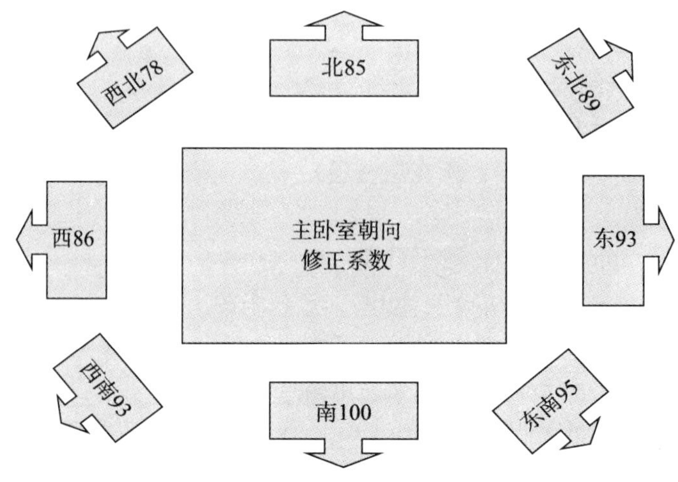

图 7—2　主卧室朝向影响系数

注：主卧室朝向修正系数：

①以正南向为标准值 100，其他朝向与之相比形成修正系数。

②修正系数实际上还可能受到小区内外景观等因素影响发生偏差，上面修正系数没有考虑这种影响。

5. 数据合并与拆分

住宅类房地产根据设计和使用等的不同可以进一步划分为不同类型。国际上通常将住宅类房地产进一步划分为别墅、单家庭住房、多家庭住房、财产房、公寓等。公寓又根据楼体高度细分为多层公寓和高层公寓。单家庭住房指的是在一栋住宅内生活和活动的人员限于一个家庭单元。单家庭住房在建筑形式上表现为独立一栋的建筑风格，有时两个单家庭住房还被建在一起，这样的建筑方式被称为双家庭住房。单家庭住房和双家庭住房在市场上的表现比较类似，可以归并为同一住宅类型进行分析。别墅在建筑形式上具有单家庭住房的特点，但在建筑设计和建筑环境等方面却有别于单家庭住房。例如，别墅要求建筑设计要具有独特性，与其他别墅不能雷同；别墅要求建筑环境优美，与其他建筑物要保持一定距离；要保证别墅所有者生活的私密性等。国内往往将别墅和单家庭住房混为一谈，将单家庭住房误称为别墅。我们在此次数据分析中不作上述概念的严格划分，而沿用目前传统习惯说法。

根据对赋值数据的初步分析，我们发现位于分析范围内的房地产数据在四种房地产类型上表现为具有统计学上的特点和属性，这四种房地产类型是独栋别墅（含双拼）、联排别墅（叠拼、上下两单元，一二层为一单元，三四层或三四五层为一单元）、多层住宅和高层住宅。按照层数多少划分，多层住宅一般为 7 层以下，高层住宅一般为 7 层以上（含 7 层）。这样划分的好处是可以保证四类数据在统计上具有意义，从而保证数据分析和建模的质量。

经过上面的数据准备之后，最终形成了四大类数据——独栋别墅（含双拼）、联排别墅、高层住宅和多层住宅。

7.10.2 回归分析与建立模型

1. 模型Ⅰ——独栋别墅多元回归模型

（1）模型建立。

独栋别墅和联排别墅的模型都采用多元回归方式建立，同时为了符合方便易用的原则，回归都为线性回归，回归拟合采用软件 Eviews3.1 完成，置信度定为 99%，即显著性为 1%①。

我们首先选择别墅回归模型建立的样本。可供分析的总体数据个数为 744 个，在样本选择上，我们发现长新别墅的数据存在较大问题，单位面积价格差距很大，低的不足 1 000 元/m^2，高的则超过 10 000 元/m^2，而且这些不是个别情况，无法作为异常数据剔除，因此我们将长新别墅的 31 个数据集体排除在模型考虑范围外。此外，我们通过比较同质物业，还剔除了 14 个数据，剩余的数据分为两组：独栋别墅与联排别墅，样本量分别为 481 个和 218 个。

最终得到的别墅模型为：

单价＝1 072.156 748＋12.698 200 98×建筑面积＋546.880 414 2
×楼龄＋315.998 023 4×卧室数量－540.826 863 4
×建筑容积率－603.957 095 8×建筑结构

Iprice＝1 072.156 748＋12.698 200 98×Barea＋546.880 414 2
×Age＋315.998 023 4×Bedroom－540.826 863 4
×Faratio－603.957 095 8×Frame

① 置信度表示所得结构的可信程度，数值越高代表我们越没有理由去拒绝结果。显著性则与之相反。

模型Ⅰ中，Frame 取 0 代表钢混结构，取 1 代表混合结构（虚拟变量 Dummy Variable[①]）。

（2）回归模型Ⅰ检验和校准。

对模型Ⅰ的检验指标见表 7—3[②]。

表 7—3　　模型Ⅰ的检验

Dependent Variable：PPS				
Method：Least Squares				
Date：10/17/04　Time：00:22				
Sample：1 481				
Included observations：481				
Variable	Coefficient	Std. Error	t-Statistic	Prob.
C	1 072.157	357.847 2	2.996 130	0.002 9
Barea	12.698 20	0.282 974	44.874 17	0.000 0
Age	546.880 4	64.460 35	8.483 982	0.000 0
Bedroom	315.998 0	82.891 31	3.812 197	0.000 2
Faratio	−540.826 9	190.215 2	−2.843 237	0.004 7
Frame	−603.957 1	67.663 25	−8.925 926	0.000 0
R-squared	0.814 283	Mean dependent var		5 740.649
Adjusted R-squared	0.812 329	S. D. dependent var		592.670 1
S. E. of regression	256.751 0	Akaike info criterion		13.946 49
Sum squared resid	31.312 512	Schwarz criterion		13.998 58
Log likelihood	−3 348.130	F-statistic		416.532 3
Durbin-Watson stat	1.985 172	Prob(F-statistic)		0.000 000

① 虚拟变量是一种定性数据的数量化，比如此处取 0 代表钢混结构，取 1 代表混合结构，从而以钢混结构的数据为基底，得出混合结构对单位价格的影响，反映二者对单位价格的影响的不同效果。

② 表 7—3 是 Eviews 统计分析软件的直接输出结果，这里不作翻译。

由表 7—3 可知，各变量的系数的 Prob. 值[①]都低于 1%，即通过了 T 检验，同时 D-W 值接近 2，模型不存在自相关问题，调整后的 R-square 达到了 0.812 329，拟合效果较好。图 7—3 为模型Ⅰ模拟的结果与真值，以及二者的残差的图像。

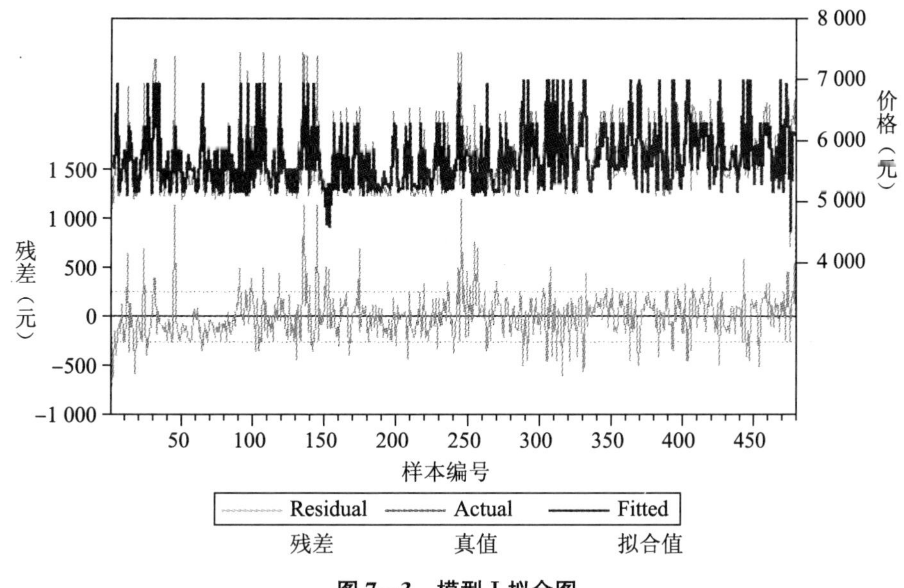

图 7—3　模型Ⅰ拟合图

2. 模型Ⅱ——联排别墅多元回归模型

（1）初次回归模型。

经过类似于模型Ⅰ的建立过程得到模型Ⅱ的初步回归结果如下：

单价＝－792 613.512 1－4.892 301 386×建筑面积＋200.510 155×卧室数量＋398.206 537 7×竣工日期＋2 828.271 214×建筑容积率－783.141 284 3×总层数＋317.516 999 4×卫生间数量

Iprice＝－792 613.512 1－4.892 301 386×Barea＋200.510 155×Bedroom＋398.206 537 7×Cdate＋2 828.271 214×Faratio－783.141 284 3×Tfloors＋317.516 999 4×Toilet

① Prob. 值反映了回归结果偏离假设的可能性，即结果的有效性，当 Prob. 值大于设定的显著水平时，就否定原假设。在本部分，显著水平为 1%，因此，只要 Prob. 值低于 0.01 就是可以接受的。

(2) 回归模型Ⅱ检验和校准。

对初步建立的模型Ⅱ的检验结果列在表 7—4 中。从中可以看出，虽然模型Ⅱ的每个系数的 Prob. 值都小于 0.01，都通过了 T 检验，同时 Durbin-Watson Stat 落在不拒绝域内，即不存在自相关问题，但是调整后的 R-square 仅有 0.463 118，模型对真实数据的拟合效果不够理想，从拟合图（见图 7—4）中我们看到一些峰值，模型无法拟合。

表 7—4　　初步建立的模型Ⅱ的检验

Dependent Variable：PPS				
Method：Least Squares				
Date：10/17/04　Time：1:06				
Sample：1 218				
Included observations：218				
Variable	Coefficient	Std. Error	t-Statistic	Prob.
C	−792 613.5	180 664.9	−4.387 203	0.000 0
Barea	−4.892 301	1.186 326	−4.123 908	0.000 1
Bedroom	200.510 2	54.848 74	3.655 693	0.000 3
Cdate	398.206 5	90.495 30	4.400 301	0.000 0
Faratio	2 828.271	479.058 6	5.903 811	0.000 0
Tfloors	−783.141 3	91.778 27	−8.532 971	0.000 0
Toilet	317.517 0	96.910 36	3.276 399	0.001 2
R-squared	0.477 962	Mean dependent var		5 062.802
Adjusted R-squared	0.463 118	S. D. dependent var		714.857 4
S. E. of regression	523.792 1	Akaike info criterion		15.391 65
Sum squared resid	57.889 575	Schwarz criterion		15.500 33
Log likelihood	−1 670.690	F-statistic		32.197 57
Durbin-Watson stat	1.623 145	Prob（F-statistic）		0.000 000

从图 7—4 中我们发现，单位面积价格高的物业的拟合存在较大的残差。找到每个峰值点（图 7—4 显示这些物业单价接近或者超过 7 000 元/m^2）及其所对应的各个因素，发现它们有一个共同的特点——总面积都在 290m^2 以上，而这

个特点是其他价位的物业所不具有的。因此，我们认为，面积超过 290m² 的物业，作为异常情况对物业的单位价格有明显的影响。由此，我们引入一个虚拟变量——IF，将这种异常情况从大部分数据中独立出来。重新回归后，得到新的模型如下。

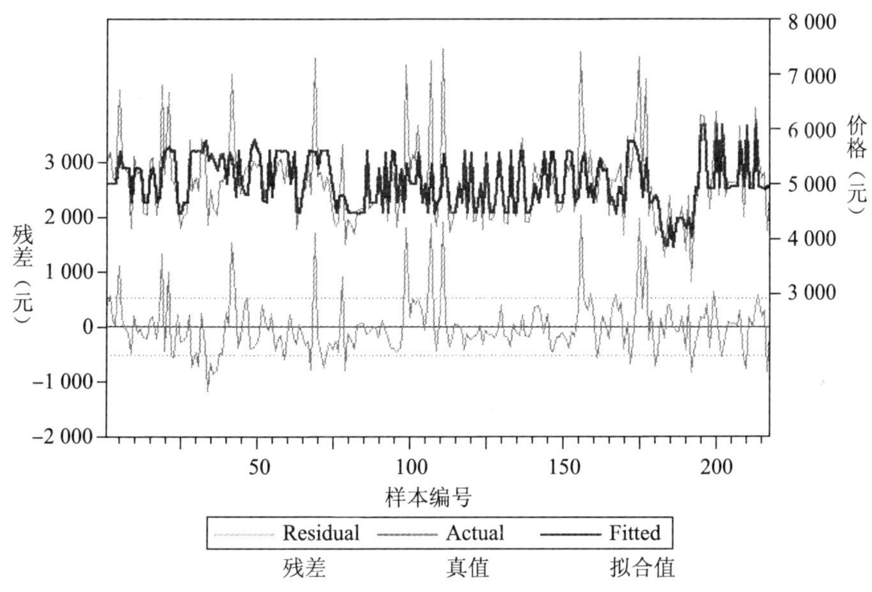

图 7—4　初步建立的模型Ⅱ拟合图

（3）最终回归模型（Model Ⅱ）。

单价＝－1 102 283.442－8.837 806 253×建筑面积＋163.753 242 4 ×卧室数量＋553.726 601×竣工日期＋2 528.350 081 ×建筑容积率－734.666 355 5×总层数＋179.974 771 3 ×卫生间数量＋2 003.427 372×面积异常

Iprice＝－1 102 283.442－8.837 806 253×Barca＋163.753 242 4 ×Bedroom＋553.726 601×Cdate＋2 528.350 081 ×Faratio－734.666 355 5×Tfloors＋179.974 771 3 ×Toilet＋2 003.427 372×IF

其中，IF 取 0 代表总面积在 290m² 以下的物业，IF 取 1 代表总面积在 290m² 以上的物业，反映面积异常与正常情况对单位价格的影响。

（4）回归模型检验和校准。

对最终模型Ⅱ的检验指标见表 7—5。

表 7—5　　　　　　　　　　　　最终模型Ⅱ的检验

Dependent Variable：PPS				
Method：Least Squares				
Date：10/17/04　Time：01：36				
Sample：1 218				
Included observations：218				
Variable	Coefficient	Std. Error	t-Statistic	Prob.
C	−1 102 283	126 166.6	−8.736 730	0.000 0
Barea	−8.837 806	0.857 435	−10.307 26	0.000 0
Bedroom	163.753 2	37.883 55	4.322 542	0.000 0
Cdate	553.726 6	63.201 29	8.761 318	0.000 0
Faratio	2 528.350	330.797 0	7.643 208	0.000 0
Tfloors	−734.666 4	63.342 15	−11.598 38	0.000 0
Toilet	179.974 8	67.402 62	2.670 145	0.008 2
IF	2 003.427	130.944 8	15.299 78	0.000 0
R-squared	0.753 137	Mean dependent var		5 062.802
Adjusted R-squared	0.744 908	S. D. dependent var		714.857 4
S. E. of regression	361.050 5	Akaike info criterion		14.651 92
Sum squared resid	27 375 067	Schwarz criterion		14.776 12
Log likelihood	−1 589.059	F-statistic		91.524 72
Durbin-Watson stat	1.658 317	Prob（F-statistic）		0.000 000

由表 7—5 可以看出，新的模型Ⅱ的系数都通过了 T 检验，同时由 D-W 值可以认为模型不存在自相关问题，调整后的 R-squared 为 0.744 908，对真实数据的拟合效果较初始建立的模型Ⅱ有大幅度的改进，回归效果较为理想，通过真值、拟合值、残差得到图 7—5。从图 7—5 可以直观地感觉到模型的效果。

3. 模型Ⅲ——高层住宅回归分析建模

（1）样本数据组成。

用于分析建模的数据样本总量为 718 个，全部为 7～22 层的高层住宅数据，其中大部分集中在 9～10 层，样本楼层分布见图 7—6。样本高层住宅数据的均价为 4 124 元/m^2。

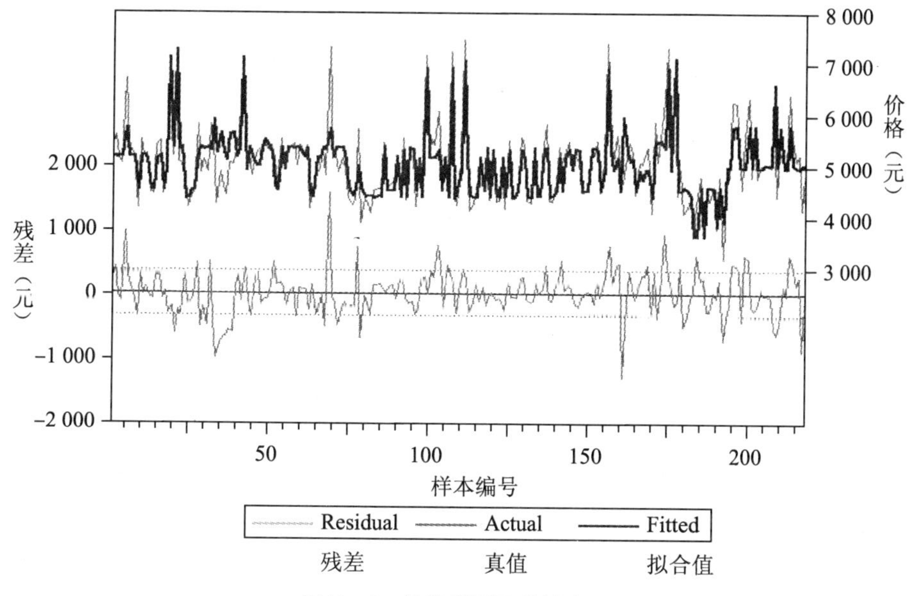

图 7—5　最终模型Ⅱ的拟合图

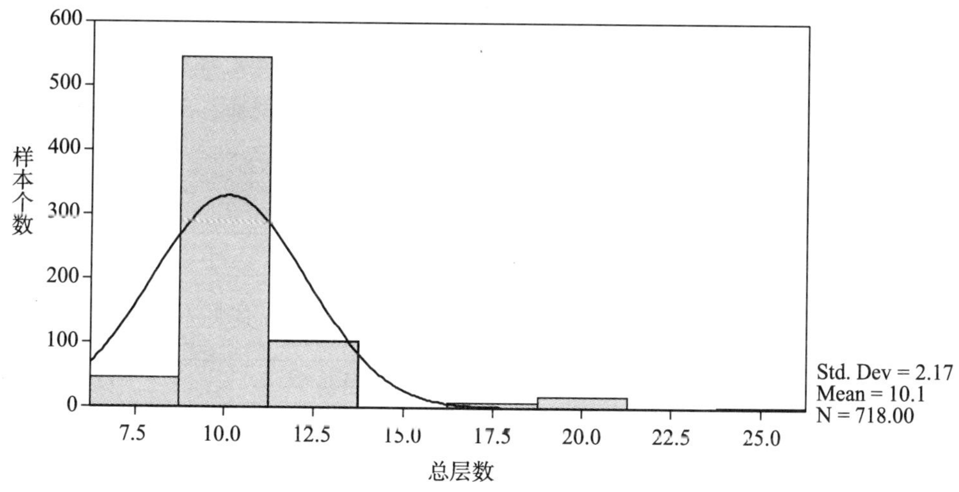

图 7—6　样本数据中总楼层的分布情况

(2) 分析建模。

采用社会科学统计软件包 SPSS 进行相关分析，对影响住宅价格的变量进行比较后，确定将建筑容积率、主卧室朝向、总层数、所在层、楼龄、建筑面积六个变量纳入回归分析过程。回归分析过程如下：

1）对样本数据总量运用上述六个变量进行多元线性回归分析。采用学生化删除残差和库克距离统计量对样本数据中影响因变量住宅单价和自变量的异常值及强影响点进行过滤。

在回归分析中一些极端的或异常的样本数据，可能引起较大的残差，极大地影响回归拟合效果。异常值分为两种情况：一种是关于因变量异常；另一种是关于自变量异常。在多元线性回归分析中，如果存在关于因变量的异常值，则需要根据学生化删除残差来判定异常值。利用 SPSS 软件计算出学生化删除残差的数值，剔除 $|SRE_{(i)}|>3$的异常数据。

多元线性回归中关于自变量的异常值，一般是关于自变量的强影响点。强影响点虽不一定是因变量的异常值点，但可能会对回归效果产生较强影响。因而应对强影响点有足够重视。对此运用库克距离来判断强影响点是否为因变量的异常值点，在此认为库克距离小于 0.5 时数据没有异常值。

2）经四次回归分析后将变量楼龄从自变量中剔除，因为经过筛选后数据样本的楼龄已经趋于一致，即楼龄对单价的影响已经不显著了。

3）利用剩余五个变量对筛选后的 672 个样本继续进行多元线性回归分析得到如下结果：

经过六次回归分析和异常变量的逐步筛选，最后得到样本量为 672 个。因变量（房屋单价）与自变量（建筑容积率、主卧室朝向、总层数、所在层和建筑面积）的均值及标准差情况如表 7—6 所示。

表 7—6　　　　回归方程因变量和自变量情况

数据描述性统计			
	均值	标准差	样本量
单价	4 124.315	260.134 38	672
建筑容积率	1.448 1	0.139 27	672
主卧室朝向	97.40	2.887	672
总层数	9.97	2.017	672
所在层	5.02	2.704	672
建筑面积	113.197	34.053 0	672

随着样本异常值的筛选，调整的判定数据在不断提高，回归方程的估计标准误差在不断减少，由此得到的最终回归方程的判定系数 R-square 为 0.483。如表 7—7 所示。

表 7—7　　　　　　　　高层住宅多元回归分析结果之一

模型概要				
模型	复相关系数 R	判定系数 R-square	调整后判定系数	估计标准误差
1	0.519[a]	0.270	0.268	222.498 61
2	0.626[b]	0.392	0.390	203.214 30
3	0.663[c]	0.440	0.437	195.140 44
4	0.678[d]	0.459	0.456	191.825 29
5	0.695[e]	0.483	0.479	187.825 15

注：a. Predictors：(Constant)，总层数。

b. Predictors：(Constant)，总层数，建筑容积率。

c. Predictors：(Constant)，总层数，建筑容积率，主卧室朝向。

d. Predictors：(Constant)，总层数，建筑容积率，主卧室朝向，所在层。

e. Predictors：(Constant)，总层数，建筑容积率，主卧室朝向，所在层，建筑面积。

表 7—8 中，第一列为回归分析过程中形成的三个模型的代码和引入自变量的情况，模型 5 是最终的回归模型。第二列是回归模型各自变量的回归系数。第三列是回归系数的标准误差。第四列是标准化回归系数，可以衡量自变量对因变量的贡献程度，反映的是单位自变量的变动带来的单位因变量的变化大小。第五、第六列是回归系数显著性检验的 t 统计量和与其相应的相伴概率值。从数值上看，这些回归系数的 p 值均远远小于显著性水平 0.05，因此可以认为相应的自变量能够比较好地解释因变量的变化，应该保留在回归方程中。第七至第九列是关于自变量和因变量相关程度的描述。

通过分析最终确定的回归方程为：

$$\text{单价}=4\,092.261-98.978\times\text{总层数}-863\times\text{建筑容积率}+24.313\times\text{主卧室朝向}+18.297\times\text{所在层}-1.688\times\text{建筑面积}$$

$$\text{Iprice}=4\,092.261-98.978\times\text{Tfloors}-863\times\text{Faration}+24.313\times\text{Mbface}+18.297\times\text{Lfloor}-1.688\times\text{Barea}$$

(3) 回归模型检验及校准。

通过回归模型计算出预测值与样本的实际值进行拟合比较，并将结果通过频谱图对比表达在图 7—7 上。图中实线代表实际上的真实数据，虚线代表通过回归方程计算得出的模拟数值。可以看出，两类数据基本重合在一起，说明回归方程的拟合效果较好，可以接受。

对回归方程的预测值与实际值的误差比率（预测值减实际值的差除以实际值）进行分析（见图 7—8），可以得出误差比率在 5%以内的房地产交易案例占

表 7—8　　高层住宅多元回归分析结果之二

Coefficients[a]										
Model		Untandardized Coefficients		Standardized Coefficients	t	Sig.	Correlations		
		B	Std. Error	Beta			Zero-order	Partial	Part
1	(Constant)	4 792.109	43.332		110.590	0.000			
	总层数	−66.959	4.259	−0.519	−15.723	0.000	−0.519	−0.519	−0.519
2	(Constant)	6 073.219	117.459		51.705	0.000			
	总层数	−89.485	4.349	−0.694	−20.578	0.000	−0.519	−0.623	−0.621
	建筑容积率	−729.521	62.975	−0.391	−11.584	0.000	−0.080	−0.409	−0.349
3	(Constant)	3 604.821	344.498		10.464	0.000			
	总层数	−89.377	4.176	−0.693	−21.403	0.000	−0.519	−0.638	−0.620
	建筑容积率	−519.626	66.507	−0.278	−7.813	0.000	−0.080	−0.289	−0.226
	主卧室朝向	22.211	2.929	0.247	7.583	0.000	0.234	0.282	0.220
4	(Constant)	3 741.941	339.786		11.013	0.000			
	总层数	−97.847	4.450	−0.759	−21.987	0.000	−0.519	−0.648	−0.626
	建筑容积率	−587.202	66.799	−0.314	−8.791	0.000	−0.080	−0.322	−0.250
	主卧室朝向	21.921	2.880	0.243	7.612	0.000	0.234	0.283	0.217
	所在层	14.644	2.971	0.152	4.928	0.000	−0.109	0.187	0.140

续前表

Coefficients[a]									
Model		Untandardized Coefficients		Standardized Coefficients	t	Sig.	Correlations		
		B	Std. Error	Beta			Zero-order	Partial	Part
5	(Constant)	4 092.261	338.851		12.077	0.000			
	总层数	−98.978	4.362	−0.767	−22.689	0.000	−0.519	−0.660	−0.632
	建筑容积率	−863.000	82.692	−0.462	−10.436	0.000	−0.080	−0.375	−0.291
	主卧室朝向	24.313	2.854	0.270	8.520	0.000	0.234	0.313	0.237
	所在层	18.297	2.986	0.190	6.128	0.000	−0.109	0.231	0.171
	建筑面积	−1.688	0.310	−0.221	−5.451	0.000	−0.021	−0.207	−0.152

注：a. Dependent Variable：单价。

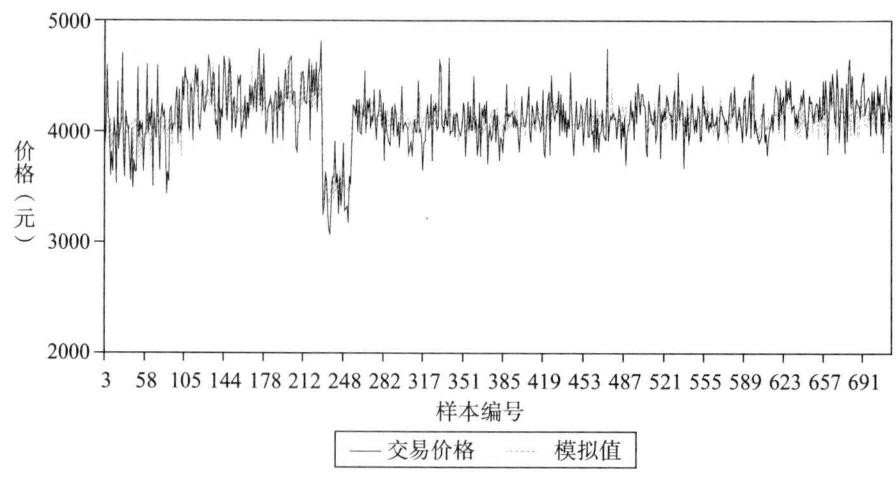

图 7—7　高层住宅回归模型Ⅲ拟合图

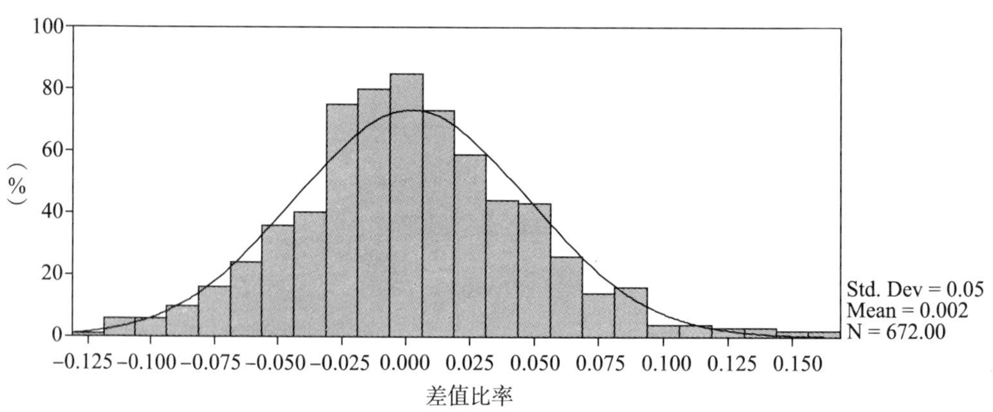

图 7—8　预测值与实际值误差比率范围

总样本的比例为 73.7%。这一点也说明了回归方程的应用效果较好。

4. 模型Ⅳ——多层住宅回归分析建模

（1）数据筛选。

用于分析建模的数据样本来自开发区 7 层以下的多层住宅数据，样本量为 438 个。通过观察单价的散点图发现其中的突出异常值，并以建筑容积率区分不同小区住宅单价的分布情况。如图 7—9 所示，其中容积率为 1.31 的散点是大雄城市花园——秋盛居多层住宅的单价分布；容积率为 1.20 的散点是金地格林小镇小区多层住宅的单价分布；容积率为 0.82 的散点是听涛雅苑小区多层住宅的单价分布。由散点图可见，样本中金地格林小镇小区多层住宅的单价普遍高于大雄城市花园——秋盛居和听涛雅苑两个小区。

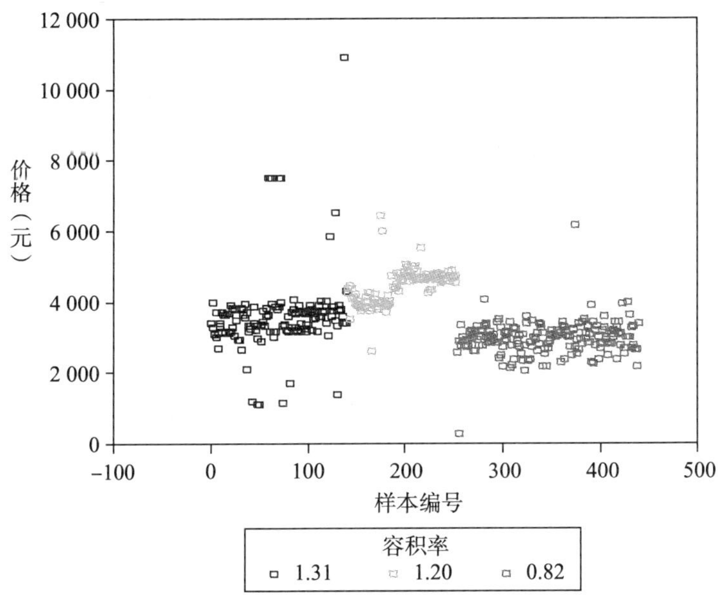

图 7—9 单价散点图

变量与单价间的相关系数 R 反映了变量与单价的线性相关程度，应用 SPSS 分析时可以采用相关系数 R 的相伴概率 Sig. 值判定，当变量与单价间相关系数的相伴概率值小于指定的显著性水平时，即认为二者具有相关关系。经过 SPSS 对影响单价的变量作单因素相关分析，在 $\alpha=0.01$ 的显著性水平下，得到建筑容积率、主卧室朝向、卧室数量、客厅数量、卫生间数量、建筑结构、总层数、建筑面积、楼龄与单价的相伴概率值均小于 0.01，对多层住宅的单价存在影响。相关系数列于表 7—9 中。

通过上述分析，初步确定将建筑结构、总层数、建筑容积率、楼龄、主卧室朝向、建筑面积、卧室数量、客厅数量、卫生间数量这九个影响因素纳入回归模型进行分析。

（2）回归建模。

采用逐步回归法对上述九个变量进行回归分析。在回归过程中，根据学生化删除残差和库克距离对样本数据的异常值和强影响点进行过滤，从而保证参与分析的样本数据的精确性。

表 7—9 **变量与单价间相关系数**

Correlations												
		单价	建筑容积率	主卧室朝向	卧室数量	客厅数量	卫生间数量	建筑结构	总层数	所在层	建筑面积	楼龄
单价	Pearson Corre	1	0.444*	0.473*	0.167*	0.394*	0.258*	0.502*	−0.475*	−0.078	0.254*	−0.433*
	Sig. (2-tailed)	0	0.000	0.000	0.000	0.000	0.000	0.000	0.000	0.105	0.000	0.000
	N	438	438	438	437	433	437	438	438	438	438	438
建筑容积率	Pearson Corre	0.444*	1	0.718*	0.195*	0.506*	0.237*	0.960*	−0.856*	−0.141*	0.259*	0.031
	Sig. (2-tailed)	0.000	0	0.000	0.000	0.000	0.000	0.000	0.000	0.003	0.000	0.522
	N	438	438	438	437	433	437	438	438	438	438	438
主卧室朝向	Pearson Corre	0.473*	0.718*	1	0.215*	0.670*	0.313*	0.751*	−0.665*	−0.139*	0.229*	−0.303*
	Sig. (2-tailed)	0.000	0.000	0	0.000	0.000	0.000	0.000	0.000	0.004	0.000	0.000
	N	438	438	438	437	433	437	438	438	438	438	438
卧室数量	Pearson Corre	0.167*	0.195*	0.215*	1	0.400*	0.744*	0.204*	−0.180*	0.021	0.693*	−0.156*
	Sig. (2-tailed)	0.000	0.000	0.000	0	0.000	0.000	0.000	0.000	0.654	0.000	0.001
	N	437	437	437	437	433	437	437	437	437	437	437
客厅数量	Pearson Corre	0.394*	0.506*	0.670*	0.400*	1	0.495*	0.575*	−0.570*	−0.105*	0.360*	−0.550*
	Sig. (2-tailed)	0.000	0.000	0.000	0.000	0	0.000	0.000	0.000	0.029	0.000	0.000
	N	433	433	433	433	433	433	433	433	433	433	433
卫生间数量	Pearson Corre	0.258*	0.237*	0.313*	0.744*	0.495*	1	0.270*	−0.266*	−0.046	0.555*	−0.309*
	Sig. (2-tailed)	0.000	0.000	0.000	0.000	0.0000	0	0.000	0.342	0.000	0.000	0.000
	N	437	437	437	437	433	437	437	437	437	437	437

续前表

Correlations												
		单价	建筑容积率	主卧室朝向	卧室数量	客厅数量	卫生间数量	建筑结构	总层数	所在层	建筑面积	楼龄
建筑结构	Pearson Corre	0.502*	0.960*	0.751*	0.204*	0.575*	0.270*	1	−0.883*	−0.156*	0.277*	−0.140*
	Sig. (2-tailed)	0.000	0.000	0.000	0.000	0.000	0.000	0	0.000	0.001	0.000	0.003
	N	438	438	438	437	433	437	438	438	438	438	438
总层数	Pearson Corre	−0.475*	−0.856*	−0.665*	−0.180*	−0.570*	−0.266*	−0.883*	1	0.237*	−0.250*	0.237*
	Sig. (2-tailed)	0.000	0.000	0.000	0.000	0.000	0.000	0.000	0	0.000	0.000	0.000
	N	438	438	438	437	433	437	438	438	438	438	438
所在层	Pearson Corre	0.078	−0.141*	−0.139*	0.021	−0.105*	−0.046	−0.156*	0.237*	1	0.030	0.116*
	Sig. (2-tailed)	0.105	0.003	0.004	0.654	0.029	0.342	0.001	0.000	0	0.536	0.105
	N	438	438	438	437	433	437	438	438	438	438	438
建筑面积	Pearson Corre	0.254*	0.259*	0.229*	0.693*	0.360*	0.555*	0.277*	−0.250*	0.030	1	−0.160*
	Sig. (2-tailed)	0.000	0.000	0.000	0.000	0.000	0.000	0.000	0.000	0.536	0	0.001
	N	438	438	438	437	433	437	438	438	438	438	438
楼龄	Pearson Corre	−0.433*	0.031	−0.303*	−0.156*	0.550*	0.309*	−0.140*	0.237*	0.116*	−0.160*	1
	Sig. (2-tailed)	0.000	0.522	0.000	0.001	0.000	0.000	0.003	0.000	0.015	0.001	0
	N	438	438	438	437	433	437	438	438	438	438	438

1）过滤因变量的异常值。

通过 SPSS 计算学生化残差来判断，$|SRE_{(i)}|>3$ 的预测值即为异常值。

2）过滤自变量的强影响点。

在实际中，因变量与自变量的线性关系只能在一定范围内成立，强影响点并不一定是异常值，但由于它远离样本中心，能够把回归方程拉向自身，使方程发生偏移，影响回归方程的拟合。因此，引入库克距离进行判断，取 $D_i<0.5$ 为正常范围。

3）逐步回归。

采用逐步回归法对九个变量进行回归分析，回归系数显著性 F 检验的伴随概率值小于 0.05 的自变量引入回归方程，大于 0.1 的自变量剔除出回归方程。逐步引入各个自变量，经过 4 次回归后，建筑结构、总层数、卧室数量、客厅数量这四个自变量没有进入模型，主要因为在数据拆分后多层住宅的总层数和建筑结构基本趋于一致，对多层住宅单价的影响不再显著。卧室数量、客厅数量与建筑面积存在多重共线性，建筑面积很大程度上可以代替二者。回归样本量为 411 个，最终楼龄、建筑面积、主卧室朝向、建筑容积率和卫生间数量形成回归方程。

（3）回归方程的检验。

首先，对回归方程的拟合优度进行检验，验证样本数据点聚集在回归线周围的密集程度，从而评价回归方程对样本数据的代表程度，根据判定系数 R-square 和调整后的 R-square 进行检验。判定系数 R-square 和调整后的 R-square 越接近 1，说明回归方程对样本数据拟合得越好。

如表 7—10 所示，随着自变量不断引入回归方程，第三列判定系数 R-square 和第四列调整后的 R-square 在不断增大，分别达到了 0.763 和 0.760，第五列回归方程的估计标准误差在逐步减小。同时，从 F 值改变量的相伴概率值来看，小于显著性水平 0.05，说明这些自变量的引入对解释因变量单价有比较显著的影响，通过检验。

其次，对回归方程的显著性进行检验，验证因变量与自变量之间的线性关系是否显著，是否可以用线性模型来描述因变量与自变量之间的关系，采用 F 检验判定。F 值较大，说明自变量造成的因变量的变动远远大于随机变量对因变量造成的影响。在 SPSS 中可用 F 值的相伴概率值 Sig. 检验。

如表 7—11 所示，第三列的三行分别给出了回归平方和、残差平方和以及因变量的总平方和。第五列用于回归方程的显著性检验的 F 统计量，第六列为 F 统计量的相伴概率值。从结果可以看出，通过了 F 检验，所有自变量系数不同时为零时，因变量和自变量确实存在线性关系，可以使用线性模型。

表 7—10　　回归方程拟合优度

Model Summary[h]										
Model	R	R-square	Adjusted R-square	Std. Error of the Estimate	Change Statistics					Durbin-Watson
					R-square Change	F-Change	df1	df2	Sig. F Change	
1	0.682[a]	0.466	0.464	508.703 61	0.466	356.248	1	409	0.000	
2	0.848[b]	0.719	0.718	369.102 08	0.254	368.891	1	408	0.000	
3	0.863[c]	0.745	0.743	352.481 05	0.025	40.385	1	407	0.000	
4	0.869[d]	0.755	0.753	345.490 49	0.011	17.637	1	406	0.000	
5	0.872[e]	0.760	0.757	342.587 91	0.005	7.909	1	405	0.005	
6	0.871[f]	0.759	0.756	343.144 39	0.001	2.320	1	407	0.128	
7	0.874[g]	0.763	0.760	340.148 34	0.005	8.184	1	405	0.004	1.851

注：a. Predictors：(Constant)，建筑结构；

b. Predictors：(Constant)，建筑结构，楼龄；

c. Predictors：(Constant)，建筑结构，楼龄，建筑面积；

d. Predictors：(Constant)，建筑结构，楼龄，建筑面积，主卧室朝向；

e. Predictors：(Constant)，建筑结构，楼龄，建筑面积，主卧室朝向，建筑容积率；

f. Predictors：(Constant)，楼龄，建筑面积，主卧室朝向，建筑容积率；

g. Predictors：(Constant)，楼龄，建筑面积，主卧室朝向，建筑容积率，卫生间数量；

h. Dependent Variable：单价。

表 7—11　　回归方程的显著性

Anova[h]						
Model		Sum of Squares	df	Mean Square	F	Sig.
1	Regression	9.2E+07	1	92 189 683.8	356.248	0.000[a]
	Residual	1.1E+08	409	258 779.368		
	Total	2.0E+08	410			
2	Regression	1.4E+08	2	71 223 008.5	522.790	0.000[b]
	Residual	5.6E+07	408	136 236.344		
	Total	2.0E+08	410			
3	Regression	1.5E+08	3	49 154 530.0	395.633	0.000[c]
	Residual	5.1E+07	407	124 242.887		
	Total	2.0E+08	410			
4	Regression	1.5E+08	4	37 392 198.3	313.263	0.000[d]
	Residual	4.8E+07	406	119 363.675		
	Total	2.0E+08	410			
5	Regression	1.5E+08	5	30 099 404.3	256.457	0.000[e]
	Residual	4.8E+07	405	117 366.479		
	Total	2.0E+08	410			
6	Regression	1.5E+08	4	37 556 182.1	318.954	0.000[f]
	Residual	4.8E+07	406	117 748.071		
	Total	2.0E+08	410			
7	Regression	1.5E+08	5	30 234 316.6	261.314	0.000[g]
	Residual	4.7E+07	405	115 700.894		
	Total	2.0E+08	410			

注：a. Predictors：(Constant)，建筑结构；
b. Predictors：(Constant)，建筑结构，楼龄；
c. Predictors：(Constant)，建筑结构，楼龄，建筑面积；
d. Predictors：(Constant)，建筑结构，楼龄，建筑面积，主卧室朝向；
e. Predictors：(Constant)，建筑结构，楼龄，建筑面积，主卧室朝向，建筑容积率；
f. Predictors：(Constant)，楼龄，建筑面积，主卧室朝向，建筑容积率；
g. Predictors：(Constant)，楼龄，建筑面积，主卧室朝向，建筑容积率，卫生间数量；
h. Dependent Variable：单价。

进一步对回归系数的显著性进行检验，分别验证各回归系数是否与零无显著差异，可以采用 T 检验。如表 7—12 所示，第二列为回归模型各自变量的回归系数，第五和第六列是回归系数的显著性检验 t 统计量和与其相应的相伴概率值。这里回归系数的 p 值均小于显著性水平 0.05，因此认为自变量能够很好地解释因变量。

表 7—12　　回归系数及回归参数显著性

Coefficients[a]						
Model		Unstandardized Coefficients		Standardized Coefficients	t	Sig.
		B	Std. Error	Beta		
1	(Constant)	1 426.114	216.876		6.576	0.000
	楼龄	−214.298	11.053	−0.553	−19.388	0.000
	建筑面积	4.191	0.598	0.207	7.014	0.000
	主卧室朝向	11.574	2.968	0.154	3.900	0.000
	建筑容积率	1 427.346	119.088	0.455	11.986	0.000
	卫生间数量	−125.598	43.905	−0.087	−2.861	0.004

注：a. Dependent Variable：单价。

最终得到回归方程为：

单价＝1 426.114－214.298×楼龄＋4.191×建筑面积＋11.574×主卧室朝向＋1 427.346×建筑容积率－125.598×卫生间数量

Iprice＝1 426.114－214.298×Age＋4.191×Barea＋11.574×Mbface＋1 427.346×Faratio－125.598×Toilet

（4）模型校准。

1）观测值与预测值的拟合频谱图。

计算 438 个样本数据的预测值，通过频谱图拟合观测值与预测值。如图 7—10 所示，实线代表多层住宅的单价预测值，虚线代表住宅单价的实际观察值，回归方程的拟合效果较好，可以接受。

2）预测值与观测值的误差比率分析。

对回归方程的预测值与观测值的误差比率进行分析，即预测值减去观测值再除以实际值。误差比率在 10％以内的多层住宅交易案例占总样本的 74％，如图 7—11 所示。方程回归效果可以接受。

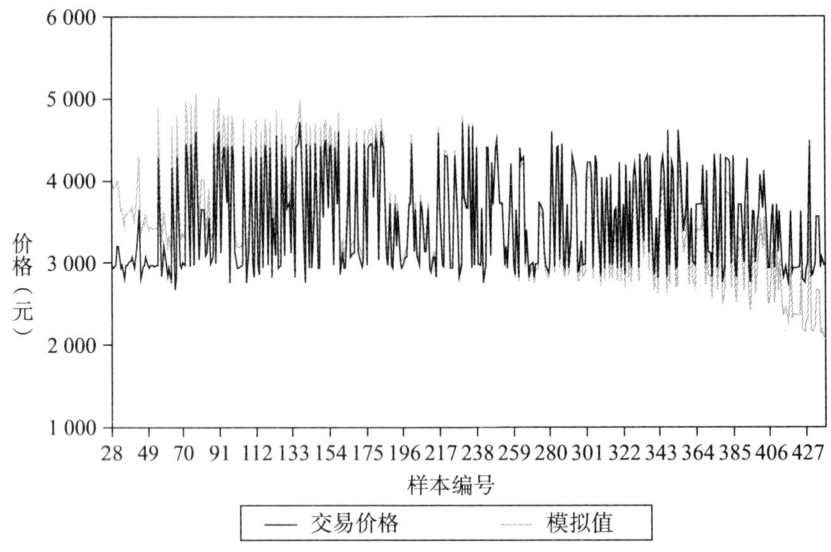

图 7—10　多层住宅回归模型Ⅳ拟合频谱图

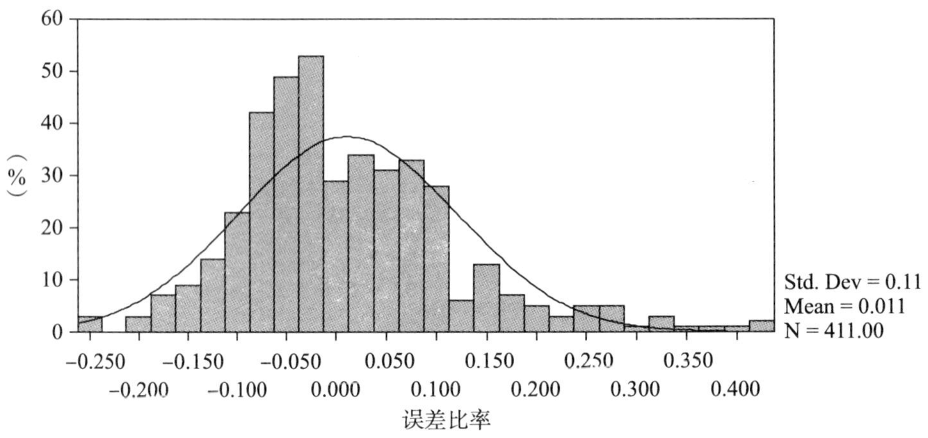

图 7—11　误差比率直方图

7.10.3　模型解释和应用限制说明

1. 模型解释

（1）独栋别墅单价多元线性回归模型。

单价＝1 072.156 748＋12.698 200 98×建筑面积＋546.880 414 2

×楼龄+315.998 023 4×卧室数量−540.826 863 4
×建筑容积率−603.957 095 8×建筑结构

该模型说明，单价与建筑面积、楼龄、卧室数量、建筑容积率、建筑结构有显著关系。建筑面积每增加 1m²，单价增加 12.70 元；楼龄每增加 1 年，单价上升 546.88 元（这个系数反映了房地产特有的保值增值特性）；卧室数量每增加 1 个，单价上升 316.00 元；建筑容积率变化 1%，会造成单价 540.83 元的反方向变化；钢混结构的物业与混合结构的物业单价相差 603.96 元/m²。

（2）联排别墅单价多元线性回归模型。

单价=−1 102 283.442−8.837 806 253×建筑面积+163.753 242 4
×卧室数量+553.726 601×竣工日期+2 528.350 081
×建筑容积率−734.666 355 5×总层数+179.974 771 3
×卫生间数量+2 003.427 372×面积异常

该模型说明，单价与建筑面积、卧室数量、竣工日期、建筑容积率、总层数、卫生间数量有显著关系。建筑面积每增加 1m²，单价减少 8.84 元；卧室数量每增加 1 个，单价上升 163.75 元；竣工日期每增加 1 年，单价上升 553.73 元；建筑容积率变化 1%，会造成单价 2 528.35 元的同方向变化；总楼层每增加 1 层，单价会下降 734.67 元；卫生间数量每增加 1 个，单价会增加 179.97 元。此外，如果出现总面积大于 290m² 的异常现象时，会造成单价突增 2 003.43 元。

（3）高层住宅单价多元线性回归模型。

单价=4 092.261−98.978×总层数−863×建筑容积率+24.313
×主卧室朝向+18.297×所在层−1.688×建筑面积

根据前文对模型Ⅲ的回归分析中计算的标准化回归系数，可以衡量自变量对因变量的贡献程度。依据标准化回归系数，模型最终的标准化回归方程是：

单价=−0.767×总层数−0.462×建筑容积率+0.270
×主卧室朝向+0.190×所在层−0.221×建筑面积

从标准化回归系数上可以看出，单价与总层数、建筑容积率和建筑面积具有较强的负相关性，与主卧室朝向和所在层具有较强的正相关性。在其他影响因素保持一定的情况下，总层数每增加 1 层，将引起高层住宅单价平均减少 0.767 个单位；建筑容积率每增加 1 个单位，高层住宅单价平均降低 0.462 个单位；主卧室朝向系数每增加 1 个单位，高层住宅单价平均提高 0.27 个单位；所在层每增高 1 层，高层住宅单价平均提高 0.19 个单位；建筑面积每增加 1 个单位，高层住宅单价平均减少 0.221 个单位。

这个方程显示，总层数对高层住宅单价的影响最大，其次是建筑容积率、主卧室朝向、建筑面积和所在层。可见，上述方程符合我们的经验判断，即朝向好的住宅单价也相应较高。对于高层住宅，楼层越高单价越高，这在一定程度上也符合高层住宅的定价原则。

(4) 多层住宅单价多元线性回归模型。

单价＝1 426.114－214.298×楼龄＋4.191×建筑面积＋11.574×主卧室朝向＋1 427.346×建筑容积率－125.598×卫生间数量

根据前文对模型Ⅳ的回归分析中计算的标准化回归系数，可以衡量自变量对因变量的贡献程度。依据标准化回归系数，模型最终的标准化回归方程是：

单价＝－0.553×楼龄＋0.207×建筑面积＋0.154×主卧室朝向＋0.455×建筑容积率－0.087×卫生间数量

从标准化回归系数上可以看出，多层住宅的单价与建筑面积、建筑容积率和主卧室朝向具有较强的正相关性，与楼龄和卫生间数量具有较强的负相关性。在其他影响因素保持一定的情况下，楼龄每增加 1 年，多层住宅单价将平均减少 0.553 个单位；建筑面积每增加 1 个单位，多层住宅单价平均提高 0.207 个单位；主卧室朝向系数每增加 1 个单位，多层住宅单价平均提高 0.154 个单位；建筑容积率每增加 1 个单位，多层住宅单价平均提高 0.455 个单位；卫生间数量每增加 1 个，多层住宅单价平均减少 0.087 个单位。

这个方程显示，楼龄对多层住宅单价的影响最大，楼龄越大住宅单价愈低，这解释了随着时间变化，房屋的装修设计过时、结构老化等会导致住宅价格下降的现象。其他因素的影响程度由大到小依次是建筑容积率、建筑面积、主卧室朝向和卫生间数量。对于建筑容积率，我们一般认为建筑容积率越高，单价越低。但方程中建筑容积率与单价呈正相关，我们针对样本的具体情况进行分析，考虑是样本数据组成的特殊性所导致。样本中金地格林小镇的容积率(1.20) 较高，但是由于其开发商定位高、小区景观规划较好等外部原因，导致这部分住宅的单价反而高于听涛雅苑（容积率为 0.82）小区，形成了回归方程中的结果。卫生间数量对住宅单价存在较小的负影响，这是因为人们对房屋功能的要求是有一定比例的，在建筑面积一定的情况下，卫生间数量超出通常认可的数量会递减其他功能的使用面积，反而不利于居住。因此，方程给予其 0.087 的微小折扣。

综合分析，我们可以从三方面对方程进行解释。第一，根据对金地格林小镇、大雄城市花园——秋盛居和听涛雅苑三个小区的实地调查以及单价散点图（图 7—9）可知，三个小区的定位差距很大。金地格林小镇在销售中将其多层称作“花园洋房”，加上金地格林小镇定位较高，通过实施分期营销策略，其单价必然高于其他两个小区，使得同质多层住宅产生不同价格。然而，这些因素难以体现在数据中。因此，回归模型对这一段不可能完全拟合。第二，听涛雅苑小区多层住宅的实际单价波动很大，该小区数据质量影响到了整个样本的质量。第三，从建立模型的目的考虑，回归方程作为应税评估模型，能够将这部分单价的波动均化，使其正好符合税收注重公平、公正的理念，简化了税基的确定。

因此，回归模型在理论和实际上都通过了解释，符合我们建立模型的要求标准。

2. 应用限制

通过上面分析，得出北京市某开发区住宅房地产价格的四种多元线性回归模型。这四种模型可以较好地拟合开发区的住宅房地产单价，对房地产市场发展作出合理和科学预测，满足征收房地产税计算应缴税额的需要。但是，由于受到所采集样本数据质量的限制，对这四种回归模型的应用必须满足一定的条件。

（1）使用区域限制。由于作为模型推导重要依据的样本数据来自开发区，而开发区的房地产市场表现出极强的区位特点（如以开发销售为主，二级市场非常狭小等），因此，所得出的模型一般仅适用于开发区的房地产市场。模型是否能推广和应用到北京市的其他区域，有待于进一步检验。

（2）应用时效限制。样本数据中的房地产交易大多发生在近年，由于近期北京市住宅房地产市场运行较为平稳（住宅市场价格指数基本保持不变），在数据分析时没有对交易价格进行交易日期修正。虽然通过在多元回归模型中加入自变量“楼龄”，可以在一定程度上反映房地产交易的时效性，但是这个时效性受到样本数据的严格限制，不能盲目外延。模型不经过检验不允许用来预测 2005 年及以后的住宅房地产价格。

（3）应用精度限制。回归模型的精度受到样本数据质量的限制，由于本分析报告所采用的住宅交易价格全部是售价，不能准确及时地反映出开发区住宅市场的变动情况，特别是由于开发商或销售顾问运用房地产市场营销策略，采用分期销售等房地产销控手段，严重地扭曲了市场对房地产交易价格的决定性作用，交易价格不能充分反映出房地产的市场特点和规律，使得所建立的多元回归模型的回归精度受到了限制。这些回归模型的精度可以满足为评税目的对住宅市场价格进行预测，但不能保证其他应用目的对模型回归精度所提出的要求。

（4）应用范围限制。所得出的回归模型经过样本数据检验符合统计假设检验的指标要求，但尚未进行评税结果的现场检验，实际拟合程度尚未得到证实。因此，在模型尚未通过开发区全部住宅房地产数据检验之前，对模型的应用应持谨慎和保守的态度。因为，样本数据仅在一定程度上代表了开发区的住宅市场，还不能简单地利用分析样本代表整个开发区的住宅市场。

（5）不适用性限制。样本中的金泰公寓（高层，总层数为12层，建筑容积率高达6.7，其他小区一般为0.8～2.4）位于开发区的住宅集中区域之外，微观区位环境因素与其他小区相比表现出明显的差异，因此，金泰公寓被从样本中剔除。梅园小区虽然位于开发区的住宅集中区域内，但由于其为回迁房，表现出极特殊的市场现象，属于异常样本数据，故而也被从样本中剔除。基于上述原因，不能使用所建立的回归模型对上述两个小区的住宅价格进行预测。

本章小结

本章主要讲解了房地产计税价值评估的理论和方法，从批量评税的特点出发，探讨了批量评税的程序，并进一步根据批量评税程序分别介绍了各评估步骤的主要内容。本章最后通过评税模型建立的实际案例详细分析和解释了房地产计税价值评税模型的建立与检验方法、特点以及注意事项。

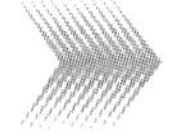

关键术语

房地产税　房地产计税价值　计税价值评估　批量评税　批量评税模型　计算机辅助批量评税系统　批量评税程序　市场法评税模型　成本法评税模型　收益法评税模型

复习思考题

1. 什么是房地产计税价值评估？

2. 什么是批量评税？批量评税有什么特点？

3. 什么是计算机辅助批量评税系统？

4. 什么是一般化的批量评税模型？

5. 什么是市场法评税模型？如何建立市场法评税模型？

6. 什么是成本法评税模型？如何建立成本法评税模型？

7. 什么是收益法评税模型？如何建立收益法评税模型？

8. 如何对评税模型进行检验？检验的标准有哪些？

9. 建立房地产评税模型需要收集哪些数据？

10. 房地产计税价值评估系统的数据类型有哪些？

第 8 章

抵押贷款评估

学习指导

重点掌握抵押贷款评估的概念、内涵、评估特点、方法和流程，并理解市场法、成本法和收益法在抵押贷款中的具体应用，领会在抵押贷款评估中如何把握价值风险因素。

房地产抵押贷款目的价值评估（简称抵押贷款评估）是为了确定抵押房地产的价值量，从而为银行的信贷决策提供重要依据。房地产抵押贷款评估不当是导致产生银行不良贷款的重要原因。最新研究显示，银行的不良贷款也能够导致对宏观经济的破坏。近 30 年来，由于金融自由化程度日益提高，加上很多国家银行和金融体系自身的脆弱性，导致了金融危机频繁发生，如表 8—1 所示。

由此可见，银行危机或金融危机不是某一国家或地区所特有的，而是全球性问题。银行和储贷机构不仅是银行危机或金融危机的始作俑者，往往也是危机中遭受打击最严重的部门。资产价格泡沫中银行和房地产部门的联动机制可以

表 8—1　　　　近 30 年来典型国家金融危机与银行不良贷款情况

时间	国家	受影响机构	不良贷款比率	金融危机后果
1980—1992 年	美国	储贷机构、商业银行	4.1%（1987）	1 142 家储贷机构和 1 395 家银行倒闭，美联储累计损失超过 1 000 亿美元
1992 年至今	日本	银行等金融机构	*	不良贷款高达 95 625 亿日元，直接损失达 62 700 亿日元
1991—1995 年	法国	国有及私营商业银行、房地产业	8.9%（1994）**	里昂银行倒闭，其他银行发生巨额亏损
1987—1993 年	挪威	商业、储蓄和合作银行，房地产业	6%（1991）	1992 年不良贷款和信用损失达到最高值，占总风险资产的 13%
1983—1987 年	泰国	金融公司	15%（1983）	15 家金融公司破产
1985—1988 年	马来西亚	银行、金融公司、存款机构、保险公司	32%（1988）	一批吸收存款的机构倒闭
1997—1999 年	泰国	商业银行、金融机构	9.8%（1996） 11.9%（1997）	对 6 家中小银行进行国有化，关闭 56 家金融机构，进行金融机构全面改革计划
1981—1987 年	菲律宾	银行、投资公司、储蓄机构	19%（1986）	银行倒闭，政府收购一批破产机构和国有机构的不良贷款
2007 年至今	美国	金融和全部经济	尚未最后确定	银行破产，政府收购破产机构，政府注资濒临破产银行、公司等，失业率上升

注：* 确切数字难以估价，但 1996 年初，大藏省估计有问题的贷款占国民生产总值的 8%。** 其中里昂银行占 15%。

资料来源：谢经荣等：《地产泡沫与金融危机——国际经验及其借鉴》，北京，经济管理出版社，2002。

在图 8—1 中得到直观显示。

在金融危机的形成过程中，对房地产价值的认识和判断起着决定性作用，即房地产抵押贷款价值的评估是整个金融安全运行的关键技术环节。本章将就此展开讲解和讨论。

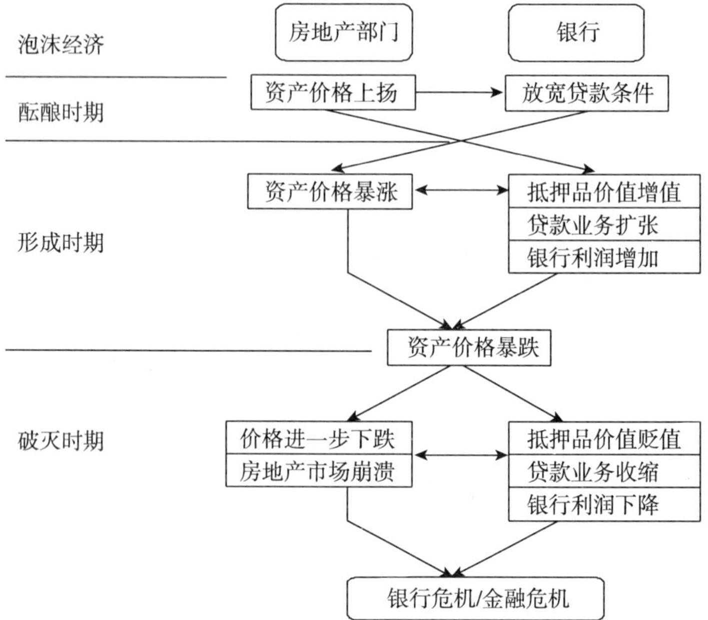

图 8—1　资产价格泡沫中银行与房地产部门的相互影响

8.1　评估的价值类型与目的

不同评估目的决定不同评估价值类型，抵押贷款价值评估目的决定了抵押贷款评估的价值类型与一般交易性评估目的价值类型是不同的。

8.1.1　抵押贷款评估的价值类型

根据欧洲发达房地产市场的成熟经验，抵押贷款评估中往往涉及市场价值评估和抵押贷款价值评估。两者是并列的价值指标，具有相互不可替代的作用。①

1. 市场价值

在现代评估理论中，市场价值是被讨论得最充分、最成熟的估价类型，同时市场价值也是大多数估价作业的目的。在对市场价值概念和内涵的探讨中，不同

① 参见曲卫东：《从〈新巴塞尔协议〉透视商业房地产抵押贷款评估》，载《房地产估价师》，2004 (3)。

学派争论的焦点集中在以下五个方面：

（1）以现金或可折算为现金的方式计量还是以非现金方式计量；

（2）房地产权益还是房地产实体；

（3）价格还是最高价格；

（4）最可能价格还是最高价格；

（5）均衡价格还是市场价值。①

目前所公认的市场价值概念最早由英国皇家测量师协会（RICS）在其评估指南中提出，后为国际评估标准委员会认可，并列入国际评估准则作为市场价值的正式定义。市场价值是在自愿买方与自愿卖方都精明、谨慎行事且不受任何强迫的情况下，对双方在一定范围的交易活动中通过适当的市场行销方式所成交的一宗房地产在估价期日的估计数额。

因此，市场价值是标的房地产的特定权益价值。市场价值可能会受融资条件的影响，是以现金、折算现金或其他确定条件所衡量的最可能的价格。市场价值具有如下特性：

（1）市场价值是客观价值，不是主观价值。市场价值是在供求机制下，通过市场活动参与者的客观观察所形成的集体价值判断。市场价值不代表某个市场参与者的意见，而是群体意见的反映。

（2）市场价值是价值范围，不是价值点。由于房地产市场是不完全竞争市场，而且具有信息不对称的特点，卖方往往具有买方无法比拟的信息优势，这就导致了房地产市场价值具有离散的趋势和特性。在这种情况下，市场价值代表了市场上能够合理形成的最可能价格范围，而不是某个具体的价值数值。

（3）市场价值是时点价值，不是持续价值。市场价值是针对待评估房地产在具体的估价期日最可能成交价值的估计数值。市场价值具有很强的时效性，在不考虑市场变化的条件下，其有效期一般是六个月到一年。如果市场出现较大波动，则必须重新评估房地产的市场价值。

2. 抵押贷款价值

随着评估理论和评估实践的发展，抵押贷款评估也经历了从不完善到完善的发展历程。尽管德国在 20 世纪 90 年代初期对抵押贷款评估已经形成了一套成熟和完整的做法，但是直到本世纪初，随着对抵押贷款评估与泡沫经济以及金融危机之间关系的深入研究，抵押贷款价值的概念才逐渐引起国际上的关注。《国际评估准则》2000 版和新巴塞尔资本协议补充文件（2001）中正式引入了抵押贷

---

① 参见［美］美国估价师学会：《房地产估价》，11 版。

款价值的概念及定义。

新巴塞尔资本协议补充文件对抵押贷款价值的定义为，抵押贷款价值是通过银行所聘请的不直接涉及银行贷款决定的外部或内部估价师，采取保守和谨慎的方式，在考虑到待评估房地产未来出售的可能性，顾及房地产长期的和持续的特征、正常的和当地的市场情况、房地产的当前用途和可能的用途改变等条件下，评估出来的房地产的客观价值。投机性因素不予以考虑。抵押贷款价值应以透明、清楚的方式表达。国际评估准则中对抵押贷款价值有类似的定义，并特别强调指出，抵押贷款价值是非市场价值，是风险估价中的概念，在估价过程中一定要明确区分市场价值和抵押贷款价值。

通过对比分析，本书归纳出抵押贷款价值不同于市场价值的三个显著特征：

（1）安全性。抵押贷款价值以安全性为首要目标，这一特性是针对风险而言的。《国际评估准则》在定义说明中也强调指出房地产抵押贷款价值是风险估价中的概念。[①] 这一点对银行防范金融风险具有极其重要的意义。

（2）保守性。它与安全性特征相伴而生，主要针对抵押贷款价值评估操作而言。这一特征要求估价师必须以谨慎的态度、保守的方式进行评估，以稳定性和可持续性为基本原则，从而使抵押贷款价值不受市场价格和租金波动的影响（主要是市场价格和租金暂时上扬的影响）。

（3）持续性。市场价值反映的是公开市场上在某一时点存在的最可能实现的价格水平。而抵押贷款是一个较长期的具有一定确定性的商业行为，抵押贷款价值就需要充分考虑当前和未来的市场因素变化的影响以及由此带来的风险，并对未来出售的可能性进行估计和判断。在这一过程中，随着时间的变化和市场的波动，抵押贷款价值虽然也会进行定期或不定期的调整，但是由于抵押贷款价值考虑的是房地产的稳定和持续性特征，因此在抵押贷款价值评估中，市场价值和抵押贷款价值的确定都是一个动态、连续的过程，但抵押贷款价值相比市场价值而言较为稳定，具有一定的持续性，市场价值则有可能产生较大波动。抵押贷款价值可以被看做独立于市场周期之外的、长期可持续的房地产价值。

新巴塞尔资本协议补充文件明确规定，在商业房地产贷款活动中，必须由一个能胜任和独立的估价师同时评估出市场价值和抵押贷款价值。[②] 抵押贷款价值

---

① 参见《国际评估准则》，准则2“市场价值以外的价值基础”，3.12条款，2003。

② 参见《巴塞尔银行业监管委员会确定对商业房地产贷款特殊处理的准则——对新巴塞尔资本协定的补充》，总则c款“市场价值和贷款价值”。

和市场价值的对比分析如表 8—2 所示。

表 8—2　　抵押贷款价值和市场价值的比较

定义	抵押贷款价值	市场价值
价值类型描述	估价师以谨慎的方式对房地产未来出售的可能性进行评估所确定的房地产客观价值	估价师在评估基准日所确定的房地产所能实现的正常售价
评估考虑因素	（1）房地产长期稳定不变的特征因素 （2）任何租户通过正常经营能持续得到的收益 （3）充分考虑当前和未来的市场风险因素 （4）不考虑投机性因素	（1）自愿的出售方与购买方，且交易双方信息充分、行事谨慎、不受强迫 （2）房地产在市场上公示，市场条件允许该房地产有序转让，并且存在适当时间供交易双方讨价还价 （3）不考虑特定的或有创造性的融资变化形式，也不受与交易相关的任何人作出的价格让步的影响
价值量比较	抵押贷款价值一般应明显低于市场价值（绝不会高于市场价值）	

资料来源：《巴塞尔银行业监管委员会确定对商业房地产贷款特殊处理的准则——对新巴塞尔资本协定的补充》；《国际评估准则》，2003。

3. 对市场价值和抵押贷款价值作用的认识

长时间的房地产抵押估价实践已经证明，仅仅评估房地产抵押品的市场价值是远远不够的。尽管市场价值具有广泛的适用性以及成熟完善的估价方法，但在房地产抵押贷款评估中却具有很大的局限性。

首先，这是因为市场价值是一个时点价值的概念，也就是说，估价师所提供的价值只是适用于在估价期日的市场情况，估价师不对估价期日以外的市场变动或其他原因引起的市场价值的变动负责。这显然与银行在进行抵押贷款业务时所期望的资产持续价值不相符合。从这个角度来说，市场价值的暂时性与抵押贷款所需要的持续性之间构成了一组矛盾。国外估价界在讨论如何提供给银行一个持续性价值的问题上进行了多方探讨。例如欧洲抵押贷款协会（EMF）借鉴德国的做法，引入了抵押贷款价值作为持续价值类型，并在欧盟内开始推行。其次，市场价值主要是根据估价期日以前的市场状况来进行评估的，这一点也不符合银行所期望的综合考虑在贷款期间内的市场风险和发展趋势对抵押房地产的将来价值的评估要求。而这些目标在抵押贷款价值定义中则有清晰的表述。

我们可以从以下几方面来认识市场价值和抵押贷款价值在抵押贷款评估中的作用：

（1）市场价值反映了银行的资产账面价值，为同一时期银行抵押贷款业务与房地产领域的横向比较提供了基础。

（2）市场价值是抵押房地产于估价时点上在市场中可能实现的交换价值。

（3）抵押贷款价值可以作为银行会计计量的参考，有利于增强银行的财务安全性。

（4）抵押贷款价值可以作为银行审计的参考，便于银行加强对抵押贷款的监控和管理。

（5）抵押贷款价值可以作为银行进行贷款风险评级的基础，有利于量化风险，建立银行内部的风险预警机制。[①]

8.1.2 抵押贷款价值评估的目的

房地产抵押是出于为债务人如期履行债务提供物质担保的需要。对房地产进行评估的目的在于为抵押行为双方提供房地产的抵押贷款价值。抵押贷款价值对抵押人来说，代表他能够取得的贷款额度。对于抵押权人来说，则反映了作为抵押担保物的房地产所起到的债务履行担保的程度。因此，抵押贷款价值代表了房地产抵押权益价值，它不是市场价值或清算价值。抵押贷款价值与市场价值之比，可以反映作为抵押担保物的房地产风险的大小。这一点对于银行信贷部门量化研究信贷风险具有很好的启示意义。

8.2 抵押贷款评估中的收益法

收益还原法又称收益资本化法、收益现值法，简称为收益法。新巴塞尔资本协议补充文件中规定应同时应用收益还原法和成本法对市场价值和抵押贷款价值进行评估，并且以收益价值为主。因此本章首先分析收益法在评估市场价值和抵押贷款价值过程中的具体应用。

---

① 参见曲卫东：《从〈新巴塞尔协议〉透视商业房地产抵押贷款评估》，载《房地产估价师》，2004（3）。

8.2.1 评估原则

运用收益法进行抵押贷款评估时，应注意把握好以下几条关键原则：

1. 预期原则

预期原则是收益法的基础。通过市场分析来准确估计抵押房地产未来可产生的期望利益，从而确定各项合理的运营费用和运营收益指标，对抵押房地产价值评估来说非常重要。收益法所运用的所有方法、技术和程序，都要考虑这些期望收益与成本参数，只有这样才能合理估计抵押房地产的当前市场价值。在进行抵押贷款价值评估时，则要运用预期原则分辨出房地产自身长期可持续的特征，剔除短期可变性因素的影响。在此基础上对运营收益和成本参数的合理估计构成了抵押贷款评估的基础。

2. 变动原则

变动原则揭示了收益性或潜在收益性房地产价值受风险因素影响的客观事实。抵押贷款评估的实质就是进行风险分析与预测。出于抵押贷款评估安全性和谨慎性原则的需要，在进行抵押贷款评估时需要将风险因素的考虑体现在资本化率和报酬率的选取当中。

8.2.2 适用和限制条件

20 世纪初，复利理论和年金系数理论的发展为直接资本化和报酬资本化的发展奠定了基础。20 世纪 60 年代以后，随着房地产抵押贷款融资方式的出现，收益资本化也由侧重于土地和建筑物实体成分剩余分析法，过渡到了房地产抵押贷款与自有资金剩余法。但是抵押贷款评估不同于已经负有抵押贷款权益的房地产价值评估。抵押贷款评估发生在抵押融资行为发生之前，并且评估结果将作为银行或其他金融机构作出贷款决策的重要依据。所以房地产抵押贷款与自有资金剩余法并不适合对抵押目的房地产进行评估。但是进行未来现金流分析时应考虑还款额度、还款方式和还款计划带来的实际影响。另外，估价师或银行信贷部门可以利用此方法对评估结果进行复核。

估价人员长期以来对传统的直接资本化法和报酬资本化法的优劣存在争议。对收益方法的选取主要取决于可获得市场数据的充足性和可靠性。在市场数据充分的情况下，上述两种方法都是可行的。在能够从市场上获得具有相似预期收益的大量可比实例的情况下，运用直接资本化法更为有效；而在市场上缺乏足够数量的可比实例的情况下，评估人员有可能通过确定合适的报酬率而提供一个更为准确的评估结果，因此报酬资本化法可能会更为可靠。

8.2.3 评估方法和程序

运用收益法进行抵押贷款评估，其核心思想是根据抵押房地产的类型和特性，通过风险分析和市场预测，确定由房地产所有权派生的预期收入或现金流量，采用适当的资本化率将其未来收益还原为现值，以此来确定房地产市场价值和抵押贷款价值。根据收益折现的方法不同，收益法又可分为直接资本化法和报酬资本化法。

1. 直接资本化法

直接资本化法的计算思路简单明了，即用房地产的经营收益减去其经营成本，将得到的经营净收益以适当的收益率进行还原，综合考虑其他价值影响因素进行修正，最后的结果就是评估的房地产现值。在土地收益不明确的情况下，直接资本化法可直接求取待评估房地产的综合收益，并以综合收益率或综合收益乘数来还原，可以称之为单轨制的直接资本化法，如图 8—2 所示。

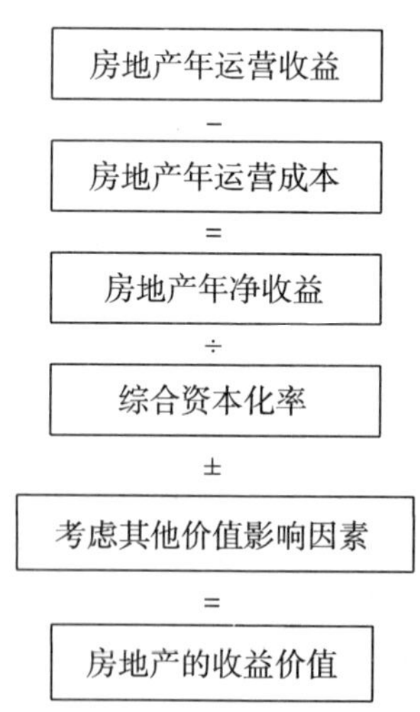

图 8—2 单轨制的直接资本化计算方法和程序

在土地价值或土地收益比较容易确定的情况下，我们可以使用双轨制的直接资本化法，即分别对土地和建筑物的收益进行折现，如图 8—3 所示。这样做的优势在于，对于大型综合性商场等商业房地产，由于经营的多样化而使各层的租赁收益各不相同，通过分别计算建筑物和土地的收益，可以更为精确地确定收益流量，从而使估价结果更趋准确合理。

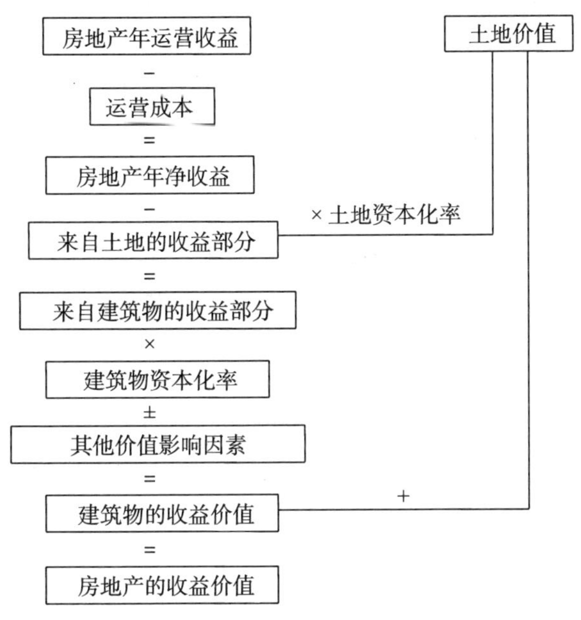

图 8—3　双轨制的直接资本化计算方法和程序

直接资本化法的优点在于，收益率和收益乘数直接来源于市场，具有一定的客观性。但由于该方法使用某一年度的收益流量，需要我们通过市场研究和最高最佳使用分析，确保所选取的参照物房地产与评估对象的预期收益有相似或一致的变动。

2. 报酬资本化法

报酬资本化法又称现金流量分析法，即 DCF 法，是通过预测房地产在典型持有期内（一般为 5～15 年）的预期收益和现金流量，通过适当的资本报酬率将持有期内的现金流转化为评估现值的收益估价方法和技术。

报酬资本化法的计算思路是根据待评估房地产的历史收益情况和市场上类似房地产的收益变动情况，预测房地产在持有期间（一般为 5～15 年）的收益现金流量，选取适当的报酬率。报酬率反映了投资人在持有房地产期间所要求的利润率，而收益率代表的是某一年收益与其房地产价值的关系。报酬率与收益率虽然在量上有可能一致，但两者的内涵却是截然不同的。

使用报酬资本化法的重点在于，对未来经营收益现金流的预测和分析以及对相应报酬率的选取，一定要模拟并符合市场中投资者的思维和行为模式。同时结合对历史资料的分析，可以得出该宗房地产在收益能力、管理成本等方面的特性。这些对特性的认知，对于合理判断房地产的收益现金流量和报酬率是非常关键的。

8.2.4 评估中主要参数设定原则分析

事实上，市场价值与抵押贷款价值在评估方法和程序上并无本质上的区别，只是在参数设定上有所区别。下面将以直接资本化法为例探讨运营收益、运营成本和资本化率等主要参数的选取，及其在市场价值和抵押贷款价值评估中的区别。

1. 运营收益

收益法具有一个基础假设，即只要在一个合理的租金水平下，待评估房地产就可以在公开市场上被租赁出去。因此，下面以租金作为一种代表形式来分析其在抵押贷款评估中应该如何选取和设定。

（1）对租金的界定。

清晰界定租金的计算范围、面积，是进行收益法评估的第一步。但目前我国估价界关于租金的认识比较混乱，实际上很多估价师都是依据自己的理解对租金进行定义的。由于租金的计算范围、面积各不相同，并且很难进行换算，这就导致很多评估案例之间缺乏可比性，在一定程度上这也是对估价资源的一种浪费。

租金是出租人和承租人就房地产租赁事项达成协议，并在租约中体现出的反映出租人权益或承租人义务的货币化度量。按照出租人和承租人的约定不同，租约合同又可以分为总租约、净租约和绝对净租约。总租约，是约定由出租人承担所有经营费用的租约合同；净租约，是指由出租人和承租人分别承担一部分经营费用的租约；绝对净租约，是由承租人承担全部经营费用的租约。① 租金面积一般可以分为净使用面积、净出租面积和总建筑面积。如果在租约中采用的是单位租金，则要注意所使用的租金面积的类型。

---

① 参见［美］杰弗里·费舍、罗伯特·马丁：《收益性不动产评估技术》，北京，经济科学出版社，2001。

对估价而言，租金可分为合同租金和市场租金。合同租金不一定不反映市场租金。估价师应当采用能代表市场正常水平的市场租金，并应特别注意合同租金的具体内涵。

（2）运营收益的求取原则。

国内外很多文献都对如何求取运营收益作出过大量的理论和实证研究。这些达成共识的基本原则是进行抵押贷款评估所应遵循的。这些原则包括：

1）房地产年收益应是产生于房地产或由房地产本身所带来的现金流入，而不包括由动产、无形资产等非房地产权利或其他特殊经营管理优势所带来的收益。

2）房地产收益应着眼于未来收益。对历史资料的研究和当前市场租金的借鉴，只是提供了对收益进行合理预测的依据，这也是市场分析预测存在的主要原因之一。

3）房地产收益可以分为各种类型，如毛收益、净收益、税前收益、税后收益等。这些要根据所收集的有关房地产运营成本与费用、资本化率等资料情况，选取适宜的收益类型和相应的资本化率进行计算。

但是针对房地产抵押贷款评估而言，在分别评估市场价值和抵押贷款价值时应对运营收益进行一定的区分，而这是在以往的文献中没有提及的问题。下面我们从投资型物业和自用型物业两个方面进行讨论。

由于投资型物业有现实收益。根据收益与风险成正比的投资原理，投资型物业受市场风险、区位风险等影响较大。在评估其市场价值时，对于投资型物业作为抵押担保物的情况，确定其最高最佳使用，并参照上述原则确定租金收益。但对于抵押贷款价值的评估，则应进行全面的风险预测分析。特别是涉及推断租金收益水平增长率设定的相关因素时，要充分考虑风险因素，因为运营收益对增长率水平的微小变动都极为敏感。影响租金收入预测的风险因素主要有三个方面：市场正常空置率水平的变化；市场出租成本的变化；未来市场租金波动的可能性。同时，国家金融货币政策也可能影响到房地产市场，进而对该房地产类型的收益水平产生影响。

自用型物业具有潜在收益性，其收益水平的测算应采取市场比较法确定，即从市场中收集可比实例，进行相关因素修正。可比实例的选取标准应以市场分析的结果为准。自用型物业的市场价值评估应在最高最佳使用和空置的基础上进行。自用型物业的抵押贷款价值评估也应以类似物业空置状态下的市场数据为基础，并结合对未来风险的分析预测确定。

2. 运营成本

房地产运营成本根据是否随房地产空置水平的变化，一般可以分为固定成本和可变成本两类。固定成本包括房地产税、保险费和维护费用中的一些项目（如电梯间的维护）。可变成本通常包括管理费用、人员工资、专业费用以及维修费用中的大部分项目。我们以写字楼物业为例，对固定成本和可变成本进行区分，见表 8—3。

表 8—3　　　　写字楼运营成本分析

固定成本	可变费用
房地产税	管理费用 管理人员工资、广告支出、管理费用等
保险费	其他工资成本、雇员福利等
服务费用 景观绿化、清洗窗户、保安服务	物业费用 水、电、气、清洁费用等
维护和维修费用 电器维修、管线维修、电梯维修、外墙维护等	维护和维修费用 维修人员工资、屋顶维护、停车场维护、室内装修维护、公共部位装修维护等

在抵押贷款价值评估中，对未来运营成本的评估与进行运营收益预测一样，都需要经过市场分析和预测。运营费用的预期波动变化必须是合理的，符合未来长期的市场发展趋势预测。

在实际评估操作中，管理费用经常取经营收益的一定百分比方式包干计算。在这种情况下，抵押贷款评估应结合对未来市场趋势和全面风险分析的结果，加大管理费用中的风险权重。

而所得税是随所有者的经营状况和税法调整而变动的，并不影响房地产的生产力。因此，在进行市场价值评估时，不应将所得税包括在运营成本中，应从运营收益中扣除。

抵押贷款评估在分析运营成本时，应着重考虑通货膨胀的可能性和程度，以及房地产和经济景气周期的运行阶段和趋势。以我国目前为例，物价上涨压力没有得到根本缓解，水、电、燃料和城市交通等公共服务品价格上升，生产资料价格持续走高，国际油价和一些重要原材料价格居高不下，这些都会通过一定的传导机制，对房地产运营成本和持有成本产生影响。因此在考虑房地产运营成本时，应在综合测算的基础上，结合未来市场预期和风险分析选取合适的风险权重，对这些风险因素加以屏蔽。

3. 现代化风险

现代化风险是指为了保证现有租金水平，必须时刻保持建筑物在物理上和功能上的使用状况，例如实施比较大的维修和改造等。通常来说，在价格稳定的情况下，租金会随着房地产本身的老化逐渐降低。房地产的贷款者为了能够在贷款偿还期内持续支付必要的还款额（本金＋利息），除了必要的维护成本之外，还必须准备维持建筑物使用状况的款项。这笔款项可以被称为现代化成本。为此需要承担的运营风险被称为现代化风险。

现代化风险的影响因素有房地产类型、位置和区位条件、房地产的建筑结构和装修、建筑物的状况、初始签订的租金水平。通常而言，现代化风险主要受三大因素的影响，即装修时尚程度、建筑物陈旧状况和建筑物集聚程度。

根据经验，现代化风险大小不同，所占房地产成本的比例也不相同。通常将现代化风险分成四个级别，每个级别占重置成本的比例如表 8—4 所示。

表 8—4　　现代化风险大小与所占重置成本的比例关系

现代化风险	占重置成本比例（%）
无风险	0
较小/中等风险	0.1～1.2
较高风险	0.5～2.0
高风险	0.75～3.0

在抵押贷款评估实践中，对抵押贷款价值进行评估时，现代化风险可以通过如下因素予以考虑：缩短剩余使用年期、提高资本化率、提高运营成本、通过减价修正。

4. 资本化率

在运用收益法对抵押贷款价值进行评估时，资本化率是一个非常关键的因素。这一方面是因为估价结果对资本化率的任何微小变化都非常敏感；另一方面是因为资本化率的选取在很大程度上取决于估价师对估价作业的理解和对市场的准确判断。

正如上面所讨论的，资本化率可以分为很多种类型。估价师的任务是根据所收集的资料，选取适合的收益类型，并求取相应的资本化率。在抵押贷款评估中，一般采用两种形式的资本化率，即单轨制评估中的综合资本化率（R_0）与双轨制评估中的土地资本化率（R_l）和建筑物资本化率（R_B）。综合资本化率可通过多种方法综合求出。如从市场比较案例中修正求取；从有效总收益乘数中求取；根据抵押贷款常数和自有资金资本化率加权求取；根据土地资本化率和建筑物资本化率加权求取；根据债务保障率求取。土地资本化率和建筑物资本化率的求取可根据剩余法从房地产实体价值中分离求取。① 关于资本化率的求取方法本书不再详细讨论。

需要注意的是，无论采取何种方法，都有必要以市场可比实例通过另外一种方法进行检验，以此确定资本化率的求取是否合理。在选取市场可比实例时，一定要注意可比实例与估价对象的高度相似性。对收益法而言，这些可比实例除了具备在同一供需圈、交易日期接近、结构相同、功能类似的基本要求之外，还要求它们与估价对象具有相似的收益来源、费用构成、风险特征和类型以及收益预期。

在抵押贷款评估中，银行等金融机构作为借款人是评估报告的使用人之一。对于它们来说，贷款安全性是其首先考虑的，估价师有责任为它们提供谨慎的评估结果和全面的风险预测作为决策参考。这也就要求估价师在进行抵押贷款评估时，要慎重考虑资本化率。一般来说，为了体现抵押贷款价值和市场价值的区别，以及对风险的全面预测和分析，估价师需要将适合于市场价值评估的资本化率适当上调。上调的幅度要结合具体市场分析和风险预测，但一般至少应上调0.5%。同时，银行可以结合自身对债务保障率的要求，对这个资本化率进行检验，以保证其能够确实降低抵押贷款的风险。

8.2.5 案例分析

在分析收益法进行抵押贷款评估的方法程序和参数选取原则的基础上，我们可以结合一个简化的评估案例来简要说明抵押贷款价值和市场价值评估在参数选取上的不同以及在最终评估价值量上的差异。

【例 8—1】 某人以一栋写字楼作为抵押物，向银行提出贷款申请。根据需要对该写字楼进行抵押贷款评估，评估基准日为 2003 年 1 月 1 日。该写字楼的出租情况和成本数据为：出租面积为 6 800m^2，剩余使用年限为 40 年，市场租金为 10 元/m^2·月。租约关系如下：

---

① 参见［美］美国估价师学会：《房地产估价》，11 版，495～500 页。

承租人	出租面积（m^2）	租金（元/m^2·月）	净冷租金（元）	价格调整指数	合同期限	续约权
A	1 000	15	15 000	无	2003－12－31	无
B	3 000	10	30 000		2003－06－30	无
C	800	7	5 600		2003－12－31	两次，各 5 年
D	2 000	13	26 000		2003－12－31	一次，各 5 年
$\sum$	6 800		76 600			

其他数据如下：

管理成本为 2.5 元/m^2·月，维护成本为 6 元/m^2·月，租金损失风险取净冷租金的 3%，房地产资本化率为 6%。

评估思路：运用直接资本化法对该写字楼的市场价值和抵押贷款价值进行评估。

评估过程如下：

市场价值		**抵押贷款价值**	
运营收益	919 200 元	运营收益	919 200 元
运营成本	721 176 元	运营成本	739 560 元
管理成本	204 000 元	管理成本	204 000 元
维护成本	489 600 元	维护成本	489 600 元
租金损失风险（取净冷租金的 3%）	27 576 元	租金损失风险（取净冷租金的 5%）	45 960 元
年运营净收益	198 024 元	年运营净收益	179 640 元
资本化率	6%	资本化率（考虑现代化风险）	6.5%
收益价值	3 300 400 元	收益价值	2 763 692 元
收益价值调整	3 300 000 元	收益价值调整	2 760 000 元

数据比较

抵押贷款价值/市场价值	83.7%
市场价值/房地产运营收益	3.59 倍
抵押贷款价值/房地产运营收益	3.01 倍
市场价值/房地产运营净收益	16.67 倍
抵押贷款价值/房地产运营净收益	15.38 倍

从上面的案例分析中可以看出市场价值评估和抵押贷款评估之间的差异，在

抵押贷款评估中通过加大租金损失风险和资本化率来考虑抵押贷款房地产的风险，这导致两种评估结果之间存在差异，这种差异就体现了抵押贷款评估的方法和体系特征。抵押贷款评估的结果通常小于市场价值评估的结果，其中的差异就是风险准备。

8.3 抵押贷款评估中的成本法

成本法是新巴塞尔协议补充文件中规定必须同时运用于抵押贷款评估的两种方法之一。运用成本法对抵押房地产的市场价值和抵押贷款价值进行评估，可以和收益法评估出的收益价值相互印证，共同作为确定最终评估结果的参考。

8.3.1 评估原则

运用成本法对抵押房地产进行估价，需要遵循一般的房地产评估原则。在对抵押贷款评估的时候，我们要注意把握以下几条关键原则：

1. 替代原则

替代原则是成本法的基础。这一原则是指，在无不当延误的情况下，谨慎的购买者为购买房地产所愿意支付的价款，不会超过具有相同期望和效用的类似土地与建筑物的取得成本。但是在实际中，对投资型房地产来说，开发和建设阶段有可能耗时几个月甚至几年，由此而形成的延误必须由估价师作出相应调整。

2. 均衡原则

均衡原则是指生产要素与房地产各组成部分必须处于适当比例。在非均衡状态中，投资过少会造成建筑物开发不足，投资过多又会造成建筑物过度开发。而土地或建筑物价值分配不当，都可能造成成本价值的减损。同时建筑物各组成部分的不均衡也可能造成成本价值的降低。

3. 外部性原则

外部性会对市场价值和成本两个方面造成影响。有些情况（如通货膨胀），可能会增加成本，但不会影响市场价值，而另一些情况（如附近基础设施的改善），可能会增加市场价值，而不会对成本造成影响。土地与建筑物作为两个价值实体，都有可能受外部性的影响而引起价值增加或减少。特别是，由于外部性原因而导致的建筑物价值减少，是成本法折旧三种类型之一，即经济折旧。外部性影响的存在，可能使新建建筑物的价值大于或小于其建筑成本。

8.3.2 适用和限制条件

成本法适用于对土地价值稳定且能够达到最高最佳使用的抵押房地产进行价值评估。特别是当建筑物为新建或在建状态时，即累计折旧较少并容易推算的情况，成本法能够得出相当准确的评估结果。

同时成本法也适用于对较为特殊并在市场上较少交易的抵押房地产进行价值评估。这种特殊类型的建筑物价值较为适合采取总成本法进行估算。不过，由于法律设定了房地产抵押权的范围，特殊类型的房地产抵押较为罕见，有可能会是一些自用型的、建筑考究、装修豪华舒适的独立高档住宅，或者是工业厂房等。因此在通常情况下，对建筑物价值一般采用单位成本法进行评估。这种方法不仅简单实用，而且在市场数据比较完整的情况下，也是相当可靠的。

由于成本法以两条线为原则，土地价值和建筑物价值的确定都很重要。如果土地市场波动较大、投机炒作之风盛行，甚至存在土地价格泡沫的情况，对土地价值的评估就要格外当心。特别是对于房地产的抵押贷款价值评估来说更是如此。这种情况对估价师的分析技术和风险预测能力有更高的要求。估价师可以通过对土地市场历史资料的收集和判断，加上对经济周期和当前房地产市场状况的分析，对影响土地市场价值波动的风险因素进行判断，通过风险因素的修正得出土地的安全价值范围。

对建筑物价值来说，如果建筑物过于陈旧或由于土地未能达到最高最佳使用，会导致建筑物实体损坏、功能和经济折旧很难准确估计。如果关于成本的市场资料缺乏，或者由于所获得资料的复杂程度过高，也会给建筑物成本价值的准确估计带来困难。在这种情况下，应当慎用成本法。

8.3.3 评估方法和程序

1. “两条线”评估思路和方法

成本法以两条线的方式，分别计算土地和附属建筑物的价值，两者价值之和即为待评估房地产的市场价值。成本法与收益法的相同之处在于，它们都以市场比较法为基础，需要有足够的市场资料的支撑。

对土地市场价值的求取需要在假设为空地情况下确定最高最佳使用，而抵押贷款价值一般以现有用途为准。可采用多种土地评估方法进行价值测算，如市场比较法、收益资本化法、基准地价修正法及其他衍生方法。

对建筑物成本的测算有两种方法，但首要的一步是确定采用重建成本还是重置成本。在此基础上，一种方法是测算建筑物总成本，即根据收集的市场资料直接测算建筑物的直接成本、间接成本和合理的经营利润，得到建筑物总成本，扣减从实体、功能、经济三方面估算的建筑物折旧，再经过考虑其他价值增减因素的调整，最终得到建筑物的价值；另一种方法是测算建筑物的单位成本，比较适合重置成本的估算，即通过市场比较法推求出重置单价，用建筑面积乘以重置单价求取建筑物价值。

2. 评估程序

由于成本法直接评估出的是待评估房地产的所有权价格，对我国来说则是建筑物所有权和土地使用权价格，因此要根据估价目的的不同，对成本法评估过程进行适当的调整。对设定抵押权的房地产价值评估来说，市场价值的评估可以直接使用成本法的评估方法和程序；抵押贷款价值则必须在评估中增加对未来房地产和市场等风险预测的内容，并在评估参数的选取上体现出来。但对于评估程序来说，都遵循着相同的成本法评估程序，即两条线的评估程序。按求取建筑物价值的方法不同，成本法又可分为总成本法和单位成本法两种，如图 8—4 和图 8—5 所示。

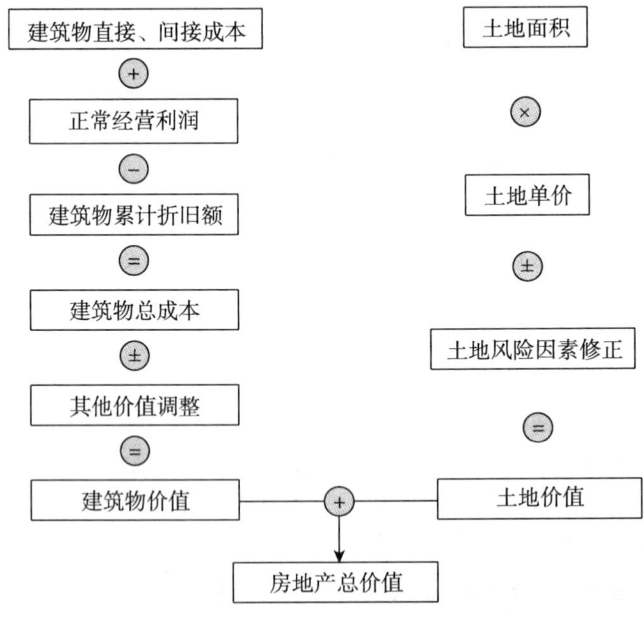

图 8—4　总成本法的计算方法和过程

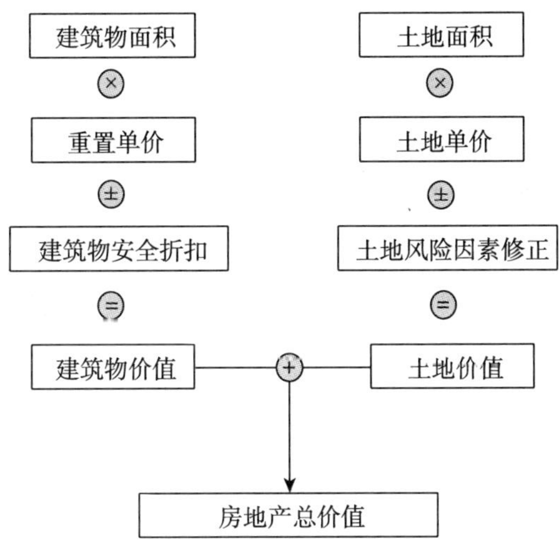

图 8—5　单位成本法的计算方法和过程

8.3.4　评估中主要参数设定原则分析

1. 重置单价

如上所述，对建筑物成本的测算可以分为两种方法。在有关建筑物直接成本、间接成本和经营利润等市场资料较为充足的情况下，可以直接分步估算建筑物总价，或者利用市场比较法，选取合适的比较案例推算建筑物的重置单价，然后乘以建筑面积即为建筑物总成本。建筑物重置单价为按估价时点的价格水平，采用估价时点的建筑材料和现行的建筑技术、设计和布局，建造与估价对象具有相同效用的全新状态的建筑物每单位面积（通常为平方米）的正常价格。

对抵押房地产的市场价值和抵押贷款价值进行评估时，重置单价是通过选取市场相似建筑物作为可比实例，然后进行各项价值修正而获得的。选取可比实例的标准如下：

（1）建筑物反映了地基的最高最佳使用状态；

（2）最近完工的新建建筑物；

（3）市场供求基本均衡；

（4）土地价值稳定且相对容易测算；

（5）建筑用途和类型一致。

在抵押房地产的市场价值评估中，建筑物重置单价对可比实例成本单价的修正因素通常可以从以下几个方面进行考虑：

（1）市场条件修正。如果待评估房地产估价时点的市场情况与可比实例建成时间的市场情况相比发生了较大的变化，如市场供求状况的改变，就要对这种变化进行估计并作出量化修正。

（2）实体差异修正。待评估房地产与可比实例之间的实体差异可能体现在建筑规模、建筑形状、装修和设备等方面。建筑规模与单位成本通常成反向变动的趋势。也就是说，如果待评估房地产的规模大于可比实例，则其单位成本可能会较低，反之亦然。对于待评估房地产来说，与可比实例不同的屋顶设计、外观设计及建筑细部等在建筑结构上存在的差异，都可能对单位成本产生很大的影响。装修和设备成本也能够给单位成本带来影响，而且此类成本通常折旧更快。

（3）区位条件修正。如果待评估房地产与可比实例房地产位于不同的市场，并处于不同的市场地位中，则估价师应进行区位条件修正。

（4）间接成本和经营利润修正。在单位成本法中，直接成本、间接成本和经营利润并不进行详细区分，但估价师应该尽量弄清楚可比实例房地产的建筑物单位成本的分项组成。对待评估房地产影响较大的间接成本和经营利润主要有完工后到稳定入住期间的持有成本、销售成本、产权转移费用、租金经纪佣金、开发商管理费用等。

在抵押贷款评估中，建筑物重置单价修正因素需要注意的方面主要有：

（1）对可能影响建筑物价值的当前和长期风险进行全面分析、预测。剔除抵押房地产建筑物价值的短期影响因素，保留长期稳定的影响因素。

（2）结合金融政策和货币价值波动等的影响，以及经济周期和房地产周期变动预测，对未来的市场情况进行预测。

（3）房地产权益价值修正。成本法直接评估出的是建筑物所有权价值，所以对建筑物抵押贷款价值来说，必须要进行权益价值的评估。

（4）对建筑物价值应适当并审慎地以按照较低标准确定的建筑成本为基础进行。

（5）特殊的建筑物组成部分（如电梯、空调设备、汽车入口坡道等）以及外部设施（如镶嵌材料、庭院加固所铺石块、绿化设施等）应另外进行评估，其前提条件是全部所有者和租客都使用这些设施。

2. 建筑物安全折扣

建筑物安全折扣是在抵押贷款评估中，用于测算待评估房地产总折旧率的一个重要参数。对于抵押贷款评估而言，通过对建筑物安全折扣的修正，可以从折旧的角度剔除影响建筑物价值的短期因素，而只考虑建筑物本身长期不变特征对房地产价值的影响。

建筑物安全折扣的求取思路和过程如下：

(1) 通过研究与待评估房地产有相似折旧程度的可比实例来估计折旧；

(2) 将可比实例的销售价格减去出售时的土地价值，即得到建筑物折旧后价值；

(3) 将可比实例的建筑物重置成本，减去建筑物折旧后价值，得到建筑物总折旧额；

(4) 将建筑物总折旧额除以建筑物重建成本，再进行一定的修正，得到建筑物总折旧比率；

(5) 将建筑物总折旧比率除以建筑物的有效使用年限，可以得到建筑物年折旧比率；

(6) 通过对市场情况分析，修正年折旧百分比的范围，将修正后年折旧比率乘以建筑物已使用年限，最终就得到了建筑物安全折扣。

对抵押贷款评估来说，在第五步求取建筑物年折旧比率中，可以使用实际使用年限来代替有效使用年限，特别是在两者差距显著的情况下。

3. 土地单价

土地价值的确定对成本法评估的准确性有显著影响。对于抵押贷款评估来说，在市场均衡、土地价值稳定合理的状况下进行评估基本上是一种理想状态。出于对抵押贷款安全性的考虑，在评估土地价值确定土地单价时应遵守下列原则：

(1) 土地价值的评估以位于同一区域内且用途相同的土地可持续实现价格为基础。土地单价可借助市场比较法或基准地价修正法评估得出。在评估土地时，要注意从土地的位置、用途、形状、临界宽度和深度的比值以及由此带来的建筑的适宜性等方面选取可比实例，并进行适当的因素修正。

(2) 应将没有包含在比较价格里的项目开发费加到土地价值中，其前提条件是开发费实际发生，或者与抵押房地产共同产生。

(3) 对于预计将被分割的土地部分必须进行特殊评估。

8.3.5 案例分析

在分析成本法进行抵押贷款评估的方法程序和参数选取原则的基础上，我们可以结合一个简化的评估案例来简要说明抵押贷款评估和市场价值评估在参数选取上的不同以及在最终评估价值量上的差异。

【例 8—2】 评估的抵押标的物是一幢平均装修程度、带有地下室和车库的排房，竣工日期为 1995 年 6 月 30 日。该抵押物位于一个一般性的新建居住小区，该地块面积为 400m²，基准地价为 1 000 元/m²（基准日期为 2000 年 12 月 31 日），根据最近对近期建设排房的土地售价评估，得出平均价格为 1 500 元/m²。评估基准日为 2002 年 1 月 2 日。

其他数据如下：

建筑物建筑面积	352m²
车库面积	20m²
排房重置单价	1 800 元/m²
车库重置单价	1 080 元/m²

采用直线折旧模型

评估思路：运用总成本法对该排房的市场价值和抵押贷款价值进行评估。

评估过程如下：

市场价值评估		**抵押贷款价值评估**	
土地价值	600 000 元	土地价值	420 000 元
土地单价	1 500 元/m²	土地单价	1 500 元/m²
土地面积	400m²	土地面积	400m²
建筑物价值	655 200 元	土地风险因素减值修正（取年均 15%）	180 000 元
排房重置成本	633 600 元	建筑物价值	604 512 元
车库重置成本	21 600 元	排房重置成本	633 600 元
建筑物折旧	65 520 元	排房建筑物安全折扣（取重置成本的 8%）	50 688 元
线性折旧率	10%	车库重置成本	21 600 元
		建筑物折旧	60 451 元
		线性折旧率	10%
成本价值	1 189 680 元	成本价值	964 061 元
成本价值调整	1 190 000 元	成本价值调整	960 000 元

数据比较

抵押贷款价值/市场价值	81%
单位排房建筑面积的市场价值	3 380 元
单位排房建筑面积的抵押贷款价值	2 739 元

8.4 抵押贷款评估中的市场法

对市场法是否适合用于抵押贷款评估一直以来都存有争议。反对者认为，市场法在抵押贷款评估中较受限制，除了受到可比实例数量较少的影响之外，还与抵押贷款价值的非市场价值性质有关。支持者则认为，收益法和成本法也是以市场法为基础，对抵押贷款价值的评估也离不开市场数据和资料的支撑，只是需要再通过风险预测等技术剥离出受市场波动影响较大的因素。笔者认为，市场法可以用于抵押贷款评估，但是用于抵押贷款评估对市场法来说则是一种尝试，这有赖于预测技术的发展和应用，并对估价师的个人能力和经验有较高的要求。

8.4.1 评估原则

直接运用市场法对抵押贷款价值进行评估，估价师需要在占有丰富市场资料的基础上，对市场发展趋势和未来影响房地产价值的各种因素进行预测分析，并通过对抵押贷款价值特性的了解，来完成对抵押房地产的市场价值和抵押贷款价值的评估。市场法在进行抵押贷款评估时，所遵循的主要评估原则如下：

1. 供求原则

房地产市场上需求面和供给面力量消长变化的结果，直接导致了某种类型房地产在一定时期内的市场价格的起伏波动。抵押房地产市场价值也受此影响。房地产市场上供给面的调整通常滞后于需求面的变化。对估价师来说，在进行市场供求分析时，应注意到供给变化的特点。市场需求面的影响因素包括该类型房地产的市场需求者的数量、年龄结构、购买力、偏好分析；对市场供给面的分析主要考虑该类型房地产的市场存量、在建增量、计划新建增量等。同时应注意其他因素对市场供给和需求的影响。

2. 变动原则

变动原则认为，除了市场力量会影响房地产价值外，社会、经济、行政和环境力量也会对房地产价值产生潜移默化的影响。这些来自宏观层面或外部环境的变化，或者是渐变而不易识别的，或者具有某种程度的突发性。因此，估价师必须努力确认会对房地产价值产生影响的当前和预期变动，并对当前和潜在风险进行充分的预测分析。这一点对抵押贷款价值的评估尤为重要。

3. 外部性原则

外部性原则可以帮助估价师在进行估价作业时确认影响房地产价值的各层次的外部性事件。由于房地产的实体不可移动性，房地产比其他经济物品、服务或商品更容易受到外部性因素的影响。其中包括影响房地产抵押贷款价值的诸多风险，如市场风险、区位风险、会计和法律风险、金融风险、合作者风险等。

8.4.2 适用和限制条件

市场法是评估市场价值的最直接而系统的方法。在市场资料充足、可比实例较多的情况下，市场法可以评估各种权益类型的房地产市场价值，对抵押房地产的市场价值评估也不例外。但是，如果市场交易不活跃，可比实例很难得到，甚至没有可比实例，市场法的应用将受到限制。

如前文所述，市场价值是时点价值，而且在很大程度上，市场价值是一种“回顾型”价值，而非“前瞻型”价值。这源于传统上市场法总是建立在过去的市场信息基础之上，并且是一种基于事实的比较。而抵押贷款评估要求估价师不仅能够全面把握当前的房地产风险，还要对未来风险进行预期和判断。在这种情况下，估价师对风险的认知和对房地产长期可持续方面的把握就显得非常重要。而这很有可能使市场法在进行抵押贷款评估中的应用受到限制，因为它在很大程度上取决于估价师的个人能力和经验。

8.4.3 评估方法和程序

1. 评估思路和方法

市场法是通过分析可比实例房地产的市场行情并将可比房地产与待评估房地产进行比较，预测标的房地产市场价值的方法。① 根据替代原则，待评估房地产价值取决于市场上同时期效用相同的替代房地产的价格。

在对抵押房地产市场价值的评估中，估价师应通过收集可以作为可比实例的替代房地产的市场销售资料，结合每个比较房地产的区位、物理、功能和经济特性，透彻地研究每个交易案例的销售价格、产权交易类型、融资条件、交易条件、交易日期、市场条件等资料；运用经验的或数学统计的方法，确定对房地产

---

① 参见［美］美国估价师学会：《房地产估价》，11 版。

市场价值影响较大的因素；根据待评估房地产的具体情况，逐项对可比实例进行定量、定性分析修正；在各交易案例修正价值基础上，综合考虑其他价值影响因素，确定待评估房地产的市场价值。

抵押贷款评估要求估价师通过全面的市场分析和风险预测，根据影响房地产价值的短期和长期风险因素对可比房地产价值进行风险因素修正。这些风险因素中包含了市场价值中进行的各项修正，同时还要对可能对价值有重大影响的潜在风险进行评估。

2. 评估程序

运用市场法进行抵押房地产市场价值评估遵循一般的市场法估价作业程序。基本程序和步骤如下：

（1）进行市场供求研究和最高最佳使用分析。

（2）确定比较案例选取标准，如物业类型、交易日期、用途、区位等。

（3）从市场中筛选比较案例，运用信息项检查表收集相关市场资料。

（4）对获取的市场资料进行复核，保证资料的真实准确。在确保比较案例数量充足的前提下，对不适合的比较案例进行剔除。

（5）选择合适的比较单位，建立单位比准价格。

（6）确定价值影响因素，对待评估房地产和可比案例房地产进行价值影响因素修正。

（7）对上述得到的多个比准价格进行调整，得到待评估房地产的市场价值或价值范围。

运用市场法评估抵押贷款价值，与进行市场价值评估的程序大致相当，其主要区别在于抵押贷款评估中贯穿了风险评估的理念。市场法评估抵押贷款价值的程序如下：

（1）进行市场分析与风险预测。

（2）确定选取比较案例的标准。

（3）选取比较案例，运用信息项检查表收集相关市场资料。

（4）复核市场资料，在确保比较案例数量充足的前提下，剔除不适合的比较案例。

（5）选择合适的比较单位，建立单位比准价格。

（6）将价值影响因素按风险类型进行分类，既包括当前风险，也包括对未来风险的预期，对比较案例的房地产价值进行风险因素修正。

（7）对上述得到的多个比准价格进行调整，得到待评估房地产的抵押贷款价值或价值范围。

由此可以看出，抵押房地产市场价值与抵押贷款价值评估程序相似。运用市场法评估市场价值和抵押贷款价值的关键区别在于比较案例的选取标准、对价值影响因素的分析范围和深度要求不同。

8.4.4 评估应用探讨

1. 比较案例的选取标准

运用市场法进行抵押房地产的市场价值和抵押贷款价值评估时，都需要进行比较案例的选取。这在估价程序上是相同的，其区别在于市场价值和抵押贷款价值在比较案例的选取标准上存在差异。

一般而言，市场价值评估中选取比较案例的标准可以归纳为六类，即权益特征、实体特征、交易条件、市场条件、区位因素和其他外部性因素。比较案例的情况越贴近待评估房地产，则评估价值的说服力越强。市场价值对比较案例的选取标准，主要是待评估房地产已经存在或为市场所认知的特性。而抵押贷款评估的最大不同在于它除了要求可比案例满足上述要求以外，还要求其与待评估房地产具有相似的风险类型和市场预期。所以评估抵押房地产时，对市场范围的要求可能会更严格，因为这在很大程度上影响对可比案例和待评估房地产进行市场分析和风险预测的难度和可行性。市场价值和抵押贷款价值评估选取可比案例的标准可以表8—5所列内容为参考。

表8—5　　市场价值和抵押贷款价值比较案例选取标准

市场价值	抵押贷款价值
权益特征 房地产权益价值类型	权益特征 房地产权益价值类型
实体特征 物业类型、建筑结构、类型等	实体特征 物业类型、建筑结构、类型等
交易条件 交易日期、融资条件、交易双方等	交易条件 交易日期、融资条件、交易双方等
市场条件	市场条件
区位因素	区位因素
其他外部性因素 规划限制	其他外部性因素 规划限制

续前表

市场价值	抵押贷款价值
	风险类型 市场风险、区位风险、房地产专有风险、金融风险、合作者风险、会计和法律风险
	市场预期 根据物业类型具体设定

2. 价值影响因素的判断

市场法中对价值影响因素的判断实际上就是确定比较因素的过程。现在对市场价值评估中比较因素的判断有多种方法和手段，如在样本量比较小的情况下，可根据市场数据由估价师的经验来判断；在样本量比较大的情况下，应用统计学上的标准差和变异系数来判断；在定性描述的特征较多时，运用模糊数学和专家评估的方法来确定特征因素。但是对抵押贷款评估而言，由于特征因素中包括了大量的预测信息，所以如何将预测风险进行量化处理还有待评估技术的进一步发展。

8.5　抵押贷款评估制度发展建议

抵押贷款评估是微观层面上正确衡量和管理银行金融风险的重要环节之一，并对银行防范金融危机、进行市场化改革具有积极的促进作用。在饱受泡沫经济和经济危机中抵押品价格剧烈震荡所引起的不良资产和银行资产严重缩水的痛苦之后，银行部门亟须界定一个更为合理适宜的房地产价值基础，使它们可以量化评判风险，并在将来发生借款人违约的情况下保证它们的贷款安全。目前市场价值和抵押贷款价值已经在很大程度上得到了国际估价界的认可。我国目前的房地产抵押贷款评估理论滞后，客观上制约着评估人员对房地产抵押价值评估特殊性的深刻理解，在一定程度上削弱了银行的竞争能力。因此，我们应该积极借鉴国际经验，早日建立起我国的抵押贷款评估体系，以维护我国的金融体系安全和稳定，提高银行抵押贷款决策的科学性，促进银行在市场化方向的改革之路上更进一步。为了达到这一目的，我们应该着力做好以下四点工作：

（1）引入房地产抵押贷款价值概念，进行抵押贷款评估方法和程序的研究创新，制定抵押贷款评估准则。

由我国房地产评估行业组织在实际调研的基础上制定抵押贷款评估准则，引入房地产抵押贷款价值评估，确定房地产抵押贷款价值评估的估价原则、评估方法、参数选取、对估价师的要求和再评估要求等原则性内容。这将有助于规范评估人员的业务操作行为，提高评估结果的科学性和准确性。同时估价行业内部的评估准则，可以作为各银行制定内部房地产抵押贷款价值评估细则的参考，为银行进行风险控制和管理提供依据。

(2) 建立抵押贷款评估的执业准入机制，加强执业培训，建立抵押评估师的专业资格认证制度。

2004 年 9 月 3 日，银监会制定颁布的《商业银行房地产贷款风险管理指引》中着重指出商业银行在办理房地产贷款业务时，要建立相应风险管理和内控制度；对于因中介机构的原因造成的银行业务损失应有明确的赔偿措施。建立包括专业资格认证制度在内的房地产抵押贷款评估的管理机制，加强执业培训，可以推动我国房地产抵押贷款评估的理论研究，培养具有风险意识、适应市场经济要求的专业房地产抵押贷款评估师，从而有助于从根本上完善我国银行金融风险监管制度，推动房地产评估法律体系的发展。

(3) 银行建立内部评估机构，加强对贷款的监管，实现估价责任内部化，以促进银行建立完善风险内控机制。

巴塞尔委员会颁布的《银行业有效监管核心原则》(1997) 中指出，银行应当建立和完善内控机制。银行应积极探索建立内部评估机构，以负责抵押贷款评估工作，从内部加强对贷款风险的监督和控制，并对外部估价师和估价机构提供的抵押评估报告进行审核，以实现估价责任内部化。由于抵押贷款评估对估价师的个人能力要求相当高，因此银行评估机构需要引进熟悉房地产市场和评估的专才。银行内部的评估机构可以兼职研究工作，进行宏观经济分析和房地产市场趋势预测等研究。在有了大量的抵押贷款评估案例以后，通过建立评估案例信息系统，就可以采用比较法从案例库中提取可比实例进行评估，以提高工作效率。

(4) 提高贷款决策科学性，培养银行的市场竞争力。

市场经济提供了优胜劣汰的竞争机制。目前，即使是国有商业银行也面临着与国内各大市场化程度较高的民营商业银行进行竞争的局面。在我国放宽金融管制之后，国内商业银行则要面临更为激烈、残酷的国际竞争。我们应该认识到巨大的差距，树立危机意识，努力从自身培养、建立和完善核心竞争力。如果有了准确的抵押贷款评估结果的支持，就能够给商业银行信贷部门提供有力的贷款决策依据。商业银行可以在对市场判断明确、抵押贷款评估准确的基础上，给房地产抵押人以较高的贷款成数，扩大市场竞争的差距。因此，一个银行的抵押贷款评估的准确程度，在很大程度上决定了银行能否实行贷款差异化策略，以及实行差异化策略的风险程度。

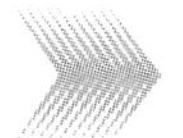

本章小结

本章主要讲解了房地产抵押贷款评估的方法和特点，并结合三种经典估价方法进一步讲解了抵押贷款评估的市场法、成本法和收益法的评估流程，通过案例分析详细说明了市场价值和抵押价值评估结果的差异及差异产生的原因。

关键术语

房地产抵押贷款价值　　房地产抵押贷款价值评估　　谨慎性原则
建筑物安全折扣　　土地风险因素减值修正

复习思考题

1. 什么是房地产抵押贷款价值？抵押贷款价值与市场价值有什么区别？
2. 什么是房地产抵押贷款价值评估？
3. 房地产抵押贷款评估有什么特点？
4. 房地产抵押贷款评估应该遵循什么特殊的评估原则？
5. 什么是房地产抵押贷款评估的建筑物安全折扣？
6. 什么是房地产抵押贷款评估的土地价值风险折扣？
7. 房地产抵押贷款评估的市场法流程如何？
8. 房地产抵押贷款评估的收益法流程如何？
9. 房地产抵押贷款评估的成本法流程如何？
10. 我国房地产抵押贷款评估制度存在什么缺陷？如何进一步完善？

第9章

房地产和市场评级

学习指导

通过本章学习要求重点掌握房地产和市场评级的概念和方法，了解新巴塞尔资本协议中对房地产和市场评级的相关规定，理解房地产和市场评级的意义。

9.1 房地产和市场评级的概念、研究背景和意义

9.1.1 房地产和市场评级的概念

房地产和市场评级是为了展示房地产在相关市场中可持续质量的标准化程序。房地产的质量通过中期销售前景来判断，而销售被认为是在能够获得所有房地产和市场信息的专业人士之间以充分恰当的价格进行的。承租人和贷款人的信用状况以及贷款的违约风险均不是房地产和市场评级的对象。

由于评级是由不同的分析师完成的，其过程必须予以标准化，才能获得可比较的结果。评级体系反映的是房地产在相应市场中的可持续质量。评级所作的陈述是关于未来的，因此，房地产和市场评级采用了未来的中期销售前景对质量进行判断。在预测时，必须考虑与经济、政治和社会状况有关的一般限制，但不可预见的事件及其对市场的影响不包含在内。房地产和市场评级的前提之一是充分恰当的价格，这与国际化的市场价值定义十分贴近。房地产和市场评级不能证明贷款人和承租人的信用状况，但这两个因素对投融资决策等至关重要。

9.1.2 研究背景

在房地产领域内，评级是一个全新的研究方向。公司、银行和投资机构很早就将评级作为评价项目融资地位的方法。在发达国家，房地产和市场评级作为不动产估价不可或缺的组成部分，并不关注项目是否符合融资规定的能力，而是关注机会和风险预测的可比性。2004 年 6 月 26 日，国际银行界的“游戏规则”——新巴塞尔资本协议（巴塞尔协议Ⅱ）最终定稿，并规定了两大类信用评级的方法：标准法和内部评级法（IRB），为房地产和市场评级提供了操作性更强的国际化标准。

随着中国与世界经济的逐渐融合，尤其是金融资本市场的相互渗透，客观上需要建立统一的房地产和市场评级标准，以便于进行比较分析。国内尚不存在成型的房地产和市场评级体系以及专业的评级机构，开发商在投资阶段对项目的评价侧重于盈利能力和资金平衡分析；金融机构对房地产开发贷款的评价则主要考察项目的贷款偿还能力；房地产市场信息系统和预警预报体系旨在动态监测房地产市场供求、价格和空置率等情况，提高国家宏观调控作用，但并不能服务于市场微观主体；城镇土地分等定级则是针对城镇大量土地的批量性评定，且对象仅为土地，不包括建筑物，为土地利用规划、估价和税费征收等目的服务。目前大多数评级研究的对象是信用和企业，而对房地产项目评价而言，则是可行性研究阶段的投资风险分析及经济评价。

9.1.3 研究意义

随着人们对信用业务和资本回报的关注不断上升，对房地产及其所在市场进行清晰的机会和风险分析，是房地产估价和收益率分析的关键组成部分。市场、区位和竞争者的一般性描述已经不能够满足金融和房地产市场信息透明的要求。根据信息透明的要求，一个能同时涵盖房地产及其所在市场的所有技术和经济因素的评估体系是极其重要的。很多房地产部门参与者提出的基本要求决定了应发展一套全新适用的评级体系。其原因在于：一方面，由于个别市场体系状况和实践的差异，国际化显著增加了房地产市场的复杂性，使比较更加困难；另一方面，跨国交易的增加产生了新的管理规定，如《国际会计准则》和巴塞尔协议Ⅱ。这些准则的正确执行需要依靠系统化的工具，借助评级进行房地产比较。

随着中国经济的高速增长，世界银行已经在其估价报告中指出，根据其他国家经济发展的经验，未来 20 年中国金融收益率将接近 100%。特别近几年，中国房地产业经历了爆发式发展，价格迅速上涨。开发商大量囤积土地建造房屋，而消费者基于价格上涨的预期也大量购买不动产。银行为了获取利润，毫不犹豫地大量对房地产业发放贷款，导致财务平衡表上房地产抵押贷款占据了很大一部分。同时，2007 年 5 月美国次贷危机的发生，及其导致的全球经济动荡也为中国房地产业的发展敲响了警钟。美国次贷危机背后有着深远的原因以及必然性，风险意识的淡漠和市场约束机制的缺失是根本问题所在，而不完善的房地产和市场评级体系则是造成这些问题的重要原因之一。目前中国大部分贷款质量都比较高，而违约比例一般会在贷款发放后的 3～5 年内升高。大部分住宅抵押贷款都是在过去 2 年内新发生的，这也就意味着违约比例很可能随着时间的推移逐渐提高。为了预防美国式信用危机的发生，在中国建立房地产和市场评级体系是非常必要的，这样金融机构和投资者就能够更清楚地把握市场动向，增强风险管理能力。

9.2 房地产和市场评级相关理论

9.2.1 巴塞尔协议Ⅱ中的评级规定和房地产评级标准

2004 年 6 月，《资本计量和资本标准的国际协议：修订框架》，即国际金融业所称的新巴塞尔资本协议（巴塞尔协议Ⅱ），在经历了长达 5 年的艰难国际谈判、意见征询及反复测算与修订之后，正式出台。巴塞尔协议Ⅱ作为一部关于银行资本计量和监管的国际协议，代表着商业银行风险管理的发展趋势，其所倡导和体现的全面风险管理理念、以量化为特征的风险管理理念、以风险管理为导向的监管理念以及平衡监管理念对全球银行业乃至国际金融界的发展都具有实践性的指导意义。

巴塞尔协议Ⅱ发布后，国际金融界给予了积极的响应。关于执行新准则的态度十分明确：中国银监会（CBRC）对新资本协议的实施已经制定了“两步走”和“双轨制”的策略，并要求大型商业银行加快内部评级体系建设，尽早达到新资本协议的要求，努力提高风险管理能力。

在内部评级法划分的五大资产类别中，收益性房地产（IPRE）和高波动性商业房地产（high volatility commercial real estate）被包含在公司资产中。收益性房地产贷款的偿还主要依赖于资产的现金流，现金流的主要来源是租赁或销售收入。借款人可以但不一定是特殊目的实体、建设或持有房地产的开发公司或有其他收益来源的公司。相对于其他房地产抵押的公司贷款而言，收益性房地产贷款的典型特征是贷款偿还和违约时贷款回收的可能性之间具有极强的正相关关系，都主要依赖于房地产本身的现金流。高波动性商业房地产贷款与其他类别的专业贷款相比，是一种损失率波动较高（即较高的资产相关性）的商用房地产融资。

在巴塞尔协议Ⅱ的附录4中详细列示了监管当局对收益性房地产和高波动性商业房地产的风险评级标准，如表9—1所示。

9.2.2 房地产和市场评级理论

房地产和市场评级的时间间隔是3～5年，中期潜在的影响因素应该被考虑到，并且要与相关市场环境中的竞争性不动产进行比较。与评级数据相关的预期越明确，对评级结果的影响越大。

房地产和市场评级理论主要是来源于信用评级的相关理论。

信用评级（credit rating）的含义有狭义和广义之分。狭义的信用评级，即资信评级，是指专业的独立机构或部门对债务人如期足额偿还债务本息的能力与意愿进行评价，并用简单的符号来表示受评对象的信用质量，揭示其信用风险，以达到为投资者服务的目的。广义的信用评级则是对各类市场参与者及金融工具的发行主体履行经济承诺的能力及其可信程度进行的综合考察，除资信评级外，还包括由信用报告机构运用自身的专业技术发展的其他非资信评级服务，包括对投资质量、管理质量、市场风险、资产波动等方面进行评级，如股票评级、基金评级、公司治理结构评级、商业银行的内部评级等。

表 9—1　收益性房地产和高波动性商业房地产的风险评级标准

	优	良	中	差
财务实力				
市场状况	目前项目类型和区位供需均衡；即将面市的竞争性房地产项目等于或低于预测需求	目前项目类型和区位供需均衡；即将面市的竞争性房地产项目大体等于预测需求	市场供需基本均衡；竞争性房地产项目即将面市，其他则处于计划阶段；项目的设计和性能水平低于新项目	市场需求较弱；何时达到均衡并不确定；项目租约到期后不易找到承租人；新的租赁条件不如原有的优越
财务比率和预付率	房地产的偿债保障比率（DSCR）很高（DSCR与建设阶段无关），贷款价值比率（LTV）相对于项目类型较低；如果存在二级市场，按市场标准进行交易	（与不动产开发无关的）DSCR和LTV良好；如果存在二级市场，按市场标准进行交易	房地产的DSCR恶化，价值下跌，导致LTV上升	房地产的DSCR恶化严重，其LTV大大高于新贷款的标准
压力分析	房地产的资金来源、或有事项和负债结构可使其在面临严重的财务压力（如利率、经济增长）的情况下履行偿债义务	房地产在面临持续的财务压力（如利率、经济增长）的情况下能履行偿债义务；该房地产仅在面临严重经济问题时才可能违约	在经济下滑时，房地产收入将减少，降低其资本开支能力，并显著增加违约风险	房地产的财务状况趋紧，除非近期状况改善，否则可能违约

续前表

	优	良	中	差
现金流预测				
已建成的稳定的房地产项目	房地产租给信誉好的客户，合同租期长且到期日分散；房地产承租记录显示客户均到期续租；空置率低；费用（维修、保险、保安和财产税）可预测	大部分房地产合同租期长，承租户信誉各异；合同到期时续租情况正常；空置率低；费用可预测	房地产大部分出租合同为中期而非长期，承租户信誉各异；合同到期续租情况一般；空置率一般；费用相对可预测但随收入变动	房地产出租合同期限不一，承租户信誉各异；合同到期原承租户很少续租；空置率高；吸引新租户的费用很高
已建成但不稳定的房地产项目	租赁活动符合或超出计划；项目近期将达到稳定	租赁活动符合或超出计划；项目近期应该会达到稳定	大多数租赁活动按计划开展，但是一段时期内项目不会达到稳定	市场出租情况不如预期；尽管达到了目标入住率，但收入不理想导致现金流紧张
在建项目	房地产在贷款存续期间已全部预租或预售给投资性租赁者或购买者，或者银行得到了投资性贷款者有约束力的替代融资承诺	房地产已全部预租或预售给信誉好的租赁者或购买者，或者银行得到了信誉好的贷款者的永久融资承诺	租赁活动按计划进行，但房地产可能没有预租，且可能不存在替代融资安排；银行可能是永久贷款人	房地产因成本过高、市场疲软、承租人撤租或其他原因而恶化；与永久融资提供方之间可能存在争议
资产特征				
区位	房地产位于非常优越的地段，各种设施方便租户	房地产位于设施便利的地段	房地产区位缺乏竞争优势	房地产区位、结构、设计和维修存在问题

续前表

	优	良	中	差
设计和条件	房地产因设计、结构和维修较好而受欢迎，远比新项目有竞争力	房地产的设计、结构和维修得当；房地产的设计和性能比新项目有竞争力	房地产的结构、设计和维修适当	房地产的结构、设计或维修薄弱
在建房地产	建设预算保守，技术风险较低；承包商具有较高资质	建设预算保守，技术风险较低；承包商具有较高资质	建设预算充足，承包商资质一般	项目开支超出预算或技术风险过高而不切实际；承包商可能不合格
发起人/开发商实力				
开发房地产项目的财务能力和意愿	发起人/开发商提供大量现金用于建设或收购房地产；发起人/开发商资金充裕，直接负债及或有负债低；发起人/开发商的房地产地理位置和类型多样化	发起人/开发商提供较多现金用于建设或收购房地产；发起人/开发商的财务状况良好，能在现金流短缺的情况下支持房地产建设；发起人/开发商的房地产位于几个地理区域内	发起人/开发商提供的资金不充足或为非现金形式；发起人/开发商的财务实力中等或偏下	发起人/开发商缺乏支持房地产项目的能力或意愿
类似房地产项目的声誉和业绩	管理层富有经验，发起人资质较高；类似项目的声誉良好，拥有长期成功的业绩	管理层和发起人资质良好；发起人或管理层在类似项目上拥有成功的业绩	管理层和发起人资质一般；管理层或发起人在类似项目上未发生过严重问题	管理层经验不足，发起人资质不合格；管理层和发起人的问题曾导致房地产运营困难

续前表

	优	良	中	差
与房地产利益相关者的关系	与一流房地产租赁代理商等保持密切关系	与一流房地产租赁代理商等关系可靠	与租赁代理商和其他提供重要房地产服务各方之间保持适当关系	与租赁代理商和其他提供重要房地产服务各方之间关系较差
担保安排				
留置权性质	手续完备的优先留置权*	手续完备的优先留置权	手续完备的优先留置权	贷款人的抵押品赎回取消权受到限制
租金分配(长期出租的房地产项目)	贷款人获得部分租金，并掌握现租户的信息，如现有出租名单及项目租约的副本，以通知租户直接向贷款人缴纳租金	贷款人获得部分租金，并掌握现租户的信息，如现有出租名单及项目租约的副本，以通知租户直接向贷款人缴纳租金	贷款人获得部分租金，并掌握现租户的信息，如现有出租名单及项目租约的副本，以通知租户直接向贷款人缴纳租金	贷款方尚未获得租金，或未掌握用于准备通知租户的必要信息
保险责任范围的质量	适当	适当	适当	不合格

注：* 在某些市场上，贷款者的贷款结构中只有次级留置权。如果包括所有总贷款的价值比率不超过一般优先贷款的价值比率，则次级留置权表明风险程度。

资料来源：巴塞尔协议Ⅱ附录4表2。

不同的评级机构有着不同的信用等级符号，经过长期发展，已经具有大致的相互对应性。一般以 BBB（Baa）为界限，以上为投资级，以下为投机级。更为细致的划分是将 AA 以上归为高品质，BBB 与 A 之间的为投资级，B 至 BB 为次标准级，B 以下则为投机级。许多等级还可以进行微调，一般细分为三个档次。为了揭示未来一定时间内（3～5 年）受评对象信用质量变化的趋势，评级机构还设置了评级展望，如穆迪公司的评级展望分为正面、稳定、负面和发展中四种情况。三大评级机构的信用等级划分详见表 9—2。

表 9—2　　国际三大信用评级机构信用等级符号

长期信用等级符号			短期信用等级符号		
穆迪	标准普尔	惠誉	穆迪	标准普尔	惠誉
Aaa	AAA	AAA	优先—1	A—1	F1
Aa	AA	AA	优先—2	A—2	F2
A	A	A	优先—3	A—3	F3
Baa	BBB	BBB	不优先	B	B
Ba	BB	BB		C	C
B	B	B		D	D
Caa	CCC	CCC			
Ca	CC	CC			
C	C	C			
	D	DDD			
		DD			
		D			

注：①标准普尔公司和惠誉公司长期信用等级中的 AA 至 CCC 各级均可再以“＋”、“－”细分，以显示同一级别的相对高低，穆迪公司的 Aa 至 Caa 各级则以“1”、“2”、“3”细分。

②标准普尔公司长期信用等级中的 C 级和 D 级表示已有违约发生，前者表示未能支付利息或有其他类似纠纷，后者表示正式宣布违约；惠誉公司长期信用等级中的 DDD 至 D 级表示已经违约，差别在于其后能收回债权的比率不同。

资料来源：毛振华、阎衍主编：《信用评级前沿理论与实践》，12～13 页，北京，中国金融出版社，2007。

9.3 房地产和市场评级指标体系设计

9.3.1 指标体系设计原则

1. 全面性

从理论上分析，指标体系应该能够准确地反映评估对象的整体性能和综合情况。评估内容应该包括影响评级对象市场状况的各项因素，不但要考虑过去的特征，而且要预测未来的发展趋势；不但要考虑评级对象本身的情况，而且要研究周边环境及其产生的影响。应注意使指标体系层次清晰、结构合理、相互关联、协调一致，既能反映直接效果，又能反映间接效果，将动态指标与静态指标相结合，以保证评价的全面性和可信度。

2. 科学性

指标体系应具备科学性，各项指标必须有机配合，形成体系，指标之间在涵盖的经济内容上不重复，在解释功能上互相配合。定量指标的选取和基准值的建立要通过大量的历史数据分析。部分定性指标尽可能地量化，以防止评估的随意性。另外，评估的内容要有科学的描述，各个指标的内涵要明确。

3. 一致性

指标体系要具有纵向和横向的一致性及连贯性，以确保同类型的评级对象有较强的可比性。

4. 代表性

由于房地产和市场评级所涉及的因素形式多样，相互之间关联交叉，具有外延的广泛性和内涵的模糊性。作为整体性、系统化的指标体系，要从众多可用的指标中筛选出具有代表性的主导型因素，使其既能反映系统的变化又不至于太复杂。

5. 可操作性

指标体系要具有实用性，含义明确，便于操作。指标体系的设计要尽量与现行的会计指标、统计指标、业务核算指标等统一，使评价指标所需数据易于获得。各评价指标及其计算方法应标准化、规范化，对于采集难度较大的软指标，在结合问卷调查、实地调研、专家评议等方法的同时，应尽量将其硬化，以便于计算和对比。

9.3.2 指标体系的基本架构

房地产和市场评级指标体系是个复杂的系统，为了有效地进行映射迭加，需要根据因素的性质将其分成若干组，以形成多个层次。在这个体系中，从上至下的支配关系形成递阶层次，最上层的为目标层，最下层的为指标层，中间的层次为准则层。

房地产项目的市场评级，需要满足的最根本目标是获得长期稳定的经济效益。长期稳定的经济效益本身就是一个综合概念，由多个分支目标合成。房地产和市场评级需要在时间和空间两个维度上都达到良好的效果，至少反映当前、长期、环境和自身所对应的分支目标。实体特征及收益能力反映了房地产当前和自身的情况；区位因素则反映了环境的影响；市场状况代表了项目的潜力和风险，反映了效益的长期性和发展程度。

准则层是介于目标层和指标层之间的联系通道，各项目的效果通过因素属性值反映到目标层上，最后得出综合评级。准则层可进一步划分为若干个次准则层。因素之间的关联影响及隶属关系是指标体系架构中最为核心的内容。指标层是因素的最底层，具有可以直接衡量的特性。

9.3.3 房地产和市场评级体系分类

在房地产和市场评级中，根据房地产用途可将其大致分为以下几种：居住类房地产、商业类房地产、工业类房地产和综合类房地产。在房地产分类时，应确定其主要用途，其基本依据是每种类型房地产所产生的毛收益，即以可持续方式分别获得的净租金。主要用途的毛收益比例应不少于2/3。这一过程的基本思想是：潜在购买者或投资者通常以资产所能产生的最高收益为基础评价房地产、机会及风险，建筑物中不同面积比例的重要性次之。对于不存在主要用途的混合房地产，应按照每种类型房地产毛收益的比例分别进行评级，将各结果加权得到最终的级别。

9.4 房地产和市场评级影响因素

9.4.1 市场状况

市场状况是指影响房地产和市场评级结果的宏观因素，包括自然因素、区域经济发展水平、城市规划、城市吸引力及投资潜力、社会人口发展、产业政策与导向、细分市场供求状况等。本书所建立的房地产和市场评级体系是适应中国国情的，与欧洲需要对不同国家进行比较的情况不同，因此市场因素不包括全国市场的主权评级，而主要考虑区域市场状况。由于市场状况是宏观区域及社会经济因素，就同一城市而言，影响评级的市场因素基本一致；而对于不同的房地产类别而言，这一项所涉及的基本指标差别也不大。

1. 自然因素

自然因素与房地产和市场评级的关系是非常明显的：当发生自然灾害（如水灾、台风、地震）时，环境影响直接关系到所有者的成本。另外，由于自然因素强烈体现了地区的形象，可导致相应区域房地产一般价格的增加或减少。该标准主要包括自然灾害和环境污染情况。

2. 宏观经济因素

房地产业的发展状况与宏观经济的发展水平密切相关，区域经济的总体稳定性、发展前景和经济环境是吸引外来投资的重要因素。经济稳定性和发展前景主要通过 GDP 增长率来衡量，它通过影响居民收入、就业、心理预期、消费品及资本需求等方面作用于所有房地产细分市场。

3. 社会人口因素

社会人口状况主要体现为人口发展、收入水平和就业状况，其具体指标分别为人口增长率、人均可支配收入和失业率。由于就业可能性是城市和区域吸引力的关键性指标，因此失业率较低的地区的房地产市场发展显著优于远未充分就业的区域。在其他条件不变时，在经济状况良好的地区，人们的居住及工作意愿较强，房价一般较高。

4. 政策环境

在房地产市场分析中，政策、法律及税收环境是非常重要的因素。这些条件实质上构建了特定区域内的制度背景。由于全国房地产的基本政策是趋同的，而利率等金融变量也是中央银行统一规定的，本书只考虑各地区的特殊规定，如地方产业发展政策、土地政策、税收优惠等，其核心指标包括税收政策、供地政策、城市功能布局调整及房地产交易限制等。

5. 细分市场状况

评价房地产市场不仅要分析其驱动力和一般条件，还要考虑市场本身，可主要通过与租金和价格水平及其增长率、供求关系（空置率）相关的因素完成此类评估。

9.4.2 区位因素

区位因素描述了房地产在相关市场上的中期销售前景，因此应针对不同类型分别确定区位标准。区位因素可进一步划分为宏观区位和微观区位。宏观区位代表了项目所处的较大区域；微观区位是房地产的直接环境，包括交通条件、市政设施、周边物业使用结构等。

在决定具体区位标准是否有利时，不同的房地产类型具有较大的差别，应注意区别对待。例如，靠近高速公路对住宅来说是较为不利的，因为面临较严重的噪声污染；而对写字楼来说是中性的，虽然靠近高速公路对办公环境具有一定的噪声干扰，但同时降低了员工的通勤成本；对工业用房来说则是极为有利的，因为较高的通达性方便了产品和原材料的运输。又如，生活服务设施或教育配套设施不发达对住宅是非常不利的，而在写字楼和工业用房的选址中则不是最重要的因素。对于商业房地产而言，首要的区位因素是所处地段的繁华程度，这是完全有别于其他几种房地产类型的。

1. 微观区位适宜性

区位形象对各种类型的房地产均有影响。在评估微观区位时，要充分考虑对房地产类型和目标顾客的适宜程度，即周围建筑是否能够充分满足使用者的期望和需求。

2. 交通设施

交通设施的便捷程度是区位标准的重要因素。交通设施包括公交系统、公路、地铁、火车站、机场和码头等。如前文所讨论的那样，在具体评估时，应根据不同房地产类型有所侧重。

3. 区域配套设施

区域配套设施质量对于住宅和写字楼来说尤为重要，而对工业房地产的意义则不是很大。该标准包括周边环境的市政能源供应、购物场所、餐馆、文化娱乐设施、服务设施（银行、邮局等）、教育设施（大学、中学、幼儿园）等。

4. 环境质量

不利的环境影响通常会对房地产的销售和租赁产生负面效应，社区安全性是其中一个重要因素。环境质量体现为污染（空气、噪音、水等）和治安状况。

9.4.3 实体特征

与区位标准的评价类似，实体特征的优劣势对于房地产使用者和交易方的决策也是非常重要的。由于房地产通常具有特质性，不可能列出所有标准，这也不利于评级的透明化和接受度。实体特征不仅包括建筑质量、设备设施、维修状况等技术特征，还涵盖了节能环保性及建筑风格。实体标准通过考察与潜在使用者的关系来分析，并同关联细分市场的数据进行比较。

1. 建筑质量

建筑质量包括物理结构、建筑材料、内部布局和设计风格等因素。对于不同的建筑，这些特征可能差别很大。房地产的建筑年代和维修维护状况直接影响其结构质量。房地产的建筑设计决定了其价格水平，成为反映销售质量的指标之一。在评价建筑质量时，一般要解决的问题包括：设计及布局是否能够满足使用要求，设计风格能否顺应时代变化，建筑材料和方法（保温或隔热设施、防水防渗漏措施等）是否符合规定标准等。

2. 设备设施

建筑内部的设备设施对住宅和写字楼同等重要，包括结构型和智能型两方面。随着高新技术的发展，智能化建筑广泛应用，该因素的重要性日益凸显。另外，在制定购买或租赁房地产的决策时，建筑的成本节约性和环保效果成为现代人选择居住和办公地点的关键标准。

3. 其他内部因素

对于单元住宅而言，所处楼层和朝向是实体特征中最为重要的决定因素。商业用房的净高和面积直接构成购物软环境。内部装修程度对房地产的档次和价格具有一定的影响。

4. 宗地条件

宗地条件包括地块形状、容积率、停车位等。应着重评价地块利用的有效程度。

9.4.4 收益能力

在评价房地产的投资回报时，投资能够获得的现有或潜在收益是至关重要的。与证券不同，购买房地产的目的通常不是为了短期抛售，而是长期持有，因此其持续收益能力对销售前景起着决定性的作用。在这里，收益定义为房地产收入与支出的差额，它被用于偿付贷款、投资或股利支付。对于租赁房地产而言，收入为租金价值，支出是与房地产直接相关的各种运营成本，主要包括管理费用、税收、维修成本及现代化成本。除了简单的净现金流量分析外，收益能力还包括现金流质量，这通过租客质量、租约状况、寻租成本、空置期及转换为其他用途的能力来体现。

1. 开发商及运营商水平

开发商及运营商水平是项目具有竞争优势、获得稳定超额利润的内在能力资源，主要通过住房和城乡建设部批准的开发资质、土地储备、资金实力、物业管理水平以及已有品牌认可度来体现。

2. 使用者状况

使用者的数量是该项标准的首要因素。拥有很多租户的房地产需要大量的管理工作，但同时也分散了违约风险。尽管如此，对单一使用的大型写字楼在管理成本方面应给予更高的评级。使用者的质量直接影响房地产的收益能力。例如，由很多知名企业进驻的写字楼价值往往更高。购物中心评级的另一个重要因素是使用者的构成，因为不同的商户在产品多样化方面能够互为补充，进而增加对顾客的吸引力。对写字楼而言，使用者构成的重要性比购物中心小得多，因为个体的运营方式一般不会相互产生影响。另外，出租物业的租约期限和条件也影响了房地产的中期销售前景。如果租约期限比市场的标准租约更长，则在衰退的市场中更有优势。

在注重品牌、文化品位的时代，无形价值在房地产价值中所占的比重越来越大。品牌酒店管理集团能使同一个酒店呈现出完全不同的租金水平与租金率，提升酒店价值。有大型品牌超市、商业企业进驻的购物中心，价值和档次都会明显上升。

3. 空置状况

对于出租型房地产，为了评估收益的可持续性，必须要评价在现有租约到期时再次出租的可能性，即是否有空置期及空置期的长短。另一个直观指标是空置率，它反映了租赁风险。

4. 运营费用

在房地产和市场评级中，应分析所有运营费用的高低以确定其对于中期销售前景的影响，包括管理成本、房地产相关税收、能源卫生费用、物业费、维修及现代化成本等。与房地产估价类似，评级也需要对由承租人负担的部分予以区分，因为这部分运营成本对所有者和潜在购买者意义不大。但应该注意的是，如果可收回的运营费用超过市场成本，则会阻碍进一步租赁，因为它作为“次要租金”构成了承租人的直接成本负担。

9.4.5 居住类房地产评级指标体系

1. 影响居住类房地产评级的主要区位因素

（1）生活服务设施和教育配套设施的完备程度。

生活服务设施包括周边的医院、邮局、银行、商店、超市等。对于小型居住项目而言，由于其本身不具备提供上述服务的能力，对周边已具备的设施的依赖性就更大。教育配套设施的影响一方面体现在住宅周边是否有中小学和幼儿园，另一方面体现在附近是否有知名院校，因为名校效应会显著提升住宅价格。

（2）公共交通便捷程度。

由于住宅是长期使用的稳定居留地，出行经济便捷成为人们普遍考虑的居住选择要素。人们活动是在居住地、工作地、购物中心和娱乐场所之间往返摆动的，对方便快捷的公共交通系统依赖程度较大。特别是随着城市规模的不断扩大，人口逐渐增多、交通堵塞日益严重，住宅附近是否拥有地铁或轻轨对其价格影响很大。

（3）环境质量。

随着城市居民生活水平的提高，他们对居住环境提出了越来越高的要求，特别是高档住宅区的居民。环境质量主要包括绿化环境、自然景观、空气质量、噪声程度、卫生条件等。

2. 影响居住房地产评级的主要实体因素

（1）朝向与楼层。

除了采光、通风等条件外，景观也是一个重要的因素。当住宅四周的景观基本一致时，通常南和东南朝向的住宅最佳，而西北朝向的住宅最差。但当住宅四周的景观差异很大时，情况可能会截然不同，如当住宅北面是美丽的海景时，其销售前景就会比南向住宅乐观。

不同楼层之间的差异取决于建筑高度。中低层无电梯住宅的最优楼层位于中间两层；而高层住宅由于普遍装有电梯，楼层越高，景观及空气质量越好，所以高层应赋予更高的评级。

（2）设备设施。

对于住宅而言，设备设施条件主要考虑供排水、电力、煤气设施的完善程度，小区智能化程度，通信、网络等线路的配备状况，以及公用电梯的设置与质量等。

（3）内部装修。

内部装修状况对新房价格的影响较大，一般情况下可根据装修状况将住宅分为毛坯房、粗装修房、普通装修房、精装修房及豪华装修房。然而由于存在折旧问题，二手住宅是否有装修、装修程度如何对价格及适销性的影响微弱得多。

3. 居住类房地产指标体系

在定义了房地产评级的基本影响因素之后，结合住宅的特点，可将居住类房地产指标体系进一步细分为 32 个指标。居住类房地产评级体系及其指标解释见表 9—3。

表 9—3　　居住类房地产评级指标

目标层（A）	准则层（B）	次准则层（C）	指标层（D）	指标衡量标准
房地产在相关市场中的可持续质量（A）	市场状况（B1）	自然因素（C1）	自然灾害（D1）	自然灾害发生率
			环境污染（D2）	环境污染构成及严重程度
		宏观经济因素（C2）	经济稳定性（D3）	GDP 及增长率
			城市吸引力（D4）	投资数量及增长率
		社会人口因素（C3）	人口发展（D5）	人口数量及增长率
			收入水平（D6）	人均可支配收入
			就业状况（D7）	失业率
		政策因素（C4）	政策吸引力（D8）	地方住宅特殊政策优惠及限制
		住宅细分市场（C5）	价格状况（D9）	租价水平及增长率
			供求关系（D10）	空置率
	区位因素（B2）	微观区位适宜性（C6）	地区定位（D11）	规划及周边环境是否符合住宅的使用要求，该区位在人们心目中的形象
		交通设施（C7）	公共交通便捷度（D12）	与公交站点和地铁站距离，公交线路数量
		区域配套设施（C8）	其他交通条件（D13）	道路与外部公路连通状况，道路拥堵状况，与高速公路、火车站、机场距离
			市政能源供应（D14）	水、电、煤气、热力供应完备状况
			生活服务设施（D15）	与医院、邮局、银行、商店、超市等距离
		环境质量（C9）	教育配套设施（D16）	与中小学和幼儿园距离，周边是否有高校或知名院校
			社区安全性（D17）	保安状况
			不利环境影响（D18）	噪声、空气污染状况
			周围景观（D19）	周围是否有海景、山景、湖景、公园等

续前表

目标层（A）	准则层（B）	次准则层（C）	指标层（D）	指标衡量标准
房地产在相关市场中的可持续质量（A）	实体特征（B3）	建筑质量（C10）	结构状况（D20）	房屋结构类型、建筑年代及维护维修情况
			建筑材料（D21）	保温隔热、防水防渗漏措施
			设计及布局（D22）	设计风格能否顺应时代变化，布局是否能够满足使用要求
		设备设施（C11）	电梯状况（D23）	电梯质量、容量及平均等候时间
			智能化程度（D24）	通信、网络、数字化条件
		其他内部因素（C12）	楼层和朝向（D25）	单元住宅所处楼层在整栋楼中的位置，塔楼住宅的朝向
			装修程度（D26）	是否装修及装修类型
		宗地条件（C13）	停车场地（D27）	小区停车位数量
			绿化情况（D28）	小区绿化率
	收益能力（B4）	开发商及运营商水平（C14）	物业管理水平（D29）	物业管理公司资质、已有品牌认可度等
			开发商实力（D30）	开发商资质、综合排名
		净现金流量（C15）	价格水平（D31）	租金及售价
			运营费用（D32）	房地产相关税收、能源费用、物业费用等

9.5　房地产和市场评级方法研究

9.5.1　评级方法的选择

由于目前国内尚未建立统一的房地产和市场评级体系，因此无法使用历史数据进行统计分析和计算机模拟。作为开创性的研究，本章在各指标权重的确定上采取德尔菲法（Delphi Model）。德尔菲法函询征求所选定的一组专家的意见，然后将意见加以整理、归纳、综合，进行统计处理，将结果匿名返回给各个专家，再次征求他们的意见，进行有控制的反馈。如此经过多次循环、反复，专家们的意见日趋一致，认识和结论愈益统一，从而提供更接近实际的、可行的选择或决策依据。这种方法既保持了专家会议法、头脑风暴法的优点，又克服了这些方法易受专家之间心理干扰的弊端。

本章在对评级因素的权重进行专家调查时，选取了房地产专业的学者、银行界人士、房地产估价师、政府官员等各类专家。首先将各类房地产的评级体系和相关说明制成调查表发给专家，使其按照不同的层次分别对指标赋予权重。在收到专家的第一轮应答后，将各种意见汇总、归纳整理，制作成预测一览表作为第二轮调查表分发给参与应答的专家，仍为背靠背应答，表中不泄露应答者姓名。在征集到第二轮意见后，经过统计处理，列出中位值和上下四分点，制作出第三份调查表。咨询专家收到第三份表格后，再次进行分析论证，提出结论性意见。此时，专家的意见达到了高度一致或优化状态。

9.5.2 房地产和市场评级模型的建立

为了与国际房地产和市场评级体系接轨，本章也采用 10 个等级评价房地产级别。1～10 的数字表明了评级对象与每项标准的相应符合程度，其中 1 级比 2 级的符合程度更高。表 9—4 列出了每个级别的具体含义。

表 9—4　　房地产级别含义

1	2	3	4	5	6	7	8	9	10
很好	好	较好	一般偏上	一般	一般偏下	较差	差	很差	极差

若不考虑第 10 级（“极差”），则第 5 级（“一般”）代表了该等级范围的中间水平，表 9—4 中从左至右状况依次变差。当评级对象某个特征所代表的销售前景极为不乐观时，才会将这一指标赋予 10 级，因此在“很差”和“极差”之间存在很大的差距。

9.6 案例分析

9.6.1 项目概况

项目名称：新城·国际公寓

项目地址：北京市朝阳区朝外大街 6 号

项目类型：高档住宅

目标居住者：商务成功人士为主，30～45 岁，家庭成员简单，受教育程度高，认同西方文化以及西方中产阶级生活方式，工作节奏快，收入高（40万元/年以上），事业处于上升期，且有发展潜力。

项目区位：地处北京市商务中心区，CBD的核心区，是北京最好的区位。

土地状况：总占地面积105 000m^2，总建筑面积320 000m^2，其中住宅面积300 000m^2，公建配套20 000m^2。容积率3.05，公寓总数1 800套，商住总套数200套，机动车位2 000个。绿化率42.7%，小区内无污染。

开发状况：新城·国际公寓共分四期开发，一期隽园2004年6月入住，二期雯园2005年6月入住，二期二组团翰园2007年5月入住，三期桦园2008年3月入住，四期具体开发日期还没确定。

开发商和运营商：本项目的开发商为北京万置房地产开发有限公司，其投资组合为北京万通实业股份有限公司和香港置地集团。物业管理公司为第一太平戴维斯物业顾问行。

现金流：本项目三期2007年销售均价为35 000元/m^2，已基本售完；平均租金为20美元/m^2·月，一二期出租率达到90%以上。物业费为6.50元/m^2·月。本项目的租金水平及运营费用与该类型公寓的市场标准基本一致，并具有较高的升值潜力。

9.6.2 案例评级

1. 市场状况①

（1）自然因素。

与国内其他城市相比，北京自然灾害发生的几率很低，偶发地震，但破坏性较小。自然灾害评级为3（较好）。

随着重工业企业的迁出，北京的工业污染逐渐减少，然而庞大的汽车数量导致废气排放量较高。另外，沙尘天气、粉尘污染、冬季二氧化硫污染、夏季光化学烟雾都较为严重甚至超标。环境质量评级为7（较差）。

综上，自然因素评级为6（一般偏下）。

（2）宏观经济因素。

北京2007年的地区生产总值为9 006.2亿元，比上年增长12.3%，已连续第9年实现两位数增长，仅次于上海，位列全国城市第2名。财政收入1 492.6

① 此部分的统计数据除特殊说明外，均来自《北京市2007年国民经济和社会发展统计公报》，见北京统计信息网，2008-01-30。

亿元，比上年增长 33.6%，位列全国城市第 4 名。经济稳定性评级为 1（很好）。

北京 2007 年完成固定资产投资 3 966.6 亿元，比上年增长 17.6%；实现社会消费品零售额 3 800.2 亿元，比上年增长 16%。作为全国的政治文化中心，北京具有较强的集聚效应和总部效应，奥运会的召开进一步增加了北京的城市吸引力。城市吸引力评级为 1（很好）。

综上，宏观经济因素评级为 1（很好）。

（3）社会人口因素。

北京人口数量位列全国第 2 名，且处于持续增长状态，人口密度较高。人口发展评级为 1（很好）。

虽然北京的收入水平在全国位于前列，但并不是收入最高的城市之一，因此其评级为 2（好）。

良好的政策调控和社会保障体系使北京的失业率在全国处于较低水平。就业状况评级为 1（很好）。

综上，社会人口因素评级为 1（很好）。

（4）政策因素。

与全国其他城市相比，北京在住宅政策方面与国家政策基本一致，无特别的优惠或限制性政策。在城市规划方面，北京城市功能布局较为合理。

综上，政策因素评级为 3（较好）。

（5）细分市场：住宅。

2007 年北京商品住宅的成交均价达 11 454 元/m^2，比上年增长 12.8%；住宅租赁均价为 2 249 元/月·套，同比增长 20.78%。① 北京是住宅租价水平最高的几个城市之一，增长势头良好。价格状况评级为 1（很好）。

2007 年第四季度北京市中高档住宅市场的整体空置率为 24.68%，同比略有上升。② 按照国际惯例，空置率在 5%与 10%之间为合理区，在 10%与 20%之间为空置危险区，在 20%以上为商品房严重积压区，因此本案例所属市场的空置现象较为严重，但尚未产生明显泡沫。供求关系评级为 8（差）。

综上，住宅细分市场评级为 5（一般）。

市场状况的最终评级为 3（较好）。

2. 区位因素

（1）微观区位适宜性。

---

① 参见《2007 年北京住宅租赁市场报告》，见 http://re.icxo.com，2007-12-24。

② 参见《08 年京高档住宅空置率升　供给超过需求 2000 套》，见 http://bj.house.sina.com.cn，2008-01-24。

项目的微观区位是CBD核心区，是首都国际金融业、现代服务业高度发达和国际经济文化交流的核心基地。这里云集了国际一流的写字楼、会展中心、酒店、商场等现代商务设施，以及高档公寓、公共基础设施、休闲娱乐配套设施。本项目周围的建筑群体以及系统协调的外部环境增加了其作为高档住宅的吸引力，微观区位适宜性远超出平均水平。

综上，微观区位适宜性评级为1（很好）。

（2）交通条件。

本项目临近几条交通主干道，与公共交通设施的连通性很好。公交站点及地铁站均在步行范围内，且公交线路众多，出行方便。公共交通便捷度评级为1（很好）。

项目距北京站仅有3公里左右，距首都国际机场也只需25分钟的车程。项目内的机动车道均设于各组团的外围，直达每一栋大楼，与外部公路连通状况良好。但作为大城市的核心区域，本区位的交通流量较大，即使在非高峰时段交通拥堵现象也时有发生，成为交通条件的主要不利因素。因此，其他交通条件评级为2（好）。

综上，交通条件评级为1（很好）。

（3）区域配套设施。

本项目的水、电、煤气均由市政供应，此外还配备户式中央空调和24小时市政热水供应，其能源供应完备情况在北京是顶级的。市政能源供应评级为1（很好）。

项目周边有充足的生活服务设施供应：有充足的满足日常需求的商店、医院、银行、邮局、休闲娱乐设施等。就生活服务设施而言，本项目所处区位是相当优越的，因此评级为1（很好）。

本项目与幼儿园及中小学距离较近，且将建设社区幼儿园；周边拥有高校但数量不多，与全市重点高中的距离较远，与中关村等区域相比，教育氛围一般。教育配套设施评级为4（一般偏上）。

综上，配套设施评级为2（好）。

（4）环境质量。

项目所处区域为使领馆的聚集区，治安状况良好。社区配有24小时保安电视监控、单元门门禁、电子巡更、车库管理、紧急广播、智能火灾报警等。家居安防设备包括煤气泄漏报警、烟感、可视对讲及报警、部分窗幕帘报警等。社区安全性评级为1（很好）。

由于本项目周围没有污染性企业，因此不存在工业废气、废水的排放。由于较为拥挤的交通，本区域受到一定程度的噪音、粉尘和有害气体的影响。但本项目不直接临近主干道，噪音相对较小。不利环境影响评级为 3（较好）。

自本项目步行至日坛公园仅需 10 分钟。建设中的 CBD 人文公园位于小区南端。因此，周围景观评级为 3（较好）。

综上，环境质量评级为 2（好）

区位状况的最终评级为 2（好）。

3. 实体特征

（1）建筑质量。

公寓主体采用钢筋混凝土剪力墙结构体系，结构安全等级为 2 级，抗震等级为 8 度，设计使用年限为 50 年，达到了住宅的相关标准。本项目最早的一期建成于 2004 年，成新率较高。结构状况评级为 3（较好）。

建筑各部位均采用较为高档的优质材料，且在建筑选材、生活污水排放等多方面考虑了环保问题，节能则主要体现在外墙保温、采用隔热断桥中空玻璃的隔热窗。建筑材料评级为 1（很好）。

在建筑设计上，本项目具有很高的审美特性。虽然与周围建筑物相比，新城·国际在设计和布局上并不是最卓越的，却代表了其所处时代和区位的建筑风格。从长期来看，建筑设计与布局也能够满足目标客户的要求。因此，本项目的设计及布局评级为 2（好）。

综上，建筑质量评级为 2（好）。

（2）设备设施。

本项目平均每 60 户拥有一部电梯，符合《住宅设计规范》的规定，但与豪华级住宅每 40 户一部的标准存在一定差距。电梯采用合资品牌富士达电梯，是十大品牌电梯之一（第 9 名），质量较好。电梯速度为 2.5m/s，运行较快。电梯载重量 1 000kg，可乘 15 人，容量较为适宜。由于电梯数量较少，导致电梯状况评级为 4（一般偏上）。

小区内电话（每户 2 条外线）、有线电视、卫星电视、局域网、宽带接入、楼宇自控系统、IC 卡管理等设施齐全。与同类型的其他住宅相比，本项目的智能化程度较高，评级为 2（好）。

综上，设备设施评级为 3（较好）。

（3）其他内部因素。

本项目采用独特的环形规划及弧形楼体设计，使各单元的主卧室朝向均为南，对消费者具有很强的吸引力。室内 70%以上净高不低于 2.6m（局部顶高不低于 2.3m），满足心理行为空间。由于是对项目的整体评级，故不考虑单元住宅所处楼层的位置。楼层和朝向评级为 1（很好）。

户内装修类型为精装修，采用整体厨房。装修材料优质环保，风格简约时尚，能够符合使用者的需求。装修程度评级为 1（很好）。

综上，其他内部因素评级为 1（很好）。

（4）宗地条件。

本项目内拥有机动车位 2 000 个，除地下车库外，地上亦有少量车位供来访车辆暂时停放。住户与车位数量的比例为 1∶1.3，完全能够满足需求。停车场地评级为 1（很好）。

小区绿化率达 42.7%，尽管不是同类住宅中最高的，但达到了绿化住宅的标准（40%），与区域内其他竞争对手的区别明显。绿化情况评级为 2（好）。

综上，宗地条件评级为 1（很好）。

实体特征的最终评级为 2（好）。

4. 收益能力

（1）开发商及运营商水平。

本项目的物业管理公司为五大国际地产顾问行之一的第一太平戴维斯，它是在英国伦敦上市的 SAVILLS IPC 集团成员之一，1988 年已开始开拓国内物业管理业务，近几年一直处于内地物业管理公司的前三名。因本项目独特的地理位置及准确的市场定位，投资客户比例较高。第一太平戴维斯在为业主提供物业管理服务的同时，为投资客户提供一套融日常管理（空置房管理）、租务管理、财务管理于一体的资产管理服务，使业主可轻松坐享最佳投资回报。物业管理水平评级为 1（很好）。

本项目的开发商为北京万置房地产开发有限公司，是由香港置地集团与北京万通实业股份有限公司在专业经验、资金实力、人力资源储备等方面进行最佳配比组合之后成立的公司，具备房地产开发一级资质。开发商实力雄厚，评级为 1（很好）。

综上，开发商及运营商水平评级为 1（很好）。

（2）净现金流量。

本项目的租金及售价均符合市场平均水平，2007 年第四季度位列北京商品住宅均价榜首。由于该项目较受客户欢迎，2007 年租金水平上扬幅度很大，具有较强的升值潜力。因此，价格水平评级为 2（好）。

运营费用种类及成本与市场趋势相一致，对项目的租售前景没有明显的影响。运营费用评级为 5（一般）。

综上，净现金流量评级为 3（较好）。

收益能力的最终评级为 2（较好）。

综合以上四个准则层的评级，得出本案例的房地产评级为 3×30%＋2×30%＋2×25%＋2×15%＝2（好）。

9.6.3 评级结论

新城·国际高级公寓的最终评级结果为 2（好），说明该房地产具有非常乐观的销售前景，低风险，在当前市场中具有可持续性，具有较高投资价值和前景。

本案例的评级结果与房地产状况和开发趋势是吻合的，反映出该房地产在未来的可持续性和安全性。

9.7 房地产和市场评级需要进一步研究的问题

影响房地产价值和风险的因素很多，国内外学者在对其进行评价时在因子选取上存在一定差异，本章所建立的指标体系是通过借鉴国外成熟的房地产评级体系，结合我国国情和房地产特点得出的，其代表性和精简性还需要与更多相关专业人士进一步商讨研究。目前各大银行均为抵押贷款的审查建立了内部评级体系，并存在各自的特点。但由于银行要遵循保密制度，其实施的评级操作方法不公开，因此无法获得相关数据与本研究得到的评级结果进行验证对比。待条件成熟时，可综合各银行的评级模型，对房地产和市场评级体系进行修正，使其应用性更强。作为开创性的研究，我们在确定指标权重时无法使用历史数据进行统计分析和计算机模拟，只选择了传统的德尔菲法。在有更多的数据积累后，可与人工智能技术相融合，建立更加科学便捷的评级系统。在确定指标权重时，我们只采用了基本权重，在今后的研究中可借鉴欧洲房地产评级方法，在指标评级存在极端情况时，加入修正因素，建立动态权重。

本章小结

本章从房地产市场分析的角度，立足于巴塞尔协议Ⅱ对信用评级的规定，借鉴国外经验，提供了一套行之有效的微观层面的中国房地产和市场评级体系。在本章的最后，选择了有代表性的房地产案例，利用已构建的体系进行模拟评级分析，从实务角度阐述房地产评级的具体操作过程，并结合项目的市场地位及发展前景，对评定出的级次进行验证。

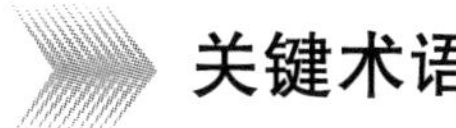

关键术语

巴塞尔协议Ⅱ　　房地产和市场评级　　指标体系　　德尔菲法

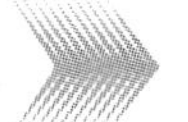

复习思考题

1. 什么是房地产和市场评级？
2. 房地产和市场评级的理论依据是什么？
3. 为什么需要进行房地产和市场评级？
4. 房地产和市场评级的指标体系设计的注意事项是什么？
5. 我国房地产和市场评级的指标体系如何？
6. 我国居住类房地产和市场评级的指标体系是什么？
7. 房地产和市场评级的未来发展方向是什么？

第10章

写字楼评估

学习指导

重点掌握写字楼评估的方法、特点、技巧以及注意事项，了解主要评估参数的选取和经验取值。

10.1 写字楼概述

自19世纪末以来，建筑技术的飞速发展使世界各地的高层和超高层建筑大量涌现，这就使大量办公人员可以集中办公。我国自20世纪70年代末期开始，尤其是最近十几年，大量高层和超高层建筑纷纷落成，目前写字楼已成为商务活动的重要载体，在写字楼大量集中的地方形成了城市的“中央商务区”，成为区域经济发展的标志和拉动力。写字楼自诞生以来，经过了四个发展阶段：传统办公楼、早期的现代办公楼、后期的现代办公楼以及现代的智能化办公楼。写字楼作为独立的物业分类，具有自身的实体及经济、运营等方面的特性，同时也形成了写字楼市场的一些特性。对于估价而言，这些都是必须了解和考虑的因素。

10.1.1 写字楼的定义

写字楼是高价值商业房地产的重要类别之一。所谓的高价值商业房地产指的是净收益性房地产，它的价值主要是由在评估基准日现存的和潜在的收益能力决定的。高价值商业房地产除了拥有非常好的位置、建筑质量和装修之外，还需要具有不必花费太大的费用就可以完全重新分割内部空间的可能性和灵活性。

在非居住类物业市场的所有物业类型中，写字楼物业是能够获得最详细和最可靠信息的一类物业。[①] 广义的写字楼是指国家机关、社会团体、企事业单位用于办理行政事务或从事业务活动的建筑物。[②] 商务写字楼是指为商业类型的公司、商社、企业、办事处、联络处所提供的，用于商务、办公的楼宇及配套的设备、设施、场地，是以出租、出售、自用为目的的单元性房地产。

写字楼不是一个孤立的物业形态，它是城市系统的一个有机组成部分，其开放性的商务形态决定了它是城市的公共性物业，也是城市形象的重要组成部分。写字楼是与城市资源、区域环境、相关的服务型业态相联系的，只有与它们发生有效的协同，写字楼的功能才能得到更好的发挥。写字楼是由物理功能和心理功能构成的有机生命体，通过激发人的活力以创造更大的生产力和持续增长的价值。

10.1.2 写字楼的分类

写字楼的分类在我国尚无统一的标准，专业人员主要依据其所处的位置、自然或质量状况和收益能力对其进行分类。

根据建筑形式，可以把写字楼分为多层、高层和超高层。

根据产权情况，可以把写字楼分为独用和分用。

根据使用方式，可以把写字楼分为租用和买断。

根据销售情况，可以把写字楼分为内销和外销。

---

① ［美］丹尼斯·迪帕斯奎尔、威廉·C·惠顿：《城市经济学与房地产市场》，296页，北京，经济科学出版社，2007。

② 中国房地产估价师与房地产经纪人学会编写：《房地产开发经营与管理》，266页，北京，中国建筑工业出版社，2005。

根据使用功能，可以把写字楼分为单纯型写字楼、商住两用写字楼、综合型写字楼等。单纯型写字楼只有办公一种功能，无展示厅、餐饮等其他配套设施。商住两用写字楼分为两种：一种是办公室内有套间；另一种是楼的一部分用于办公，另一部分用于住宿。综合型写字楼以办公为主，同时又有其他多种功能，如公寓、餐饮、商场、展示厅等。

按照建筑面积的大小，可将写字楼分为小型、中型和大型写字楼。其中，建筑面积在 1 万平方米以下的，为小型写字楼；建筑面积为 1 万～3 万平方米的，为中型写字楼；建筑面积在 3 万平方米以上的，为大型写字楼。

根据物业等级，可将写字楼分为高档物业（顶级写字楼与甲级写字楼）、中档物业（乙级写字楼）、低档物业（丙级写字楼）。而高档物业又可细分为两个部分：顶级写字楼和甲级写字楼。顶级写字楼与国际写字楼标准相符，甲级写字楼是按照本地市场现行标准划分的。甲级写字楼主要参照了四星级酒店或五星级酒店的评级标准，是房地产业内的一种习惯称谓。由于写字楼物业在不同的市场各不相同，写字楼的分类标准通常基于每个市场上的相对质量。

写字楼物业等级划分标准，主要参考以下因素：物业建筑品质、装修标准、设备设施、建筑规模、进驻客户、物业服务、配套设施、区位条件、交通状况等。此外，顶级写字楼与甲级写字楼最大的区别在于其商圈的代表性和标志性及其对商圈的辐射力和影响力，但这一点也可以归纳在区位条件中。在建筑品质中应着重了解基地状况、建成时间、建筑结构、建筑高度、楼层、层高、净高等指标。在建筑规模方面需要了解总建筑面积、可出租建筑面积等。表 10—1 为不同等级的写字楼在这些方面的比较分析。

表 10—1　　写字楼档次划分标准

	顶级写字楼	甲级写字楼	乙级写字楼	丙级写字楼
建筑品质	建筑物的物理状况和品质均为一流，建筑质量达到或超过有关建筑条例或规范的要求；建筑物具有灵活的平面布局和高使用率（达到 70%的使用率）；楼层面积大，大堂和走道宽敞，垫高地板到悬挂顶棚后的净高度不少于 2.7 米，办公空间可灵活分隔	建筑物的物理状况优良，建筑质量达到或超过有关建筑条例或规范的要求	建筑物的物理状况良好，建筑质量达到有关建筑条例或规范的要求，但建筑物的功能不是最先进的（有功能陈旧因素影响），存在自然磨损	物业已使用的年限较长，建筑物在某些方面不能满足新的建筑条例或规范的要求；建筑物存在较明显的物理磨损和功能陈旧，但仍能满足较低收入承租人的需求

续前表

	顶级写字楼	甲级写字楼	乙级写字楼	丙级写字楼
装修标准	外立面采用优质玻璃幕墙、高档石材等材料；大堂、电梯厅、洗手间等公共部分在装修上具有超前性，相当于五星级以上酒店标准，达到5A*级标准	外立面采用优质玻璃幕墙、高档石材等材料；电梯厅、洗手间等公共部分在装修上相当于四星级以上酒店标准，达到5A级标准	内外公共装修较甲级写字楼差，部分达到5A级标准	内外公共装修为普通材质，能够提供基本的通信设施及办公服务
设备设施	拥有国际知名品牌的中央空调、楼宇自控、安全报警、综合布线等；电梯等候时间、中央空调管式数量与世界同步	拥有名牌中央空调、楼宇自控、安全报警、综合布线；电梯等候时间、中央空调管式数量基本与世界同步，如电梯等候时间小于40秒，中央空调为四管式	拥有中央空调系统和安全报警，无楼宇自控；设施设备基本以合资品牌为主，如电梯等候时间大于40秒，中央空调为两管式	拥有中央空调系统和安全报警，无楼宇自控和综合布线；设施设备主要以非国际知名品牌为主，如国产电梯、分体空调
建筑规模	大于5万平方米	1万～5万平方米	无限制	无限制
进驻客户	全球500强等国内外知名公司的租户组合，知名的跨国企业，国内外大公司、大财团	知名的国内外大中型企业，客户大多是进行研发、技术服务、电子商务或知名品牌代理等	客户多为国内的中小型、初创型企业，从事销售代理、产品研发	客户基本是国内的小型私企，从事简单的销售业务
物业服务	由经验丰富且一流的知名品牌公司管理，配备实用的计算机物业管理软件，实现办公物业管理计算机化，建立办公管理信息系统，并且办公物业各系统可实现连通和统一的管理，有24小时的维护维修及保安服务	由经验丰富的知名公司管理，完善的物业管理服务包括24小时的维护维修及保安服务	有物业公司服务	可有一般性的物业服务，如卫生、收发、值班

续前表

	顶级写字楼	甲级写字楼	乙级写字楼	丙级写字楼
配套设施	有配套商务、生活设施，如会议室、邮局、银行、票务中心、员工餐厅等；有专用地上、地下停车场，停车位充足；有满足日常生活的商店，适合商务会餐的饭店、宾馆；有午间放松或娱乐设施；其他如公园、运动设施和图书馆	有配套商务、生活设施，如会议室、邮局、银行、票务中心、员工餐厅等；有专用地上、地下停车场，停车位充足	有专用地上、地下停车场	无具体标准
区位条件	主要商务区的核心区	主要商务区或副中心区	主要商务区的辐射区域或较好的城区位置	主要商务区的辐射区域或一般城区位置
交通状况	位于重要地段，有极佳的交通可达性，临近两条以上的城市主干道及交通枢纽，有多种交通工具和地铁直达	可达性良好，临近城市主干道，有多种交通工具直达	可达性较好，有交通线路到达，交通较方便	基本满足交通可达性要求，有交通线路到达
代表物业	金茂大厦（上海）	恒基中心（北京）	海龙大厦（北京）	

注：* 5A是指OA（Office Automatization，办公智能化）、BA（Building Automatization，楼宇自动化）、CA（Communication Automatization，通信传输智能化）、FA（Fire safety Automatization，消防智能化）、SA（Security Automatization，安保智能化）五项标准。

10.1.3 写字楼的价值影响因素

1. 区位因素

（1）位置。

位于市中心最好位置的房地产通常被看成是低风险的。尽管有时该房地产的租约不是非常有利，租客的信誉也不是最佳，但位于这样区位的房地产往往仍然可以实现最高的交易价格。写字楼建筑的吸引力很大程度上取决于其与另外的商业设施的接近程度，这种吸引力也会随着城市建设的发展而变化。如随着北京

CBD 地区的形成和发展，这一地段蕴藏着越来越大的商机，也为商务机构之间的来往提供了便利条件，使许多早期建成的沿街写字楼建筑成为甲级写字楼或顶级写字楼。若中央商务区迁移，则周围的写字楼将不再对租户具有很强的吸引力，空置率将增加。写字楼还可能由于建筑位置临近主要商业金融区或政府机构的办公楼而增加对租户的吸引力。良好的位置往往可以掩盖写字楼建筑的许多自身缺陷，如楼龄因素等。

根据影响位置的特征可以将写字楼的位置划分为如下几种：

- la 位置：写字楼的最佳区位，交通便捷，信息通畅，基础设施非常完善。
- 次 la 位置：与 la 相邻，同样是交通便捷、信息通畅、基础设施完善。与 la 不同的是区域的主导地位。例如，la 写字楼的区位一般是临街或者位于主要交通出口的附近，可以直接分享交通的便利度，有的 la 写字楼的下面还有地铁等出入口。而次 la 写字楼的位置不具备上述特点，属于 la 的从属地位。
- lb 位置：与较好的次 la 位置相邻，具备良好的基础设施。
- 其他位置：非常好的交通条件，接近居民区，拥有较大停车场。

城市中央商务区 CBD 是顶级写字楼和 5A 级写字楼最为集中的地区。除了中央商务区之外，世界上一些特大型的城市也有不止一个写字楼集中的区域，例如日本东京的内区和外区。而北京市除了建国门一带的 CBD 之外，中关村的 IT 写字楼区域和金融街也集中了大量顶级的写字楼。位于金融街黄金地段的远洋大厦，总投资约 20 亿元人民币，建筑面积 11.8 万平方米，地上 17 层，地下 3 层。在当今世界的金融街中尤以英国伦敦的金融城和美国纽约的华尔街最著名。以英国伦敦金融城为例，平均在仅仅一平方英里的土地上，就聚集着 550 多家国际性的银行和 170 多家全球性证券公司，加上保险公司和其他金融经纪机构，在那里上班的人多达 30 余万，平均每平方米为 3.2 人。

（2）交通条件。

进出写字楼快捷有效的通道能极大地方便在其内部工作的人员。因此，写字楼与公共汽车站、地铁、高速公路之间的交通方便程度是影响其价值的重要区位因素。是否有足够的停车位也会影响写字楼的易达性。一般来说，中央商务区的写字楼停车位较少，但周围往往有方便快捷的公共交通。北京的 CBD 直接与多条重要快速交通干道相连，有直接通往首都国际机场的快速路和轻轨，交通非常便捷。

（3）周围环境。

写字楼的价值往往还受其周围建筑及环境的影响，如果周围环境恶劣，将会大大降低该写字楼的吸引力。理想的写字楼周围环境既不要求繁华热闹，也不宜美丽幽静，而应该整洁气派，有现代化的都市气氛，能够充分发挥集聚效应。

2. 实体因素

（1）外观条件。

声望或形象在商业活动中极其重要，办公场所的外观直接影响公司的形象，因此写字楼的外观对其价值的影响不可低估。写字楼的外观条件包括建筑高度、形式、规模、外部装修等。建筑设计形式和物业外立面的维护水平是影响其吸引力的两个重要物理因素，如果某个写字楼建筑始终保持其所在城市标志性建筑的地位，则其租金就会很高。

（2）内部装修。

对于写字楼来说，大堂、走廊和室内空间布置都是重要的价值影响因素。建筑物大堂的外观、平面设计和灯光等构成了一栋写字楼建筑的特色。大厦内的租户经常在大堂与客户接洽，过时、陈旧的大堂会降低物业的吸引力。走廊是办公室空间的延展，其照明、墙壁装饰及指示牌的规范程度都会影响写字楼的价值。室内空间的质量与有效使用面积及其调整的灵活性、装修、墙体质量、灯具布置、照明和顶棚高度等有关。

（3）设备设施。

电梯、空调及智能化办公系统是影响写字楼吸引力及其价值的重要硬件因素。垂直交通对于高层或超高层建筑来说非常重要，电梯需要有足够的照明、适当的吊顶装修、容易识别的控制符号和内地面的良好维护。电梯服务最重要的标准是安全和速度，合理配置电梯数量及停留层数范围能提高电梯的运行效率。国际通行的两个衡量顶级写字楼的标准就是：层数与电梯数量的比值为 2，上下班高峰时客人候梯时间不超过 35 秒。香港的太古广场平均 2.125 层拥有一部电梯，上海金茂大厦专为办公区设置的五组 26 台高速电梯可保证客人等候时间不超过 35 秒。远洋大厦采用瑞士本土生产的 SCHINDLER（迅达）电梯，共有 19 部垂直梯，4 部扶梯，梯速 2.5m/s，载重 1.6 吨，最长等待时间不超过 20 秒，为客户营造一个极舒适的办公氛围。

现代写字楼对动力、通信线路的布置以及空调通风系统的要求越来越高。随着电子商务的兴起，企业对网络设施的要求迅速提高，各种以网络为载体的智能办公解决方案日新月异。在智能化写字楼建筑中，计算机管理系统可以统一管理空调通风系统、电梯或扶梯等垂直运输系统、大厦保安系统、火警自动警报和自动喷淋消防系统、电信系统、自动化电力管理系统和自动照明设备系统等。缺乏这些现代化管理系统，就会降低写字楼的吸引力。

（4）物业管理水平。

虽然物业管理与房地产本身是分离的，但它对提升写字楼租金水平和市场价值的作用非常明显。物业管理的品质和所提供服务的有效性对当前和潜在的租户都会产生极大的吸引。物业管理的有效性还会影响写字楼空间的使用需求，提高租户的信誉。

（5）租户类型及资信。

写字楼主要租户的类型会强化物业本身的形象和声誉，间接影响写字楼的价值。另外，在所有情况下都必须注意的是写字楼的主要租客情况，如果主要或者总租客违约或者解除合约，那么该房地产的持续性出租将被破坏，这将大大影响该房地产的收益。

与长期租约相联系的良好的租客资信会给房地产价值带来正面影响，降低房地产的风险评级，并最终提高写字楼的市场价值。由于不存在这方面的数据，为了评价租客的资信，唯一的方法就是研究评估合同的给予方提供的有关该房地产的全部资料，并且假定材料上反映的所有信息都是正确的，并据此对待评估房地产的价值构成作适当的调整，例如调整房地产资本化率等。

（6）租约合同的质量。

租约质量对评估写字楼具有非常大的影响作用。一般来说，租约质量与两个因素相关，即租约期限和再出租问题。当租约在短期内即将到期，而且不能确定供出租的面积能否以相应的条件再出租出去，就会产生一定的问题。

很多出租合同具有租客延长合同的选择条款。如果合同租金相当于市场上普通租金或者高于市场租金的情况，则只有在能够确定租客会实施该条款时，才可以在评估过程中予以考虑；若合同租金低于市场上可持续实现的租金，该项延期选择权就应该在评估中予以考虑。

10.2 写字楼市场的特征分析

由于写字楼存在投资受宏观经济影响较大、投资周期长、投机性较强等特点，市场波动比较剧烈且波动幅度大。通过对写字楼物业的分析，可以看出这一类型的物业对区位具有较高的敏感度，不同的物业等级与所选择的区位是相互匹配的。因此，写字楼市场的一个显著的特征即是具有界限分明的按物业不同等级划分的区域市场，如甲级写字楼市场、乙级写字楼市场等。在进行市场描述时，应分析其具体的区位条件及市场中的企业类型和分布，对市场的竞争力进行说明。

并非任何城市都存在5A级写字楼或低级写字楼集聚的CBD，也并非任何城市都应该和适合建设CBD。现在国内很多城市不顾自己在全国乃至世界上的地位，纷纷宣传开始建设CBD，这是一种不负责任和浪费资源的行为。因为违反经济规律，这样的计划注定要以失败告终。写字楼市场是个区域市场，其供应完全取决于当地的需求。

10.2.1 市场供给

对写字楼市场供给的预测包括对当前供给量和未来新增供给量的预测。当前供给是对市场中存量物业的说明，而新增供给是通过对影响市场竞争力的积极因素和消极因素进行分析，从而对其可能性进行预测。查明市场区域中可以二次出租的转租物业数量是分析供给状况的另一个重要因素。若市场供给过量，租户为了降低费用或租赁更好的物业，常在租约到期之前就搬出，并把物业转租出去。转租的物业一般比其他物业的租金低，所以如果市场中有大量转租物业，对现存写字楼或正在准备开发的项目是一个重大的冲击，会减少其市场价值。

写字楼的供给相对于其他物业的供给具有一定的独立性，即供给变动与宏观经济波动之间没有很强的相关性。由于写字楼物业本身具有的使用功能和地产保值增值的经济特性，当需求减少时，供给可能发生功能转变或空置下来，从而使写字楼租赁市场价格保持稳定。另外，写字楼的供给有较大的价格弹性，即受以前的租金售价的影响较大，高租金、高售价之后往往是供给的高峰。

10.2.2 市场需求

我们可以通过对市场中前5～10年的交易数据的分析，找出物业市场的运行特点，对影响写字楼物业需求的因素进行分析并得出结论。

通过国际比较可以发现，我国服务性行业在各行业中所占的比例是很低的，在这个方面还有很大的发展空间。预测未来的服务行业需要新增多少写字楼面积，需要对服务行业详细分类，根据服务行业中需要使用写字楼的比例，具体测算对写字楼的潜在需求。当现有的空置面积被租用，或者当现有建筑物的空置额没有增加，而新建设完成的写字楼物业被承租时，净吸纳量就为正值，表现为市场上的新增需求。而基准年写字楼的理论需求减去可供支配的数量则构成了补充需求。由于拆迁、用途转换等减少的写字楼面积称为替代需求。这三部分需求共同组成了预测年份写字楼的总需求。图 10—1 为写字楼的需求预测过程。

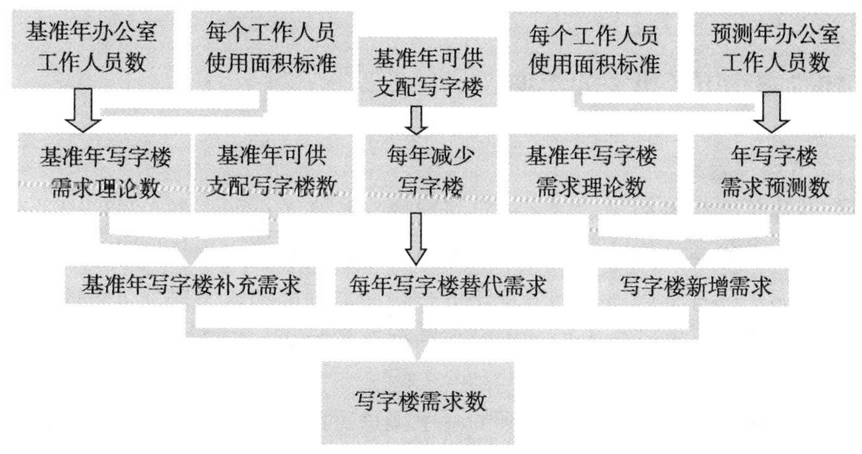

图 10—1　写字楼需求预测

影响写字楼需求的两个最直接的因素是办公室工作人员数与人均使用面积。而影响办公室工作人员数的因素有国家和区域经济状况、产业结构特征、外商投资规模及产业等。一般来说，每个办公室工作人员拥有 15～20 平方米的单元内建筑面积比较合适，虽然每个工作人员封闭的办公面积一般只需要 5～6 平方米，但接待室、会议室、交通面积、储藏面积、办公设备所占的面积以及公共活动所需的面积等应给予足够的考虑。此外，如果出租单元的平面设计中私人办公室数量较多，则人均办公面积的指标会较高。值得注意的是，每个办公室工作人员的使用面积标准会随时间而发生变化。一个原因是，由于职业不同，每个工作人员所占用的物业面积是不同的，而各个地区的职业组合情况可能是随时间的逝去而改变的。由于职业状况随着行业不同而有所变化，物业空间的使用情况也可能随企业类别不同而有所变化。另一个原因是，与劳动力或设备一样，写字楼物业空间也是生产因素之一，其数量取决于价格。因此，每个工作人员对物业空间的使用数量应该与物业的使用成本或写字楼的租金水平密切相关。在写字楼空置率较高、租金较低的时候，企业通常会增加每个工作人员的使用面积。在经济上升期，企业通常会承租比初始需求更多的物业空间，以便适应日后随着业务拓展而需要增加办公面积的预期。这些因素的变化能很快地反映在对写字楼的需求上，使其相对供给调整速度较快。

写字楼租赁需求受经济及文化等因素的影响，具有明显的季节性特征，一般呈现出有规律的淡、旺季。比如受企业经营、结算等影响，年终一般是写字楼等办公物业的租赁高峰期。租赁需求受主体收入影响较大，会因收入的增加或减少而调整需求内容，或转租为购。

10.2.3 市场供需的平衡

1. 市场空置率

与普通住宅市场相比，写字楼市场空置率较高。市场研究人员可以通过对市场中前5～10年写字楼的空置率进行分析，得出空置率变化的情况，并对这种波动进行说明，综合各种因素对空置率进行预测。预测不仅需要分析整体市场的空置情况，还必须了解各个子市场中空置情况的差异。

2. 出租率

通过对写字楼市场中各种等级的写字楼进行总体调查和了解，并将待评估写字楼与其相符合的物业市场的出租情况进行比较，就可以得到待评估写字楼的市场出租率。

3. 市场吸纳率

净吸纳量是指相邻两期之间写字楼物业使用数量的变化额，吸纳率是指给定时间内物业被租售的百分比。吸纳率和出租率接近说明市场比较稳定。通过对历史数据的分析可以得出市场吸纳率的变化情况。

4. 市场租金的变动

吸纳量和出租率的共同作用会引起市场租金的波动，在一定时间内达到市场供需的相对均衡。同时要通过市场中比较案例的分析，得出待评估写字楼在市场中的地位。

通过以上分析，估价师可以确定待评估写字楼的出租率和最高最佳用途。

10.3 写字楼的评估方法

任何一种评估方法都适合评估写字楼，对写字楼评估方法的选择取决于待评估写字楼的具体情况。通常来说，由于写字楼是典型的收益性物业，应该首选收益法评估写字楼。为了检核收益法评估结果，负责任的估价师还会选择另外一种或几种评估方法评估该写字楼。尽管顶级写字楼在设计和建造时都标新立异，争相成为地标性建筑物，以便带来更高价值，但是在同一供需圈内的写字楼的租金还是可以通过市场法比较得出的。因此，市场法在一定条件下也是评估写字楼的合适方法。

10.3.1 收益法

在收益法中，我们评估的是根据所有权获得房地产的未来收益。在参考了房地产所有者的意见的基础上，可以得到合理的净租金收入值，然后采用适合的方法计算现金流的折现值。这种评估方法很类似于以投资者的角度来看待该项房地产的收益。写字楼作为一种商业房地产，是收益性房地产，它的价值主要体现在获取收益的能力上面。我们知道，大部分写字楼是依靠出租获取收益的，因此收益法是估价写字楼的主要方法。

收益性房地产的发展、所有和经营都是以向使用者出租、创造收益为目的的，租户所支付的租金应高于全部运行费用、固定成本和一部分合理利润，还有初始投资回报。因此，典型的收益性房地产的价值由房地产经营的收益决定。

采用收益法评估得到的价值是一个直接资本值，也是现金流折现分析的结果。为了合理使用这些资本，在形式上要构建未来年度的实际的和预期的花费以及年收益。我们还要确定一个恰当的总资本化率和折现率。

采用收益法估价时首先要准确界定由写字楼本身带来的净收益，不要在净收益中混入由于经营能力等非房地产本身要素所产生的收益；其次，要正确选取资本化率。对于出租性的写字楼，其净收益可由租金值来确定。

1. 写字楼的运营成本分析

写字楼在为人们提供各种便利、快捷的工作条件和宜人的景观视觉享受的同时，是以负担高额的运营成本为代价的。根据多方面的资料收集，我们将写字楼的运营成本分为物业费用、维修和维护费用、其他工资成本、管理费用、服务费、保险费和税收七个方面（见表10—2）。

表10—2　　写字楼运营成本分析

物业费用	
水	清洁费
电	其他费用
气	

续前表

维护和维修费用			
维修人员工资		屋顶维护	
电气维修		停车场维护	
管线维修		室内装修维护	
电梯维修		公共部位装修维护	
外墙维护		其他费用	
其他工资成本			
（收入所得税）		雇员福利	
其他费用			
管理费用			
管理人员工资		广告支出	
管理费		其他费用	
服务费			
景观绿化		保安服务	
清洗窗户		其他费用	
保险费用			
税收			
出售经营		出租经营	
营业税	契税	房产税	营业税
企业所得税	个人所得税	城镇土地使用税	企业所得税
土地增值税	印花税		

2. 写字楼的收益分析

写字楼的收益方式主要有写字间的出售和出租两种。一般来说，顶级写字楼以租赁为主，甲级、乙级和丙级写字楼会出现租售并举的情况（租售价格举例见表10—3）。对于租赁收益方式而言，整个回收期是动态的，会受到很多因素如市场供求、政策法规、宏观环境走势等的影响，但回报较为丰厚，如果定位较准、市场环境有利，收益也会是持续而稳定的。租赁收入包括有效毛租金收入和租赁保证金、押金等利息收入。物业的经营费用（如房产税、保险费、公共面积和公共设施的维护与维修费用）可以包含在租金内，也可以根据事先的协议另行收取。

表 10—3　　北京写字楼物业等级与租售价格

写字楼分类＼价格和租金	售价水平	租金水平
顶级写字楼	＞2 400 美元/m²	＞30 美元/m²·天
甲级写字楼	1 800 美元/m²	18 美元/m²·天
乙级写字楼	12 000 元/m²	3～5 元/m²·天
丙级写字楼	＜8 000 元/m²	＜3 元/m²·天

资料来源：北京写字楼信息网。

在计算租赁收入和出售收入时应注意以下两个问题：

（1）了解租金和售价的内涵。明确计价单位是建筑面积、出租单元内建筑面积还是可出租面积。根据住房和城乡建设部作出的有关规定，建筑面积按国家《建筑面积计算规则》计算；出租单元内建筑面积包括单元内使用面积和外墙、单元间分隔墙，以及单元与公用建筑空间之间的分隔墙水平投影面积的一半；可出租面积是出租单元内建筑面积加上分摊公用建筑面积。

了解租金中是否包含物业管理费等。在写字楼物业租约中，并非所有的物业经营管理费用都必须包含在租金中。在“毛租”的情况下，业主要支付物业经营过程中的所有费用，并且要在所收取的租金中包括这些费用，但这种租赁安排在大型写字楼出租中并不常见。当所有的经营费用均由租户直接分担时，则称这种出租方式为“净租”，由物业管理企业代收代缴的费用可按租赁面积基础租金的一个固定比例计算。一般情况下，代收代缴的费用越多，基础租金就越低，因为租户直接分担了写字楼经营过程中的部分或全部费用。

由于写字楼物业的租约一般要持续几年的时间，在租约中一般都要包括租金调整条款。通常约定租金在一定时间将参考一个标准指数（如消费者价格指数、商业零售价格指数、房地产价格指数等）进行相应的调整。租金比购买力增加得要快，购买力往往受到通货膨胀的影响，其增长幅度的相当部分因而被抵消了。为了令租赁双方共同承担通货膨胀带来的风险，有时规定，租金可以按标准指数调整，但同时又规定一个上调比例的最高限，以便由租户承担最高限以内的风险，由业主承担最高限以外的风险。租金的实际增长能否通过租约进行约定主要取决于在合同签订时的市场关系（是租方市场还是出租方市场）。如果是租方市场，这种租金调整条款就不会被写入租约中。通常情况下，在房地产评估时，对不具备真实租金增加条款的租约的评价不应该高于对不具备这样条款但具备租金保值条款的租约的评价。

（2）利用收益法进行评估时，除了有租约限制以外，还应采用市场客观收益。

另外，还应注意收集一些关键的财务数据，如销售条件和有无优惠的付款方式等。如果是在建工程估价，则要考虑其融资状况。

【例 10—1】

估价对象概况

本估价对象是一座出租的写字楼；土地总面积 12 000 平方米，总建筑面积 52 000 平方米；建筑物层数为地上 22 层、地下 2 层，建筑结构为钢筋混凝土结构；土地使用权年限为 50 年，从 2001 年 5 月 15 日起计。评估基准日为 2006 年 5 月 15 日。

评估过程

（1）选择估价方法。

该宗房地产是出租的写字楼，为收益性房地产，适用收益法估价。因其收益年限为有限年，故具体选用的收益法公式为：

$$V=\frac{a}{r}\left[1-\frac{1}{(1+r)^n}\right]$$

（2）收集有关资料。

通过调查研究，收集的有关资料如下：

1）租金按净使用面积计。可供出租的净使用面积总计为 31 200 平方米，占总建筑面积的 60%，其余部分为大厅、公共过道、楼梯、电梯、公共卫生间、大楼管理人员用房、设备用房等占用的面积。

2）租金平均每月每平方米 250 元。

3）空置率年平均为 10%，即出租率年平均为 90%。

4）建筑物原值 5 500 万元。

5）家具设备原值 500 万元。

6）经常费平均每月 10 万元，包括人员工资、水电、空调、维修、清洁、保安等费用。

7）房产税每年按建筑物原值减扣 30%后的余值的 1.2%缴纳。

8）其他税费约为月总收入的 6%。

（3）估算年有效毛收入。

年有效毛收入＝31 200×250×12×90％
＝84 240 000（元）＝8 424（万元）

（4）估算年运营费用。

1）经常费：

年经常费＝10×12＝120（万元）

2）房产税：

年房产税＝5 500×(1－30％)×1.2％—46（万元）

3）家具设备折旧费：采用直线折旧法计算每年家具设备的折旧费。家具设备的经济寿命推定平均为10年，残值率为4％。

$$年家具设备的折旧费=\frac{500\times(1-4\%)}{10}=48（万元）$$

4）其他税费：

年其他税费＝31 200×250×90％×6％×12
＝5 054 400（元）＝505.44（万元）

5）年运营费用：

年运营费用＝1)＋2)＋3)＋4)＝120＋46＋48＋505.44＝719.44（万元）

（5）计算年净收益。

年净收益＝年有效毛收入－年运营费用＝8 424－719.44
＝7 704.56（万元）

（6）确定资本化率。根据市场调查和测算，资本化率确定为8％。

（7）计算房地产价格。计算公式为：

$$V=\frac{a}{r}\left[1-\frac{1}{(1+r)^{n}}\right]$$

上述公式中的n值等于45（因为从2001年5月15日到2006年5月15日为5年，此后的收益年限为45年）。则：

$$V=\frac{7\ 704.56}{8\%}\left[1-\frac{1}{(1+8\%)^{45}}\right]=93\ 289.91（万元）$$

估价结果

根据计算结果，并参考估价人员的经验，确定本估价对象 2006 年 5 月 15 日的购买总价约为 93 290 万元，约合每平方米建筑面积 1.79 万元。

10.3.2 市场比较法

有一部分写字楼也会售卖给使用者，并且由于很多写字楼位于中央商务区或政府机构的附近，具有很强的聚集性，从这些因素考虑，可以采用市场比较法评估写字楼的价值。

市场比较法从区位、舒适度、质量、建筑已使用年限、地址、类型、交易期日、融资状况和购买者与出售者动机等方面来比较待估案例和比较案例。任何两个房地产都不可能是完全相同的，因此需要考虑这些不同之处进行调整。这种评估方法反映了在一个活跃的市场中购买者和出售者的行为。

【例 10—2】

估价对象概况

本估价对象土地总面积 6 708 平方米，建筑面积 52 740.85 平方米；建筑物层数为地上 22 层、地下 2 层，建筑结构为框架—剪力墙结构，中央空调，6 部客梯、2 部观光电梯、3 部货梯；土地使用权年限为 50 年，从 2004 年 7 月 14 日起计。评估基准日为 2006 年 2 月 28 日。估价对象在评估基准日设定了抵押权，于 2004 年 7 月 14 日至 2008 年 7 月 14 日将大厦所拥有的土地使用权及在建工程地下 2 层、地上 20 层（面积 38 067.5 平方米）的房屋抵押给抵押权人，贷款金额为 3 000 万美元，抵押率为 51.7%。

评估过程

（1）选择交易案例。

根据替代原则，选取近期同一供需圈内邻近待评估写字楼的三宗交易案例进行比较，具体条件见表 10—4。

表 10—4 **案例情况说明表**

案例	交易时间	用途	地价区	售价（美元/m^2）
A	2006－01－29	办公	3	2 320
B	2006－01－29	办公	1	2 580
C	2006－02－29	办公	2	2 200

（2）比较因素的选择。

根据评估对象与交易案例实际情况，选用影响价值的比较因素，主要包括交易情况、交易时间、交通便捷度、区域因素和个别因素等，见表10—5。

表10—5　　　　　　　　　　比较因素条件说明表

比较因素		评估对象	案例A	案例B	案例C
交易情况		正常	正常	正常	正常
交易时间		2006-02-29	2006-01-29	2006-01-29	2006-02-29
交通便捷度		较好	较好	较好	较好
区域因素	繁华程度	好	较好	好	好
	环境质量优劣度	好	好	好	好
	基础设施完善度	好	好	好	好
	公用设施完备度	好	好	好	好
	城市规划符合度	符合	符合	符合	符合
个别因素	临街状况、地势	好	好	好	好
	建筑结构	框剪	框剪	框剪	框剪
	平面布置	合理	合理	合理	合理
	土地级别	1	3	1	2
	土地使用年限	48	48	48	46
	工程质量	优	优	优	优
	物业管理	好	好	好	好
	设备及装修	好	好	好	较好
	配套服务设施	齐全	齐全	齐全	较齐全
	物业知名度	新盘	著名	著名	较著名

（3）比较因素修正。

将交易案例与评估对象进行比较，从交易情况、交易时间、交通便捷度、区域因素和个别因素等方面进行系数修正，得出评估对象的比准价格，见表10—6和表10—7。

表 10—6　　比较因素条件指数表

比较因素		评估对象	案例 A	案例 B	案例 C
交易情况		100	100	100	100
交易时间		100	100	100	100
交通便捷度		100	100	100	100
区域因素	繁华程度	100	98	100	100
	环境质量优劣度	100	100	100	100
	基础设施完善度	100	100	100	100
	公用设施完备度	100	100	100	100
	城市规划符合度	100	100	100	100
个别因素	临街状况、地势	100	100	100	100
	建筑结构	100	100	100	100
	平面布置	100	100	100	100
	土地级别	100	96	100	98
	土地使用年限	100	100	100	96
	工程质量	100	100	100	100
	物业管理	100	100	100	100
	设备及装修	100	100	100	98
	配套服务设施	100	100	100	99
	物业知名度	98	100	100	99

表 10—7　　比较因素修正系数表

比较因素	案例 A	案例 B	案例 C
交易价格	2 320	2 580	2 200
交易情况	100/100	100/100	100/100
交易时间	100/100	100/100	100/100
交通便捷度	100/100	100/100	100/100

续前表

比较因素		案例 A	案例 B	案例 C
区域因素	繁华程度	100/98	100/100	100/100
	环境质量优劣度	100/100	100/100	100/100
	基础设施完善度	100/100	100/100	100/100
	公用设施完备度	100/100	100/100	100/100
	城市规划符合度	100/100	100/100	100/100
个别因素	临街状况、地势	100/100	100/100	100/100
	建筑结构	100/100	100/100	100/100
	平面布置	100/100	100/100	100/100
	土地级别	100/96	100/100	100/98
	土地使用年限	100/100	100/100	100/96
	工程质量	100/100	100/100	100/100
	物业管理	100/100	100/100	100/100
	设备及装修	100/100	100/100	100/98
	配套服务设施	100/100	100/100	100/99
	物业知名度	98/100	98/100	98/99
比准价格		2 417	2 528	2 387

(4) 求评估对象价值。

因为可比实例与评估对象用途相同、位置相近，故取三个可比实例比准价格的算术平均值作为本次市场比较法评估测算结果：

单位价值$=(2\ 417+2\ 528+2\ 387)\div 3=2\ 444$（美元/$m^2$）

物业总值$=2\ 444\times 52\ 740.85=128\ 898\ 637$（美元）

$\approx 12\ 890$（万美元）

估价结果

根据本次评估目的和安排，评估对象为已完工未办理竣工结算的在建工程，截至评估基准日存在大量尚未支付的合同价款。此次评估应充分考虑工程欠款这一因素，将尚未结清的合同价款从物业总值中扣除，从而得到评估对象在现状条件下的价值。

10.3.3 成本法

对写字楼作抵押估价，或是转变写字楼的用途，可以用成本法作为辅助。用成本法评估房地产的价值必须先评估土地的价值，再加上建筑物的重置成本和场地改良（site improvements），减去建筑实体折旧、经济折旧或者功能折旧。但是成本法令人质疑的地方是一个理性的购买者不会付出比重置成本价更高的价格。成本法在写字楼评估中的作用往往是对收益法进行检核。

【例 10—3】

（1）评估目的。

- 准备在项目竣工之后购买该写字楼
- 竣工时点预计为 2001 年 5—8 月
- 估价时点为 2001 年 5 月 10 日

（2）项目主要数据[①]。

土地面积	1 199m²	租金收入（年）	642 000 欧元
出租面积（总面积）	4 289m²	租金水平（月）	
• 办公	4 055m²	• 办公	12.27 欧元/m²
• 档案室	234m²	• 档案室	6.14 欧元/m²
停车位	33 个	• 停车位	70.50 欧元/个
售价	9 382 000 欧元	市场价值	10 254 000 欧元
房地产利率	5.80%		
购置附加费	617 000 欧元		
全部投资	10 055 000 欧元		
乘系数	14.61		
购买收益率	6.84%		

地点

该房地产项目位于一个直辖市中，该直辖市是亚洲最具经济活力的都市之一。该房地产项目位于该城市城北核心区域，该区域在过去几年中逐渐发展成为

① 本书在进行案例分析时，有一些数据为经验数据，对案例分析过程无实质影响，故在案例主体部分不一一介绍。

商务区，并深具吸引力。该房地产项目位于两条重要交通街道之间，并可以通过任何一条街道开车驶入该写字楼区域。此外，该房地产项目附近有地铁站和公交车站，该房地产项目距重要的几条远途高速公路均约 5 公里。

土地

该土地没有任何负担，可以进行土地变更登记。当地地籍资料显示该土地没有任何负债。

建筑设计

2001 年在该土地上建成一座 5 层、带有夹层和深层地下车库的写字楼。该写字楼被设计成现代化和符合经济要求的建筑物。该写字楼的办公面积为 4 055m^2，在外形上设计成 T 形。由于采用了 T 形建筑设计，因此存在两个隔离的内部庭院。深层地下停车场入口位于东侧的庭院内，在该庭院还有 6 个室外停车位。而西部的庭院可以进行了绿化设计，并配备有小的花园坐椅。临街一边的建筑外面采用自然石材封闭建筑，与相邻的建筑物在建筑高度上协调一致。建筑物采用钢筋混凝土框架结构，楼顶也采用钢筋混凝土结构。两侧翼楼楼顶采用密封薄膜建设。

建筑物轴线间距为 1.35 米、深度为 5.4 米的空间布局更具灵活性。建筑物拥有中央电梯和一个楼梯间。通过这种设计使该建筑物具备短距离的逃难道路，每个楼层可以分割为三个小的出租单元。

建筑物的装修总体上与现代化的写字楼相符合，空腔地板、石膏箱隔墙、吊顶和悬灯、防转椅摩擦地毯等。租客可以从房地产所有者处得到 255 645 欧元作为玻璃和技术设施电缆线导管扩建费的补贴。二楼技术设施部分具有安全玻璃罩，层高在 1 楼和 2 楼分别提高到 3.4 米和 3.2 米。

竞争状况

主要针对该房地产所处的城市和区位特点，结合该房地产类型进行分析。

根据调查，2000 年该城市的写字楼市场发展很好，写字楼的租金收入与 1999 年相比上涨了近 22%，而市中心占了约 27%的出租面积。与市中心直接相连的城北区的写字楼部分占了 17.6%的出租面积，约 98 000m^2。最受欢迎的是银行、金融服务机构、保险机构、出版社和其他媒体等相关服务机构所使用的写字楼。

据调查该区域的租金区间为 6.65 欧元/m^2～13.55 欧元/m^2。在城北核心区域经过加权处理的写字楼租金为 11.20 欧元/m^2。

出租状况

该写字楼的全部可供出租面积均出租给某电信公司。该公司主营移动通信业务及与之相关的其他业务。根据对该公司的贷款资信调查发现该公司的信用指数为 152，属于信用评级好的区间。该公司始创于 1993 年，公司的发展是积极的，并具有极强的扩张性。

首层和第一层将作为移动通信咨询大厅使用，该大厅由租客采取高技术标准建造，例如采用中央空调、双层地板、CO_2 排放设施等。对于这部分面积设定了拆建义务，即租客在出租合同到期时，如果不续签租约就必须自行拆除这部分装修，将空间恢复原状。根据出租方的愿望，该部分装修也可以保留下来，并按照当时对装修设施的评估价格给予租客相应的补偿。在出租期间合同租金在每年的 1 月 1 日对于办公部分向上调整 1.5%，对于技术使用部分向上调整 2.5%。如果在合同到期时租客接受合同中的选择条款，租金将按照生活物价指数进行全面调整。对于建筑物的维护和养护，出租方仅具有对屋顶和外墙进行维护的权利。办公部分的管理费用为净冷租金的 1.5%，技术设施部分的管理费用为净冷租金的 3%。有关租约的一览表，列于附件中。

购买设计

售价 9 382 000 欧元是根据每年租金收入乘系数评估出来的。售价在竣工验收以及租客第一次支付租金之后可以完全实现。该写字楼在销售之后可以实现 100%出租。与租客之间签订的免租期所造成的负担由出售者承担。

风险分析

写字楼全部出租给租客——某电信公司。由于租客的良好资信，写字楼的空置风险可以被降到最低。协商的租金符合现实的、与所处位置相当的市场租金水平。出租面积的灵活性以及可以按照较小单元出租的可能性能够保证写字楼的出租状况。

从中期来看，在这个区域的不同地点规划了不同规模的各种房地产类型。值得一提的是在该房地产附近的两幢规划写字楼，其中一幢面积为 27 000m^2，2001 年 9 月竣工；另外一幢面积为 50 000m^2，规划和建筑许可尚在办理之中。

附录

- 市区图（略）
- 出租合同数据（见表 10—8）
- 面积检核表（见表 10—9）
- 项目 10 年规划表（见表 10—10）
- 位置图（见图 10—2）
- 建筑设计模型图（见图 10—3）
- 建筑平面图（略）

表 10—8

出租数据表（净冷租）

用途	面积（m²）	位置	租金（马克*/m²）	租金（马克/月）	租金（马克/年）	起始租期	期限	选择权	管理成本占年租金的比例	租金调整比例（按年）	免租金期
办公	495.00	底层	23.50	11 632.50	139 590.00	2001-04-01	10年	2×5年	3%	2.50%	8周
	715.00	1层	23.50	16 802.50	201 630.00	2001-04-01	10年	2×5年	3%	2.50%	8周
档案	113.00	地下室	12.00	1 356.00	16 272.00	2001-04-01	10年	2×5年	3%	2.50%	8周
停车位	7（个）	内庭	130.00	910.00	10 920.00	2001-04-01	10年	2×5年	3%	2.50%	
					0.00						
小计	1 210.00	7		30 701.00	368 412.00				11 052.36	9 210.30	
办公	720.00	2层	24.20	17 424.00	209 088.00	2001-04-01	10年	2×5年	1.50%	1.50%	4个月
	720.00	3层	24.20	17 424.00	209 088.00	2001-04-01	10年	2×5年	1.50%	1.50%	4个月
	720.00	4层	24.20	17 424.00	209 088.00	2001-04-01	10年	2×5年	1.50%	1.50%	4个月
	685.00	顶层	24.20	16 577.00	198 924.00	2001-04-01	10年	2×5年	1.50%	1.50%	4个月
档案	121.00	地下室	12.00	1 452.00	17 424.00	2001-04-01	10年	2×5年	1.50%	1.50%	4个月
停车位	26（个）		140.00	3 640.00	43 680.00	2001-04-01	10年	2×5年	1.50%	1.50%	
小计	2 845.00	26.00		73 941.00	887 292.00				13 309.38	13 309.38	
总和	4 055.00	33.00		104 642.00	1 255 704.00				24 361.74	22 519.68	
									1.94%	1.79%	
合同租金											

续前表

用途	面积（m^2）	位置	租金（马克*/m^2）	租金（马克/月）	租金（马克/年）	起始租期	期限	选择权	管理成本占年租金的比例	租金调整比例（按年）	免租金期
办公	4 055.00		23.99	97 284.00	1 167 408.00						
			12.27 欧元	49 754.85 欧元	597 058.20 欧元						
档案	234.00		12.00	2 808.00	33 696.00						
			6.14 欧元	1 436.76 欧元	17 241.12 欧元						
停车位	33		137.88	4 550.00	54 600.00						
			70.50 欧元	2 326.50 欧元	27 918.00 欧元						
总租金					642 217.32 欧元						

注：* 马克是原来德国使用的货币单位，被称为德国马克，简称马克。自 2000 年 1 月 1 日，欧洲申根国家开始统一流通新货币单位欧元，德国马克退出了历史舞台。1 欧元约合 1.955 33 德国马克。

表 10—9　　面积检核表

楼层	建筑面积（m²）	检核建筑面积（m²）	出租面积（m²）	检核出租面积（m²）	阳台（m²）	出租面积累计（m²）
地下室						
底层	571.08		474.00		112.19	
1 层	754.49	754.58	692.00	694.78		
2 层	761.44	761.47	698.00	697.64		
3 层	761.44	761.47	698.00	697.64		
4 层	761.44	761.47	698.00	697.64		
顶层	607.76		559.00		123.9	
总和	4 217.65		3 819.00		236.09	4 055.09
档案室						234 65

表 10—10　　项目 10 年规划表

	预计房地产市场价值（欧元）	市场价值变化	房地产收益率
购买	10 254 000	1.93%	7.29%
第 1 年	10 431 000	1.73%	7.09%
第 2 年	10 621 000	1.73%	7.09%
第 3 年	10 796 000	1.73%	7.09%
第 4 年	10 987 000	1.68%	7.04%
第 5 年	11 168 000	1.73%	7.09%
第 6 年	11 362 000	1.73%	7.09%
第 7 年	11 552 000	1.68%	7.04%
第 8 年	11 746 000	1.68%	7.04%
第 9 年	11 950 000	1.73%	7.09%
第 10 年	12 150 000	1.68%	7.04%
		10 年平均值	7.07%

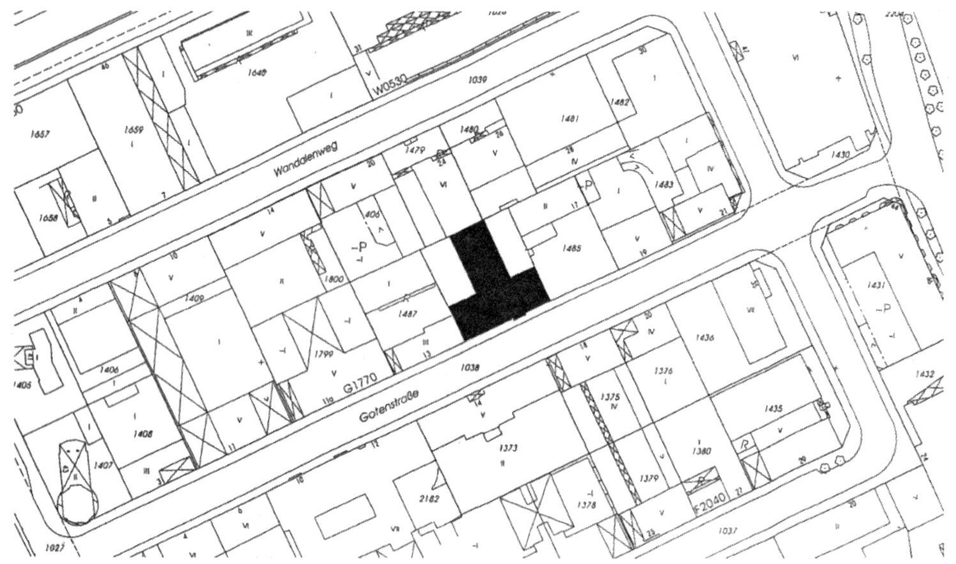

图 10—2　位置图

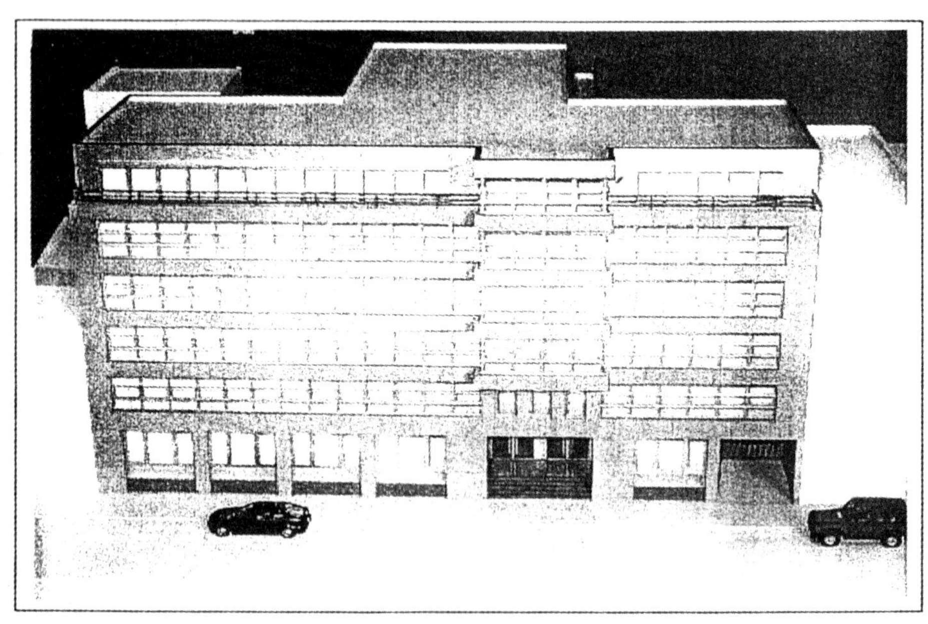

图 10—3（1）　建筑设计模型图

图 10—3（2） 建筑设计模型图

（3）案例分析。

1）成本法。

土地价值		
容积率为 2.0 时的基准地价		900 欧元/m²
容积率为 3.5 时地价修正		600 欧元/m²
建设用地地价		1 500 欧元/m²
土地面积		1 199m²
地价	1 500×1 199	1 798 500 欧元
		约 1 799 000 欧元
建筑物价格（建筑年代 2001 年）		
办公部分	4 218×1 040	4 386 720 欧元
地下室	1 199×480	575 520 欧元
		4 962 240 欧元
外部设施（5%）	5%×4 962 240	248 112 欧元
建筑附加费（16%）	16%×5 210 352	833 656 欧元
建筑物价格		6 044 008 欧元
到目前为止已经完成投资		6 271 415 欧元

竣工与评估差价	—227 407 欧元
评估基准日的建筑物价格	约 6 044 000 欧元
地价	1 799 000 欧元
房地产成本价值	7 843 000 欧元

2）收益法。

根据所有者/购买者提供的在评估基准日的净冷租金数据

该房地产年净冷租金		642 031.00 欧元/年
办公楼毛收益		
办公部分	4 055×12.27	49 754.85 欧元/月
档案室	234×6.14	1 436.76 欧元/月
地下室（停车场）	26×70	1 833 欧元/月
外部设施（停车位）	7×70.5	493.50 欧元/月
建筑物的月收益		53 518.11 欧元/月
建筑物年收益	53 518.11×12	642 217 欧元/年

评估所得房地产年可以持续实现的净冷租金与房产主所提供的相差 186 欧元，可以接受。

运营成本			
管理成本			
办公部分	4 055×1.50	6 083 欧元	
档案	234×1.00	234 欧元	
地下停车场	26×30	780 欧元	
地面停车位	7×30	210 欧元	
			—7 307 欧元
经营成本			
净冷租金的 1%		6 422 欧元	
			—6 422 欧元
维护成本			
办公部分	4 055×5	20 275 欧元	
档案	234×3	702 欧元	
地下停车位	26×20	520 欧元	
地面停车位	7×20	140 欧元	
			—21 637 欧元

租金损失风险

年净冷租金的1.5%	1.5%×642 217	—9 633欧元
全部运营成本（占净冷租金的7%）		—44 999欧元
房地产收益价值		
房地产的净收益		597 218欧元
土地收益部分	5.80%×1 799 000	—104 342欧元
建筑物的收益部分		492 876欧元
建筑物年限折旧		0
乘系数（不动产利率5.8%，剩余使用年限80年）		17.05
建筑物收益价值	492 876×17.05	8 403 536欧元
加上土地价值		1 799 000欧元
房地产收益价值		10 202 536欧元
		约10 203 000欧元

3）房地产市场价值评估。

评估房地产市场价值的基础是该房地产在评估基准日的收益价值10 203 000欧元。

市场调整	省略
评估基准日房地产的市场价值	10 200 000欧元

4）比较数据和附记。

房地产成本价值：房地产收益价值＝100：130，这里省略对于两类价值差大于20%时的说明。

市场价值相当于：

- 15.88倍年净冷租金（642 217欧元）；
- 17.08倍年净收益（597 218欧元）；
- 17.64%——土地价值占市场价值比例（10 200 000欧元）；
- 5.86%——房地产年净收益占市场价值比例（约为597 218欧元）；
- 2 320.47欧元/m^2（使用面积，约4 289m^2）；

不包含停车位33×7 500＝247 500（欧元）。

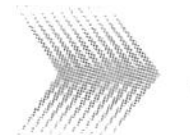

本章小结

尽管写字楼市场是房地产市场中最透明的市场，但是写字楼评估还是有其独特的地方。本章详细地讲解了写字楼物业的概念、内涵和特点，并介绍了写字楼市场供求分析的方法，以此为基础进一步讲解了写字楼租金和运营费用的测算方法。本章后半部分讲解了写字楼评估的方法和主要评估参数选择，最后，举例分析、说明了写字楼评估的具体步骤和过程。

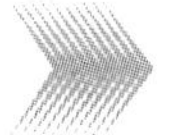

关键术语

写字楼　　写字楼市场　　写字楼估价　　净冷租金　　运营成本

复习思考题

1. 什么是写字楼和写字楼市场?
2. 写字楼如何分类?
3. 写字楼有什么特点?
4. 哪些因素对写字楼价值有影响?
5. 写字楼运营的主要风险有哪些?
6. 评估写字楼的方法有哪些? 如何选择写字楼的评估方法?
7. 评估写字楼的注意事项有哪些?

第 11 章

旅馆房地产评估

学习指导

重点要求掌握旅馆房地产及其市场的概念、特点及价格影响因素，掌握旅馆房地产的评估方法以及租金、收益测算方法，领会本章评估案例的教学内容。

11.1 旅馆房地产概述

旅馆在全部商业房地产中所占的比例超过 10%。旅馆房地产一般较少在市场上转让，一旦转让，一般也是整体转让，很少采取部分转让的形式。因此，估算旅馆房地产整体价值的情况居多，单独估算旅馆大堂等附属功能部位的部分房地产价值是没有意义的。综合性旅馆房地产一般按各部位设置多种服务功能，其收益包括各部位的直接收益和由功能间相互作用所产生的间接收益。该类房地产一般不能参照市场租金水平进行分割并单独估价。

旅馆价值评估企业经济管理的一项任务，是通过该项评估得到企业价值评估所需要的土地、建筑物、家具和设施等的客观价值。其中最重要的是以旅馆过去经营的盈利和亏损为基础，进行计算后所得到的收益价值。将由此得到的旅馆的收益（相当于旅馆每年经营可以得到的收益额）资本化就可以得到一般化的企业经济价值，这个价值与采用适当的评估方法得到的市场价值不能直接进行比较。从企业经营的观点来看，一般要求旅馆业的总投资收益率为10%左右，而实际上这个收益率的数值一般位于10%和11%之间。

11.1.1 旅馆分类

《中华人民共和国星级酒店评定标准》中将旅游饭店（tourist hotel）定义为能够以夜为时间单位向旅游客人提供配有餐饮及相关服务的住宿设施。按不同习惯旅游饭店也被称为宾馆、酒店、旅馆、旅社、宾舍、度假村、俱乐部、大厦、中心等。

旅馆类房地产通常包括酒店、宾馆、客房、招待所、度假村、度假中心、假日酒店、假日住房、汽车旅馆、青年旅馆、专业治疗中心、疗养院和康复中心等。不带有餐饮的旅馆通常被称为客房，而酒店占全部旅馆业床位数的1/3左右。一般性的旅馆是指具有不同装修程度和附带不同服务的客房和餐饮的组合，根据其质量可以将旅馆分为不同的级别。

根据旅馆的类型及其所处地点可以将旅馆分为如下种类：

（1）城市旅馆系列：位于大城市的旅馆、酒店、私人旅馆、客房、全套房旅馆、公寓酒店等，其中部分带有会议和研讨会房间。

（2）疗养旅馆系列：位于旅游和疗养区域的旅馆。

（3）假日旅馆系列：位于运动和度假区域的旅馆。

（4）长途公路边的汽车旅馆、轮船旅馆等系列。

根据具体形式，可将旅馆分为宾馆、客栈、提供全天餐饮的旅馆、汽车旅馆、公寓酒店、疗养和体育宾馆、疗养院、度假中心、假日住房、农民旅店和全套房酒店等。

根据地点，可将旅馆分为城市旅馆、火车站旅馆、飞机场旅馆、高速公路旅馆和海边旅馆。

按照装修标准，可将旅馆分为完全旅馆、客房旅馆、套房旅馆和公寓旅馆等。

按照服务水平，可将旅馆分为一至五星级旅馆，有时也将个别设备极其先进、服务极其完善的旅馆称为超五星级、六星级、七星级旅馆。全球唯一的七星级旅馆是位于阿联酋迪拜的伯瓷酒店，共有 56 层，321 米高，整个工程共耗时 5 年时间，于 1999 年 12 月开业。客房面积从 170 平方米到 780 平方米不等，房价从 900 美元到 18 000 美元不等。

11.1.2 旅馆定星准则

为了促进旅游业的发展，保护旅游者的利益，便于旅馆之间有所比较，国际上曾先后对旅馆的等级作过一些规定，按照建筑设备、规模、服务质量、管理水平，逐渐形成了比较统一的等级标准。通行的旅馆共分五个等级，即一星、二星、三星、四星、五星。根据德国旅馆和酒店协会以及全美汽车联合会的规定，国外旅馆的定星标准见表 11—1。

表 11—1　国外旅馆定星标准

星级	房间面积（m^2）	房间投资（元）	其他
一星	小于 20	约 25 000	住宿、早餐，没有服务
二星	大于 20	50 000～60 000	具有简单的服务
三星	20～25	75 000～90 000	旅馆酒店，具备受到限制的服务
四星	大于 25	100 000～130 000	良好的餐饮、服务，具备体育和休闲设施
五星	大于 35	大于 150 000	最佳服务、餐饮，多种体育和休闲设施

而根据德国慕尼黑市场、区域和经济研究所的研究，旅馆定星标准中关于房间面积的规定与表 11—1 中不尽相同。二者区别见表 11—2。

表 11—2　旅馆定星面积标准区别

星级	德国旅馆和酒店协会以及全美汽车联合会规定的旅馆房间面积（m^2）	根据德国慕尼黑市场、区域和经济研究所研究得出的旅馆房间面积（m^2）
一星	小于 20	15～20
二星	大于 20	约 35
三星	20～25	40～50
四星	大于 25	约 55
五星	大于 35	大于 65

我国酒店评星从 1988 年开始，国家旅游局 2004 年最新发布了《中华人民共和国星级酒店评定标准》，取消了星级终身制，将星级的有效期限定为五年，并在原有五星级的基础上增设了白金五星级，增加了预备星级。《中华人民共和国星级酒店评定标准》从酒店布局、指示标志、设备设施、服务语言、餐饮服务等各方面对旅馆房地产进行了详细规定，主要标准见表 11—3。

表 11—3　　我国旅馆定星标准

星级	房间面积（m^2）	客房数量（间/套）	客房内拥有卫生间比例（%）	热水供应（小时）	其他
一星	无规定	大于 15	75	16	住宿、早餐，设备简单，提供基本服务
二星	无规定	大于 20	75	18	设备一般，有商品部、邮电、洗衣等综合服务设施
三星	无规定	大于 30	100	24	设备齐全，拥有计算机管理系统、会议康乐设施、商店、宴会厅、吧室等，提供预订、留言和叫醒服务，支持信用卡结算，服务质量较好
四星	70%大于 20	大于 40（至少 3 个豪华套房）	100	24	设备豪华，综合服务设施完善，服务项目多，服务质量优良，讲究室内环境艺术，提供优质服务
五星	70%大于 20	大于 40（至少 4 个豪华套房）	100	24	设备十分豪华，设施更加完善，综合服务比较齐全，环境优美，服务质量要求很高，是社交、会议、娱乐、购物、消遣、保健等活动中心
白金五星	大于 36	大于 40（至少 4 个豪华套房）	100	24	具有两年以上五星级饭店资格，处于城市中心商务区或繁华地带，交通极其便利，建筑主题鲜明，外观造型独具一格，具有完备的特色服务

11.1.3　旅馆经营形式

一般而言，目前国内旅馆的经营管理模式可以分为业主自营、租赁经营、合作联营、特许经营、委托管理公司经营（合同管理）和信用卡酒店网络销售联盟六种形式。

1. 业主自营

该模式由业主自己经营管理，可以使投资者的收益最大化。采用这种模式经营管理的酒店通常称为总部酒店。在该模式下，投资方拥有酒店经营的专业人才，酒店的地段极佳，规模适中。投资方以总部酒店为后盾，灵活采用其他经营模式，逐步扩大规模。

2. 租赁经营

酒店管理公司通过签订租约，长期（一般为 25 年）租赁酒店，作为法人直接经营。管理公司仅租赁土地的，须投资建造酒店；租赁包括全部硬件的，固定资产的更新费用支付可在租约中预先规定，一般多由负责经营管理的酒店管理公司承担。在租赁经营形式中，承租者还需承担房地产税、保险税、使用费等固定费用。酒店管理公司每年向出租者支付租赁费用，包括双方约定的最低限度租金加上一定比例的年营业收入，经营利润则归承租者。

在该模式下，业主往往没有经营管理的能力，而是将酒店作为投资品，根据期望的投资回报率出租给经营管理者。这种方法风险小，但业主失去管理权，除了租金收入，没有其他收益。

3. 合作联营

酒店管理公司的不断增多及其竞争力量的不断扩大，使那些独立经营的企业处于极其不利的竞争地位，为了求得生存和发展，它们便自愿地联合起来，采取公认的标志、同一预订系统、统一的广告宣传和质量标准，与那些庞大的酒店集团相抗衡，从而导致合作联营酒店集团的产生。合作联营酒店集团是一种较为松散的组织，各个企业在经营管理上保持独立。合作联营的主要目的是创造整体形象，增强宣传推销效果和互送客源。联合行动所需费用按一定方法由各成员酒店分摊。

北美旗帜酒店集团是全球发展最快、最为成功的合作联营酒店之一，目前已拥有 600 多个成员，分布在美国西部、澳大利亚、新西兰及南太平洋地区。

4. 特许经营

特许经营是酒店管理公司向投资者和业主让渡特许经营权，允许受让者使用该公司的名称和标志，加入该集团的广告推销和预订网络，成为该集团的成员，但受让者的旅馆在产权和财务上保持独立。特许权让渡者有责任为受让者在旅馆筹建期间提供各项咨询服务，包括可行性研究、旅馆选址、资金筹措、建筑和室内装修设计、人员培训、广告宣传、原材料采购、客房预订、管理方法、操作规程和服务质量等方面的指导和帮助。在营业准备阶段，特许权让渡者要为受让者提供整套的管理手册、操作手册；在日常经营中，受让者可以从特许权让渡者那里获得长期培训和广泛的咨询。受让者向让渡者支付特许权让渡费、特许权使用费以及广告推销费等作为报酬。

特许经营模式是旅游酒店集团经营形式中最为普遍的一种形式。美国假日酒店集团就是因侧重于特许经营方式而闻名的。

5. 委托管理公司经营

业主和酒店管理公司之间签订书面协议，管理公司以业主的名义自主经营管理旅馆。酒店管理公司无须进行建设投资，只需根据本公司既定的经营决策、管理方法、操作规程，负责旅馆的日常经营管理活动，以保证达到该管理公司所确立的服务水平和风格特色，承担合同条款中所规定的风险。

在经营合同期间，旅馆使用该公司的名称、标志，加入其市场营销和客房预订网络系统。管理公司应定期向业主上交财务报表，并根据合同约定得到管理酬金，收费标准一般为全年营业收入的2%～5%，或采取以净利润的一定比例（一般为10%～25%）收费。

这是一种非股权式管理模式，属于委托代理型企业制度安排，通过业主与管理公司签订管理合约来约定双方的权、责、利。作为一种管理模式，它有效地平衡了业主和管理公司双方的利益，使专业的管理经验以较低的成本和风险被复制到更多的旅馆。

6. 信用卡酒店网络销售联盟

中国信用卡酒店网络销售联盟（简称CCH）集市场化、联盟化、专业化、信息化于一身，并非一般意义上的订房中心和订房网络，而是跨区域、跨所有制的民族化酒店自身联盟。它立足酒店业，依托中国建设银行、国内各大机场、航空公司、中国旅游卫视等前卫性产业来帮助酒店提升核心竞争力，提供超空间、超区域、跨多边产业的个性化、超值化服务。联盟融市场细分、关系营销、服务营销、品牌营销、数据库营销和网络营销等各类新营销理念为一身，以提高酒店的对外影响。

11.1.4 旅馆的价值影响因素

1. 区位因素

影响旅馆价值的区位因素包括交通条件和周围环境。这二者的作用往往是相反的：交通条件好的旅馆周围环境较为嘈杂；环境舒适的旅馆通常离市中心较远，交通不便利。对于观光和商务旅馆而言，交通条件的便利性是首要考虑因素，而度假旅馆则需要特别优美宁静的环境，交通状况就退居其次了。

2. 实体因素

除了一般性商业房地产的实体因素，影响旅馆房地产价值的因素主要包括两方面：设备设施和用具以及经营管理。

虽然在对旅馆房地产进行估价时，用具通常不包括在内，但它和设备设施一样，是顾客选择和评价旅馆的主要考虑因素。设备设施和用具的更新速度往往快于其自然寿命，以适应旅客不断变化的需求，抵御现代化风险。

旅馆的经营管理对于提升房地产价值起着重要的作用。优质的管理能够提高旅馆的服务水准，并可通过各种渠道保证旅馆的客源，减少客房空置率。

11.2 旅馆房地产的评估方法

由于旅馆房地产具有多样性的特点，因此不存在统一的、标准化的评估方法。根据旅馆房地产的收益性特点，采用收益法评估该类型房地产的价值是最适合的。下面将介绍评估旅馆房地产的主要方法。

11.2.1 市场比较法

通过市场比较法评估旅馆时，需要从交易价格中推导出房间价格，这一过程必须谨慎进行。因为交易价格不仅包含土地和建筑物价值，而且包含企业和家具价值，而后一部分价值是不应当包含在房地产的市场价值中的。旅馆房地产扣除企业和家具价值之后，平均房间价格将减少到原房间价格的60%左右，也就是说企业和家具价值占房地产总价值的40%左右。

因为高星级宾馆规模大、价值高，投资者追求宾馆的个性化设计和建造，因此，很难应用市场法直接评估高星级的宾馆。但位于同一地区的同档次宾馆的每个房间的市场价值还是可以用来比较的。

11.2.2 成本法

应用成本法评估旅馆房地产需要具备每平方米建筑面积的重置成本参数。这个参数与建筑装修度密切相关，从平均装修到高档装修，每平方米建筑成本的差别很大。而该参数的高低并不一定能够代表建筑和装修质量的好坏。对于旅馆房地产而言，最大的建筑成本因素是扩建和房间技术成本。一般旅馆中每个房间（房间加门厅、卫生间、盥洗室）经粗略计算所得的建筑成本为45万元～100万元，而豪华旅馆每个房间的建筑成本可能会超过150万元。因此，根据每个房间的建筑成本来估算平均房间重置成本是不可行的。

评估旅馆房地产的成本价值并不是困难的事情。旅馆的建筑成本通常会受建筑形式和装修程度的影响。较高的建筑物重置成本表现为较高的市场价值，但是在出售该房地产时，该价值不一定会在市场上实现。旅馆从根本上看是收益性房地产，它的价值主要取决于其收益能力。因此，将成本法作为评估旅馆房地产的主要方法是不妥当的，其成本价值通常被作为间接价值来应用，并作为收益法评估结果的检核。

11.2.3 收益法

应用收益法评估旅馆房地产通常分为两种方法：租金价值法和经营法。这两种方法的基础是旅馆平均年总营业额，对于现有的旅馆，通常通过其过去 3～5 年的年度结算或者财务报表估计；而对于新建或者计划兴建的旅馆，则通过经验数据进行估算。

旅馆的经营收入主要由客房收入、餐饮收入和其他收入构成。这些数据是估算旅馆租金水平的基础和标准。从旅馆过去三年平均的盈利水平出发，在正常的经营和成本费用条件下，可以通过不同部门的盈利水平估算旅馆总租金水平。下面是一些经验参数，反映了租金占住宿收入、食物营业额、饮料营业额、其他部分收入以及宾馆总营业额的比例。

酒店		旅馆	
住宿	15%～20%	住宿	18%～22%
食物	6%～10%	餐饮	8%～12%
饮料	8%～10%	总营业额	20%～22%
其他	10%～15%	在特殊情况下最高为	25%
总营业额	15%～18%		
在特殊情况下最高为	20%		

旅馆租金里面除了客房租金之外，主要就是餐饮部门贡献的租金。因此，对高星级旅馆而言餐饮部分的设计、开发和经营管理是至关重要的。旅馆餐厅根据服务范围可以划分为完全服务餐厅、有限供应餐厅和快餐，各种餐厅需要的面积指标如下：

- 完全服务餐厅　　4.5～6.0m^2/座位
- 有限供应餐厅　　2.5～3.5m^2/座位
- 快餐　　1.5～2.0m^2/座位

除了租金参数之外，评估旅馆的另外一个重要参数是入住率，即某旅馆全部客房在一年内的出租率。有些统计资料显示，旅馆的入住率是以床位使用率为基础估算出来的。房间入住率一般高于床位使用率约 10 个百分点。例如，当床位使用率为 45%时，房间入住率约为 55%。例如，某个五星级旅馆有 500 间客房，全年营业，入住率为 65%，那么：

该宾馆在 100%出租情况下，全年总共可以出租的房间次数为 500×365×100%=182 500（次）。

在入住率为 65%的情况下，该宾馆实际出租的房间次数为 500×365×65%=118 625（次）。

这个根据市场数据计算出来的实际出租的房间次数是后面评估的出发点，也是收益法评估旅馆的重要基础。

1. 租金价值法

租金价值法是评估旅馆房地产的一般方法，这种方法在经济生活中是众所周知的，并被作为贷款评估的基础。该方法在原则上与一般的收益法是一致的，不同的是一般的收益法的净收益以一般性的租金收入为依据，而旅馆房地产的净收入则必须通过可持续实现的来自房地产所有者的租赁合同收入估算。对于现有的房地产而言，净收益可以通过过去三年的经营收入进行估算。对客户提供使用的旅馆房地产的经营数据，必须检查其盈利数字的适用性。通常采用承租者支付给所有者的一般化的市场租赁金作为房地产的年净冷租金。这种方法同样适用于所有者和经营者相同的情况。

在应用租金价值法时，首先要根据可以持续实现的总营业收入，借助适当的、市场化的旅馆客房、餐饮和其他方面的租金参数，估算出年租金收入，并将其作为该待评估旅馆最终的年净冷租金。由此得到的房地产年净冷租金扣除承租者的运营成本后（通常不会超过年净冷租金的 15%），就得到该房地产的净收入。可以按照与一般的收益法相同的方法，选择合适的市场化的房地产利率，按照预测的剩余使用年限对纯收入进行资本还原。在考虑市场因素和其他价值影响因素之后，可以得到最终结果，即从收益价值推算出的房地产市场价值。

【例 11—1】 某旅馆拥有 132 张床，全年营业，房间价格（不含早餐）根据季节不同在 300 元至 450 元之间。

2006 年的旅馆盈利	
住宿	10 100 000 元
餐饮	9 800 000 元
其他	150 000 元

总盈利		20 050 000 元
出租者的租赁收入		
住宿	22%	2 222 000 元
餐饮	12%	1 176 000 元
其他	15%	22 500 元
总租赁收入		3 420 500 元
运营成本（总租赁收入的 15%）		513 075 元
房地产净收益		2 907 425 元

市场上同类房地产的利率为 6.5%，剩余使用年限估计为 40 年，则乘系数为 14.15。

房地产收益价值	2 907 425×14.15	41 140 064 元
房地产的市场价值		约 41 140 000 元

采用租金价值法评估旅馆房地产时，若评估对象的市场价值大于 5 000 000 元，将会得到一般性的、可以持续实现的评估结果。而租金价值法对于评估价值低于 5 000 000 元的小型旅馆、招待所、客栈和度假设施等房地产则不太适合，因为此类房地产的小规模收益无法承担对该房地产的租赁。

【例 11—2】 评估某个位于大城市的三星级酒店。

基础数据

- 最新的有关该房地产的文件和图件资料。
- 该旅馆 2003—2006 年的经营数据如表 11—4 所示。

表 11—4　　某三星酒店提供的主要经营数据（2003—2006 年）

	2003 年	2004 年	2005 年	2006 年	平均
客房盈利占全部营业额的比例	65.6%	63.3%	61.6%	61.0%	62.8%
餐饮盈利占全部营业额的比例	29.6%	32.0%	32.5%	33.5%	31.9%
其他占全部营业额的比例	4.8%	5.0%	5.9%	5.5%	5.3%
总计	100.0%	100.0%	100.0%	100.0%	100.0%
与上年相比全部营业额变化	112.7%	95.8%	108.3%	100.0%	
人员成本占全部营业额的比例	36.0%	32.3%	28.7%	29.3%	
平均每个人的营业额（元）	4 600	4 344	4 676	4 538	
房间数	95	95	95	95	

续前表

	2003 年	2004 年	2005 年	2006 年	平均
床位数（1.4 个床位/房间）	130	130	130	130	
平均房间价格（元）	306.56	262.88	244.68	224.64	259.69
房间入住率	69.0%	65.1%	66.0%	65.0%	66.3%
平均停留天数	1.92	1.86	1.91	1.83	
与上年相比的客房盈利	117.6%	96.8%	110.6%	100.0%	

- 按照百分比表示的餐饮和其他收入参数如表 11—5 所示。

表 11—5　　　　某三星酒店的餐饮及其他收入参数

按照百分比表示的餐饮数据	2003 年	2004 年	2005 年	2006 年
与上一年相比的总营业额（2003 年＝100%）	104.6	94.8	104.4	100.0
食物营业额	57.8	57.7	58.5	57.7
饮料营业额	38.6	39.5	38.6	39.5
其他	3.6	2.8	2.9	2.8
总计	100.0	100.0	100.0	100.0
按百分比表示的总营业额其他关键数据				
管理费和保险	5.8	4.1	6.4	6.4
维修、养护费用和工资	9.0	6.8	2.3	1.3
能源消耗	3.1	3.4	3.2	3.3
广告	1.7	1.2	1.6	1.4
毛盈利	22.9	28.0	35.3	35.4

说明：该旅馆的餐馆、酒吧属于旅馆的餐饮部。具有 4 个空调的会议室可以提供不同的会议设备。所有客房都具有洗澡间、有线电视、小酒吧、收音机、衣物间等。该旅馆有深层地下停车场、游泳池、桑拿房、人工日光浴和其他运动设施。该旅馆在 2004—2005 年间重新进行了装修，并采取现代化措施，总投资 1 300 000 元（13 642 元/房间）。该旅馆 70%的客人是商务旅游人士。

2006 年价格水平为：单人间，200～250 元；标准间，250～325 元；周末价，询价。

- 土地价值 1 000 000 元。

评估过程

收益价值评估：

2003—2006 年平均客房盈利率		62.8%
2003—2006 年平均客房价格		260 元/晚
平均客房入住率		66.3%

相当于每年出租 23 000 次（95×365×0.663）。

客房盈利 23 000×260	5 980 000 元	（62.0%）
	约 6 000 000 元	
餐饮盈利	约 3 160 000 元	（32.7%）
其他	约 520 000 元	（5.3%）
经营收入	约 9 680 000 元	（100%）

合适的租金价值＝年净冷租金：

占全部经营收入 9 680 000 元的 18%		1 742 400 元
扣除运营成本约 15%		261 360 元
房地产的净收益		1 481 040 元
减去土地收益	6.5%×1 000 000	65 000 元
建筑物收益		约 1 416 000 元

在剩余使用年限 40 年、房地产利率为 6.5%的条件下，乘系数为 14.15。

建筑物的收益价值	1 416 000×14.15	20 036 400 元
		约 20 000 000 元
加上土地价值		1 000 000 元
房地产收益价值（占 70%）		21 000 000 元
评估的成本价值为（占 30%）		24 000 000 元
房地产最终市场价值		21 900 000 元

比较数据

房地产市场价值相当于：

- 收益价值的 104.3%；
- 12.6 倍的年毛收益；
- 230 500 元/房间；
- 2.26 倍经营收益。

2. 经营法

经营法首先需要评估房地产的毛经营收益，这是经营法评估旅馆房地产的初始数据，等于旅馆年总经营收益与全部经营成本之差。毛经营收益与采用收益法评估时的房地产净收益不是同一个概念，因为这个毛收益是不能通过市场数据得到的，而必须根据具体的房地产单独估算。显然，通过经营法评估出的旅馆的经营价值与通常意义上的市场价值不一致，经营价值是独立的企业收益价值。标准化收益法与经营法的区别见表 11—6。

表 11—6　　　　标准化收益法与经营法的区别

方法比较	
标准化收益法	经营法
房地产的价值是通过房地产市场上可比房地产的投资收益决定的	房地产价值是在继续经营的情况下通过预测的营利水平确定的
房地产的净收益在考虑到房地产利率和剩余使用年限的情况下进行资本化 （时间收益乘系数）	经营收入考虑当前的资本利率加上风险调整值进行资本化 （100 年的资本化因子）
标准化评估方法	非标准化评估方法

对由此得到的毛经营收益的技术处理与标准化的收益法也是不相同的。为了估算可持续实现的企业收益价值，采用的毛经营收益一般通过对企业未来 5 年经营收益的加权计算和资本化得到。资本化率的选择不是从房地产风险评级得到的房地产利率出发，而是以资本市场利率为依据，并考虑投资选择和风险调整因素（有时风险调整可以达到 50%）。通过这种方法得到的结果是经营收益价值或者企业价值。

【例 11—3】

待评估旅馆的基本信息如下：

总盈利（1999 年）	2 095 000 元
成本	
投入物品	330 000 元
人员成本	715 000 元
其他费用合计	412 000 元
毛经营收入	638 000 元

预测 1999—2003 年间的毛经营收入：

资本化率：7.5%（投资利率）+7.5%×50%（风险调整）≈11.0%。

分析过程见表 11—7。

表 11—7　　　　　　　　1999—2003 年的毛经营收入

年份	1999	2000	2001	2002	2003
毛经营收入	638 000	640 000	640 000	645 000	655 000
贴现因子	0.900 9	0.811 6	0.731 2	0.658 7	0.593 5
以 1999 年为基准的毛经营收入	574 774	519 424	467 968	424 862	388 743

1999—2002 年的经营收入之和　　　　　　　　　　　　　　1 987 028 元

依据估算的 2003 年经营收入，按照资本化率为 11%时的 100 年资本化因子 9.09，估算其他年的总经营收入。

其他年的总经营收入　　　9.09×388 743　　　　　　　　3 533 674 元

评估房地产 1999 年的经营收益价值或者企业价值　　　　5 520 702 元

约 5 520 000 元

上面的例子展示了评估旅馆房地产的经营收益价值或者企业价值的方法。在实务中，人们使用不同的方法评估房地产的经营收益价值，将会得到彼此相差很大的评估结果。如果认为评估结果的精度在±15%内是可接受的，采用经营法评估的结果则具有很大的不确定性，因为这种方法依赖于对未来经营收入的预测，不同估价师的预测具有很大的独立性和主观性。

与企业评估相联系，专业估价师经常应用一种混合方法，该方法同时包含租金价值法和经营法两种要素，将最先估算出的企业盈利（毛经营收益或经营收入扣除运营费用）用房地产乘系数进行资本化。但是这种方法与经营法得到的结果差异很大。

应用经营法评估旅馆房地产时，必须要注意人员成本因素，它对最后评估结果的影响非常显著。假设人员成本每年为 15 000 元/人，错误计算 1 个人员就会造成最后收益结果偏差约 195 000 元（房地产剩余使用年限为 30 年，房地产利率为 6.5%）。对于缺乏旅馆经营相关经验的评估师而言，正确估算旅馆的人员成本是非常困难的。

旅馆房地产是风险很高的房地产投资。一般来说，应用收益法时采用的资本化率不低于 6.5%，因为旅馆房地产每 15～20 年就需要进行一次现代化的投资。

【例 11—4】 某高档星级旅馆拥有 70 个单人间，30 个标准间，3 个餐馆和酒吧，360 个就餐位置以及会议室和桑拿房等休闲设施，建筑年代 1985 年，剩余使用年限为 40 年，地价为 300 000 元。房地产利率为 6.75%。请采用收益法评估该旅馆，为房地产投资提供建议。

评估过程如下：

年营业额		2 600 000 元
年净收益（取年营业额的 14%）		364 000 元
土地收益部分	300 000×6.75%	－20 250 元
建筑物的收益部分		343 750 元

在剩余使用年限为 40 年、房地产利率为 6.75%的条件下，乘系数为 13.73。

建筑物的收益价值	343 750×13.73	4 719 688 元
地价		＋300 000 元
房地产收益价值		5 019 688 元
市场调节（高风险修正－10%）		－501 969 元
房地产的市场价值		约 4 520 000 元

11.3 营业额估算

正处于建设期或者处于规划期的旅馆房地产还没有经营数据，因此必须估算其潜在的经营数据。可以把旅馆行业协会或者咨询公司公布的咨询报告中的旅馆经营比较数据作为估算的出发点，这些咨询报告中包含平均的营业额数据和其他重要的与评估相关的结构性数据。

理论研究和市场分析表明，旅馆行业中最理想的情况是全部营业额的 60%来自客房，40%来自餐饮和其他方面。估算住宿部分的营业额需要如下数据：

（1）房间数量；

（2）每年营业天数；

（3）房间价格（不含增值税）；

（4）房间入住率。

估算餐饮部分的营业额需要如下数据：

（1）现有的座位数；

（2）座位使用频率；

（3）每个座位的销售额。

估算其他方面的营业额可以通过比例指标实现。下面通过案例分析说明如何估算旅馆的营业额。

【例 11—5】 某高档星级旅馆拥有 70 个单人间，30 个标准间，3 个餐馆和酒吧，360 个就餐位置以及会议室和桑拿房等休闲设施，建筑年代 1985 年，剩余使用年限为 40 年，地价为 300 000 元。房地产利率为 6.75%。试计算该旅馆的市场价值。

解答:

营业额估算

客房部的营业额估算：房间入住率约为 65%，全年营业（365 天）。

换算因子（该宾馆实际出租房间数）＝365×65/100＝237。

70 个单人间	70×60×237	995 400 元
30 个标准间中平均 70%为单人入住		
	30×60×237×0.7	298 620 元
	30×100×237×0.3	213 300 元
客房营业额		1 507 320 元
桑拿营业额		10 000 元
美容美发收入		20 000 元
客房和其他收入总计		1 537 320 元
		约 1 540 000 元
餐饮营业额	360×8(每个位置收益)×340(年经营天数)	979 200 元
会议室	80(会议室可容纳人数)×2.5(单位租金)×100(年出租次数)	20 000 元
其他收入		6 000 元
来自餐饮的营业额		1 005 200 元
		约 1 005 000 元
年营业额总计		约 2 550 000 元

假设净冷租金为客房收入的 20%与餐饮收入的 10%的和，则：

净冷租金（基础租金）	154 000×20%+1 005 000×10%	408 500 元
出租方承担的运营成本（取净冷租金的 15%）		−61 275 元
年净收益		347 225 元
土地收益部分	300 000×6.75%	−20 250 元
建筑物的收益部分		326 975 元

剩余使用年限为 40 年、房地产利率为 6.75%时的乘系数为 13.73。

建筑物的收益价值	326 975×13.73	4 489 367 元
土地价值		+300 000 元
房地产收益价值		4 789 367 元
市场调节（高风险较大修正−10%）		−478 937 元

房地产的市场价值　4 310 430 元

约 4 300 000 元

值得注意的是，上面的评估结果既不包含企业的商誉，也不包含家具的价值。评估中采用的有关参数来源于市场调查和测算。

一致性检查：

- 市场价值相当于 10.5 倍的净冷租金。
- 每个房间的市场价值 43 000 元。
- 市场价值相当于 1.7 倍的营业额。

11.4　应用举例

11.4.1　计划新建旅馆价值评估

【例 11—6】　评估某市 1994 年开始建设、1995 年下半年营业、总使用年限为 60 年的一个五星级酒店的价值。

1. 市场价值评估

房地产数据如下：

土地价值 3 500 000 元，房地产利率为 6.5%；新建旅馆有 370 个房间，提供完整的餐饮服务；每年可供使用的房间数为 135 050（370×365）；宾馆入住率为 70%，即实际使用的房间数 94 535；平均可以实现的房间价格换算到 1995 年旅馆开始营业时点为 330 元（净）。

考虑到同等级别旅馆的经验参数估算可能性的部门盈利如下：

客房部营业额	60%
食品	23%
饮料	12%
其他	5%
总计	100%

部门通常的租金数据如下：

占客房部营业额	20%
占餐饮部营业额	
食品	8%
饮料	12%

占其他部门营业额　15%

解答：

(1) 总营业额的可能性结构。

		估计	百分比
客房部	94 535×330	31 196 550 元	(60%)
餐饮			
食品		11 958 675 元	(23%)
饮料		6 239 310 元	(12%)
其他		2 599 713 元	(5%)
总营业额（估算）		51 994 248 元	(100%)
		约 52 000 000 元	

(2) 年净冷租金估算（部门的营业额经过四舍五入处理）。

客房部	31 200 000×0.2	6 240 000 元
食物	12 000 000×0.08	960 000 元
饮料	6 200 000×0.12	744 000 元
其他	2 600 000×0.15	390 000 元
		8 334 000 元
年净冷租		约 8 300 000 元
扣除 15%的运营成本		−1 245 000 元
房地产净收益		7 055 000 元
减去土地收益部分	3 500 000×6.5%	−227 500 元
建筑物的收益部分		6 827 500 元

在旅馆建筑总使用年限为 60 年、房地产利率为 6.5%的情况下，乘系数为 15.03。

建筑物的收益价值	6 827 500 元×15.03	102 617 325 元
		约 102 600 000 元
加上地价		3 500 000 元
房地产的市场价值		106 100 000 元

(3) 比较数据。

- 市场价值相当于 12.78 倍年净冷租金。
- 市场价值相当于 2.04 倍经营收入。
- 每个房间市场价值约为 286 700 元。

2. 贷款价值评估

地价　3 500 000 元

建筑价值（净值方法，不包含增值税）		
370 个房间×300 000 元/房间		约 111 000 000 元
减去 20%的风险调整		—22 200 000 元
		88 800 000 元
扣除 15%的经营折扣		—13 320 000 元
建筑价值		75 480 000 元
		约 75 500 000 元
成本价值	3 500 000+75 500 000	79 000 000 元
收益价值		
年净冷租金（基础租金，估算出来的）——商业租金收入		8 300 000 元
减去 15%的运营成本		—1 245 000 元
房地产年净收益		7 055 000 元
扣除 25%的经营折扣		—1 763 750 元
租金净收益		5 291 250 元
扣除土地收益部分	3 500 000×6.5%	—227 500 元
建筑物收益部分		5 063 750 元

在旅馆建筑总使用年限为 60 年、房地产利率为 6.5%的情况下，乘系数为 15.03。

建筑物的收益价值	5 063 750×15.03	76 108 162 元
		约 76 000 000 元
加上土地价值		3 500 000 元
贷款价值		79 500 000 元

需要指出的是：

- 市场价值的折扣达 25%，根据国际上有关风险标准（例如巴塞尔协议Ⅱ）的规定，商业房地产的风险折扣为市场价值的 15%～30%。
- 抵押贷款和信用贷款会大幅度低于评估出来的贷款价值。
- 贷款将按照建筑阶段进行发放，评估出来的 7 950 万元贷款价值只有当房地产无缺陷竣工时才会实现。
- 根据经验，新建设旅馆在正常营运期前可能需要长达 5 年的试运营期。

11.4.2 已有旅馆价值评估

【例 11—7】 某位于海滨度假区的旅馆，使用面积为 7 914m^2，建筑年代为

2000 年 5 月。该旅馆客房全部为标准间，共计 255 个。标准间住一个人时的价格为 640 元/晚，当标准间住两个人时的价格为 900 元/晚。标准间加价修正为 1.3，入住率为 62%。

该旅馆的客人主要为旅游和休闲人士，占 80%；商务人士为 10%；团体/会议占 10%。相应的优惠比例分别为 5%、10%和 15%。早餐价格为 100 元/人，早餐盈利比例为 100%，其他盈利占 15%。

旅馆租金占盈利的比例情况如下：

- 客房部占 25%；
- 早餐占 12%；
- 其他占 15%。

旅馆餐饮部的使用面积为 2 032m^2，可供 160 个人就餐，平均每个就餐位置可以盈利 85 元，就餐位置使用率为 1.5。餐饮租金比例为 12%。

为了融资需要欲评估该旅馆在 2003 年 5 月 30 日的市场价值。评估建议使用的参数如下：

全部使用年限按照 70 年计，房地产利率选用 7%，建筑成本约为 16 000 000 元，土地价值为 4 027 000 元，维护成本占建筑成本的比例为 0.8%，管理成本占年毛收益 2%，现代化风险不予考虑。

中国人民大学房地产信息中心研制了旅馆房地产租金测算和评估的电子计算模板，本案例就采用这个 Excel 模板计算，过程和结果如下所示。

旅馆盈利计算				
中国人民大学房地产信息中心			2009-01-02	
评估标的物：	某海滨度假旅馆			
旅馆初始数据：				
年营业天数	365			
旅馆使用面积	7 914	m^2		
单人间数量		个		
双人间数量	255	个		
套房数量		个		
全部房间数			255	个
总床数（套房=2 张床）			510	个
使用面积/房间			31.04	m^2

房间价格：

	毛		净	
单人间	640	元	551.72	元
标准间住一个人	640	元	551.72	元
标准间住两个人	900	元	775.86	元
套房（房间价格）		元		元
标准间加价修正	1.3		57 610 216	元
入住率	62%		35 718 334	元

客人优惠：

	占盈利部分	优惠比例	总优惠额	
商务人士	10%	10%	357 183	元
团体/会议	10%	15%	535 775	元
旅游/休闲	80%	5%	1 428 733	元
	100%	7%	2 321 692	

不含早餐盈利		33 396 642	元
早餐价格	100 元	86.21	元
早餐盈利	100%	6 467 108	元
其他盈利	15%	5 009 496	元
（电话、微型酒吧、会议等）			
停车			
旅馆总盈利		44 873 246	元
旅馆租金所占比例	25%	8 349 161	元
早餐所占比例	12%	776 053	元
其他租金所占比例	15%	751 424	元
旅馆总租金	22%	9 876 638	元
		3 228	元/房间
		104.00	元/m^2

餐饮：			
使用面积	2 032		m^2
就餐位置	160		个
每个就餐位置盈利	85		元
就餐位置使用率	1.5		
餐饮盈利		7 446 000	元
盈利/就餐位置/天		127.50	元
餐饮盈利租金比例	12%		
餐饮租金		893 520	元
		36.64	元/m^2
		74 460	元/月
旅馆＋餐饮	年盈利	52 319 246	元
	年租金	10 770 158	元
	每个房间租金	3 520	元/月
商店：			
商店面积	0		m^2
租金	0.00		元/m^2
商店租金		0	元
房地产总租金		10 770 158	元
		90.24	元/m^2·月
乘系数		13.87	对于租金
		7.2%	
从收益价值中得到的贷款价值		149 352 000	元
	包含商店	585 694	元/房间
	不包含商店	585 694	元/房间
	盈利倍数	2.85	包含商店
		15 016	元/m^2 使用面积

收益价值计算

房地产地址	某海滨度假旅馆						
剩余使用年限	67	年					
房地产利率	7.00	%					
建筑成本	16 000 000	元	对收益计算仅起近似作用				
土地价值	4 027 000	元					
毛收益（年净冷租）							
旅馆	7 914	m²×	104.00	元	×12=	9 876 638	元
餐饮	2 032	m²×	36.64	元	×12=	893 520	元
商店	0	m²×	0.00	元	×12=	0	元
	0	m²×	0.00	元	×12=	0	元
	0	St×	0.00	元	×12=	0	元
全部使用面积	9 946	m²					
年毛收益						10 770 158	元
运营成本	5.19%	56	元/m² 使用面积		减	558 806	元
	维护成本		0.80%	占建筑成本比例			
	管理成本		2.00%				
	租金损失风险		2.00%				
	现代化风险		0.00%	占建筑成本比例			
房地产净收益						10 211 352	元
土地利息	7.00%	占	4 027 000	元	减	281 890	元
房地产净收益						9 929 462	元
乘系数	67	年	7.00%	×	14.13		
建筑物净收益					=	140 324 996	元
地价					+	4 027 000	元
房地产收益价值						144 351 996	元

减价修正，因为	−	0	元
加价修正，因为	+	5 000 000	元
收益价值		149 351 996	元
贷款价值		149 352 000	元
	13.87	倍年租金	
	585 694	元/房间	

本章小结

本章讲解了旅馆房地产及其市场的特点，并重点讲解了此类房地产的评估方法。作为典型收益性房地产的旅馆最适用的评估方法是收益法，针对旅馆房地产的特点，收益法在具体运用时表现为租金价值法和经营法，经营法是非典型的房地产评估方法。收益法评估宾馆的重要参数——租金和收益的测算也是本章的重要内容。本章最后通过丰富的案例讲解了不同情况下评估旅馆房地产的方法和特点。

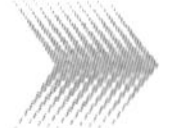

关键术语

旅馆　　旅馆房地产估价　　租金价值法　　经营法　　入住率　　租金测算

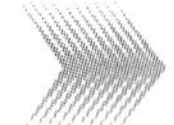

复习思考题

1. 什么是旅馆房地产？
2. 旅馆房地产如何分类？
3. 旅馆房地产市场有什么特点？
4. 哪些因素对旅馆房地产的收益有影响？

5. 评估旅馆房地产的方法有哪些？如何选择旅馆房地产的评估方法？
6. 评估旅馆房地产的注意事项有哪些？
7. 什么是租金价值法？什么是经营法？二者有什么区别？
8. 如何测算旅馆房地产的租金？
9. 旅馆房地产的主要评估参数有哪些？

第 12 章

购物中心评估

学习指导

了解购物中心的概念、购物中心及购物中心市场的特点，掌握购物中心评估方法、特点和技巧，以及主要技术参数的求取，理解购物中心评估案例。

12.1 购物中心概述

12.1.1 购物中心的起源和发展

购物中心是19世纪起源于美国的一种商业地产形态，具有一百多年的发展历程，其探索和实践主要集中在美国、英国和澳大利亚。20世纪20—30年代，购物中心在设计、开发和运营方面取得了显著的进步。带状中心（strip centre）是这一时期购物中心的典型代表，在30年代的美国郊区非常普遍。

20 世纪 50 年代，现代意义上的大型区域购物中心在美国郊区正式登场，百货商店与小商店群的结合形成了第一个区域购物中心。郊区集中的人口和购买力足以维持大型购物中心的存在，大规模高速公路建设迎来了购物中心发展的黄金时代。1956 年在明尼阿波利斯郊区建成的南谷购物中心具有重要的历史地位，它的革新体现在通过人工控制环境，营造舒适宜人的购物环境和花园气氛，提供开放的公共空间以满足人们社会活动的需要，提供大面积的免费停车场，并将汽车限制在购物中心周围，在内部建立绝对的排除汽车干扰的步行区。这一切使之成为后来购物中心建设的范例。

20 世纪 60 年代是购物中心蓬勃发展的时期。美国大型郊区购物中心迅速崛起，郊区大面积的廉价土地为购物中心提供了宽松、理想的设计和建设条件，环境工程的进步创造出不受自然环境限制的大型封闭式建筑，舒适的购物条件和环境使购物者纷至沓来，大量以南谷购物中心为蓝本的大型室内购物中心相继建成，遍布美国各大城市。这一阶段，购物中心的主要特点表现在热衷于采用封闭室内步行街模式，过分依赖人工照明和人工空调。

80 年代以来，购物中心建设进入了一个新高潮。一些发展中国家在这一时期开始掀起购物中心建设热潮。购物中心的类型趋于多样化，类型演变异常活跃，并针对人口分布状况、区位和市场、竞争消费方式的变化作出反应，其建筑常常成为城市景观的主角。

90 年代中期，香港房地产巨头在北京、上海等大城市的黄金商圈兴建高档写字楼，这些写字楼大多附带有大面积的商场裙房，随即形成了有香港特色的购物中心，如北京的赛特购物中心、丰联广场、国贸商城、恒基商城、中粮广场、新东安广场、时代广场等。90 年代末期，是内地 mall① 的初步形成期，逐渐形成了一批业态复合度较高、规模面积较大且经营较成功的真正的购物中心，如北京新世界中心、庄胜崇光百货广场、东方广场等。目前我国商业正在掀起新一轮的业态革命，连锁摩尔购物中心也开始出现。

在我国，北京和上海发展摩尔的策略有所不同。由于北京私家车拥有量较高，且北京的城区较大（比上海几乎大一倍）。故北京的摩尔都选址在五环路上，且规模较大（20 万～60 万 m^2），走的是美国摩尔的模式。而上海由于城区较小，居民又偏爱住在市区，摩尔都选址在市区级商圈，但规模较小（10 万～20 万 m^2），走的是香港和新加坡摩尔的模式。

目前，国内最大的摩尔是 68 万平方米的北京金源新燕莎购物中心。在建中

① 中文称为摩尔。

较大的摩尔包括：北京在五环路的东西南北 4 个 20 万～60 万 m^2 的摩尔，分别为：大地集团的大地摩尔（亦庄经济技术开发区内）、春天商业公司的春天摩尔（京顺路孙河一带）、西单商场和法国欧尚合作的摩尔项目（中关村万柳地区）、王府井集团的摩尔项目（中关村科技园内）。其中大地摩尔和春天摩尔的总规划建筑面积都达到 60 万平方米，春天摩尔的投资额高达 10 亿美元。

12.1.2 购物中心的概念

不同国家和地区对购物中心的概念有不同的认识。《中国大百科全书·城市规划园林卷》认为，购物中心除保持传统商业街的特色外，还设有自助食堂、电影院、游乐场、美容院、游泳池和展览厅等活动内容，使单一的商店群发展成具有各种功能的综合性商业、服务、娱乐和社交中心。

英国建筑师和购物中心研究专家纳丁·贝丁顿（Nadine Beddington）将购物中心界定为：在统一的管理之下规划建设的商业综合体，把各个零售店面出租给单个零售商，由管理机构管理和控制，并对整个中心负责。

美国城市土地研究所（ULI）将购物中心定义为：作为一个整体来规划、开发、占有和管理的群体商业机构。

英国斯特林大学约翰·A·道森（John A. Dawson）教授给购物中心下的定义是：一群建筑组合在一起的商业设施，其在建设地段的规划、开发、所有和经营是作为一个操作单体，这个单体的设置、规模、商店类型都和它所服务的区域相关。这个单体通常提供与其性质和总体规模相适应的即时停车或辅助停车设施。

国际购物中心联合会（ICSC）则认为，购物中心是由开发商规划、建设、统一管理的商业设施，拥有大型的主力店、多元化商品街和宽广的停车场，能满足消费者的购买需求与日常活动的商业场所。

日本购物中心协会认为，购物中心是由一个单位有计划地开发、拥有、管理运营的商业和各种服务设施的集合体，配备有停车场，按其选址、规模、结构，具有广泛选择性、方便性和娱乐性等特征，并提供适应消费需要的社交空间，发挥一定的城市功能。

12.1.3 购物中心的业态

购物中心存在三种不同的业态：购物中心（shopping centre）、大型购物广场（shopping mall）和超级购物中心（super mall）。

1. 购物中心

(1) 定义。

购物中心是由中心管理者统一管理下的众多零售店的结合体及中心所提供的多种附属设施组成的集服务、消费、文化、娱乐于一身的综合型、多功能商城，拥有大型的核心店、多样化的商业街和宽广的停车场及各种餐饮、娱乐设施以及邮局、银行等服务机构，能够同时满足消费者休闲、娱乐、购物、餐饮的需要。

(2) 特点。

国际购物中心联合会阐述了购物中心的五大特点：

1) 由发起者有计划地开设，在其统一组织下运作，布局统一规划，店铺独立经营。

2) 适应统一管理的需要，产权要求统一，不可分割出售。

3) 具有使顾客实现一站式购物的售卖功能和一站式享受的生活功能。

4) 拥有足够数量的停车场。

5) 有更新地区或创造新商圈的贡献。

2. 大型购物广场

(1) 定义。

规模最大的顶级形态，面积在 10 万平方米以上，多个建筑物相互连通，林荫道式的商业街中包罗了众多的专卖店、百货商场、餐饮娱乐和服务设施。由专业购物中心管理集团开发经营，业态的复合度极高，行业多、店铺多、功能多，商品组合的宽度与深度很高。

(2) 特点。

1) 结构：林荫道式商业街，建筑连通。具有长廊、广场、庭院的特点，即在建筑物的遮蔽下，不论天气如何，都可以进行休闲、购物或聚会。

2) 四大：占地大、停车场大、建筑规模大、绿地面积大。

3) 三多：行业多、店铺多、功能多。

(3) 定位。

以家庭式消费为主导方向，通过专业店和特色店吸引顾客，提供一站式购物消费和一站式享受（文化、娱乐、休闲、餐饮、展览、服务、旅游观光）的特大型综合购物娱乐中心。

(4) 与购物中心的区别。

1) 面积规模：小于 10 万平方米的叫做购物中心，大于这个数字的且业态复合度高的方可称作大型购物广场。大于 20 万平方米的，可叫做超级购物中心 (super mall)。

2）业态复合度很高，休闲娱乐功能更为专业、综合、齐全。

3）大型购物广场全部放入同一幢设计周全且精美的特大型的商业建筑中，且店与店之间要有良好的连通性、互动性与互补性，并通过统一管理发挥整体效应。

4）大型购物广场充分体现了以人为本的理念，营造和引导新的消费方式，引进一种新的文化理念和生活理念，对优化商贸行业结构、改善购物环境和居民生活质量都有重要意义。

3. 超级购物中心

以百货公司、品类专卖店、主题商店、大型超市为主力店，辅之以精品店、专卖店、中华美食广场、中外主题餐厅、咖啡厅、书店、网吧、音像店、科技展览、多功能国际影视城等，兼有娱乐园、大型表演、商务酒店和超大型停车场，甚至还有教堂、音乐厅、体育场、图书馆等文体设施。

12.1.4 购物中心的分类

按照区位不同，可以把购物中心分为城区购物中心和郊区购物中心。以英国为代表的欧洲国家出于防止城市无限膨胀的需要，通过立法保护郊区的城市绿带，因此购物中心发展之初就立足于城市市区，临近地铁站的城市中心商业区，规模较小。城区购物中心又分为渗入型购物中心、扩展型购物中心和替换型购物中心。渗入型购物中心主要位于城市中心区的商业再开发地段，与周边已有的批发零售网点、商业繁华区和商业街连通，聚集的店铺数一般在 20 家左右，是购物中心在旧城区发展的先导。扩展型购物中心主要通过在原商业区增加面积来完善服务功能，提高商业活跃度。替换型购物中心主要通过更新替换功能结构过时的商业设施建设而成，通过增加专卖店、餐饮娱乐设施等，注入金融、娱乐、咨询等新型服务业，改善、优化原地段的商业功能。城市郊区拥有大量廉价土地、高速公路交通发达、汽车普及率高、城市郊区化明显、人口密集、购买力强，因此购物中心以郊区中高收入居住区和高速公路交叉点为立足点。

按经营定位不同，可将购物中心分为奢华型购物中心和廉价型购物中心。奢华型购物中心着重以特殊的消费主题来吸引特定的顾客，通常由奢侈品商店和特殊风味餐馆组成，以高薪收入群体为服务对象。廉价型购物中心则以特有的廉价折扣商品来吸引顾客，为工薪阶层提供服务。

美国城市土地研究所和国际购物中心联合会把购物中心按照功能、服务与辐射半径等分为邻里中心（neighborhood centre）、社区中心（community centre）、能量中心（power centre）、区域中心（regional centre）、超级区域中心（super regional centre）、直销中心（outlet centre）和商品集散中心（commodity distribution centre）七种类型。①

1. 邻里中心

邻里中心的面积一般为 0.3 万～1.5 万 m^2，车位指数为 5 个/100m^2，出售食物、药品、杂货等日常用品，提供干洗、美容美发、旅游代理、音像出租等个人服务，并常有银行和小型餐馆，以满足周围居民的日常需要。一般来说，在大型邻里中心中起主导作用的是超市，服务范围可以辐射到方圆 3～5km，占地 4 万～6 万 m^2。服务区要求的人口规模通常在 0.2 万至 4 万之间。

2. 社区中心

社区中心采用开放式的建筑设计，面积一般为 1.5 万 m^2，也可以在 1 万至 3 万 m^2 之间波动，占地面积可达 12 万 m^2 甚至更多，辐射半径为 5～10km，车位指数为 5 个/100m^2。在业态上没有大型综合性百货超市，主要租户一般是超市和打折商场，装修材料店、五金店、公园、礼品店、银行和大型饮食中心也都集中在这里。市场服务区人口规模 4 万～15 万。

3. 能量中心

能量中心多数开发于 20 世纪 80 年代中期和 90 年代，面积一般为 2.5 万～10 万 m^2，甚至更大。其中至少有 3 个仓储超市，每个仓储超市至少 2 500m^2。这些商店提供了众多的商品，其商品拥有诱人的价格。能量中心至多只有 20%是小商店，有些甚至没有为小商店预留空间。

4. 区域中心

区域中心采用封闭式的建筑设计，拥有综合性的百货超市，主要经营日用百货、服装、家具和家庭装饰用品。这样的中心常常由两三个商店构成，也可能有电影院、饮食街和餐馆。一般面积为 4 万～9 万 m^2，车位指数为 5.5 个/100m^2。一般区域中心要求服务区人口规模在 15 万以上，80%的顾客是来自方圆 16km 内的居民。

5. 超级区域中心

超级区域中心至少有 7.5 万 m^2 的总租赁面积，一般面积为 9 万 m^2，最大的可以接近 20 万 m^2，包括三四个百货商店和一定的娱乐场所，车位指数为 5.5 个/100m^2。业态上浓缩了中央商务区的功能，为顾客提供各种档次的商品，主

---

① Adrienne Schmitz & Deborah L Brett. *Real Estate Market Analysis: A Case Study Approach*, *Washington*, ULI, 2001: pp. 140－141.

导商为大型百货超市，此外还有各种附属商为顾客提供个性化服务。服务区内人口规模在 35 万以上，在人口稠密的地区，辐射半径可能为 8km，但在郊区可达到或超过 16km。

6. 直销中心

直销中心由折扣商店构成，由厂家直接经营，主要出售过季和厂家积压的产品。中心大多是露天的，也有一些是由旧建筑物改造而成的，占地一般不超过 3.5 万 m^2，没有传统的主导商店。直销中心一般位于远离区域中心的旅游和交通枢纽位置上，通常处于大都市的边缘地带。

7. 商品集散中心

商品集散中心结合了大型折扣商店和小型批发中心的特点，面积一般为 9 万 m^2 左右。一个运作良好的商品集散中心主要吸引 100km 范围内、仅需半个小时车程的顾客。

上述购物中心的简要特征如表 12—1 所示。

表 12—1　不同类型购物中心的特征

购物中心类型	总出租面积（万m^2）	辐射半径（km）	车位指数个（100m^2）	服务区人口规模（万人）	内部商店组合	占地面积（万m^2）
邻里中心	0.3～1.5	3～5	5	0.2～4.5	日常用品、个人服务、银行、小型餐馆	4～6
社区中心	1～3	5～10	5	4～15	超市和打折商场、装修材料店、五金店、公园、礼品店、银行和大型饮食中心	12，甚至更多
能量中心	2.5～10	—	5	—	至少有 3 个仓储超市，至多只有 20%是小商店，有些甚至没有为小商店预留空间	—
区域中心	4～9	16 左右	5.5	15 以上	百货、服装、家具和家庭装饰用品、电影院、饮食街和餐馆，通常由两三个商店构成	—
超级区域中心	7.5～20	8～16	5.5	35 以上	三四个百货商店和一定的娱乐场所，浓缩了中央商务区的功能	—
直销中心	<3.5	—	—	—	折扣商店	—
商品集散中心	9 左右	100	—	—	大型折扣商店和小型批发中心	—

除此之外，还有特色专卖中心（specialty centre）、平价中心（off-price centre）、休闲购物中心（urban entertainment centre）、时尚中心（fashion centre）、假日中心（festival centre）、定向服务中心（service-oriented centre）、便利中心（convenience centre）、折扣中心（discount centre）、家居中心（home improvement centre）、混合式商务中心（retail uses in mixed-use development）等类型的购物中心存在。

12.1.5 购物中心的价值影响因素

1. 区位因素

（1）市场潜力和容量。

购物中心的价值与所处市场的状况密切相关，包括市场域内居住人口增长率、居民的收入、购买力状况、消费习惯和消费心理等。

（2）交通易达性。

城市道路交通是实现居民区与商业群互通的重要载体，商业活动的经济原则要求有便捷的交通来尽可能扩大辐射范围，吸引更多的顾客方便地到达商店。因此，购物中心与公共汽车站、地铁、高速公路之间的交通方便程度是影响其价值的重要区位因素。是否有足够的停车面积也会影响购物中心的便利性。

（3）选址。

购物中心的选址是决定其盈利能力的最为重要的因素。零售商业用地既要接近人口稠密区，又要接近高收入或高消费人口分布区，还要特别注意项目所处位置的周边环境。城市人流、物流和城市社会经济活动的焦点是最佳选择地点。

2. 实体因素

（1）显著性（自然因素）。

购物中心的显著性主要包括用地的形状规则及平整性、交通状况是否能够使顾客容易地从周围道路进入购物中心停车场、建筑物的视觉可见性、建筑风格、特有标识等。

（2）规模。

购物中心的规模与集聚效应成正比关系，集中布置能够提高整体吸引力。

（3）内部设施和环境。

购物中心内部的空调、照明、道路、合理的指示标记是影响其价值的重要硬件因素。

（4）主力店。

良好的主力店位置能使客流方向有利于外部效应的最大化，加强水平引导和垂直人气。购物中心正是基于这一理念，用一个以上的核心店来吸引顾客，带动购物中心其他小型的商店，从而带旺整个中心。因此，主力店的品牌和声誉对购物中心的形象具有提升作用，对其市场价值具有放大的效果。同时，由于主力店的这一重要地位，它往往具有租金折扣，从而在购物中心内部形成了价格歧视。各种购物中心的主力店如表12—2所示。

表12—2　　各种购物中心的主力商店

购物中心类型	便利中心	邻里中心	社区中心	区域或超级区域中心
主力商店类型	微型超市 餐馆 美容院 干洗店 快餐店 医疗室 牙科诊所	超市 药店 打折店 餐馆 家具店 五金商店 电器商店 酒吧 音像出租店 银行	小超市 打折店 超市 大型优惠商店 百货商店 家庭服装店 家具店 体育用品店 办公用品店 电影院	全日制商店 时尚店 超级影院 娱乐中心 小吃街 大型专卖店 大型优惠商店

12.2　购物中心的特征分析

大型零售商业物业可以出租给一个百货公司经营，也可以出租给若干个百货公司。某购物中心在市场上的影响力取决于其位置、规模、服务水准和商品类型、规格、数量、质量与价格。由于购物中心客户需求的特殊性、利益协调的多样性和开发商营利模式的不确定性，在对其进行评估前需要进行市场及项目调查和研究，以期对评估对象进行整体的把握。

12.2.1　零售空间的界定

零售空间是商家将商品和服务以零售方式销售给顾客所需的营业场所和辅助性设施，一般包括以下几个区域：

（1）销售区域：专门用于商品陈列、销售和提供服务的场所，包括客流的入口和出口，是零售空间的关键部分。

（2）仓储区域：在销售前，进行商品接收、储存和加工的场地。

（3）功能区域：购物中心内部的配套娱乐、服务、餐饮场所。

（4）管理区域：实现购物中心内部管理功能的场所。

（5）设施区域：为建筑物提供供热、空调、消防、废物处理等必需服务的场所。

（6）场地区域：建筑物的占地及用于提供辅助设施的户外场地，如停车场、出入口、户外设施、地面景观等。

12.2.2 宏观经济环境与背景区位分析

需要了解城市的宏观经济形势、居民消费水平及消费结构、商业物业市场情况及政策分析。要从城市、项目区域及项目地块等方面分析目标物业所在的区位的特点，得到区位所能赋予评估对象的价值，如城市印象、景观条件、人文条件等。

12.2.3 商业辐射区域分析

购物中心的商业辐射区域是指被吸引到目标物业的消费者所在的地理区域，即以目标建筑为圆心，以周围一定距离为半径所划定的范围。通常把商业辐射区域分为三个部分：核心区域、次级区域和边缘区域。核心区域是与物业所处地点直接相邻的区域，辐射半径在1km左右，购物中心营业额的60%～75%来自该区域。该区域消费的单价最高，而且与其他商业辐射区域很少发生重叠。次级区域是距离物业所处地点5～15km的区域，购物中心营业额的15%～20%来自该区域。边缘区域是距物业所处地点15km以外的区域，购物中心营业额的5%～15%来自该区域。

商业辐射区域分析包括可能的顾客流量、消费者行为、经济人口统计、偏好及购买能力分析。可以通过经验判断和理论模型推算的方法来测定商业辐射范围。

12.2.4 市场供给分析

在分析市场供给时，调查交易区域内同业竞争购物中心的特征、位置及销售业绩存量、吸纳量和销售量，并结合计划开发的物业的特征和档次，根据土地储备量、建造成本、销售税收的增长、道路与基础设施的建设计划等预测未来市场的增长潜力。

12.2.5 市场需求分析

购物中心市场需求分析首先基于对零售空间中出售的商品或服务的需求的分析，计算商圈总购买力，并结合不同收入阶层的消费支出模式进行修正。

商圈总购买力＝人均收入×人口＝户均收入×住户数量

在估算零售空间需求面积时，首先要查找各类商业活动单位营业面积销售额的数据，然后用不同活动或商品的购买力除以单位营业面积的销售额，从而得出零售空间的需求面积。由于消费模式随时间和地区的不同而发生变化，因此有必要结合消费者的生活特性，从人口结构、家庭户数构成、收入水平、消费水平、购买行为以及选择的交通出行方式等方面对空间需求面积进行修正。最后，根据营业面积或总租赁面积与总建筑面积的换算比率，预测需要的总空间数量。

12.3 购物中心的评估特点和方法

12.3.1 购物中心的评估特点

从购物中心规划设计、建设、运营等方面来加深对购物中心特点的理解，并把这些特点应用到评估实践中，最后形成购物中心评估的特点，这些特点都是进行购物中心评估时需要考虑的方面。

(1) 购物中心的接客线。

接客线从单纯的直线形发展到钻石形，都是为了增加客流。使客流顺畅流动是十分重要的，步行道的设计不能妨碍客流的流畅。同时，在商场中行走时，人们能够随着周围场景的变化体会到愉快的气氛。

(2) 购物中心的机能。

除了购物、就餐之外，购物中心的设计还要考虑顾客购物之余能有安静的空间，在那里休息和观赏景色，等待父母购物的孩子可以有活动、玩耍的场地。如果这两个空间能有机地结合在一起，那么购物中心就会充满活力和吸引力。因此，休息长椅、花木、雕塑和小孩游戏场等项目要予以充分考虑。

（3）平面布局的类型。

购物中心平面布局的类型一般有哑铃形、L 形、H 形、Y 形、T 形等，每种类型都有一至两个节点，节点承载着购物中心顾客交往、约会的功能。

（4）建筑形态。

购物中心内部的建筑形态有敞开式和封闭式两种，评估时要分情况讨论。

（5）地理位置。

购物中心具有代表性的地理位置包括中心商业区、周围商业区、郊外住宅区、工厂、住宅集中区、新兴城镇、其他村镇等。

（6）交通计划的目标。

考虑周围是否有流畅的交通道路，避免交通混乱；从道路交通到广场是否有有效的引道，是否建有缓冲道路和循环道路以避免等待停车发生的混乱局面；场地是否能公平有效地进行交通分散，停车选择是否具有自由性和便利性。

（7）停车的原则。

停车场和购物中心避免设在一条直线上，因为如果顾客从车辆中通过，不但危险而且影响车流量；主要车道禁止停车；设定单向行驶原则，这样，下车的顾客只要注意一个方向的车辆即可，而驾车者也只要注意步行者即可；面向购物中心的放射状的停车场能够美化环境、提供良好的视野，同时防止夏天被太阳暴晒。图 12—1 是美国某购物中心放射状停车场的例子。以 10%的顾客开车来计算，购物中心每 100 平方米至少就要有一个车位，这是停车能力的基准。

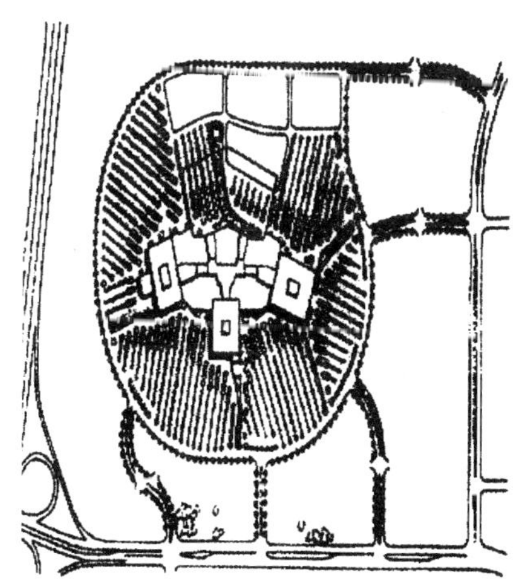

图 12—1　美国某购物中心放射状停车场

（8）购物中心的长度和宽度。

长度根据店铺数量和店铺间的必要间距来决定。购物中心经过通道的步行的顾客人数，最少不低于每分钟 40 人，最多不超过每分钟 200 人，据此确定其宽度。

（9）店铺布局。

核心店的设置：核心店放在距中心主要出入口较远的地方，如果有数家核心店，距离要拉开，一般设在四角，这样能使在核心店之间移动的顾客有机会光顾其他专业店。

专业店的集中设置：女装、女鞋、装饰品、童装等互补性强的店铺要集中在一个地区，这样有利于吸引顾客。同类商品店铺也应集中，以便于比较。

中心区：有休息的长椅，放置绿色植物，有充足的自然光线等。

（10）中心内外装修、设施和视觉效果。

购物中心规模大，其建筑往往成为一个城市或地区的地标。因此，新颖、现代、环保和与自然周边环境和谐的设计往往会给其周边环境带来显著改善，使该区域形成新的视觉效果。购物中心的外装修对优美视觉效果的取得起着至关重要的作用，而购物中心内装修则必须与其功能和风格相协调，这样才能提升其整体价值。

12.3.2 购物中心的评估方法

1. 市场比较法

这种方法最为简易，为比较在近期内类似购物中心在附近区域的售价，标准的比较方式是比较每平方米建筑物的售价。然而，运用市场比较法估算购物中心的价格时，最重要的是能够找到与估价对象相同或相似的参照物。由于购物中心这类物业具有较强的独立性和差异性，且整体出售的情况很少，因此使用市场比较法评估最大的制约条件是市场中经常缺乏可以进行比较的案例。

2. 收益法

购物中心作为一种零售商业物业，是收益性房地产，其价值主要体现在获取收益的能力上，因此收益法是购物中心估价的主要方法。采用收益法估价时一方面要准确界定由购物中心带来的净收益，不要在净收益中混入由于经营能力等非房地产本身要素所产生的收益；另一方面，还要正确选取资本化率。在管理费用上，即使是很小的支出，经折现率调整后，在房地产价值上都将产生显著的影响，因此，评估师需要非常小心地处理管理费用。

（1）购物中心的收益分析。

购物中心的收益方式主要以租赁为主，通常实行有抵押的长期租约，主要承租人的租期通常是20～30年，次要承租人的租期也达到3～10年，多数租约中还有5年1～4次的续约优先权。零售商业物业的出租，一般以可出租面积计算，可出租面积包括营业面积和分摊的公用面积。购物中心的租金是以每一个独立出租单元的总出租面积（GRA）为基础计算的。像写字楼一样，购物中心的出租可分割成若干个相对独立的开放空间。

一般而言，租金数额取决于承租者的行业类型、占用面积及具体位置。购物中心的租约中载明的租金通常为基本租金，一般以每月每平方米为基础计算，它是业主获取的、与承租者经营业绩不相关且承租者必须支付的最低租金。此外，承租者常常还需支付一些代收代缴费用，以负担整个物业的经营成本和公共面积的维护费用，有些物业则将维护费用包含在租金额之中。如果承租者的销售额超过了最低限度，还需按照销售额的一定比例支付超额租金。购物中心中超市的租金占销售额的平均比例为1％～1.5％。此外，因商店在零售物业的位置不同，顾客的流动量会有差异，因此租金额会有区别。承租者租占的面积越大，租金额总量越高，但占销售额百分比的租金率越低。

与写字楼出租一样，当使用毛租的形式出租购物中心时，所有的经营费用都应由业主从其所收取的租金中全额支付。然而，很多承租者喜欢净租的形式，即物业的运营费用由租户直接支付。净租的形式一般有以下几种：

1）承租者仅按比例分摊与物业有关的税项；

2）承租者要按比例分摊与物业有关的税项和保险费；

3）所有的运营费用，包括与物业有关的税项、保险费、公共设施设备使用费、物业维修费、公用面积维修费、物业管理费等都由承租者直接支付，而业主一般只负责建筑物结构部分的维修费用。

另外，由于零售业物业的租约期限很长，因此在租约中必须对租金调整作出明确的规定，以便使租约有效地发挥作用。租金调整条款一般仅对基本租金有效，经营过程中的费用可根据每年的实际情况确定。对于主要承租人，一般每5年调整一次；对于次要承租人可每年调整一次。

业主为了能够签订新的租约或保持现有承租人到期后续租，常常给予承租人一定的折让优惠。任何形式的折让优惠，尤其是租金折扣，都会导致物业价值的下降。折让优惠的具体方式包括向租户提供装修补贴、为租户支付搬家费用或提供一段时间的免租期等。

（2）购物中心的运营成本。

购物中心作为一种规模巨大的零售商业物业，运营成本很高。如前文所述，根据租金是毛租还是净租，运营成本的构成可能有很大的不同，而且购物中心的独特性决定了其费用构成的个体差异性。在进行购物中心的运营成本分析时，需要根据具体租约，分别考虑不同业态的情况。下面是某商业广场物业运营成本测算的过程。

【例12—1】 根据购物中心经营业态具体情况的不同，在进行物业运营成本测算中将整个项目分成三种业态分别测算，一为百货超市；二为统一经营商场；三为功能配套门市。

● 超市

18＃楼规划用来作为超市项目，经营面积约为3 000m^2，主要以租赁形式引进专业连锁店，以合作客户自己经营管理为主，运营成本由客户自行承担。同时由于该类经营在设施配套上有特殊需要，设施投入方式等需要在今后合作洽谈时具体约定，所以在此不予考虑。在物业管理费的收取方式和金额上，需根据物业公司的收费标准，同时结合租金水平予以考虑。

● 统一经营商场

16＃、16＃A、17＃楼建筑面积约为17 000m^2，实际经营面积约为12 400m^2。16＃A楼的一层和二层的一部分与17＃楼东侧的一部分作为功能配套，以门市形式出租，独立经营，其余部分作为统一经营商场。统一经营商场建筑面积约为15 270m^2，经营面积为11 140m^2，柜位面积为7 270m^2。

1）电费。

照明用电：商场的照明主要是基本照明和二次照明。二次照明需供应商按实际用电量缴纳，不作考虑。基本照明部分，根据经验，负荷按20W/m^2（经营面积）设计可满足要求，通过合理管理，平均负荷可降低至18W/m^2，营业时间按每天12小时，则商场照明年耗电量为：

$$18\times12\times30\times12\times11\ 140\div1\ 000=866\ 246\ (\text{KWh})$$

空调用电：根据地区的气候特点和商场的经营要求，商场的空调制冷集中在5—9月，供热集中在11月—次年3月，其他两个月通风即可。供暖时也需考虑通风负荷。

空调的设计耗电负荷应为50W/m^2左右，如果管理严格，制冷阶段平均负荷只是设计负荷的70%，为35W/m^2，则制冷阶段的每平方米耗电量为：

$$35\times12\times30\times5=63\ 000(\text{W})=63\ (\text{KWh})$$

通风负荷按 3W/m^2 计算，则通风每平方米耗电量为：

3×12×30×7=7 560(W)=7.56（KWh）

则商场空调平均每平方米年耗电量为：

63+7.56=70.56（KWh）

则商场空调年耗电量为：

70.56×11 140=786 038（KWh）

电梯用电：百货商场共设 8 部扶梯和 1 部货梯，每部电梯的功率为 7.5KW，平均运行负荷按 50%计算，则年用电量为：

7.5×0.5×9×12×30×12=145 800（KWh）

则商场年总耗电量为：

866 246+786 038+145 800=1 798 084（KWh）

该地区的商业用电电费为 0.8 元/KWh，则商场年电费为：

0.8×1 798 082=1 438 466（元）

2）水费。

商场的用水主要包括生活用水和空调冷却用水，生活用水每天 50 吨，空调冷却用水每天 120 吨，则商场平均月用水量约为：

50×30×12+120×30×5=36 000（吨）

该地区的商业用水水费为 4.4 元/吨，则商场每月水费为：

4.4×36 000=158 400（元）

3）物业管理人员工资。

经理 1 人：3 500 元/月；

主管 3 人：2 000×3=6 000 元/月；

一级职员 2 人：1 200×2=2 400 元/月；

二级职员 19 人：1 000×19=19 000 元/月；

三级职员 5 人：900×5=4 500 元/月；

员工 26 人：700×26=18 200 元/月；

工人 8 人：500×8=4 000 元/月；

人员工资共 57 600 元/月。

年工资总额及保险：

57 600×12×(1+32.5%)=915 840（元）

4）年设备、设施维修、保养材料费为 120 000 元。

5）年空调水处理费约为 30 000 元。

6）年工具、工装等装备费为 12 000 元。

7）年保洁耗材费为 24 000 元。

8）年外围物业管理费为 72 000 元（由物业公司承担的垃圾清运、外墙清洗、生活水池清理、店外绿化、智能化管理等）。

9）取暖费。

由于供热方式未确定，现只能进行预估。根据该地区的供热情况（采取集中供热，每年的取暖费标准为 24 元/m^2，是费用最低的取暖方式；采用电锅炉取暖，每年的费用标准约为 55 元/m^2，是费用最高的取暖方式），我们可预估每年的取暖费标准为 40 元/m^2，则商场每月取暖费为 40×15 270=610 800（元）。

10）房屋建筑保险费为 100 000 元。

商场部分每年物业运营成本为 1 438 466+158 400+915 840+120 000+30 000+12 000+24 000 +72 000+610 800+100 000=3482 000（元）。

商场部分每月物业运营成本为 3 482 000÷12=290 000（元）。

商场部分每平方米（柜位面积）月物业运营成本为 290 000÷7 270=39.9（元/月·m^2）。

● 门市

门市部分建筑面积为 1 730m^2，经营面积为 1 260m^2。因为门市是独立经营的，所以用电用水可单独装表，按实际用量代收水电费，这里不作考虑。门市部分应收的费用如下：

1）空调用电费。

按经营面积：(63+7.56)÷12×0.8=4.70（元/月·m^2）；

按建筑面积：4.70×1 260÷1 730=3.42（元/月·m^2）。

2）空调用水费。

按经营面积：120×30×5×4.4÷12÷12 400=0.53（元/月·m^2）；

按建筑面积：0.53×1 260÷1 730=0.39（元/月·m^2）。

3）取暖费。

按建筑面积：40÷12=3.33（元/月·m^2）；

按经营面积：3.33×1 730÷1 260=4.57（元/月·m^2）。

4）外围物业管理费。

按建筑面积：1 元/月 · m^2；

按经营面积：1×1 730÷1 260＝1.37（元/月 · m^2）。

门市部分每平方米（按建筑面积）每月物业费为：

3.42＋0.39＋3.33＋1＝8.14（元/月 · m^2）

门市部分每平方米（按经营面积）每月物业费为：

4.70＋0.53＋4.57＋1.37＝11.17（元/月 · m^2）

（3）购物中心业态分析。

如前所述，购物中心的业态是十分综合和复杂的，一个购物中心内部可能包括几十、上百、成千个商业单元。因为商业类型不同，它们的盈利能力和风险大小都不相同，前面分析的运营成本也不相同。然而，在不少评估报告里，测算购物中心的收益时，竟然明确写着经过市场分析得出了每平方米的单位租金，再从单位租金出发，根据购物中心的规模，计算购物中心的总的毛收益。将毛收益扣除运营成本后得出净收益，再根据购物中心的收益年期和资本化率对这个净收益资本化，得出最终的评估结果。

我们是不赞成在评估购物中心时这样应用收益法的。根据前面对购物中心的定义，我们知道购物中心是一个统一管理的综合性的商业聚集体。但是其中的各个商业的经营是独立的，表现为不同的经营收益能力和经营风险。这些大量的不同的经营单元共同组合形成了整个购物中心的收益水平和风险。因此，评估购物中心时应该首先获取购物中心全部的租赁合约，并根据商业业态和规模的不同，测算各种不同规模下不同商业业态的租金水平和风险水平，以此作为整个收益法评估的出发点。所以，业态分析对评估购物中心来说是非常关键的。

（4）评估步骤。

采用收益法评估购物中心的步骤大致可以分为以下几步：

第一步：资料收集。需要收集待评估购物中心关于建设成本、收益、地价和管理等方面的全部可能收集到的资料。其中，有关购物中心的收益性是最重要的、不可缺少的评估资料。为此需要收集购物中心全部的租约合同，不仅包括总承包商或经营者的总租约合同，还包括全部商业单位的租约合同，包括每个商业单元的承租面积（销售面积和附属面积）、租金高低、租金调整条款、租期长短和有关特殊条款等信息。这些租约合同是下一步实施业态分析的前提条件，没有这些信息就无法开展进一步的业态分析等评估活动。

第二步：资料整理和初步分析。将所收集到的资料进行分类整理，将全部租约合同中的承租人信息、商业用途、租金、承租面积、租金调整方式、续租权等信息填入电子表格，如果已经存在类似的电子表格，就需要检核这些电子表格是否与租约合同上的内容一致。同时，还需要检查租约表格上的面积数据是否与购物中心的建筑档案相符合。如果面积数据不符合，需要查出原因。经过资料整理和初步分析应该保证在数据上达到评估工作的要求和标准。

第三步：商业业态分析。将购物中心内全部的商业单位根据商业业态和规模进行分类，再根据分类结果测算各个分类的租金水平、运营成本以及风险水平，确定各个分类商业业态的资本化率的高低。一般来说，购物中心包括的主要商业业态有专业店、主力店、电器店、家具店、化妆品店、食品店、超级市场、健身等体育设施、电影院、停车场和停车库等。专业店还可以根据规模再细分，例如面积小于 $100m^2$ 的、面积为 $100\sim200m^2$ 的、面积为 $200\sim400m^2$ 的以及面积大于 $400m^2$ 的不同规模的商店。

第四步：测算各个商业部分的收益价值。采用适当的收益法的评估公式初步分析和测算各个商业部分的收益价值，并检查测算结果是否合理、准确，必要时进行相应调整。

第五步：确定购物中心的最终收益价值。

第六步：根据需要对收益价值进行必要修正，参考其他评估方法的结果，确定最终评估结果——购物中心的市场价值。

上述步骤的具体应用可参考本章后面的应用举例。

3. 成本法

如果将购物中心作抵押估价或是以征收房地产税为目的进行税基评估，可以用成本法作为辅助。此方法的理论是将该购物中心所在土地先视为空地，评定其市场价值，而后加上重建类似购物中心所需的建造成本，再减去可能的折旧总值。折旧估计是决定这种估价方式准确与否的关键，尤其是成立很长时间的购物中心，其价值可能因折旧估计而存在认知上的差异。另外，开发商所建立的商誉也是难以量化的考虑因素。成本法在购物中心评估中所起的作用往往是对收益法进行检核。

12.4 应用举例

12.4.1 以抵押贷款为目的的评估

【例 12—2】 待评估购物中心位于某特大城市的一条步行商业街的尽头，

交通方便，购买力一般。该购物中心共 7 层楼，总的使用面积约为 40 000m²，其中约 29 000m² 是商业、服务和餐饮，分布在 4 个楼层。这部分商业用途中，有 65 家商店，面积从 19m² 到 6 000m² 不等，有餐馆 17 家。在第 4 层有一个现代化的多厅电影院，共 9 个放映厅，有 2 578 个座位。在第 3 层的健身中心面积为2 000m²。第 5 和第 6 层是该地区的图书馆，面积为 4 000m²。该建筑内拥有 6 层的停车场，共计 700 多个停车位。建筑物有三个入口，内部有多部自动扶梯和电梯。

该购物中心 1999 年 8 月 1 日全部竣工投入运营，目前维护良好，装修比较高档。

购物中心的土地是通过有偿方式获得的，出让日期为 1997 年 8 月 1 日，出让年期为 50 年。土地总面积为 9 830m²，基准地价经过修整到评估时点为 10 000 元/m²。

通过市场调查和分析，发现混合经营的商业属于正常经营，而电影院、健身中心和保龄球馆的经营则不那么乐观，在未来可能会因为消费不足而导致经营困难。

购物中心的建筑面积为 77 377m²，重置单价为 13 000 元/m²，建筑外部设施占建筑成本的 2%，建筑附加费占建筑成本的 12%。

对当地市场的调查，结合评估经验，得出了如下运营费用和资本化率水平表，参见表 12—3。

表 12—3　　运营费用和资本化率测算结果

商业类型	用途	运营费用率（%）	资本化率（%）
商店（面积小于 200m²）	商业	10	6
商店（面积为 200～700m²）	商业	13	6
Familia	商业	13	6.5
Hugendubel	商店	12	6.5
主力电器店	商店	14	6
Woehrl	商业	21	5.5
电影院	娱乐、休闲	50	6.5
健身中心	体育、休闲	35	5.5
停车场	车库	22	7

经过对收集来的购物中心财务数据和租赁合约的分析，结合市场调查，得出租金水平汇总，见表 12—4。

表 12—4

租金水平汇总表

待评估购物中心的租金计算											
商店(面积小于 200m²)(m²)	净冷租金(元/m²)	净冷租金(元/月)	商店(面积为 200～700m²)(m²)	净冷租金(元/m²)	净冷租金(元/月)	停车场(个)	租金(元/个)	主力店面积(m²)	主力店	租金(元/m²)	租金(元/月)
81.00	320.00	25 920.00	258.00	276.00	71 208.00	700.00	150.00	6 476.00	Famila	108.00	699 408.00
189.00	196.00	37 044.00	306.00	160.00	48 960.00			1 665.00	Hugendubel	172.00	286 380.00
111.00	216.00	23 976.00	653.00	60.00	39 180.00			3 814.00	主力电器店	80.00	305 120.00
94.00	424.00	39 856.00	600.00	92.00	55 200.00			5 174.00	Woehrl	40.00	206 960.00
66.00	400.00	26 400.00	417.00	136.00	56 712.00			4 000.00	Stadtbibliothrk	0.00	0.00
40.00	160.00	6 400.00	354.00	80.00	28 320.00			6 000.00	电影院	12.00	72 000.00
30.00	480.00	14 400.00	610.00	60.00	36 600.00			1 736.00	健身中心	20.00	34 720.00
187.00	180.00	33 660.00	500.00	60.00	30 000.00						
160.00	300.00	48 000.00	574.00	80.00	45 920.00						
182.00	260.00	47 320.00	458.00	120.00	54 960.00						
43.00	412.00	17 716.00	276.00	260.00	71 760.00						
169.00	316.00	53 404.00	496.00	60.00	29 760.00						
24.00	460.00	11 040.00	599.00	60.00	35 940.00						
11.00	360.00	3 960.00	382.00	112.00	42 784.00						
71.00	240.00	17 040.00									
15.00	100.00	1 500.00									
111.00	380.00	42 180.00									
33.00	320.00	10 560.00									

续前表

待评估购物中心的租金计算											
商店(面积小于 200m²)(m²)	净冷租金(元/m²)	净冷租金(元/月)	商店(面积为 200～700m²)(m²)	净冷租金(元/m²)	净冷租金(元/月)	停车场(个)	租金(元/个)	主力店面积(m²)	主力店	租金(元/m²)	租金(元/月)
146.00	232.00	33 872.00									
67.00	400.00	26 800.00									
69.00	400.00	27 600.00									
66.00	500.00	33 000.00									
32.00	100.00	3 200.00									
115.00	260.00	29 900.00									
15.00	200.00	3 000.00									
166.00	320.00	53 120.00									
25.00	480.00	12 000.00									
36.00	220.00	7 920.00									
41.00	140.00	5 740.00									
96.00	220.00	21 120.00									
80.00	212.00	16 960.00									
106.00	60.00	6 360.00									
168.00	60.00	10 080.00									
151.00	260.00	39 260.00									
75.00	160.00	12 000.00									
149.00	160.00	23 840.00									
27.00	440.00	11 880.00									

现在贷款的发放银行为了确保贷款的安全性对该购物中心进行检核评估，估价师在对该购物中心进行市场调查和物业访问后，作出相应的估价。估价时点为2006年8月1日。

分析：

(1) 收益法估价。

由于电影院、健身中心和停车场存在较高的空置，这些空置增加了房地产的运营成本和经营风险，因此，适当提高了运营费用率和资本化率。

收益法测算过程汇总在表12—5中。

其中：

年毛收益＝出租面积×月租金×12

年净收益＝年毛收益×(1－运营费用率)

$$收益价值=\frac{年净收益}{资本化率}\times\left(1-\frac{1}{(1+资本化率)^{收益年数}}\right)$$

该购物中心的收益价值为490 739 379元。

(2) 成本法估价。

主体建筑重置价	13 000×77 377	约1 005 900 000元

建筑使用寿命为50年，已经使用了7年，考虑到土地剩余年期，取9年，采用直线折旧法计算折旧，则：

折旧额	1 005 900 000×9÷50	181 062 000元
主体建筑物现值		824 838 000元
建筑物外部设施价值	824 838 000×2%	16 496 760元
建筑附加费	824 838 000×12%	98 980 560元
建筑物的成本价值		940 315 320元
土地价值	9 830×10 000	98 300 000元
该购物中心的成本价值		1 038 615 320元

(3) 结果检核。

不同评估方法之差＝收益价值－成本价值

＝490 739 379－1 038 615 320＝－547 875 941(元)

$$误差百分比=\frac{收益价值-成本价值}{成本价值}=-52.75\%$$

两种不同评估方法的误差百分比远大于20%，评估结果位于经验区间±20%

表 12—5 收益法测算表

商业类型	用途	出租面积（m^2）	租金（元/m^2·月）	年毛收益（元）	运营费用率（%）	年净收益（元）	资本化率（%）	收益价值（元）
商店（面积小于200m^2）	商业	3 247	258	10 052 712	10	9 047 440.8	6	136 960 302.8
商店（面积为200～700m^2）	商业	6 483	100	7 779 600	13	6 768 252	6	102 457 906.5
Familia	商业	6 476	110	8 548 320	13	7 437 038.4	6.5	105 763 253.4
Hugendubel	商店	1 665	170	3 396 600	12	2 989 008	6.5	42 507 137.06
主力电器店	商店	3 814	80	3 661 440	14	3 148 838.4	6	47 667 165.82
Woehrl	商业	5 174	40	2 483 520	21	1 961 980.8	5.5	31 700 634.45
电影院	娱乐、休闲	6 000	12	864 000	50	432 000	6.5	6 143 537.659
健身中心	体育、休闲	1 736	20	416 640	35	270 816	5.5	4 375 699.813
停车场	车库	700（个）	150	1 260 000	22	982 800	7	13 163 741.54
总计		34 595		38 462 832		33 038 174.4		490 739 379

之外，必须对结果进行检核或者说明。

由于该房地产属于典型的商业性房地产，收益法与其他方法相比更具说服力，因此，以收益法的评估结果作为最后的评估结果，即该购物中心的评估价值为：

490 740 000 元

大写为：肆亿玖仟零柒拾肆万元整

收益法与成本法结果之差主要是因为该购物中心建设选址不当，没有形成充足的顾客流，导致目前经营不佳，租金收益较低。建议对该购物中心的经营进行研究，提出改善措施。

（4）检核参数。

$$毛收益倍数=\frac{收益价值}{总毛收益}=\frac{490\ 739\ 379}{38\ 462\ 832}=12.76$$

$$净收益倍数=\frac{收益价值}{总净收益}=\frac{490\ 737\ 379}{33\ 038\ 174.4}=14.85$$

上述参数值均属于正常经验值取值范围，说明该购物中心经营正常，评估结果可信。

12.4.2 以征税为目的的评估

【例 12—3】 该案例是一个综合性的购物中心，该购物中心位于某个大城市的商业步行街的尽头。土地面积为 26 795m²，基准地价为 9 000 元/m²（地面价格，七通一平的熟地）。该购物中心的建筑面积为 43 810m²，重置成本为 20 000 元/m²，建筑附加费占建筑重置成本的 12%，外部建筑设施费为建筑物重置成本的 3%。建筑物总的使用年限为 50 年，该购物中心是两年前竣工的。通过分析该购物中心的租赁合同，其租金收入情况如表 12—6 所示。

表 12—6　　租金汇总表（2006 年度）

商业类型	用途	出租面积（m²）	租金（元/m²·月）
商店（面积小于 300m²）	商业	9 174	350
商店（面积为 300～700m²）	商业	6 888	200
主力店 1	商业	6 560	155
主力店 2	商店	2 869	153

续前表

商业类型	用途	出租面积（m²）	租金（元/m²·月）
主力电器店	商店	2 078	133
家具店	商业	2 300	92
餐饮	餐饮	2 190	350
仓储	仓储	7 633	70
电影院	娱乐、休闲	3 742	90
健身中心	体育、休闲	1 404	100
Disco	体育、休闲	962	76
停车场	车库	743（个）	200
总计		45 800	

因为要对该购物中心征收 2007 年度的房地产税，需要评估该房地产的计税价值。已知该购物中心 2006 年度经评估得出的市场价值为 1 288 774 000 元。

评税分析：

由于该购物中心包含各种不同的商业业态——主力店、电器店、仓储、娱乐和休闲用途、停车场等，这些不同的商业用途的收益能力和经营风险各不相同。因此，该购物中心属于典型的复杂物业，不适合采用批量评税模型进行批量评税。评税人员决定对该购物中心采用个案评税技术路线单独评估。

该购物中心属于典型的高价值商业房地产，适合采用收益法进行评估。为了检核和验证收益法的评估结果，计划同时采用成本法评估。评估过程如下：

（1）成本法评估。

主体建筑重置价	20 000×43 810	876 200 000 元

建筑使用寿命为 50 年，已经使用了 2 年，采用直线折旧法计算折旧，则：

折旧额	876 200 000×2÷50	35 048 000 元
主体建筑物现值		841 152 200 元
建筑物外部设施价值	841 152 000×3%	25 234 560 元
建筑附加费	841 152 000×12%	100 938 240 元
建筑物的成本价值		967 324 800 元
土地价值	26 795×9 000	241 155 000 元
该购物中心的成本价值		1 208 479 800 元

（2）收益法评估。

根据市场调查，不同商业用途所对应的运营费用率和资本化率都不一致。根据待评估购物中心的特点，结合市场分析，确定购物中心内不同用途的运营费用率和资本化率，参见表12—7。

表12—7　　运营费用率和资本化率汇总表

商业类型	用途	运营费用率（%）	资本化率（%）
商店（面积小于300m^2）	商业	16	6.0
商店（面积为300～700m^2）	商业	17.5	6.0
主力店1	商业	16.5	6.0
主力店2	商店	16.5	6.0
主力电器店	商店	18.5	6.0
家具店	商业	15.5	6.0
餐饮	餐饮	12	6.0
仓储	仓储	15	6.0
电影院	娱乐、休闲	23.5	6.5
健身中心	体育、休闲	22	6.0
Disco	体育、休闲	26.6	6.5
停车场	车库	36	6.5

说明：电影院、健身中心、Disco和停车场存在较高的空置，这些空置增加了房地产的运营成本和经营风险，因此，适当提高了运营费用率和资本化率。

由于购物中心的商业业态复杂综合，不能通过数学模型测算各部位的租金收益状况，因此，不能通过批量评税模型自动评估计算。根据表12—6和表12—7中的数据，将收益法测算过程汇总在表12—8中。

其中：

$$\text{年毛收益}=\text{出租面积}\times\text{月租金}\times 12$$

$$\text{年净收益}=\text{年毛收益}\times(1-\text{运营费用率})$$

$$\text{收益价值}=\frac{\text{年净收益}}{\text{资本化率}}\times\left(1-\frac{1}{(1+\text{资本化率})^{\text{收益年数}}}\right)$$

该购物中心的收益价值为1 328 038 532元。

（3）结果检核。

$$\begin{aligned}\text{不同评估方法之差}&=\text{收益价值}-\text{成本价值}\\&=1\,328\,038\,532-1\,208\,479\,800=119\,558\,732\text{（元）}\end{aligned}$$

表 12—8　　建筑物收益价值测算汇总

商业类型	用途	出租面积（m^2）	租金（元/m^2·月）	年毛收益（元）	运营费用率（%）	年净收益（元）	资本化率（%）	收益价值（元）
商店（面积小于 300m^2）	商业	9 174	350	38 530 800	16	32 365 872	6.0	506 526 758.1
商店（面积为 300～700m^2）	商业	6 888	200	16 531 200	17.5	13 638 240	6.0	213 438 818.9
主力店 1	商业	6 560	155	12 201 600	16.5	10 188 336	6.0	159 447 729.5
主力店 2	商店	2 869	153	5 267 484	16.5	4 398 349.14	6.0	68 834 281.09
主力电器店	商店	2 078	133	3 316 488	18.5	2 702 937.72	6.0	42 301 047.25
家具店	商业	2 300	92	2 539 200	15.5	2 145 624	6.0	33 579 072.7
餐饮	餐饮	2 190	350	9 198 000	12	8 094 240	6.0	126 675 071.4
仓储	仓储	7 633	70	6 411 720	15	5 449 962	6.0	85 292 050.33
电影院	娱乐、休闲	3 742	90	4 041 360	23.5	3 091 640.4	6.5	45 248 999.89
健身中心	体育、休闲	1 404	100	1 684 800	22	1 314 144	6.0	20 566 388.57
Disco	体育、休闲	962	76	877 344	26.6	643 970.496	6.5	9 425 100.313
停车场	车库	743(个)	200	1 783 200	36	1 141 248	6.5	16 703 213.81
总计		458 000		102 383 196		85 174 564		1 328 038 532

$$误差百分比=\frac{收益价值-成本价值}{成本价值}=9\%$$

两种不同评估方法的误差百分比小于20%，评估结果可以接受。

由于该房地产属于典型的商业性房地产，收益法与其他方法相比更具说服力，因此，以收益法的评估结果作为最后的评估结果，即该购物中心的评估价值为：

1 328 000 000 元

大写为：拾叁亿贰仟捌佰万元整

(4) 检核参数。

$$毛收益倍数=\frac{收益价值}{总毛收益}=\frac{1\ 328\ 038\ 532}{102\ 383\ 196}=12.97$$

$$净收益倍数=\frac{收益价值}{总净收益}=\frac{1\ 328\ 038\ 532}{85\ 174\ 564}=15.59$$

上述参数值均属于正常经验值取值范围，说明该购物中心经营正常，评估结果可信。

从上述评估结果出发，考虑到房地产税收征管要求，最终确定该购物中心的计税价值为1 328 000 000×80%(计税价值比例)=1 062 400 000 (元)。

本章小结

本章首先讲解了购物中心的概念、特点和价值影响因素，并以此为基础详细地讲解了购物中心的评估方法和特点，重点讲解了评估参数的测算方法和技巧，包括收益测算、运营成本测算、商业业态分析。本章最后通过购物中心的具体评估实例生动地分析了购物中心的评估过程和技巧。

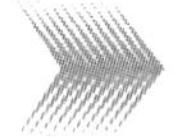

关键术语

购物中心　　商业业态分析

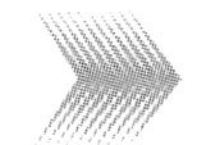

复习思考题

1. 什么是购物中心？

2. 如何对购物中心进行分类？

3. 购物中心有什么特点？

4. 哪些因素对购物中心的收益有影响？

5. 评估购物中心的方法有哪些？如何选择购物中心的评估方法？

6. 为什么需要对购物中心的商业业态实施分析？如何分析购物中心的商业业态？

7. 评估购物中心的注意事项有哪些？

8. 如何测算购物中心的租金和收益？

第13章

高尔夫球场评估

学习指导

掌握高尔夫球场这类体育休闲房地产的概念、市场特点和价值影响因素，重点掌握高尔夫球场评估的方法和特点，并了解评估参数的测算和选取方法。

13.1　高尔夫运动简介

13.1.1　高尔夫运动发展概况

高尔夫运动起源于欧洲，“高尔夫”一词是荷兰文 kolf 的译音，英文为 golf。早在 15 世纪，高尔夫运动在苏格兰就已经非常普遍了。这项运动是现代体育运动中发展最快的项目之一。现在流行于英国、美国、韩国、日本和泰国等国家。

13.1.2 中国高尔夫球场发展情况比较

根据《2008年中国高尔夫市场研究报告》的研究结论，中国高尔夫球场建设每年将以20%～30%的速度递增。目前中国高尔夫消费人群达100万人，年增长比例达30%。未来10年中，如果在4.5亿左右城市人口中有0.2%的人打高尔夫球，则中国将有近1 000万之众打高尔夫球。如果按照美国打球人数与球场数量的比例关系，则中国未来10年需要建8 000个高尔夫球场及练习场。

可见高尔夫运动在中国具有良好的发展前景，与其相关的房地产的开发建设有着广阔的前景。研究高尔夫运动相关房地产的价格形成特点和市场发展变化规律，提高此类房地产的评估质量是非常必要的。

13.1.3 高尔夫运动的特点

与其他球类运动不同，高尔夫运动既可以多人参加竞赛，也可以是个人的比赛。其比赛的激烈程度不如其他对抗性运动项目那么大，长时间、长距离的行走是它的特点。高尔夫运动既可以锻炼身体，又可以在打球的同时欣赏球场周围美丽的自然风光，使体育健身、竞技和休闲娱乐融为一体。

1. 人与自然的完美结合

高尔夫运动最大的特点是它是一项植根于大自然又最亲近大自然的运动，是一个人造的并保留自然风貌的环境，充满着绿草、氧气和阳光。那一望无际的翠绿，小桥流水的生动和碧海蓝天的开阔，给予人们的是一种恬淡、宁静、优雅和深邃。行走其间，能让你与大自然亲近、沟通，体验人与自然的和谐共处，获得日光浴与空气浴之利，从而可以舒缓心理压力，松弛精神，使身体疲劳得以缓解；能使你感受天地之浩大，举手挥杆之间，领悟人生之曲线，回归自己，洗涤生命。

2. 可参与性

美国人称高尔夫是生命的游戏、美国的气功，是一项终生运动。高尔夫运动不受年龄、性别、身体素质、机体运动能力等条件的限制，老少皆宜。行走球场，既可以多人对抗，也可以独自休闲；既可男女配对，也可老少同组。从人体运动学的角度来分析，高尔夫运动是由徒步行走（walking）和以杆击球（swing and putt）这两部分构成的，其中大部分时间的运动形态是徒步行走。生理学家研究表明，人的衰老是从腿开始的，人最好的锻炼方式就是步行。在天地人合一的自然环境中打高尔夫，步行虽远，但用时长，运动强度较小，它对于预防心血管病、癌症、高血压、糖尿病等都有很好的作用。

3. 社交平台

现代社会中，社交已成为人们谋生与发展的重要手段。寻找良好的社交环境和有效的社交方式是许多人用心考虑的事情。高尔夫球场优美的自然环境和高尔夫运动悠然的休闲特点，使现代商务人士将高尔夫球场作为重要的社交场所和社交媒介。高尔夫球场也是一些政治家、企业家修身养性、寻求安静的去处。

4. 注重“礼仪、诚信、自律”的品质

高尔夫运动倡导“礼仪、诚信、自律”的品质。将礼仪纳入运动规则，高尔夫开创了世界体育运动史的先河。“为其他球员着想”、“球场优先权”及“对草坪保护”等规则都体现出一种“先人后己”的绅士风度。

5. 文化和经济的一体化

高尔夫运动在现代经济文化一体化发展的潮流下，已不再体现单一的体育运动的竞技、娱乐、健康和休闲的功能，而是以其特殊的文化表现形式，迅速成为社会产业结构中一种新兴的具有高附加值的产业形式，涵盖了生产、消费、营销、旅游、教育等多个方面。

13.1.4 高尔夫运动的消费者构成

由于打高尔夫球最早在宫廷贵族中盛行，加之高尔夫球场地设备昂贵，故高尔夫运动有贵族运动之称。现代社会高尔夫运动的消费群体被称为“四高”人群，即“高收入，高学历，高职位，高品位”。

中国现已成为世界上高尔夫爱好者和高尔夫球场增长速度最快的国家，目前国内已有高尔夫爱好者约100多万人，其中26～35岁的中、高收入者居多；其次是高尔夫从业人员、青少年高尔夫爱好者、外国驻中国机构的白领阶层，以及拥有会籍且经常在周末及假期来国内打球的人士（见表13—1）。

13.1.5 高尔夫球场经营及发展

就北京市高尔夫球场来说，开业较早的俱乐部经营状况稳定，新高尔夫俱乐部经营状况良好。球场质量较高，主要的高尔夫球场均已形成自己的独有风格。会员制和年度卡是目前北京市高尔夫俱乐部的主要经营方式，会籍促销方式出现新的特点，例如推出会籍租赁分期付款，以分期付款方式销售会籍。大部分高尔夫俱乐部终身制会员的会籍费用多为40 000美元～60 000美元，练习场的会员

表 13—1　　　　高尔夫球消费者构成

年龄	25 岁或以下	22%	职务	行政人员/办公室成员	10%
	26～35 岁	46%		专家	13%
	36～45 岁	19%		中级管理人员	18%
	46 岁以上	13%		高层管理人员	29%
性别	男	70%		企业主	30%
	女	30%	个人年收入（元）	少于 300 000	16%
受教育层次	中学	8%		300 001--600 000	30%
	综合大学（学院）	37%		600 001～900 000	25%
	大学本科及以上	55%		900 001～12 00 000	20%
				1 200 000 或更多	9%

会籍费用也维持较高水平。

毋庸置疑，高尔夫产业作为一种新兴的体育产业在中国日益受到关注并迅速发展，但这个行业在中国还远未成熟。无论高尔夫运动本身还是由高尔夫运动带来的相关产业的发展，在中国都处于成长阶段。

例如，除球场自身的经营外，近年来，球场和其他房地产开发项目的组合开发成为新的亮点。北京的高尔夫球场主要分布在北京市郊水源和风景较好的地段，地域开阔，周边分布着别墅群或其他类型的住宅，部分球场已经形成高尔夫—别墅布局。球场内的别墅物业具有如下特性：单位面积普遍较大，一般在 $300m^2$ 以上；从价格方面来看，高尔夫别墅的价格一般为12 000～20 000 元/m^2，通常以总价款的形式标价。球场周边的物业具有如下特性：同一区域的物业，靠近高尔夫球场的，其均价高于远离高尔夫球场的；同一物业、同一楼层朝高尔夫球场一面的户型在价格上每平方米高出其他户型几百甚至上千元。购买高尔夫物业的置业者均为各行业的高级主管阶层、成功人士、科技人才、精英人士等。

13.2　高尔夫球场简介

13.2.1　高尔夫球场组成

高尔夫球场通常由 4 个部分组成，即发球台、球道、障碍区和果岭。

发球台有着平整较细的草皮，呈平台式或阶梯状。分为白梯、蓝梯、黑梯

（高手用的发球台）以及红梯（女性发球台）。每个颜色的梯台到果岭的距离不同，黑梯最远，红梯最近。

球道是连接发球台和果岭的区域，可设置多处障碍。球道长度指发球线到球洞的距离。230m 以内为短球道（短洞），标准杆 3 杆；230～430m 为中距离球道（中洞），标准杆 4 杆；430m 以上为长球道（长洞），标准杆 5 杆。

障碍区的建设形式主要是沙坑、草丛、水池、小溪、树林等。沙坑分布在果岭周围及球道中，形状自由，一般每个 150～400m²，标准球场一般有 40～70 个沙坑。

果岭是位于球洞周围的由细密草地构建的一定大小的区域，是经过精心修剪的短草草坪，一般为 500～700m²，通常是圆形的。其形式有炮台式、围合式、梯田式等，特殊球场还有双果岭。果岭通常由果岭推杆区（草高 5mm）、岭环（推杆区周围一圈，草高 1～1.5cm）、岭围（岭环前的球道延伸部分）、岭周区（岭环两侧及后面的高草区）组成。

球洞位于果岭的中央，细密的草地适宜于对球的不同击打力度，可以充分发挥打球技巧。高尔夫的球洞孔径为 10.8cm，深 10cm，内有铁杯或塑料杯。旗杆一般要求在 2.44m 以上。高尔夫球场的标准球道由 18 个球洞组成，前九洞编号 1～9，后九洞编号 10～18。球洞与球洞之间的设置通常为：开球草坪—开阔草地—地势起伏区或灌木丛—障碍区—球洞草坪。

一般用于比赛的高尔夫球场，应为 18 个球洞，72 标准杆。其中 3 杆和 5 杆球道各 4 段，4 杆球道 10 段。3 杆球道指按比赛规定 3 次击球应将球从发球台打入果岭洞中，其他球道依此类推。球道一般以码为单位（1m＝1.093 61 码），3 杆球道长 250 码以内，4 杆球道长 251～470 码，5 杆球道长 471～576 码，18 个球道总长度为 6 400～7 000 码。除 18 洞球场外，许多球场出于营业上的需要设计成 27 洞、36 洞、54 洞甚至更多洞，但都以 9 洞为基本单位。多设洞数是为了能让更多的人打球，同时设计风格迥异的球洞也为球员打球增添了情趣和挑战。在城市中心用地较紧张时，也可以修建 6 洞、9 洞的非正规球场，微型高尔夫球场，或仅建练习场。

13.2.2 高尔夫球场附属设施

一个高尔夫球场除球场外，往往拥有齐全的附属设施，如会所大楼、酒店式别墅客房、豪华高级套房、网球场或室内网球馆、餐厅（中西）、多功能宴会厅、会议室、儿童乐园、咖啡厅、专卖店、蒸汽、桑拿、冷热按摩池及按摩房、健身室、游泳池、商务中心、男女更衣室等，还包括训练场地（高尔夫学校、挥杆练习场、练习果岭）和停车场（200～300 个停车位，视规模而定）。高尔夫球场一般都设有挥杆练习场和练习果岭区，供球手热身和熟悉球技或供初学者练习球技。练习场一般是长 300m 左右、宽 80～100m 的长方形区域，面积常在 3.5 万～6 万 m^2。高尔夫球场一般设有目标果岭，为球手提供打击的目标，测试击球的准确性。美国高尔夫球场会所的构成和规模见表 13—2。

表 13—2　　美国高尔夫球场附属设施和建筑规模　　单位：平方英尺

俱乐部会所构成	市政场地	日收费场	乡村俱乐部场地
专业商店	500	1 000～1 500	1 500
办公/行政区域	100	250～400	1 000～1 500
仓库	250	450	500～1 000
快餐店	450	—	—
酒吧和烤肉店	—	750	750～1 000
餐厅	—	—	4 000
宴会厅	—	—	0～6 000
厨房	—	400～1 500	2 500
棋牌室/会议室	—	—	2 000
衣帽间	—	1 500～5 500	5 500～9 500
健身房	—	—	2 500～4 000
车库和存包处	3 000	5 500	7 500
小计	4 300	9 850～15 600	27 750～40 500
维护建筑	2 500	6 000	6 000
商店/车库	—	2 500	3 500
多用途区	200	650～900	750～1 000
俱乐部会所可能包含的其他区域：			
收费控制点		院子/天台	
专业商店的更衣室		汽车修理处	
热水房		医疗室	
桑拿室		雇员休息室	
涡轮机房		维修办公室	
服务员储物处		房屋管理处	
休闲室		冷藏室	
附属厨房设施		干货储存室	
服务餐具室		服务走廊	
图书馆		藏酒室	
护理/儿童房		码头	
锅炉房			

资料来源：美国估价师学会，Analysis and Valuation of Golf Courses and Country Clubs；Aithur Gimmy 国际公司。

13.3　高尔夫球场评估

13.3.1　高尔夫球场评估任务

随着社会经济的发展进步，高尔夫运动逐渐成为上流社会人士的一项高雅的体育活动。目前，国内的高尔夫球场多为外商独资或与国内合资兴建。国外的统计资料显示，高尔夫球场的经营者同时又是其所有者的情况仅占全部高尔夫球场的10%。多数情况下高尔夫球场的所有者与经营者是分离的。由于高尔夫球场涉及高额的资金、财产，因此高尔夫球场价值的测算和评估也为行业人士所关注。对于高尔夫球场而言，一般会形成如下估价任务：

（1）评估未来将修建高尔夫球场的农业经济用地的价值；

（2）评估已经建成的高尔夫球场的价值；

（3）评估出租的高尔夫球场的租金价值；

（4）评估高尔夫球场用地的使用权价值。

13.3.2　高尔夫球场评估特点和方法选择

1. 高尔夫球场的价值特点

高尔夫球场价值的形成不同于其他物业，其价值一般通过会所的成立和运作收益来体现。通常具有以下特点：

（1）投入价值量高：从上亿元到几十亿元不等。

（2）价值个体差异大：球场设计创意、球场自然条件、球场规模及知名度、会所设施、会籍种类和市场供给等影响价值因素都可能不同。

（3）收益来源特殊：高尔夫球场的收益主要来自高尔夫球会会籍销售收入、会所设施营业收入、打球消费收入、会员会费收入等等。

2. 高尔夫球场评估方法选择

因为高尔夫球场数量少，在同一供需圈内很少存在多家高尔夫球场，因此现实中几乎不存在可以利用的高尔夫球场比较案例，难以选用市场比较法评估高尔夫球场的市场价值。

高尔夫球场是具有收益性的物业，同时，高尔夫球场的建设者或者投资方通常会以收益作为投资决策的基础，我们通过收益可测算其市场价值，故收益法可作为高尔夫球场评估的方法之一。

就成本法来说，高尔夫球场开发成本的诸多构成可以预测估算，如果从委托方处可以收集到较完整的高尔夫球场开发成本费用资料，成本法也可作为高尔夫球场的评估方法之一。高尔夫球场建设的成本一般会超出以收益为导向的收益价值，故对于大多数球场难以采用成本法评估。由于一些高尔夫球场的建立是用来为周边项目提供便利，以提升项目整体价值和销售收入的，例如一些居住项目和度假村附属的球场，而不是以利润为导向，这时，收益法的适用性会受到限制，多采用成本法进行评估。

基于上述考虑，评估高尔夫球场最适用的方法是收益法，对于大多数高尔夫球场来说，一般采用收益法进行评估。采用收益法评估的基本公式为：

$$收益价值=净收益\times乘系数+剩余价值\times q^{-n}$$

净收益主要来自净地租，即流向出租方的现金收益。为了正确估算净收益必须认真考察出租合同的内容。合同中最重要的决定高尔夫球场价值的参数如下：

（1）租金；

（2）租金合同中的调节条款；

（3）付款方式；

（4）租约剩余期限；

（5）对现有设施是否存在补偿；

（6）提前收回出租权的相关条款；

（7）延长租约的条款。

乘系数根据租约的剩余年限（应该考虑延长合约的选择权）和所选用的利息率（资本化率）来确定。

剩余价值需要根据高尔夫球场在合同到期之后的变现可能性来确定。例如，如果球场设施在合同到期之后对土地承租人没有任何补偿，就需要检查这些设施能否按照原用途或类似用途继续使用，或者需要进行一定程度的改造，或者采取一定的现代化措施，并且将这些费用一并考虑到剩余价值中。也就是说，此种情况下的剩余价值等于土地价值加上地上高尔夫球场建筑设施的余值。如果合同上存在对地上建筑设施的补偿条款，则剩余价值就等于土地价值。

资本化率根据经验可以取 8%，但是由于高尔夫球场建设数量过多，竞争较大，这个经验值已经远不能反映市场情况。因此，一般建议采取 8%～10%。实际上究竟应该选取的资本化率是多少，需要根据待评估高尔夫球场所在地的具体情况进行测算，并结合估价师的经验来确定。

3. 高尔夫球场评估的难点

高尔夫球场的主要评估难点如下：

（1）高尔夫球场球道价值内涵的界定。

如果高尔夫球场球道包含配套服务设施，则在评估球道价值时应该计算配套服务设施所带来的直接收益；反之，应把该部分收益从高尔夫球场总收益中剥离出来。

（2）高尔夫球场球道会员合理数量的确定。

要合理设计每个球道的会员数量。如果数量太多，会影响会员卡的销售价格；如果数量太少，不符合投资商的投资期望。

（3）高尔夫球场球道打球消费收入的预测。

打球消费收入主要取决于打球收费及打球人流量。要综合考虑该地区的经济发展前景、打球消费群体的增量变化、新增同类球场建设规模等因素的影响。

（4）收益法中资本化率的取值。

资本化率的取值应该比当地普通商业物业的平均值高 1%～3%。可参照经验标准并考虑实际情况，对球场的资本化率进行取值。

13.3.3 高尔夫球场评估的核心收益数据

1. 高尔夫球场经营收入

高尔夫球场的经营收入主要与如下因素相关：

（1）会员数量和每年的会费、会员卡销售收入以及打球消费收入；

（2）平均营业额；

（3）运营成本。

某高尔夫球场由 18 个洞组成，面积为 70 公顷，其经营数据如下：

会员会费		5 000 元/人·年
会员人数		700人
租金		7 500元/公顷
收益	700×5 000	3 500 000元
支出		
租金	70×7 500	52 50 00元
四个场地员工费用	4×300 000	1 200 000元
机器设备		300 000元
场地养护		250 000元

设施/俱乐部房产　　250 000元

管理费及其他　　250 000元

成本合计　　2 775 000元

净收益　　725 000元

上述计算还没有考虑高尔夫球场投资的财务成本。如果上面的高尔夫球场建设总投资为 2 500 万元，财务成本为 10%，则每年的财务成本为 2 500 000 元。因此，分摊在会员身上平均约为 3 500 元/年。运用收益法求取净收益可以从会员费收入和分摊在会员身上的财务成本出发。

在中国经营高尔夫球场不仅可以获得上述的主要经营收入，还可以获得来自其他配套设施的收入。一个完整的高尔夫球场的经营数据如表 13—3 所示。

表 13—3　　中国高尔夫球场经营数据构成

营业收入		
会员费收入	度假别墅客房收入	商店收入
会员证收入	练习场收入	餐饮收入
会员打球收入	其他体育设施收入	其他设施收入
非会员打球收入		
经营成本		
燃料、动力等消耗费	环境治理维护费	其他费用
工资及福利费	餐饮、商业营业成本	折旧费
修理费（工程费用 2%）	其他营业设施运营成本	
营业税金及附加（营业税率按娱乐业计算，高达 20%）		

2. 高尔夫球场开发成本

1994 年在德国开发一个拥有 18 洞、面积为 75 公顷的完整高尔夫球场，不包含土地成本和企业利润，需要花费 500 万～1 000 万欧元（约合人民币 5 000 万～1 亿元）。高尔夫球场费用一般仅占总成本的 40%。

下面是分类的开发费用情况：

俱乐部用房　　1 000 000 欧元

机器公园　　250 000 欧元

机器大厅（包括维修车间）　　200 000 欧元/个

练习场　　50 000 欧元

入口和停车场	100 000 欧元
上下水	50 000 欧元
小型建筑物	25 000 欧元
不可预见费	100 000 欧元
规划设计费	250 000 欧元
项目管理及前期费	175 000 欧元
施工完成维护和建设期间费用	75 000 欧元

高尔夫球场的使用寿命一般为 20～30 年。小型高尔夫球场用地面积一般为 25 公顷左右。大多数的高尔夫球场采用 9 洞或者 18 洞设计，平均占地面积为 50～100 公顷。

在中国，高尔夫球场的主要开发成本如表 13—4 所示。

表 13—4　　中国高尔夫球场投资组成

固定资产投资		
工程费用		
环境综合治理工程	景区管理中心	停车场建设
高尔夫球场及练习场	给排水工程	室外及绿化工程
球场维护管理机械	污水处理工程	运输工程及车辆
俱乐部、会馆	通信设施	其他运动设施（网球等）
度假村度假别墅	供电设施	
其他费用		
土地使用费	勘察设计费	供电贴费
建设单位管理费	职工培训费	办公及生活家具购置费
预备费用		
基本预备费用	涨价预备费用	
投资方向调节税		
建设期利息		

国内 18 洞球场的投资成本平均为 1.53 亿元，平均的投资回收期为 6.9 年甚至更长。如果认为土地成本占 40%，则高尔夫球场建筑物成本投入约为 0.9 亿元，土地成本为 0.6 亿元。这个数值与德国高尔夫球场的开发成本接近。

3. 高尔夫球场租金价格

由于大多数高尔夫球场建设用地都是从农用地转用而来的，并且将农业经济用地转变成新的财产形式，因此，一般随着这个转变过程会产生新的征税方式，即对高尔夫球场用地会征收高于农业经济用地的土地税。在德国对高尔夫球场用地征收的租金根据位置不同介于 0.05 欧元/m^2·年和 0.08 欧元/m^2·年之间，并且呈逐年上涨的趋势。目前，最高已经达到 0.10 欧元/m^2·年。在实践上一般采用的折现率为 2%，由此计算出的土地价值为 5 欧元/m^2·年。

在具体评估实例上需要根据评估实例的情况从比较数据中推导出适当的租金收益。租金一般与如下因素相关：

（1）区域购买力和人口密度；

（2）区域性的农业经济用地的租金水平；

（3）租约的条件和时点。

4. 高尔夫球场土地价值

根据国际上的调查，位于乡村区域的高尔夫球场用地的租金比农用地的租金高 2～3 倍，位于城市建成区的高尔夫球场用地比农用地租金高 4～5 倍。在未来，高尔夫球场用地的租金将会以农用地租金的 2～4 倍出租，而地势起伏的高尔夫球场用地因其需要较高的维护成本，从而会影响土地的整体价值（价值减损）。此外，引起价值减损的原因还可能是高尔夫球场的经营者需要承担较高的生态保护负担和为了安全措施而修建的横穿球场的公共道路。

高尔夫球场工程所需的基础设施包括电力、灌溉用水、卫生间的排水设施以及排水系统。由于灌溉球场的水源非常重要，因此必须对水供给的充足性和质量进行全面的调查和核实。典型的水源包括地方自来水厂，场地内部的井、运河或沟渠，湖或溪流，以及经过污水处理后的循环水或中水。

在评估待建球场时需要考虑水供给的可靠性，即从长期来看水供给是否充足；而评估水资源稀缺地区及水供给季节波动较大地区的现有球场时，也必须考虑水的供给问题。现实中，不同场地对水的需求和抽水费用的差异很大。一个 18 洞、普通面积球场每天的用水量可以达到 25 万～50 万加仑①，具体数量取决于场地覆盖物的种类和数量、气候条件以及灌溉方式。沙漠型的高尔夫球场在夏季每天通常要耗费 100 万加仑的水。

估价师同时应该考虑现期和未来的水资源供给状况、潜在的备用资源以及可能导致未来水资源供给限制和中断的因素。未来水资源的竞争将更加激烈，因此多数依赖外部水源的项目就可能面临更高的用水成本。

---

① 美欧等国的加油站通常以加仑为单位计价，我国的加油站则以升为单位计价。美制 1 加仑＝3.785 升，英制 1 加仑＝4.546 升。

使用处理过的污水来灌溉高尔夫球场是较为乐观的发展趋势。在某些情况下，高尔夫球场的开发能力就取决于其对处理过的污水的利用能力。

评估土地价值除了上述需要考虑的因素之外，还应该引入其他体育和休闲设施建设用地的价值作为比较价值。一般而言，随着土地面积的增大，每平方米土地的价值会表现出降低的趋势。

根据最新的调查，在经历了 20 世纪 90 年代的高尔夫热之后，目前高尔夫球场用地的租金已经降到了与农用地价格相当或者高出农用地价格 50%的程度，特别是小片的土地更是表现出较低的成交价格。但是，高尔夫球场用地市场变得不太透明，很多情况下最后成交价格与具体的讨价还价直接相关。因此，评估师需要充分考虑这方面情况。

在某些很可能被规划为新的商业或住宅建设用地的区域，并且该区域的土地已经达到了五通一平或者七通一平的熟地水平，高尔夫球场用地的价格有时会以商业用地的价值作为比较价值。

13.4 高尔夫球场评估实例①

下面以位于广东省的某著名高尔夫球场为例说明高尔夫球场的评估方法和特点。

13.4.1 个别因素分析

估价对象为某高尔夫球场 A 球道，为 S 市 L 区二级用地，宗地号为 A933-0001，土地登记证书号为《房地产证》×房地字第 7226235 号；土地面积为 793 270.10m^2，土地使用权现为××高尔夫球会有限公司使用；土地所有权性质为国有土地。地块形状为不规则，地势属于丘陵，球场使用年限为 40 年（1994 年 8 月 15 至 2034 年 8 月 14 日），在评估时点已使用年限为 8.9 年，剩余使用年限为 31.1 年。本高尔夫球场 A 球道有 18 洞，场地内绿化工程、道路工程、供水工程、供电工程等配套设施工程已经完成。

本高尔夫球场始建于 1992 年，至今已经建成 A、B、C、D、E 五道 18 洞的

① 改编自中国房地产估价师与经纪人学会编著：《2004 房地产估价报告精选》，北京，建筑工业出版社，2004。

球场，总占地面积 4 027 016.88m^2 是目前华南地区规模最大、场地最好的高尔夫球场，曾经举办过多次国际比赛，系列国际赛事使高尔夫球会获得了较高的知名度。

13.4.2 区域因素分析

本高尔夫球场位于 S 市 L 区，东临新兴路，南接高尔夫大道，西临梅观高速公路，北至大外环路。球场处于三大高速路的交汇处，南面经××高速直通港口口岸，西面经××高速可通机场，并通过与××等广东省高速公路网连接，可以到达珠江三角洲的主要区域，交通十分方便。本高尔夫球场的配套设施完善，有建筑面积达 3 万 m^2 的配套会所、乡村俱乐部、酒店等设施，会所配套有餐厅、泳池、健身等多项设施。

13.4.3 背景因素分析

(1) 宏观经济形势继续看好，房地产开发投资基本与国内生产总值同步增长，居民消费需求旺盛，消费结构呈现多元化。

(2) S 市房地产市场持续平稳发展，房价、房租和地价总水平保持平稳。

13.4.4 最高最佳使用分析

根据该项目规划，估价对象的规划用途是高尔夫球道用地，根据合法性原则及最高最佳使用原则，确定委托估价对象的最高最佳用途为其规划用途。

13.4.5 估价方法选用分析

估价人员深入细致地分析了项目的特点和实际状况，并研究了委托方提供的及其所掌握的资料，在实地勘察和调研的基础上得出如下结论：

(1) 高尔夫球场是具有收益性的物业，其价值在于通过球会的成立及运作来体现其收益能力。球会管理水平和运作风格可影响球场的收益潜能，我们可通过收益预测其市场价值。因此，本次评估采用收益法作为评估方法之一。

(2) S 市具有二十多年的土地开发历史，具有比较完整的土地开发成本数据，同时委托方具有较完整的高尔夫球道开发成本费用资料，为本次评估提供了许多有参考价值的第一手资料。考虑本次评估目的（抵押贷款）需要遵循保守性原则，因此，成本法也作为本次评估的方法之一。

13.4.6 估价测算过程

1. 采用收益法进行评估

高尔夫球场只有作为一个整体时方能发挥其价值，因此很难确定哪部分收益来自球场的哪一部分。我们在评估时，把本高尔夫球场A、B、C、D、E五个球道当做一个整体进行评估，通过计算整体的收益、成本、费用等来核算整个球场的价值，然后按照一定的方法，把评估出的总价值按球道打球人流及球道用地面积综合分摊，得出球道A的价值。

（1）收入计算。

球场的收入主要来自会员卡销售收入、会费收入、会员打球销售收入。

1）会员卡销售收入。

根据委托方提供的球道设计标准，预计平均每条球道可吸收会员1 500人，目前建成的五条球道，共可以吸收会员7 500人，目前已有会员3 307人。在目前条件下，还可以吸收会员4 193(7 500－3 307)。2003年的会员卡的销售价格按照550 000元/个计算，但考虑未来会员卡数量的增加和使用年限的减少，其销售价格会逐年下降。会员卡销售收入计算如表13—5所示。

表13—5　　会员卡销售收入估算表

收益年限	年销售数量（个）	销售单价（元/个）	年销售总金额（元）
2003年7月1日至年底	193	550 000	106 150 000
2004年	300	530 000	159 000 000
2005年	300	530 000	159 000 000
2006年	300	530 000	159 000 000
2007年	300	530 000	159 000 000
2008年	300	530 000	159 000 000
2009年	300	480 000	144 000 000
2010年	300	480 000	144 000 000
2011年	300	480 000	144 000 000
2012年	300	480 000	144 000 000
2013年	300	480 000	144 000 000
2014—2018年	200	420 000	84 000 000

2）会费收入。

按照2003年会员月费的标准，每个会员的月费为1 324元，会员数量随着会员卡的销售进度逐年增加，则会费收入现值计算如表13—6所示。

表13—6　　会费收入估算表

收益年期	会员卡销售数量（个）	会员卡会费（元/月）	年会费收入（元）
2003年7月1日至年底	3 500	1 324	55 608 000
2004年	3 800	1 324	60 374 400
2005年	4 100	1 324	65 140 800
2006年	4 400	1 324	69 907 200
2007年	4 700	1 324	74 673 600
2008年	5 000	1 324	79 440 000
2009年	5 300	1 324	84 206 400
2010年	5 600	1 324	88 972 800
2011年	5 900	1 324	93 739 200
2012年	6 200	1 324	98 505 600
2013年	6 500	1 324	103 272 000
2014年	6 700	1 324	106 449 600
2015年	6 900	1 324	109 627 200
2016年	7 100	1 324	112 804 800
2017年	7 300	1 324	115 982 400
2018年	7 500	1 324	119 160 000
2019—2034年	7 500	1 324	119 160 000

3）会员打球销售收入，主要包括果岭费及球童、球车收入。

根据委托方提供的资料，近年会员及非会员人流平均统计如表13—7所示。

表13—7　　会员、非会员人流统计表

球道名称	节假日（人/月）		平日（人/月）	
	会员	非会员	会员	非会员
A	2 015	122	1 742	479
B	2 087	107	2 200	362
C	2 322	394	2 744	1043
D	1 744	100	1 688	790
E	1 877	314	1 669	858
合计	10 045	1 037	10 043	3 532

根据委托方提供的资料，打球果岭费及球童、球车价目如表 13—8 所示。

表 13—8　　果岭费、球童、球车价目表

项目	价格（元）		
	会员	嘉宾	访客
平日果岭费	0	550	1 100
节假日果岭费	0	990	1 650
球童费	110	110	110
球车费	220	220	220

据委托方的介绍，通常访客所占的比例很小，因此在计算打球果岭费及球童、球车收入时仅考虑会员和非会员的打球费用水平。平均按两人一个球车和一个球童计算，则打球果岭费及球童、球车年收入计算如表 13—9 所示。

表 13—9　　果岭费及球童、球车年收入估算表

项目	节假日		平日	
	会员	非会员	会员	非会员
A—E 球道合计（人/月）	10 045	1 037	10 043	3 532
果岭费及球童、球车收入（元）	165	1 155	165	715
月均收入（元）	1 657 425	1 197 735	1 657 095	2 525 380
年均收入（元）	19 889 100	14 372 820	19 885 140	30 304 560
年收入合计（元）	84 451 620			

考虑未来高尔夫球场的消费逐渐普及到中等收入阶层，以及众多类似高尔夫球场逐步建立，打球果岭费及球童、球车费用会逐年下降，同时随着会员卡的逐年销售，打球的人数也会逐年增加。综上考虑，假设未来年份果岭费及球童、球车收入不变。

（2）成本计算。

委托方提供的本高尔夫球场 A—E 五个球道 2002 年经过 S 市××会计师事务所审计的经营成本明细表如下：

营业成本费用	6 815 万元
管理费用	6 597 万元
财务费用	1 420 万元
税金	1 340 万元
合计	16 172 万元

考虑到高尔夫球场后续维护成本费用会逐步增加，因此假设2003—2019年，成本费用每年递增1%，2019年后各年保持稳定。

(3) 资本化率确定。

考虑到本高尔夫球场是一项投资大、风险大、投资时间长的投资项目，以及参照同类高尔夫球场的平均收益水平，取资本化率为9.5%。

(4) 收益价格确定。

根据前面计算的收入及成本，将各年的净收益按照9.5%的资本化率折现到评估基准日，得出各年的净收益现值之和，即为本高尔夫球场A—E五个球道的价值，计算过程见表13—10。

在计算本高尔夫球场A球道的分摊价值时，由于高尔夫球场A—E五个球道的用地面积和平均打球人流量对各个球道的分摊价值影响较大，因此，我们利用这两个因素分摊计算高尔夫球场A球道价值，再分别取50%的权重，得出高尔夫球场A球道的分摊价值。其计算过程如下：

$$\begin{aligned}\begin{array}{l}\text{A球道用地面积占}\\\text{总用地面积的比例}\end{array}&=\frac{\text{A球道用地面积}}{\text{A—E五个球道用地面积之和}}\\&=\frac{793\ 270.10}{4\ 027\ 016.88}\\&=19.698\ 7\%\end{aligned}$$

$$\begin{aligned}\begin{array}{l}\text{A球道打球人流量占}\\\text{总打球人流量的比例}\end{array}&=\frac{\text{A球道打球人流量}}{\text{A—E五个球道打球人流量之和}}\\&=\frac{2\ 015+122+1\ 742+479}{10\ 045+1\ 037+10\ 043+3\ 532}\\&=17.674\ 5\%\end{aligned}$$

经加权后该高尔夫球场A球道的总价值为：

$$1\ 204\ 610\ 399\times19.698\ 7\%\times50\%+1\ 204\ 610\ 399\times17.674\ 5\%\times50\%$$
$$=225\ 100\ 727\text{（元）}$$

2. 采用成本法进行评估

评估过程如下：

(1) 土地取得费用。

土地使用权者已经缴纳用地价款50 518 613.05元，还需补交地价40元/m^2，即40×793 270.10=31 730 804（元），则土地取得费用合计82 249 417元。

(2) 前期费用。

表 13—10　　收益价值测算表

收益年期	会员卡销售收入(元)	年会费收入(元)	打球年销售收入(元)	球场年成本费用(元)	年经营净收益(元)	贴现年期	贴现系数	现值(元)
2003 年 7 月 1 日至年底	106 150 000	55 608 000	84 451 620	161 720 000	84 489 620	0. 25	0. 977 6	82 594 252
2004 年	159 000 000	60 374 400	84 451 620	163 337 200	140 488 820	0. 75	0. 934 2	131 244 519
2005 年	159 000 000	65 140 800	84 451 620	164 970 572	143 621 848	1. 75	0. 853 1	122 530 950
2006 年	159 000 000	69 907 200	84 451 620	166 620 278	146 738 542	2. 75	0. 779 1	114 328 728
2007 年	159 000 000	74 673 600	84 451 620	168 286 480	149 838 740	3. 75	0. 711 5	106 615 700
2008 年	159 000 000	79 440 000	84 451 620	169 969 345	152 922 275	4. 75	0. 649 8	99 369 632
2009 年	144 000 000	84 206 400	84 451 620	171 669 039	140 988 981	5. 75	0. 593 4	83 666 960
2010 年	144 000 000	88 972 800	84 451 620	173 385 729	144 038 691	6. 75	0. 541 9	78 060 955
2011 年	144 000 000	93 739 200	84 451 620	175 119 586	147 071 234	7. 75	0. 494 9	72 789 429
2012 年	144 000 000	98 505 600	84 451 620	176 870 782	150 086 438	8. 75	0. 452 0	67 837 199
2013 年	144 000 000	103 272 000	84 451 620	178 639 490	153 084 130	9. 75	0. 412 8	63 189 149
2014 年	84 000 000	106 449 600	84 451 620	180 425 885	94 475 335	10. 75	0. 377 0	35 613 664
2015 年	84 000 000	109 627 200	84 451 620	182 230 144	95 848 676	11. 75	0. 344 3	32 996 678
2016 年	84 000 000	112 804 800	84 451 620	184 052 445	97 203 975	12. 75	0. 314 4	30 560 046
2017 年	84 000 000	115 982 400	84 451 620	185 892 970	98 541 050	13. 75	0. 287 1	28 292 612
2018 年	84 000 000	119 160 000	84 451 620	187 751 899	99 859 721	14. 75	0. 245 2	24 482 07
2019—2034 年	0	119 160 000	84 451 620	187 751 899	15 859 721		1.919 2	30 437 848
现值合计	1 204 610 399							

前期费用主要包括勘察设计费、球场设计费等前期工程费用。根据委托方提供的成本费用资料，该项费用约为 40 元/m^2，即 40×793 270.10＝31 730 804（元）。

（3）土地开发费用及场内配套设施工程费用。

1）土地开发费用。

土地开发费用主要是指需要拆迁的各种建筑物和构筑物的补偿及拆迁费用，按照竖向设计需要挖、填的土石方工程费、场地平整费等费用。根据委托方提供的资料，考虑本高尔夫球场球道的具体情况，取 50 元/m^2，即 50×793 270.10＝39 663 505（元）。

2）配套设施工程费用。

配套设施工程费用主要指高尔夫球场内绿化工程、道路工程、供水工程、供电工程等的费用。根据委托方提供的建设成本资料，取 50 元/m^2，即 50×793 270.10＝39 663 505（元）。

综上，土地开发费用及场内配套设施工程费用共计 79 327 010 元。

（4）管理费。

管理费取（2）、（3）项费用之和的 2%，即（31 730 804＋79 327 010）×2%＝2 221 156（元）。

（5）利息。

假设高尔夫球场建设期为两年，地价一次性支付，其他前期费用、土地开发费用及场内配套设施工程费用在建设期均匀投入，利息取 5.31%，则：

$$
\begin{aligned}
\text{利息} &= 82\ 249\ 417\times[(1+5.31\%)^2-1]+(31\ 730\ 084+79\ 327\ 010)\\
&\quad \times[(1+5.31\%)^1-1]\\
&= 14\ 863\ 969\ (\text{元})
\end{aligned}
$$

（6）利润。

根据 L 区类似土地开发的平均利润水平，取利润率为 10%。

$$
\begin{aligned}
\text{利润} &= (82\ 249\ 417+31\ 730\ 804+79\ 327\ 010)\times 10\%\\
&= 19\ 330\ 723\ (\text{元})
\end{aligned}
$$

以上（1）～（6）项之和即为土地成本价格：

$$
\begin{aligned}
\text{土地成本价格} &= 82\ 249\ 417+31\ 730\ 804+79\ 327\ 010+2\ 221\ 156\\
&\quad +14\ 863\ 969+19\ 330\ 723\\
&= 229\ 723\ 079\ (\text{元})
\end{aligned}
$$

3. 估价结果确定

成本法正确客观地反映了高尔夫球场的生产价值构成，其得出的评估结果比较真实地反映了高尔夫球场的成本价值，但对球场收益能力和市场供求变化反应不灵敏。而收益法在一定程度上反映了高尔夫球场收益能力产生的商业价值，容易接近市场价格，但数据和相关参数的取得因评估人员不同而可能不同，评估结果容易受影响。根据估价对象特点、估价目的以及估价师经验，取成本法和收益法的平均数作为最终评估结果。

高尔夫球场 A 球道总价值＝229 723 079×0.5＋225 100 727×0.5

＝227 411 903（元）

单位价格＝227 411 903÷793 270.10

＝286.68（元/m^2）

本章小结

本章首先对高尔夫运动和高尔夫球场进行了简要介绍，并分析了高尔夫球场收益和费用构成，重点讲解了净收益的测算方法和技巧。本章最后通过高尔夫球场一个球道的具体评估实例，详细地分析了高尔夫球场的评估过程和技巧。

关键术语

高尔夫球场　　高尔夫球道　　果岭　　会籍　　会费　　会员证

复习思考题

1. 什么是高尔夫球场？
2. 高尔夫球场主要由哪几部分构成？
3. 高尔夫房地产有什么特点？
4. 哪些因素对高尔夫的收益有影响？
5. 评估高尔夫房地产的方法有哪些？如何选择高尔夫房地产的评估方法？
6. 评估高尔夫房地产的注意事项有哪些？
7. 如何测算高尔夫的租金、收益和运营费用？

第 14 章

网球场馆评估

学习指导

了解网球场馆类房地产的构成、特点和价格影响因素，掌握网球场馆类房地产的评估方法和技巧，理解网球场馆评估参数测算和选取方法。

14.1 网球运动简介

网球与高尔夫球、保龄球、桌球并称为世界四大绅士运动。它的起源可以追溯到 12—13 世纪的法国。当时在传教士中流行着一种用手掌击球的游戏，其方法是在空地上两人隔一条绳子，用手掌将用布包着头发制成的球打来打去。这种运动不仅在修道院中盛行，而且也出现在法国宫廷。法国国王路易十世在位时，宫廷中就经常进行这种以消遣为目的的网球运动。1358—1360 年，供贵族玩的古式网球从法国传入英国，英国爱德华三世对网球产生很大兴趣，下令在宫中修建一片室内球场。当时球拍的拍面被改装成羊皮，球由布面改成皮面。15 世纪发明了穿弦的球拍，16 世纪古式室内网球成为法国的国球。此后，古式室内网球有了自己的规则。

网球在欧洲，尤其是英国得到了较好的发展，英国成为近代网球的起源地。1873 年，会打古式网球的英国少校 M. 温菲尔德在羽毛球运动的启示下，设计了一种适用于户外的、男女都可以从事的网球运动，当时被叫做司法泰克（Sphairistike）运动。1875 年，全英槌球俱乐部在槌球场边另设了一片草地网球场，草地网球正式取代了司法泰克。1877 年，温布尔顿设置了几个草地网球总会，草地网球在英国得到了进一步的发展。同年 7 月，首届草地网球锦标赛即温布尔顿第一届比赛举办。

紧随英国之后开展网球运动的国家是美国。世界上第一个全国性网球协会是 1881 年成立的美国全国草地网球协会，1920 年改名为美国草地网球协会。该协会于 1881 年 8 月 31 日至 9 月 3 日，在罗得岛纽波特港举行第一届美国草地网球男子单打和男子双打锦标赛，采用了温布尔顿的比赛规则。1887 年举行美国草地网球女子单打锦标赛；1890 年举行女子双打锦标赛；1892 年举行混合双打锦标赛。

由于得到当时的美国总统西奥多·罗斯福的支持，美国的网球运动得到了空前的发展。美国的网球运动还出现了令人惊奇的高峰、极盛时期，全美竟有 4 000 万人参加网球运动，直到今天，美国的网球运动还始终处于世界领先地位。

1878 年以来，草地网球已由英国的移民、商人或驻军等传至全球，如加拿大（1878 年）、斯里兰卡（1878 年）、捷克斯洛伐克（1879 年）、瑞典（1879 年）、印度和日本（1880 年）、澳大利亚（1880 年）、南非（1881 年）。19 世纪 90 年代中期，网球进入初步发展阶段，许多国家和地区组织了网球协会，并定期举行比赛。

1913 年 3 月 1 日在法国巴黎成立了世界网球的最高组织——国际网球联合会。它的成立为网球的进一步发展开辟了一条更加广阔的道路。

20 世纪 70 年代以后，职业选手与业余选手的界限被取消，职业选手可以参加温布尔顿等锦标赛；科技在球拍等器材制造中的应用，促进了先进器材的生产。随着技术水平的提高，网球得到了进一步的发展。

进入 20 世纪 90 年代后，网球的发展呈现出如下特点：一是普及广，有关资料显示，1990 年初，仅在国际网联注册的协会就有 156 个；二是水平高，争夺激烈；三是随着器材的改革，尤其是球拍的研制，网球向着力量、速度型方向发展；四是随着各种网球大赛奖金的不断提高，网球的职业化、商业化程度越来越高。总之，作为世界第二大运动的网球运动将以其无比的魅力和不断发展的技术赢得越来越多的爱好者和观众。

下面是被称为“网球天堂”的世界上最美丽的十个网球场：

（1）美国夏威夷比格艾蓝毛纳基亚俱乐部，有 17 个维护得很好的硬地网球场；

（2）美国夏威夷毛伊的怀莱阿网球俱乐部；

（3）美国的棕榈泉拉曼查俱乐部；

（4）美国迈阿密的多拉尔—拉奎特俱乐部，有 17 个网球场；

（5）英国温布尔登网球场，有 18 个草地网球场；

（6）英属维尔京群岛的彼得岛饭店网球场；

（7）法属波利尼西亚的博拉博拉网球场；

（8）摩纳哥蒙特卡洛的城郊俱乐部；

（9）波多黎各的帕尔马斯德尔马网球场；

（10）德国柏林的蓝白中心球场，共有 24 个场地组。

14.2　网球场馆

14.2.1　网球场馆分类

1. 从经营性角度来划分

从经营角度可以将网球场馆分为纯经营性项目和非纯经营性项目，纯经营性项目以盈利为目的，根据场地或时间收取场地使用费用。这类场馆面向公众，对打球者身份没有限定。

非纯经营性项目带有服务性质，虽然收费，但不以盈利为目的，如饭店、度假村、住宅小区、学校、写字楼等的附属网球场馆设施，属非盈利性或半经营性项目，主要是为其所属的项目中的客户服务。

2. 根据建筑形式来划分

根据建筑形式可以将网球场馆划分为室外网球场和室内网球场。这两类网球场馆在场地表面上存在区别，这主要是由经济因素所决定。室内网球场地面多为塑胶，因其不受天候影响，有利于选手发挥竞技能力。而网球运动爱好者相对比较熟悉的是室外网球场，其场地分为草地、塑胶和红土等。

14.2.2 网球场地类型

1. 天然草地球场

这是历史最悠久、最具传统意味的一种场地。这种网球场地是在天然草皮上面用石灰粉画线而成的，为英国温布尔顿网球公开赛所采用的场地。这类场地必须具备良好的排水系统；同时，由于其对草的特质、规格要求极高，而适宜的草籽又不具备良好的适应性，加之气候的限制以及其需要极周到、细致的保养与维护，费用昂贵，所以此种球场（特别是用于正规比赛的草地网球场）很难被推广到世界各地。目前，每年的寥寥几个草地职业网球赛事几乎都是在英伦三岛举行，且时间集中在六、七月份，温布尔顿网球公开赛是其中最古老也是最负盛名的一项。

草地球场的特点是球落地时与地面的摩擦小，球的反弹速度快。

2. 人造草地

这是天然草场的仿效物，其结构像地毯，只不过底层是尼龙编织物，其上栽植的是束状尼龙短纤维，为保持纤维的直立性，纤维之间以细砂为填充物。这种场地需要平整、坚固的基底，附设有良好的排水结构；并且，因其白色界线是与周围场地直接拼编在一起的，所以免去了许多诸如画线等维护上的麻烦，也使其成为全天候场地的一种，维护者只需经常梳平整理并适时增添其间的细砂就可以了。这种场地的特色是保养容易，排水快，整体看起来很美，不会弄脏衣物，更不怕日晒雨淋；唯一的缺点是造价昂贵。

3. 软性场地

常见的各种沙地、泥地场地等都可称为软性场地。此种场地不是非常坚硬，地表铺有一层细沙或砖粉末。

红土球场场地表面松软，使用鹅卵石作底层的排水槽，上铺红砖土而成。红土场地是法国网球公开赛所采用的场地。此种球场排水性佳，吸热慢，散热快，即使是在大热天，只要洒些水就能降低燥热。平日保养要时常洒水保其厚实，而且要经常拖地保持表面平坦。在此种场地上球的速度不快，但弹跳不是很规则，属慢速球场的一种。

泥土球场场地是以黄或黑泥土平地画线而成，不需要过多的保养，管理非常容易，适合干燥少雨的大陆性气候区。

沙地或泥地网球场虽然造价比较低，但保养和维护起来却是相当麻烦的，平时它需要浇水、拉平、画线、扫线，雨天过后它需要平整、滚压等等。

4. 硬地球场

此类场地的代表是美网阿什球场，即美网系列赛的场地。这是最普通的一种场地，它一般由水泥和沥青铺垫而成，其上涂有红、绿等漂亮的颜料或铺有一层高级塑胶面层，其表面平整、硬度高，球的弹跳非常有规律，但球的反弹速度很快。此种场地平时易于清扫和维护，基本上不用很精心地照顾。许多公共网球场都采用这种硬地球场。

5. 合成塑胶场地

这类场地的代表是墨尔本的澳网中心球场和美国迈阿密球场。此种场地的材质与塑胶田径跑道的材质属同类，以钢筋混凝土或其他类似的材质结构为基底，表面铺撒的是合成塑胶颗粒，其间以专用胶水相粘。这种场地的弹性及硬度依塑胶颗粒的大小、铺撒的紧密程度及其本身的特质而定。塑胶场地颜色艳丽、管理方便，室内外皆可铺设，也是可供选择的理想的公共球场。

6. 网球地毯

顾名思义，这是一种“便携式”可卷起的网球场，其表面是塑胶面层、尼龙编织面层等，一般用专门的胶水粘接于具有一定强度和硬度的沥青、水泥、混凝土底基的地面上即可，有的甚至可以直接铺展或粘接于任何有支持力的地面上。这种场地铺卷方便，适于运输且有非常强的适应性，室内、室外甚至屋顶都可采用。球的速度需视场地表面的平整度及地毯表面的粗糙程度而定。此种场地对保养的要求也非常低，只要保持地面清洁，地毯不破损、不积水就可以了。

以上几种球场都是人们所熟悉的，除外还有专门用于儿童的小球场，在此不多作介绍。

14.2.3 网球场地结构

不同的网球场馆类型，其结构也不相同。网球场馆的结构很复杂，下面以合成塑胶场地为例进行说明。通常，一块完整的合成塑胶场地包括基础结构部分、铺设面层部分和附属设备设施三个部分。基础结构部分包括：素土夯实部分，浇捣、砖砌排水沟部分，片石铺设、灌砂部分，钢筋水泥混凝土面层和防水层。铺设面层部分通常包括粘接层、基础增强层、填充层、漆线层等。面层部分的不同层，其处理方式不同，见图 14—1。附属设备设施一般包括球场防护网、灯光照明设备和场地边休息设施。球场防护网一般要求 4 米高，铁网需要打磨光滑并刷防锈漆。室外球场需要很好的灯光照明设施，一般来说，室外球场上空和端线两侧不应设置灯具，室外球场灯具应设置在围挡网两侧距地面高 7.60 米以上的位置。灯具安装后，应在夜间进行调试，使场地内的光线分布均匀，并尽量减少刺眼眩光给运动员带来的不适。根据经验，每片网球场照光的平均照度应当在 340 个勒克斯以上。

图 14—1　场地分层示意图

14.2.4　标准网球场规格

1. 网球场地的标准规格

球场两端的界线叫端线，球场两边的界线叫边线。在距球网两侧 6.40 米处的场内各画一条与球网平行的横线，即发球线。连接两发球线的中点画一条与边线平行的线，线宽 5 厘米，叫中线。中线与球网成“ 十 ”字形，将发球线与边线之间的地面分成四个相等的区，即发球区。在端线的中点向场内画一条 10 厘米长、5 厘米宽的垂直于端线的短线称为中心。全场除端线可宽至 10 厘米外，其他各线的宽度均不得超过 5 厘米（2 英寸），也不得少于 2.5 厘米（1 英寸）。全场各区的丈量，除中线外都从各线的外沿计算。标准网球场平面图如图 14—2 所示。

国际网联和国家体委颁布的《网球竞赛规则》中规定，一片标准网球场地的占地面积不小于 36.60 米×18.30 米（669.78m^2），这个尺寸也是一片标准网球场地四周围挡网或室内建筑内墙面的净尺寸。在这个面积内，有效双打场地的标准尺寸是 23.77 米×10.97 米，在每条端线后应留有空余地不小于 6.40 米。

如果是两片或两片以上相邻而建的并行网球场地，相邻场地的边线之间距离应不小于 4 米。如果是室内网球场，端线 6.40 米以外上空的净高应不小于 6.40 米，室内屋顶在球网上空的净高应不小于 11.50 米。

室外网球场地的四周围挡网高度一般为 4~6 米，视球场周围环境与建筑物高度而定，也可适量增减。

2. 比赛器材规格

（1）球。

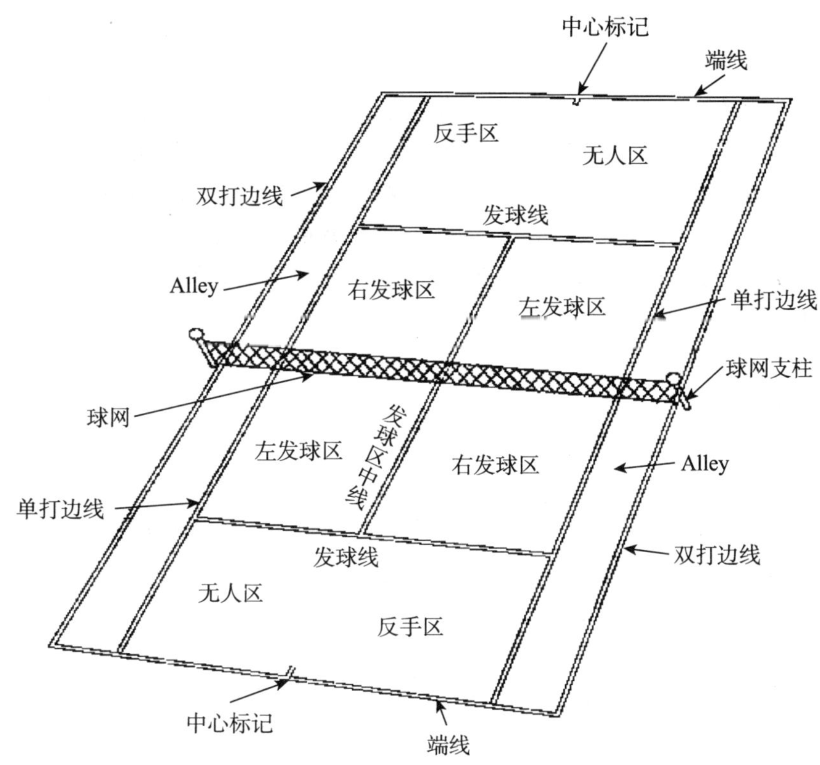

图 14—2 标准网球场平面图

比赛用网球为白色或黄色，外表毛质均匀，接缝没有缝线。球的直径为 6.35～6.67 厘米，重量为 56.7～58.5 克。

在海拔 1 219 米以上的地方比赛时，可以使用另外两种球。第一种球落地后弹起的高度为 121.92～135 厘米，球内压力大于外界压力，这种球被称为“有压球”。第二种球落地后弹起的高度为 135～147 厘米，球内压力几乎和外界压力相同，并且已置于特殊比赛的气压下 60 天或更长时间，这种球被称为“零压球”或“无压球”。

(2) 球网支柱。

球网支柱（网柱）一般由金属制成，其横截面是直径不超过 15 厘米的圆形或边长不超过 15 厘米的正方形。网柱顶部有的有小槽，便于网绳或钢丝绳绷紧时固定。网柱中心距边线外沿 0.914 米，其高度应使网绳或钢丝绳的顶部距地面 1.07 米。若为兼有单打和双打的场地，挂着双打球网而进行单打比赛时，则必须增加两根支柱，此支柱称为“单打支柱”，其高度为 1.07 米，立于距单打场地边线外沿 0.914 米处支撑球网。

（3）球网。

球网悬挂在直径不超过 0.8 厘米的绳或钢丝上，通过网顶绷紧在网柱上。球网两端挂在网柱的钩上并拉紧，使球网的中央高 0.914 米。球网应充分展开，单打网长 10.06 米，双打网长 12.80 米，球网完全填满两柱之间，网孔大小以不让球穿过为准。在球网的中线，用不超过 5 厘米宽的白色中心带绷紧并垂直于中线，使其紧束于地面。网顶的绳或钢丝要用白色网边布包缝，每边宽不得少于 5 厘米，也不得多于 6.3 厘米。

（4）挡布、挡网。

场内两端线外的铁网上挂有挡布，挡布宽 2.5 米，长 20 米，颜色为深蓝色或深绿色，挡布下沿离地面 20 厘米左右。

场内如有挡墙，墙面要挂好挡网，防止球弹回影响比赛。挡网宽 3 米、长 20 米，为深蓝色或深绿色，网眼大小以不让球穿过为标准。挡网距墙 10 厘米左右，下沿紧贴地面。

3. 网球运动环境设计要求

网球运动除严格规定场地和比赛器材规格要符合国际网球比赛标准外，对其他附属设施设备，尤其是会对运动员产生影响的一些细节也有要求，其具体要求如下：

（1）场地平整，照明充足，光线柔和，顶灯下设反射罩。

（2）球网、球板质量优良。

（3）室内网球场有足够高度，墙面深色、整洁、无任何装饰物。

（4）场地上所有的线应为同一颜色。

（5）如果在球场后面放置广告或其他物品，则不得使用白色和黄色。任何浅颜色，只有当其不妨碍运动员视线时，方可使用。

14.2.5　网球馆

网球馆作为服务于休闲运动的体育设施，受天气和季节的影响较小。网球馆的经营者一般是网球协会或者商业投资者。目前，网球运动正在从纯粹的专业性运动向业余性体育运动转变，越来越多的网球爱好者成为网球协会的会员，在网球协会注册和登记。网球运动的发展和普及使网球场馆这种特殊性的房地产成为一种新的投资偏好，以此类房地产作抵押向银行申请的贷款也不断增多。因此，研究如何正确评估网球场馆具有很强的实际意义。

网球馆可能位于主要为休闲和疗养等服务的特殊区域，同样也存在着为纯粹运动目的而建设开发的网球运动设施，但是这些设施一般不以营利为目的，而是服务于专业训练。这些设施在用于网球赛时，同样会有可观的门票收入。

私人或者商业投资者投资经营网球场馆一般会将其建设于居民区内、居民区附近或者商业居住混合区等区域。

1. 建筑形式

网球馆的结构形式多种多样，大多数的情况是采取钢结构的大厅建筑形式，厅内可以取暖。歇山屋顶采用垂直支撑或者弧形支撑，外墙一般采取轻型建筑材料（如铁皮），而顶棚也是采用轻型的建筑材料进行建造。现代化的网球馆的屋顶可以打开（open-air-hall）①，因此保证了网球馆在最炎热的夏季能够避免馆内产生 40～50℃的高温。网球馆的建筑面积一般为 1 500～2 000m²，承重梁间距可达 40 米，屋檐高约为 4.5 米。根据实际的功能可以将网球馆划分为如下类型：

- 简单的网球馆：没有更衣室、淋浴间等公共设施；
- 附建有公共设施的网球馆；
- 附有更衣室和餐厅等公共设施的网球中心。

2. 装修程度

网球馆通常采用远距离高压氖光灯照明。地面下层建筑采用混凝土或者沥青混凝土材料，上面铺设地板（松木等）。比较新的网球馆的地面还铺设混有石英沙或者橡胶颗粒的人造垫层。采用人造材料或者橡胶的硬场地一般较少，因为这种场地对运动员或者运动器材会造成过度磨损。

网球馆属于单一用途的特殊房地产，一般不能改建为其他用途。

3. 建筑成本

网球馆内的每个比赛场地（包括附属设施）的建筑成本一般为 180 000～280 000 欧元（1989 年的造价，约合人民币 180 万～280 万元）。网球馆的使用寿命一般为 40～60 年。

4. 网球馆附属设施

（1）功能性附属设施，主要指为网球馆提供附属功能的相关设施，如与活动区域相邻近的卫生、淋浴、更衣区域及会员柜等，为场馆必备设施，主要是为打球者提供服务。该类设施通常免费使用，或交纳较低的使用费。

（2）经营性附属设施，包括咖啡厅、休闲厅、网球精品专卖店等，为打球者提供商务洽谈和休息的场所，同时获取一定的经营收入。

---

① 屋顶可以打开的网球馆的建筑成本一般比传统方式建造的网球馆高 40%。

14.3 网球场馆的经营

网球运动既是一种增进健康的手段，也是一种扣人心弦的竞赛项目，现代生活中更有许多人因为此项运动的高雅而将其视为交际工具。随着我国参加网球运动的人数和对网球场的需求量的急剧增加，网球场馆的市场前景极其广阔。虽然网球场馆不同于普通的商业性房地产，但它仍属于收益性房地产。因此，对网球场馆进行评估，首先要对其经营方式及收益来源进行分析。

作为体育场馆中的一种，网球场馆的经营也和其他体育场馆一样，要打破过去单一化的格局，面临多样化的趋势。集打球、健身、娱乐、休闲为一体的复合经营，满足网球爱好者的需求，以吸引更多的人，是今后网球场馆经营发展的方向。网球场馆的经营收入主要有以下几个方面：

(1) 场地租用费收入。这是网球场馆最基本的经营收入。为网球爱好者提供标准的网球练习场地，并按时间收取一定的费用，是网球场馆基本的经营手段。通常，场地的数量越多，网球场馆规模越大，就越容易吸引更多的人，实现规模效应。

(2) 会费收入。会员制是目前体育场馆普遍使用的经营策略之一，会费收入也是网球场馆最具有保障性和稳定性的收入。保证固定的会员收入，是网球场馆经营成功与否的最重要的保障。要把吸引更多的会员作为经营重点，采取各种形式的经营活动，让更多的会员对网球场馆有认同感和归属感。会员可分为年卡会员、月卡会员和一般会员。会员根据其级别的不同享受相应的服务和优惠待遇。

(3) 各类网球培训收入。举办各类网球培训是网球场馆收入的一个主要来源。举办各类网球培训班不仅有利于提高收入，更重要的是可以增加网球人口，发展潜在的消费人群，还可以保证周边地区网球人口的持续增长。通常采用以初级培训班为主适当安排中级提高班和高级训练班的形式，以及在寒暑假举办学生网球夏令营、冬令营，面对学生安排长期体校班，举办少儿短式网球班等。

(4) 比赛组织收入。定期组织业余比赛，争取建立一个传统的业余赛事、影响赛事，不但可以满足许多爱好者的要求，还可以保证有一定的收入，更重要的是可以创建球馆品牌，同时尽量让类似于比赛冠名的无形资产转化为有形财富。比赛可实行奖金制，以激发爱好者练习网球的热情，促进地区业余网球水平的整体发展，以带动和影响更多的人投入到网球运动中来。目前，国内网球场馆在这方面的收入还很有限，但随着网球运动的推广和普及，该项收入极具增长潜力。

（5）网球精品专售和休息厅、咖啡厅服务销售收入。网球精品专售是指向爱好者提供各种网球用品服务，主要包括球拍、球鞋、球衣、网球、网弦、网球书籍、音像制品等，以满足不同网球爱好者的各种需要。休息厅主要是提供一个优雅、舒适的环境，配以一些小食品、小点心和各种运动饮料等，为爱好者提供更周全的服务。咖啡厅则为打球者提供商务洽谈的场所，该类收入在场馆收入中所占比例不大，但却是必不可少的部分。为打球者提供完整便利的服务有助于场馆形象的维护和推广。

（6）网球场馆的衍生项目收入。网球场馆衍生项目包括网球场地建设咨询、网球经纪人公司、网球餐厅等。网球人口有其特殊性，一般都是个人条件较好、经济和社会地位较高者。在场馆经营到一定阶段且市场成熟时，可以恰当地开发利用这些人力资源及其经验优势，以会员为基础，或组建智囊团体，通过提供网球场地建设咨询服务、设立网球经纪人公司、开设网球餐厅等，用心挖掘网球衍生项目收入，努力开拓场馆收入来源，形成连锁服务，创建集团式品牌。

14.4 网球场馆评估方法与特点

14.4.1 评估方法选取

网球场馆多为纯经营性物业，按市场标准经营，因此可按收益性物业对待，采取收益法评估其价值。

非纯经营性网球场馆，如学校、写字楼、小区的附属网球场馆设施，并非独立的收益性物业或按市场原则进行经营的物业，虽有收益，但这种收益并不能完全体现出物业的价值，所以此时应采用成本法评估。

相对于其他交易频繁的商业性房地产，网球场馆的交易通常较少，因此市场法的使用受到一定的限制。但在有网球场馆交易的地区或可收集到近期网球场馆交易案例的地区，可以在收益法和成本法的基础上配合使用市场比较法，例如，通过市场比较求取每块场地的市场价值，以作为对前两种评估方法的检核。

14.4.2 收益法评估的难点

客观净收益的计算可根据网球场馆的收入类型，结合待评估对象的实际情况，分类收集整理资料，注意全面性；同时，对不同的球场类型，要进行个性化分析。

资本化率的确定需要评估人员平时注意多收集相关的行业资料，再结合经验确定。

对于非纯经营性的网球场，常常会出现收不抵支、净收益为负的现象，这并不能说明物业没有价值，只是该类场馆不合适采用收益法进行评估，应采用成本法。

对于可公开经营但受到各种条件限制的网球场馆的评估，断然采用最高最佳使用原则按客观收益和客观成本来评估是不恰当的。

14.4.3 成本法评估

采用成本法评估网球场馆时，建筑重置价格可以参照市场近期新建同档次的网球场的建筑成本并进行修正取得，也可按工程预算的程序进行计算，即先计算出工程量，再套用相应的定额累加取得。估价师可以从建设部门或开发公司获得相关建筑成本资料。表 14—1 是某网球场的成本数据。

表 14—1 网球场建筑成本

序号	分项名称	数量	单价（元）	合价（元）	备注
1	钢筋混凝土基础	100.83 立方米	850	85 706	
2	丙烯酸面层铺设	672.2 平方米	121.8	81 874	
3	球场围网	440.4 平方米	149.97	66 047	网高 4 米
4	球场专用照明灯具	8 套	3 600	28 800	含灯杆、场内电缆、线管
5	排水明沟	109.7 米	120	13 164	
6	其他				防风网、推水器、收球车等
7	建筑成本			275 591	
8	每平方米建筑成本			410	

14.5 网球场馆收益分析

14.5.1 网球馆收益分析

1. 合同形式

网球馆的租赁合同一般包含全部网球运动设施，有时也包含网球馆外的露天网球场。评价或者计算网球场馆的相应租金一般需要依赖于一定的经验数据。

2. 租金

表14—2中的数据是德国1990年按照时间制定的网球馆场地租金情况。

表14—2　　网球馆场地租金状况　　单位：欧元

季节	营业时间 小时/日	场地使用率%	特殊时间15：00～22：00（周末9：00～20：00）元/小时	其他时间 元/小时
夏季（约20周）	15～16	30～50	13～20	8～20
冬季（约32周）	15～16	60～80	13～20	8～20

资料来源：Kleiber，Simon & Weyers，Verkehrswertermittlung von Grundstücken，p. 1447。

北京一些网球场馆的收费情况如下：

（1）友谊宾馆：室外60元/小时（白），80元/小时（夜）。

（2）香格里拉饭店网球中心：室内100～150元/小时。

（3）新世纪饭店网球馆：室内200～280元/小时。

（4）大运村网球场：室外30～60元/小时。

（5）首都体育馆网羽中心：室内120～150元/小时。

（6）国际俱乐部：室内120～200元/小时。

（7）赛特俱乐部：室内240～300元/小时，室外60～80元/小时。

（8）凯迪克网球俱乐部：室内120～160元/小时。

（9）丽都俱乐部：室内50～80元/小时。

（10）二十一世纪饭店：室外35～80元/小时。

（11）奥体中心网球场：室外40～60元/小时。

3. 盈利

网球馆的盈利主要来自场地使用费以及餐饮、出租房屋、体育商店、游戏机、广告和其他服务性收入。从全部的盈利中还需要扣除经营成本和经营者的盈利。具体而言，这些成本包括：（1）能源成本；（2）维护成本（如果由经营者承担）；（3）运营成本；（4）人员成本；（5）企业经营毛收益。

需要从盈利中扣除的经营成本一般占盈利的40%～50%，因此，年净冷租金一般为年盈利的55%。对于一个经营正常的网球馆而言，普遍性的月租金为每平方米3～4欧元（德国1989年时的租金水平），相当于20～30元人民币。在此基础上还需要考虑所有者20%～25%的经营成本。

检查营业数据或者在新项目定位时需要根据平均数据估算盈利，估算盈利应该从网球馆场地数量出发，按照夏季和冬季100%使用率进行。由于每天不同时间段的租金不同，因此需要对租金按照时点分开估算。同时还应该考虑对年票和半年票的优惠折扣，见表14—3。

表14—3　　网球馆每块场地在100%使用率条件下的租金收入

冬季赛季					
星期	时间段	小时/日	天数	欧元/小时	欧元/周
周一到周五	7.00～9.00	2	5	10	100
	9.00～16.00	7	5	12	420
	16.00～22.00	6	5	16	480
	22.00～23.00	1	5	12	60
周六到周日	7.00～9.00	2	2	120	48
	9.00～20.00	11	2	13	286
	20.00～23.00	3	2	12	72
合计					1 466
5%赛季票优惠					73
每周盈利					1 393
每小时平均价格					12.44
夏季赛季					
星期	时间段	小时/日	天数	欧元/小时	欧元/周
周一到周五	7.00～16.00	9	5	8.00	360
	16.00～22.00	6	5	14.00	420
	22.00～23.00	1	5	10.00	50
周六到周日	7.00～22.00	15	2	14.00	420
	22.00～23.00	1	2	10.00	20
合计					1 270
10%赛季票优惠					127
每周盈利					1 143
每小时平均价格					10.21

资料来源：Kleiber，Simon & Weyers，Verkehrswertermittlung von Grundstücken，p.1448。

下一步是估算网球馆场地的全年盈利。全年盈利也同样需要根据赛季分别估算，因为场地使用率因赛季的不同而不同（见表14—4）。

表 14—4　　网球馆每块场地年盈利估算

赛季	100%使用率时每周收入（欧元）	普遍性的使用率	周数/年	盈利（欧元）
冬季	1 393	80%	32	35 661
夏季	1 143	50%	20	11 430
全年盈利				47 091

资料来源：Kleiber，Simon & Weyers，Verkehrswertermittlung von Grundstücken，p. 1449。

扣除约为年盈利 45%的经营成本之后剩余的就是年净冷租金，即 25 900 欧元/场地。

应该将这个结果换算为每平方米使用面积租金，并与市场上的经验数据进行比较检核。每块场地的使用面积等于场地面积加上附属面积（更衣间、淋浴间等的面积）。若场地面积为 $615m^2$，附属面积一般为场地面积的 10%，则每平方米使用面积月租金为 25 900÷12÷(615×(1+10%))=3.19（欧元）。

14.5.2　露天网球场收益分析

露天网球场一般与网球馆共同出租给网球运动经营企业用于经营。露天网球场由粗砂（砖粉）、混凝土、沥青或者人造材料构成。露天网球场的建造成本（包含地表下、场地表面、球网支柱、球网、围栏和篱笆等附属设施）为每块场地 25 000～40 000 欧元（德国 1989 年的成本关系），而我国开发建设一块网球场的成本为 25 万～30 万元。

如同网球馆场地一样，露天场地的盈利必须根据不同时段不同的场地租金进行估算。露天场地的租金一般为 5～8 欧元/小时，这与北京商业性的网球场的租金相当。如果网球协会租赁露天场地，则每周每块场地租金为 250～500 欧元，这相当于普通个人使用场地费用（100%场地使用率）的 40%～70%。露天场地的使用率（每年 25 周）一般为 30%～50%。露天场地的年净冷租金一般占盈利的 60%。

14.6　网球场馆评估案例

14.6.1　网球场馆评估

1. 网球场馆描述

待评估的网球运动场馆由一个附带有更衣室、淋浴间的网球馆（4 块室内场地）和 4 块露天场地组成。该项目占地 9 000m²，根据建筑规划，该土地可以全部进行建设。土地基准地价为 400 元/m²。网球馆的使用面积为 2 700m²，建筑容积为 18 800m²。有关经营的经验数据参见表 14—2 至表 14—6。该网球场馆已经使用了 5 年，剩余使用年限为 55 年。此类房地产一般性的资本化率为 6.5%。

表 14—5　　露天网球场每块场地在 100%使用率情况下盈利计算

室外运动季节					
星期	时间段	小时/日	天数	欧元/小时	欧元/周
周一至周五	7.00～13.00	6	5	6.00	180
	13.00～21.00	8	5	8.00	320
周六至周日	7.00～21.00	14	2	8.00	224
总计					724
长期票 10%优惠					72
每周收入					652
每小时平均价格					6.65

资料来源：Kleiber，Simon & Weyers，Verkehrswertermittlung von Grundstücken，p. 1449。

表 14—6　　露天网球场每块场地年盈利估算

赛季	100%使用率时每周收入（欧元）	普遍性的使用率	周数/年	盈利（欧元）
室外运动赛季	652	45%	25	7 335
全年盈利				7 335
扣除占年盈利 40%经营成本之后的年净冷租金＝7 335×60%＝（4 401 欧元/场地）				

资料来源：Kleiber，Simon & Weyers，Verkehrswertermittlung von Grundstücken，p. 1449。

2. 估价过程①

（1）成本价值评估。

土地价值　　9 000×400　　3 600 000 元

网球馆建筑设施价值（包括附属面积）

18 800×590　　11 092 000 元

① 估价过程中将表 14—5 和表 14—6 中涉及的数据换算为人民币计价，采用的兑换比例为：1 欧元＝10 元人民币。

已经使用5年、剩余使用年限为55年的价值折旧8.3%（线性折旧）

折旧		−920 640元
建筑设施价值		10 171 360元
露天网球场建筑价值（考虑到价值折旧）		
每个露天网球场的建筑价值		
露天网球场的价值	4×250 000	1 000 000元
其他建筑设施价值（考虑到价值折旧）		
停车场、道路和广场加固、篱笆		
	5%×10 171 360	508 570元
建筑物价值		11 679 930元
成本价值	3 600 000+11 679 930	15 279 930元
		约15 000 000元

（2）收益价值评估。

网球馆场地年盈利	470 910×4	1 883 640元
露天场地年盈利	73 350×4	293 400元
总盈利		2 177 040元

经营成本和经营者盈利约占45%，则：

年净冷租金	217 704×(1−45%)	1 197 370元
经营成本（占净冷租金的20%）		−239 470元
年净收益		957 900元
土地利息	360 000×6.5%	−234 000元
建筑物净收益		723 900元

剩余使用年限为55年、房地产利率为6.5%时的乘系数为14.90。

建筑物收益价值	723 900×14.90	10 786 110元
地价		3 600 000元
收益价值		14 386 110元
		约14 000 000元

（3）市场价值。

由于网球场馆属于收益性房地产，所以市场价值将以可持续实现的房地产收益为指导。根据在评估基准日的市场价值关系最终确定房地产的市场价值为14 000 000元，相当于年净冷租金的11.7倍。

14.6.2 中国人民大学卡帝乐露天网球场评估①

中国人民大学卡帝乐网球场由 3 块露天场地组成。该项目占地 1 800m²，根据建筑规划，该土地可以全部进行开发建设。有关经营数据如表 14—7 至表 14—9 所示。该网球场于 1995 年 4 月建成，已经使用了 8 年，剩余使用年限为

表 14—7　　网球馆场地租金基本状况（一块场地）

季节	营业时间（小时/日）	场地使用率（%）（未扣除教学时间）	校内师生（元/小时）	校外人员（元/小时）
夏季（21 周）	16	50	10～40	20～40
冬季（21 周）	16	30	10～25	15～25
暑假（8 周）	16	50	20～40	
寒假（4 周）	16	30	15～30	

表 14—8　　网球馆场地出租时段及优惠（一块场地）

	时间段	校内师生（元/小时）	校外人员（元/小时）
夏季（21 周）			
周一至周五	6:00～8:00	10	20
	8:00～19:00	20	30
	19:00～22:00	30（含灯光费）	40（含灯光费）
周六至周日	6:00～19:00	30	
	19:00～22:00	40（含灯光费）	
冬季(21 周)			
周一至周五	6:00～8:00	10	15
	8:00～19:00	15	20
	19:00～22:00	15（含灯光费）	25（含灯光费）
周六至周日	6:00～19:00	20	
	19:00～22:00	25（含灯光费）	
优惠		九折，180 元/10 小时	九折，270 元/10 小时
培训班	初级班：350 元/人（6～8 人班，16 小时）		
	中级班：450 元/人（6～8 人班，16 小时）		
陪练，教练	100 元/小时		

① 本评估案例是笔者在教学过程中让学生们自己去调查和练习的一个案例，本案例分析只具有教学意义，其评估结果不具有参考意义。

表 14—9　　　网球馆场地在 100%使用率条件下的租金收入（一块场地）

夏季					
星期	时间段	小时/日	天数	元/小时	元/周
周一到周五	6:00～8:00	2	5	10	100
	8:00～19:00	11	5	20	1 100
	19:00～22:00	3	5	30	450
周六到周日	6:00～19:00	13	2	30	780
	19:00～22:00	3	2	40	240
合计					2 670
5%赛季票优惠					133.5
每周盈利					2 536.5
每小时平均价格					22.65
冬季					
周一到周五	6:00～8:00	2	5	10	100
	8:00～19:00	11	5	15	825
	19:00～22:00	3	5	15	225
周六到周日	6:00～19:00	13	2	20	520
	19:00～22:00	3	2	25	150
合计					1 820
10%赛季票优惠					182
每周盈利					1 638
每小时平均价格					14.63
暑假					
周一到周五	6:00～8:00	2	5	20	200
	8:00～19:00	11	5	30	1 650
	19:00～22:00	3	5	40	600
周六到周日	6:00～19:00	13	2	30	780
	19:00～22:00	3	2	40	240
合计					3 470
5%赛季票优惠					173.5
每周盈利					3 296.5
每小时平均价格					29.43

寒假					
星期	时点	小时/每日	天数	元/每小时	元/每周
周一到周五	6:00～8:00	2	5	15	150
	8:00～19:00	11	5	20	1 100
	19:00～22:00	3	5	30	450
周六到周日	6:00～19:00	13	2	20	520
	19:00～22:00	3	2	25	150
合计					2 370
10%赛季票优惠					237
每周盈利					2 133.00
每小时平均价格					

42 年。此类房地产一般性的资本化率为 7.5%。学校的放假时间夏季为 56 天，冬季为 28 天。球场在工作日一般由校内师生租用，周末和假期主要由校外人员租用。中国人民大学附近综合用地的基准地价为 1 000 元/m^2。

该项目土地通过划拨方式取得，网球场建筑成本为 300 000 元，球场的其他经营收入大约占场地收入的 5%，正常经营成本及维护费用占总盈利的 40%。赛季各种优惠占 5%～10%。

评估基准日为 2003 年 4 月 1 日。

网球场年盈利估算如表 4—10 所示。

表 14—10　　　　网球馆场地费年盈利估算(一块场地)

赛季	100%使用率时每周收入(元)	普遍性的使用率	周数/年	盈利(元)
夏季	2 536.5	50%	21	26 633.25
冬季	1 638	30%	21	10 319.4
暑假	3 296.5	50%	8	13 186
寒假	2 133	30%	4	2 559.6
全年场地盈利				52 698.25
其他经营收入	52 698.25×5%			2 634.91
全年盈利				55 333.17
扣除占年盈利 40%经营成本之后的年净冷租金=58 998.08×60%=33 200 元/每块场地				

评估过程如下

（1）成本价值评估。

网球场建筑成本		300 000 元

已经使用 8 年、剩余使用年限为 42 年的价值折旧 16%（线性折旧）

折旧		−48 000 元
建筑物现值		252 000 元

（2）收益价值评估。

网球场地年毛收益	33 200×3	99 600 元
运营成本 20%		−19 920 元
净收益		79 680 元

剩余使用年限为 42 年、房地产利率为 7.5%时，乘系数为 12.69。

房地产收益价值	79 680×12.69	1 011 139 元
		约 1 000 000 元

（3）土地价值。

地价	1 000 000−252 000	748 000 元
平均地价	748 000÷1 800	415 元/$m^2$①

（4）市场价值。

该网球场不属于收益性房地产，因为土地是以划拨的形式取得的，但实际上已经很大程度上进行了市场化的运作，所以市场价值也要以可持续实现的房地产收益为指导。根据在评估基准日的市场价值关系，最终确定房地产的市场价值为 1 000 000 元。

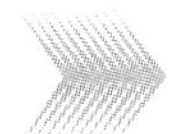

本章小结

本章介绍了网球运动的发展历史和网球场馆房地产的概念、特点和价格影响因素，并分析了网球场馆收益和费用构成，重点讲解了网球场馆收益的测算方法

① 相当于受到限制的划拨土地使用权价值。

和技巧。本章最后通过网球场馆的具体评估实例详细地分析了网球场馆的评估过程和技巧。

关键术语

网球场馆　　网球场馆租金　　场地使用率　　夏季赛季　　冬季赛季

复习思考题

1. 什么是网球场馆?
2. 网球场馆有哪些类型?
3. 网球场馆的建筑结构特点是什么?
4. 哪些因素对网球场馆的收益有影响?
5. 评估网球场馆的方法有哪些? 如何选择网球场馆房地产的评估方法?
6. 评估网球场馆的注意事项有哪些?
7. 如何测算网球场馆的租金、收益和运营费用?

第15章

加油站评估

学习指导

要求本章学习之后能够理解加油站房地产的概念、内涵和特点，掌握加油站房地产的评估方法和技巧，熟悉加油站房地产评估参数测算方法和思路。

15.1 我国汽车行业与加油站的发展状况

15.1.1 我国汽车行业的发展状况

过去的几年里，我国汽车工业一直保持高速增长。2003年，我国汽车工业延续了2002年的高增长态势，全年汽车产量达到444.4万辆，同比增长36.7%，其中轿车产量为202.0万辆，增长85.0%；汽车销量为439.08万辆，同比增长35.2%。

2003 年国内市场需求量达到 456.24 万辆，同比增长 35.1%，市场容量超过了同期的德国，我国成为世界上第三大汽车消费市场。

自 2001 年以来，我国国汽车工业总体上保持了良好的发展势头，2007 年销量水平比 2003 年翻了一番，中国汽车工业连续多年增幅保持两位数增长。

2007 年我国汽车产量为 888.25 万辆，比 2006 年净增 160.27 万辆，同比增长 22.02%。2007 年我国乘用车产量为 638.11 万辆，同比增长 21.94%；其中，基本型乘用车（轿车）产量为 479.77 万辆，同比增长 23.99%；多功能乘用车（MPV）产量为 22.47 万辆，同比增长 15.42%；两驱 SUV 产量为 17.49 万辆，同比增长 49.25%；四驱 SUV 产量为 18.51 万辆，同比增长 53.12%；交叉型乘用车产量为 99.86 万辆，同比增长 7.29%。2007 年我国商用车产量为 250.13 万辆，同比增长 22.21%，其中主要应该归功于重卡。2007 年重卡累计生产 48.99 万辆，同比增长 61.36%。

2007 年中国汽车销量为 879.15 万辆，比 2006 年增 157.6 万辆，同比增长 21.84%。2007 年我国汽车总销量约为 2003 年的一倍，短短的 4 年间翻了一番。2007 年乘用车销量达到 629.75 万辆，同比增长 21.68%，增幅较 2006 年有所减缓，但总体保持稳定增长的基本态势。截至 2007 年底，商用车销量达到 249.40 万辆，同比增长 22.25%，与 2006 年相比增幅提高 8.02 个百分点，且高于全行业增幅 0.41 个百分点。

“十一五”以来，随着“节能和新能源汽车”战略的明确提出，国家投入新能源汽车项目的预算为 11 亿元，结合地方政府和企业的投资，预计“十一五”期间国内在新能源汽车方面的投入将超 30 亿元。作为发展中国家，我国面临的挑战会比发达国家更加严重，我国政府高度关注新能源汽车的研发和产业化。在能源和环保的压力下，新能源汽车无疑将成为未来汽车的发展方向。①

2009 年 1 月 5 日，中国汽车工业协会公布的全国汽车商品进出口统计数据显示，2008 年前 11 个月，我国汽车累计出口 64.46 万辆，同比增长 20.31%，增幅较上年同期回落 51.62 个百分点；汽车出口金额为 89.65 亿美元，同比增长 41.52%，单车出口价格比 2007 年增加了 21.8%。

总结起来，中国汽车行业的发展状况如下：

（1）发展特点。在汽车产品构成上，轿车继续呈现“井喷”式增长，产销再创新高；客车中轻型客车保持较高增长，微型客车增幅明显下降；载货车行业产销增长整体呈下滑趋势，其中重型载货汽车增幅下降趋势最为明显。

---

① 参见《2008—2010 年中国汽车行业分析及投资咨询报告》，见中国投资咨询网。

（2）发展趋势。汽车产业发展的外部环境得到了进一步改善。随着居民收入水平的提高、汽车价格的下调、进口关税的下调和进口配额的增加，以及国家不断出台的促进汽车消费的政策，我国汽车市场达到了空前的规模。

（3）相关行业发展。受汽车市场规模以及行业高利润的吸引，各地纷纷争上汽车项目，形成了汽车行业投资热潮。不仅原有的汽车厂商通过追加投资扩大生产规模，而且其他行业如家电、房地产企也业纷纷涉足汽车行业。汽车业的暴利时代即将结束，汽车生产能力过剩和扩大出口将成为现实压力。

可以预见，未来我国汽车市场发展空间巨大。随着汽车价格、居民收入和消费结构、消费信贷、消费环境的改善，特别是新产品的推出，中国将成长为全球最大的汽车市场，汽车消费已成为拉动经济增长的主要力量。

汽车工业的高速发展，促进了国民经济的快速发展，也给其他行业的发展带来新的契机。其中对中国石油工业的发展来说既是一个机会也是一个挑战。中国的加油站行业伴随着汽车行业的发展不断壮大。

15.1.2 加油站及其发展趋势①

1. 加油站

国家标准《小型石油库及汽车加油站设计规范》(GB 50156-92) 对加油站的定义是：加油站是指主要为各类机动车的油箱加汽油、轻柴油的场所，亦可经营汽车洗车、加润滑油脂和零售小包装油品等服务。

加油站是与道路、交通、汽车直接相关的房地产，因此具有特别的投资意义。加油站在用途上属于交通房地产，是为了保证交通安全和支持道路交通服务的。加油站也是收益性房地产，因为它可以通过经营和销售汽油等物品获得经营利润。从收益角度看，加油站房地产与政治性框架条件息息相关，经济政策、交通政策、税收政策、环保政策等都会对加油站的建设和经营产生决定性影响。加油站会对道路交通和汽车驾驶行为产生持续性影响。

根据《小型石油库及汽车加油站设计规范》，可以将加油站等级根据油罐容量进行划分，如表 15—1 所示。

加油站销售的油都是成品油，即指由原油提炼加工制成的汽油、柴油、煤油、润滑油等供消费者使用的石油产品。中国目前的成品油零售市场基本由三大部分组成：一是中国石油、石化两大集团公司控制的销售系统；二是系统外的成

① 参见《2009—2012 年中国加油站行业投资分析及前景预测报告》，见中国投资咨询网。

品油销售企业；三是外资企业经营的加油站。

表 15—1　　加油站等级划分

级别	油罐容量（m^3）	
	总容量	单罐容量
一级	61～150	≤50
二级	16～60	≤20
三级	≤15	≤15

注：①本表油罐总量是指汽油储量。当兼营柴油时，汽油、柴油的储量，可按 1∶2 的比例折算。
②城市市区内不宜建设一级加油站，且宜采用直埋地下卧式油罐。

2. 加油站的发展趋势

近年来，随着中国国民经济的快速发展、交通基础设施的不断改善和机动车保有量的快速增加，加油站已成为民众生活中不可或缺的一部分。20 世纪 50 年代全国加油站总量只有 70 座左右；60 年代末不到 200 座左右；70 年代末发展到 600 座左右；1985 年全国加油站大约有 3 600 多座；1990 年底为 5 000 多座；1993 年猛增到 38 000 座左右；1996 年底达到 42 600 座。到 2000 年底，全国加油站总数达到 8 万多座。

2007 年，全国 93 879 座加油站中，中石油自营及特许加油站数量为 18 207 座（其中自营站 16 906 座，特许站 1 301 座），较 2005 年增加 43 座，占全国加油站总数的 19.4%；中石化自营及特许加油站数量为 28 801 座（其中自营站 28 001 座，特许站 800 座），较 2006 年减少 846 座，占全国加油站总数的 30.7%；其他国有、民营、外资加油站共计 46 871 座，占全国加油站总数的 49.9%。

在中国，加油站经历了一个由少到多、由分散经营到规模经营、由单一经济成分向多种经济成分、由经验型管理向专业化管理、由单品种经营向多种经营转化的发展过程。

目前中国的加油站已经形成多种所有制并存的格局。全部加油站中，国有加油站占 53.3%，其他所有制形式的加油站占 46.7%，非国有加油站中，外商投资企业占 2%。随着中国经济的快速发展和人民生活水平的不断提高，成品油的需求量迅速增长。中国成品油零售市场对外开放已近两年。审视国内成品油市场环境，一个微妙的变化日益清晰，即作为成品油销售最前端的加油站被推到了市场最前沿。作为石油工业链条中的重要一环，加油站行业同样维系着国民经济命脉。如何在市场日益开放的大环境下守住或争夺这块阵地，无疑是企业、社会与大众共同关注的话题。

随着全球经济一体化趋势的发展，中国石油、石化行业将直接面临国际市场竞争。由于全球性跨国公司的重组及全球战略的变化，以及这些公司在成品油分销业务上先进的管理方式和技术，加之国际油市的动荡不安，未来国内成品油市场的竞争将十分激烈，国内成品油销售行业将面临严峻的挑战。2006 年 12 月 11 日，中国已完全开放国内成品油批发市场，外资公司可在国内营建油库、码头和销售网络。但是，中国加油站市场未来仍将以中石化和中石油为主，其连锁经营与集中配送的发展尤其会得到政府的鼓励与支持；同时，它们亦会加快与跨国石油公司合资经营加油站的步伐。

不管未来的竞争如何，加油站的建设步伐只能加快，不能放缓，与加油站相联系的房地产的投资也会不断增加。因此，研究加油站房地产的市场表现和价值规律，对这个行业的发展至关重要。为此，必须研究清楚如何评估加油站房地产及其权益。

15.2　加油站评估方法

15.2.1　加油站的经营方式

目前，我国加油站的经营方式主要有以下几种：

(1) 纯粹国有，即中石化、中石油国家全资自有的加油站。

(2) 参股联营。中石化或中石油通过不同方式与加油站所有者参股联营，双方按股份分红并承担风险。经协商后，这类加油站一般由石油公司经营。

(3) 租赁经营。中石油、中石化付给加油站所有者固定的租金，通过租赁方式经营加油站。

(4) 特许加盟的加油站。一些个人的以及单位自建的加油站，加入中石油、中石化的经营网络，享受着两大公司的油品供应，这类加油站也称为社会加油站。

不管哪种经营方式，加油站的主要经营收入都源于油品销售和相关服务收费。加油站经营的好坏不仅取决于经营方式，更主要的是取决于汽车行业和道路交通的发展，并受到加油站选址等多种因素的影响。

15.2.2　加油站的评估方法

加油站不像其他商业性房地产那样沿街分布或成片聚集，其位置分布离散性较强，且目前市场交易案例还不多见。因此，加油站评估一般难以采用市场比较法。作为一种收益性房地产，采用收益法评估加油站房地产的价格较为合适。通常负责任的估价师还使用成本法作为收益法的检核方法。

1. 加油站的主要收益来源

根据加油站房地产的具体形式和区位可以将加油站划分为一般加油站、汽车旅馆（Motel）和高速公路服务区（见图15—1）。

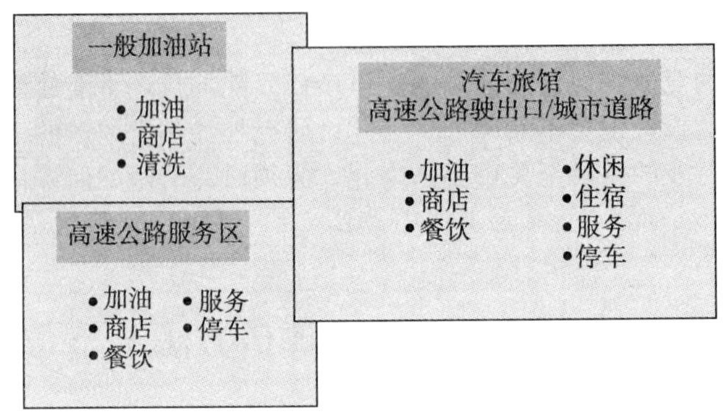

图15—1 加油站分类

一般加油站的主要收入来源于汽车加油、小商店和汽车清洗服务。位于高速公路服务区的加油站所能提供的服务要丰富一些，包括汽车加油、商店、餐饮、有限服务和停车等，因此，此类加油站的收入来源就相对丰富一些。

与上面两类加油站相比，汽车旅馆的收入能力最强。汽车旅馆除了提供一般加油服务之外，还提供商品销售、餐饮、休闲娱乐、住宿、有限服务和停车等服务。

加油站的主要收入还是汽车加油，即通过成品油销售的价差获取收益。在国外，加油站的小商店所能带来的收入额也不可小看。这些商店主要出售生活用品、饮料、香烟、杂志、旅游用品、汽车配件和点心等。其中，出售的饮料中一般不允许含有酒精，香烟和杂志是最主要的销售产品。有些位于特殊农产品生产区域的加油站的商店里还销售特殊的农产品或者当地旅游纪念品等特殊商品。

加油站所提供的汽车服务仅仅包括一般性的简单服务，例如汽车清洗和加机油、润滑油等服务，不包括汽车修理等服务内容。

加油站通过销售油品获取的收入称为油品收入，其他的收入称为非油品收入。据统计，这些非油品业务的利润，在美国等国家占到加油站利润总额的90%以上，普通的加油业务仅占不到10%。而我国的加油站正好相反，加油业务贡献的利润至少要占利润总额的90%。业内人士分析认为，在美国等国家私家车数量庞大，而且居民区与商业区有一定的距离，驾车人在加油站洗车、修车很普遍，加油站提供的商业设施就凸显出其便利性。我国的情况和美国不同，因为进加油站小商店购物的私家车车主不多，大多数驾车人购物较少，多在加油站“速战速决”地加油。因此，中国加油站里的小商店营业额一般很少，多处于微利或亏损状态，很多加油站被迫放弃原本建设得不错的商店房地产设施。不过，汽车正以越来越快的速度进入家庭，加油站小商店红火的势头也许很快会出现。上海加油（气）站顾客满意度测评报告中同样也显现了这一需求。报告中提到，顾客对加油站附属设施（如厕所、洗车、小商店、汽车用品等）的评价最低，被访者更是提出需要加油站增加8项便民特色服务。这无疑都显示出，加油站向汽车服务区转变是市场的客观要求。

2. 加油站评估注意事项

评估加油站需要特别注意三个因素：区位因素、建筑权利以及投资成本和建筑成本。

（1）区位因素。

对加油站的收益及加油站房地产价值起着重要影响作用的是加油站所在区位的交通流量。评估师需要特别关注的就是加油站的区位。一般来说，加油站选址建设的区位主要有如下几个：

1）高速公路、交通流量大的高速公路、高速路出入口附近，这个区位有较大的汽车流量。

2）在具有大流量上下班行驶道路的回家方向的右侧，因为上班时时间紧迫，很少有人会停车加油。

3）工业地区的驶入和驶出地点（右侧）。

4）超市、购物中心附近，最佳位置为同一地块的汽车出口位置。

5）在快餐店、旅馆或类似房地产的同一地块上。

6）在每天拥有3万汽车流量的道路边。

没有足够交通流量的区域不适合建设加油站。因此，估价师在接受评估加油站的任务时，必须首先评价该加油站的区位。

除了地点因素外，还必须注意建设加油站房地产的土地的基本特点和情况。适合建设加油站的土地应该具备的基本条件如下：

1）尽可能是矩形，前面临街，长50～70米，深度至少40米。临街长度最为关键，是保证加油站开发建设和经营的基本条件。

2）土地面积最好为2 500～3 500m^2，以保证加油站的适度规模。

3）尽可能是未建设土地或地上没有建筑物。

4）地块与道路的高差应尽可能小，以方便汽车出入。

5）地块的开发程度至少为“五通一平”，以减少配套成本。

6）必须存在新完成的土地估价报告，以保证产权和土地负担情况清楚。

（2）建筑权利。

加油站不同于一般的住宅和商业类房地产，其在建筑选址和设计上都必须满足一定的法律、法规和规范要求。因此，评估加油站时必须检查待评估房地产是否具备建筑方面所要求的全部条件和文件，特别需要注意的是：

1）加油站不能位于饮水区域；

2）加油站应与学校、幼儿园、医院、社会性房地产保持一定距离；

3）加油站应与道路交叉口、驶入口、停车站、可能发生堵车等地点保持至少 100 米的距离；

4）在道路转角处选址必须予以论证说明，因为这并非是理想的建设加油站的区位；

5）需要注意和遵守的法律和部门规定。

如果不能满足上述建筑条件，待评估的加油站房地产就会存在较大的建筑或者经营风险，在评估时需要充分考虑这些风险对房地产价格的影响。

（3）投资成本和建筑成本。

加油站的投资成本由以下部分构成：

1）土地获得成本；

2）建筑成本，包括加油站建筑物和商店建筑物建筑成本，顶棚、加油设施以及地下油库的建筑成本；

3）洗车设备，不仅包括建筑物成本，还包括技术方面成本；

4）外部设施，例如地面加固和防渗透成本；

5）建筑附加成本。

3. 加油站评估的租金模型

如前文所述，加油站是典型的收益性物业，最适合的评估方法是收益法。收益法运用的前提条件是准确测算加油站房地产的收益或者租金。因此，此处的租金模型实质上就是收益法。

加油站收益需要通过测算长期稳定的租金才可能获得，即需要推导可持续实现的租金。加油站租金受到土地使用形式、租约形式、投资形式、经营形式、合同种类和数量的影响，不同规模的加油站能支付的租金数量也不一样。根据加油量的高低可以划分加油站的规模大小，小加油站年加油量低于 300 万升，只有超

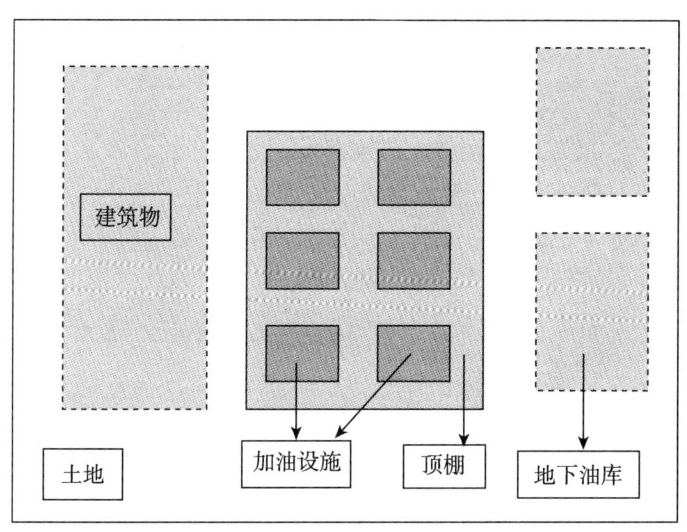

图 15—2　加油站的平面布置图

过 600 万升的加油站才能称为大加油站。如前文所述，加油站租金的主要来源有汽油和其他油的销售收入（固定和可变价格）、商店营业额（与地点相关）、汽车清洗服务收入（平均加油 1 000 升会清洗 2～3 次）、汽车服务以及其他服务收入。这些经营收益必须扣除可靠的运营成本，才能得到可持续性的租金。加油站的主要成本构成包括人员成本，保险费用，设备租金，修理费用，水和管道系统、排水或者排污、电、暖气、辅助和消费资料、管理、广告、法律和咨询等费用，利息和营业税。从总收益中扣除这些成本之后就可得到必要租金。租金收益率一般为营业额的 6%～8%，个别收益高的加油站可以达到 11%。

如前文所述，加油站收益与加油站区位直接相关。加油站的临路状况可分为临主干道、临次干道、一面临路或两面临路，根据临路状况不同需要对加油站的收益进行必要的修正。此外，加油站密度——按每平方公里加油站的个数计算或按相邻两加油站间的距离计算，对加油站的收益也有不可忽视的影响。这些因素必须在推导租金时予以考虑。

（1）加油站年净收入测算。

我国加油站的主要收入来源是出售成品油，即通过加油获取收益。因此，计算收益的公式如下：

年净收益＝销售收入－销售成本－运营费用－设备折旧
－经营利润－应交税费　　　　（15—1）

或　　　年销售毛收入＝年销售收入－年销售成本

$$=\text{年售油量}\times(\text{销售价}-\text{进货价})$$

加油站的运营成本很大，其更新成本更加显著。通常一个加油站 10 年就需要更新 30％～50％的成本，在整个使用期内，加油站的成本基本上要更新一次。但是在测算净收益时，需要分清运营成本由谁来负担。

年运营费用通常包括职工费用、水电费、修理费以及办公和管理费。

年设备折旧包括油泵折旧和储油罐折旧，通常采取线性折旧。

$$\text{年经营利润}=(\text{流动资金}+\text{运营费用})\times\text{利润率}$$

$$\text{流动资金}=\frac{\text{进货成本}}{\text{进货次数}}$$

$$\text{进货成本}=\text{年售油量}\times\text{进货价}$$

$$\text{进货次数}=\frac{\text{年售油量}}{\text{储油能力}}$$

应交税费按照当地税额征收规定核算。

将上面各个公式计算求得的结果代入公式 15—1 就可以计算出加油站的年净收益额。当然，估价师应该检核这个数据的可靠性和可持续性。由于加油站的收益受到很多因素的影响，在推求收益时，必须要逐项检核。根据经验，租金一般为土地投入方投入成本的 15％，市场上这个租金参数一般介于 7％～8％。租金价值相当于 12.5～14 倍的年毛收益。加油站的整体寿命一般为 25 年。

（2）确定资本化率。

可以采用本书第 4 章讲述的方法测算加油站的资本化率，考虑到商业性房地产房屋资本化率介于 8％和 10％之间，土地资本化率介于 6％和 8％之间，在我国加油站行业基准收益率为 11％，故根据估价师经验，取 10％为加油站土地和建筑物、构筑物的综合资本化率比较合适。

（3）选用合适的收益法公式，经过适当修正求得加油站最终评估值。

（4）评估加油站所必需的数据。

综上所述，评估加油站时必须要收集和调查如下数据：

1）地点因素：道路车流量、尽可能矩形地块、土地面积、临街宽度、环境要求；

2）设计：加油量适当、商店大小、汽车清洗、加油技术先进程度、污染保护；

3）营业数据：加油数量、商店营业额、服务范围；

4）成本：商店建筑物、加油技术设施、顶棚、防渗透道路、土地；

5）收益：商店租金、服务租金、土地租金；

6）利率：风险大小、使用年限；

7）附加资料。

15.3 评估案例分析

15.3.1 上海市某加油站评估案例①

根据调查，在估价时点加油站汽油进价为 2 700 元/吨，销价为 3 120 元/吨；柴油进价为 2 450 元/吨，销价为 2 715 元/吨。销量中汽油占 85%、柴油占 15%，采用加权平均计算进销差价，在估价时点前 8 个月加油站售油量为 3 318 485 升。汽油、柴油升与公斤的换算系数分别为 0.738 和 0.846。

评估过程如下：

（1）加油站年销售毛收入测算。

年销售毛收入＝年售油量×（平均销售价－平均进货价）
＝3 318 485÷8×12×[（3 120－2 700）×0.738×85%
＋（2 715－2 450）×0.846×15%]÷1 000
＝1 442 947（元）

（2）确定年运营费用。

1）年职工费用：根据加油站各年职工的工资、奖金、福利费等费用情况，近三年的平均值，得到职工费用为 514 385 元。

2）年水电费：指维持加油设备及职工工作用水和用电的费用，采用与上述相同的方法计算得到水电费为 29 578 元。

3）年修理费：指维持加油站设备正常运转和相关设施修理的费用，采用与上述相同的方法计算得到年修理费为 62 314 元。

4）年办公及管理费：指加油站正常运作所需的办公用品、管理人员的业务管理费等费用，采用与上述相同的方法计算得到年办公及管理费为 2 067

① 参见杨国诚、贾明宝：《浅谈收益法评估加油站价格》，载《2003 中国房地产估价学术研讨会论文集》，2003。

元。则：

年运营费用=514 385+29 578+62 314+2 067=608 344（元）

（3）确定年折旧费。

年折旧费指加油设备正常运转期间每年的价值折旧，包括油泵和储油罐折旧。该加油站的油泵数为 4 台。

1）油泵年折旧。

年折旧=油泵数×年每台折旧额

按每台油泵平均价格为 3 万元、使用年限为 15 年，以直线折旧计。则：

$$年每台油泵折旧额=\frac{30\ 000}{15}=2\ 000（元）$$

年折旧额=4×2 000=8 000（元）

2）储油罐年折旧。

按每台储油罐价格为 4 万元、使用年限为 20 年，以直线折旧计。则：

$$年每台储油罐折旧额=\frac{40\ 000}{20}=2\ 000（元）$$

年储油罐折旧额=4×2 000=8 000（元）

年折旧费=8 000+8 000=16 000（元）

（4）计算年经营利润。

经营利润指加油站正常经营状况下其经营资金应有的利润，可以年运营费用之和为基数计算经营利润。

流动资金指保持继续加油业务需投入的周转资金额，主要为每次进货所需资金。

$$年平均流动资金=\frac{年平均进货成本}{年平均需进货次数}$$

年平均进货成本=年平均销售油量×平均进货价

$$年平均需进货次数=\frac{年销售油量}{储油能力}$$

年平均需进货次数为 38 次，即年流动资金周转次数为 38 次，年售油量同前文所述，可计算得到年平均流动资金为 244 334 元。

有关调查数据显示，目前上海市普通商业行业利润为 8%～10%，加油站行业投资年基准收益率为 11%，则：

年平均经营利润＝(平均流动资金＋运营费用)×利润率

＝(244 334＋608 344)×11％＝93 794(元)

(5) 计算年应交税额。

根据上海市加油站营业应交税额征收规定，按照增值税征收标准，取销售收入的17％作为应交税额，则：

年应交税额＝1 442 947×17％＝245 301（元）

(6) 计算年净收益。

年净收益＝年毛销售收入－年运营费用－年折旧费

－年经营利润－年应交税费

＝1 442 947－608 344－16 000－93 794－245 301

＝479 508（元）

(7) 确定资本化率。

商业性房地产房屋资本化率为8％～10％，土地资本化率为6％～8％，加油站行业基准收益率为11％。当前加油站收益较高，来自土地收益较多，根据估价师的经验，考虑土地资本化率和房屋资本化率，取10％为加油站土地和建筑物、构筑物的综合资本化率。

(8) 计算加油站包括建筑物及构筑物的还原总价。

假定加油站包括建筑物及构筑物的可经营年限为40年，则：

评估加油站总价＝479 508÷10％×$[1-1/(1+10\%)^{40}]$

＝4 689 152（元）

综合加油站的市场特点，该加油站最终评估结果为470万元。

15.3.2 德国某加油站评估案例

位于德国的某加油站，根据经营合同，将投资成本的10％作为成本租金，其投资构成如下：

土地	3 000m^2×125元/m^2	375 000元
建筑物		250 000元
加油设备		70 000元
加油技术		250 000元

洗车	70 000 元
顶棚	75 000 元
外部设施	150 000 元
总投资	870 000 元
10%成本租金	87 000 元

经过测算的收益数据如下：

收益数据	
5 000 000 升×2 欧分/升·年	100 000 欧元①
商店 7 000 欧元/m^2·年或 5 000 000 升×14 欧分/升·年	700 000 欧元
洗车	85 000 欧元
总营业额	885 000 欧元

如果据此测算租金，可以得到根据加油量计算的租金水平：

租金价值	
5 000 000 升×1 欧分/升	50 000 欧元
商店×4%	28 000 欧元
洗车 85 000×15%	12 750 欧元
可能的租金	90 750 欧元/年
相当于	7 652 欧元/月

如此测算的收益或租金与合同约定的基本一致，即租金相当于总投资成本的10%。这样的测算得到的收益数据可以作为收益法评估的出发点和初始数据。具体评估过程采用前文介绍的 Excel 计算表计算，结果如表 15—2 所示。

通过对比分析上述国内外两个加油站评估实例可以发现，国内外在评估加油站时都从测算加油站租金和收益出发，所不同的是：

(1) 国内加油站收益目前还主要是油品的销售，而国外加油站收益的来源较多样化。

(2) 国外加油站的全部收益都测算到油品的数量上，以油品为单位测算经验参数，有利于积累评估加油站的收益。而国内侧重于收益的精确计算，但不注重

① 1 欧元=100 欧分。

表 15—2 **加油站收益法评估表**

收益价值计算（市场价值评估）

评估房地产地址	加油站					
剩余使用年限	25	年				
不动产资本化率	7.00	%				
建筑成本约为	495 000	元	土地面积（平米）	元/m²		
地价约等于	375 000	元	3 000	125		
毛收益（年净冷租金）						
	1	m² ×	7 562.00	元	× 12 =	90 744元
	150	m² ×		元	× 12 =	0元
		m² ×		元	× 12 =	0元
		m² ×		元	× 12 =	0元
		St ×		元	× 12 =	0元
	151					
年毛收益						90 744元
运营成本	7.66%	46.06	元/m²		减	6 955元
	维护成本		10.00	元/m² 建筑/使用/居住面积		
	管理成本		2.00%	占毛收益比例		
	租金损失风险		4.00%	占毛收益比例		
	现代化风险		0.00%	占建筑成本比例		
房地产纯收益						83 789元
土地利息	7.00	%	375 000	元	减	26 250元
建筑物纯收益						57 539元
乘系数	25	年	7.00%	×	11.65	
建筑物收益价值					=	670 540元
土地价值					+	375 000元
房地产收益价值						1 045 540元
减价修正，因为					–	0元
加价修正，因为					+	0元
收益价值						1 045 540元
市场价值约为						1 046 000元
					相当于几倍租金	11.53
					元/m² 建筑/使用/居住面积	6 927.15

对评估参数的标准化和积累。这一点需要我们在日后的评估实践中予以改正。

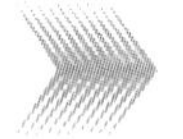

本章小结

本章介绍了加油站房地产的概念和市场发展特点，并分析了此类房地产收益来源和经营风险所在。本章重点讲解了加油站房地产的评估方法，从收益、租金测算，到经验型参数的推导，最后通过国内外评估实例分析和说明了加油站房地产的评估过程和技巧。

关键术语

加油站　　加油站类型　　成品油　　加油站收益测算

复习思考题

1. 什么是加油站？加油站有哪些类型？
2. 加油站的收益来源有哪些？
3. 加油站的主要建筑结构特点是什么？
4. 加油站的建筑成本构成如何？
5. 影响加油站收益的主要因素有哪些？
6. 加油站选址的注意事项是什么？
7. 加油站的评估方法有哪些？如何选择？
8. 收益法评估加油站的思路是什么？
9. 如何测算加油站的租金、收益和运营费用？

第 16 章

骑马场评估

学习指导

掌握骑马场类房地产市场的特点，掌握此类房地产的评估方法和技术，并理解评估参数的测算和推导。

16.1 概 述

随着我国经济的发展和人们业余休闲需求的增长，休闲类的房地产开发逐渐成为热点。其中在大城市的郊区、成片度假区域、疗养地、海滨或者旅游地出现了越来越多的与骑马运动相关的房地产，如骑马场、赛马场等。2008 年北京奥运会的赛马比赛也第一次出现了中国内地选手①，这必将引起青少年对此项运动的兴趣，骑马运动在中国有着美好的发展前景。因此，一方面，对于银行等金融

① 北京奥运会骑马比赛在中国香港举行。

机构而言，参与此类房地产开发的融资活动势必成为一种必然要求；另一方面，此类房地产的开发者或所有者同样需要了解此类房地产的经营特点，熟悉此类房地产的市场化运作方式。这在客观上要求对骑马场类房地产进行研究，探讨此类房地产评估的方法和特点。而关于此类房地产我国既缺乏经验，又缺乏经验性的参数。这里将介绍德国在此类房地产经营和评估方面的相关内容，为国内相关评估实践提供参考。

在德国，根据经营方式和目的的不同可以将骑马场划分为如下主要的类型：

(1) 商业性或者私人（或骑马协会）经营的主要用于饲养马匹的私人马场；

(2) 为如下目的通过商业性或者私人（或骑马协会）经营的骑马场等设施：

- 赛马养护
- 出租赛马
- 骑马学校
- 出租马厩

(3) 赛马场，主要用来赌博或者猜马。

16.2 评估方法

16.2.1 收益法

通常骑马场房地产是以营利为目的的收益性房地产，因此评估的基本出发点是来自此类房地产的经营收入。收益法是评估此类房地产的主要方法。而计算骑马场等房地产收益的基础是该企业过去 6 年的经营状况，主要计算方法是通过收入和支出计算推导出相应的评估所需参数。在这个计算过程中，不正常的市场因素或者影响因素必须被排除，不能在计算中予以考虑。因此，在盈利和损失计算过程中必须检查所采用的资料的可靠性，检核这些资料、信息和数据受到其他因素影响的可能性及影响大小，如投资偏好或者经营不规范的影响必须排除。

(1) 对于评估骑马场房地产而言存在如下与收益相关的核心参数：

- 平均使用率（出租率）：为 50%～80%
- 平均马匹使用时间：每周六天，每天 4 个骑行小时
- 平均每个骑行小时费用：10～15 欧元/小时，对于特殊性服务存在一定的加价调整（跳障碍、骑马出行等）；
- 饲养费用：300～500 欧元/马厩位置（不包含附加费）

● 饲料费用：80～125 欧元/匹·月

● 其他支出：马匹护理、能源、人员和经营成本

● 全部经营成本：约占毛收益的 60％～70％

● 运营费用：约占毛收益的 20％

● 其他收入：购买和出售马具、协会会费、住宿费用、马匹养护收入、广告收入等

● 年租赁价格：1.5～3.0 欧元/m^2，骑马馆室内使用面积
2.5～4 欧元/m^2，马厩使用面积
3～6 欧元/m^2，附属面积、客房面积

（2）评估骑马场房地产的收益价值应该从如下来自骑马或者马匹养护的收入出发：

● 来自马匹养护和训练、马厩和马具出租以及举办骑马活动的附属收入

● 协会会费

● 来自其他服务（食宿、经营住房等）的附加收入

上面的收入必须扣除经营成本。

（3）对于赛马场而言，下列与收益相关的核心参数必须在评估时予以考虑：

● 总收益

● 广告收入

● 主办者收入

● 会员费

● 下注金和违约金

● 租金、租赁金和场位费

● 门票

● 举办其他活动收入

● 跑道

● 经营成本，例如跑道价格、饲养者佣金、赌场费、举办费、人员费用和维护成本

● 猜马盈利（限于猜马活动合法化的国家和地区）

赛马场的经营与时间和季节有关，并受到季节的限制。此外，赛马场的经营还与猜马相关。如果猜马的准确率很高，对赛马场盈利的不利影响就很大，有时甚至会使赛马场的盈利为零甚至没有盈利。赛马同样也与天气有关，如果某一年的降雨量很大，对赛马场收入也会产生不利的影响。在德国如果在不利气候的影

响下，赛马场年净收益如果达到 50 000 德国马克（约合 25 500 欧元）就是非常理想的经营结果。表 16—1 是德国 1994 年赛季的猜马盈利。

表 16—1　　德国 1994 年赛季赛马的猜马盈利

城市	赛马次数	年猜马盈利（百万欧元）	每次赛马盈利（欧元）
巴登—巴登	110	24.5	223 000
科隆	285	19.0	67 000
多特蒙德	245	11.3	—
杜塞尔多夫	194	9.9	51 000
米勒海姆	193	9.3	49 000
哈根	166	4.6	28 000

另外，对赛马场的主办者收入和广告等收入必须认真评估和检查，因为这些收入在很多情况下不能被看成是可持续实现的收益，因此不能在评估时予以考虑。

为了增加收益，现代化的赛马场还尝试其他的经营方式，例如举办露天音乐会、艺术展览和其他露天性的娱乐活动，但是这些与赛马无关的活动对赛马场本身会造成损伤。赛马场自身的特点决定赛马场在不同的比赛之间必须有足够长的间歇时间，以便赛道土地和其他设施能够得到休整，特别是草地赛场更需要时间进行养护。因此，依靠举办其他活动来增加赛马场收入是会受到很大限制的。所以，在评估赛马场时必须对来自其他活动的收益进行仔细检查，确定哪些属于可持续性收益，哪些不能作为可持续性收益，并在评估时予以考虑。

尽管骑马场房地产属于收益性房地产，但是其盈利空间与其他经营性房地产相比还很小。所以，有些人认为骑马场房地产不能算是收益性房地产或者不是典型的收益性房地产，不能以收益法的评估结果为主。

16.2.2　成本法

采用成本法评估骑马场房地产的市场价值与评估其他类型的房地产一样，应该分别评估建筑物的重置价值和土地价值。建筑物包括与赛马场或者骑马场相关的全部建筑设施，而其中重要的组成部分是跑马道。因此采用成本法评估骑马场应该注意对跑马道的评估，这对于成本评估方法而言并不困难。

对于骑马场的评估具有特殊意义的是土地价值，因为骑马场的占地面积非常大，一般骑马场的占地面积介于40公顷至60公顷之间。作为一种特殊的商业用地，此类土地的价值会高于一般的农业经济用地，根据经验，骑马场用地价值可能会比农业经济用地价值高3倍。作为参考的比较性土地价值可以采用公共绿地、城市近郊停车场土地、城市内部林地、体育用地和其他休闲设施用地的价值。

16.3 评估举例

有一个骑马场房地产，包含附带有马厩建筑的骑马大厅建筑（40个马厩位置，2个清洗位置、面积为9m²）、骑马场、50个停车位置和草场。土地面积为35 450m²，其中骑马场用地为20 248m²，草地面积为15 202m²。不存在骑马场类别土地的基准地价，可用于比较的运动类别土地基准地价为25马克/m²，农业经济用地（草场）基准地价约为9马克/m²。建筑设施的竣工年代分别为1990年和1991年，评估基准日为1994年5月24日。

评估的具体过程如下：

1. 土地评估

骑马场运动性质土地使用面积	20 248×25	506 200马克
草场（含马匹位置）	15 202×9	136 818马克
总地价		643 018马克
		约640 000马克

2. 成本法

成本法评估如下：

建筑部分	建筑年代	建筑面积（m²）	建筑容积（m³）	单位造价（马克/m²）	重置价值（马克）	折旧（%）	建筑物价值（马克）
骑马厅	1990年	2 209	15 184	85	1 290 640	5	1 226 108
经营范围和餐饮部分	1990年	340	1 190	280	333 200	5	316 540
40个马厩隔马位置*	1990年	915	3 431	160	548 960	5	521 512
小计		3 464	19 805	109.71	2 172 800	5	2 064 160

续前表

外部设施（含折旧）8%	165 133
建筑附加费 12%	247 699
建筑物价值	2 476 992
	约 2 480 000
土地价值	640 000
房地产成本价值	3 120 000

注：* 隔马位置由于建筑施工采用简易木结构，仅具有很少的建筑价值。因此予以忽略。

3. 收益法

（1）租赁金估算。

1）教学收入（13 匹马）。

日	时间段	内容	收入（100%使用率）		
			每匹马每日小时数	每小时每匹马费用（马克）	每天每匹马营业收入（马克）
星期一	—	休息日	—	—	—
星期二	9:30～11:00	有身体功能障碍者	1.5	20	30
	15:00～17:00	青年人	2	20	40
	19:00～21:00	成年人	2	25	50
星期三	1:00～17:00	青年人	2	20	40
	19:00～21:00	成年人	2	25	50
星期四	15:00～17:00	青年人	2	20	40
	19:00～21:00	成年人	2	25	50
星期五	16:00～18:00	女士	2	25	50
	19:00～21:30	成年人	2.5	28	70
星期六	11:00～13:00	跳障碍	2	28	56
	15:00～17:00	骑马出行	2	25	50
星期日	10:00～12:00	成年人	2	28	56
	14:00～16:00	骑马出行	2	25	50
6 天	1 周	26 小时	4.3	24.31	632
	52 周	1 匹马			32 864
1 年	52 周	13 匹马	（100%）		427 232
	减去 10%可能的教学时间				−42 723
最大化的教学收入					384 509
扣除 15%增值税					约 330 000

实际上骑马课程的使用率约为60%，因此来自骑马教学的年收入为330 000×60%=198 000（马克）。

2）马匹养护收入（私人马匹）。

现有马厩40个，其中39个是单个位置马厩，1个为双位置马厩。目前出租了35个位置，因此目前马厩使用率为87%。

1994年马厩价格为每匹马每个月650马克，价格中包含了马匹过夜、饲料、人厅使用、保险、单独训练等服务内容。因此，马匹养护收入估算如下：

年	马匹养护收入（马克）					
	马厩位置数	每月每个马厩租金	使用率100%时盈利	实际使用率	每个月总盈利	每年总盈利
1994	40	650*	26 000	85%	22 100	265 000
骑马场来自运动范围的总盈利=198 000+265 000=463 000（马克/年）。						
运动范围租金=463 000×35%=162 050（马克/年），约162 000马克/年，即13 500马克/月。						

注：* 价格基准为1994年。

3）餐饮租金估算。

根据经营者提供的资料，该骑马场餐饮收入1992年约为150 000马克，1993年为175 000马克（扣除15%增值税的净收入约为150 000马克）。因此，取餐饮年盈利为150 000马克。餐饮租金比例一般为盈利的10%。则餐饮范围租金=150 000×10%=15 000（马克/年），即1 250马克/月。

4）经营性支出估算。

支出种类	使用目的/经验数值	年支出额（马克）
人员工资	骑马教练	95 000
	助手、马匹看管者	45 000
饲料成本	48匹马×175马克/月×12——相当于每匹马每天5.71马克	100 000
养护成本	剪毛、马具匠、兽医包干——相当于每匹马每天1.31马克	23 000
经营成本	取暖、电、水、标识、保险、清洁费用——相当于每匹马每天1.43马克	25 000
其他成本	监控、广告、管理费用——相当于每匹马每天0.86马克	15 000
总支出		303 000

5）其他租金估算。

根据房地产所有者提供的资料，可以得到如下额外的营业收入：

私人马匹骑行教学	35 000 马克
马匹买卖	10 000 马克
广告收入	15 000 马克
租赁总价值	60 000 马克

该部分租金收入占总收入的比例为 50%，因此，其他租金＝60 000×50%＝30 000（马克/年），即 2 500 马克/月。

6）骑马场房地产总租金估算。

房地产部分	租金	
	马克/年	马克/月
运动部分（骑马厅）	162 000	13 500
餐饮	15 000	1 250
其他	30 000	2 500
总租金（年毛租金）	207 000	17 250

（2）收益价值评估。

年毛收益		207 000 马克
运营成本（年毛收益的 20%）		－41 400 马克
年净收益		165 600 马克
土地利息	640 000×6%	－38 400 马克
建筑物净收益		127 200 马克

剩余使用年限为 46 年、资本化率为 6%时，乘系数为 15.52。

建筑物收益价值	127 200×15.52	1 974 144 马克
地价		＋640 000 马克
房地产收益价值		2 614 144 马克
收益价值		约 2 600 000 马克

4. 市场价值

成本价值	3 120 000 马克
收益价值	2 600 000 马克
市场价值	2 600 000 马克

5. 比较数据

市场价值/年毛收益	12.56 倍
市场价值/年净收益	15.70 倍
收益价值/成本价值	83.3%

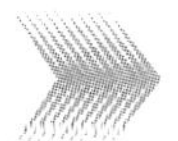

本章小结

本章介绍了骑马场及其相关房地产的概念、内涵和经营特点，并讲解了国外评估骑马场及相关房地产的方法、技术和参数测算，并通过评估案例具体讲解了骑马场房地产的评估过程和步骤。

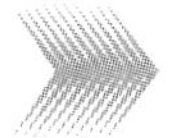

关键术语

骑马场　　赛马场

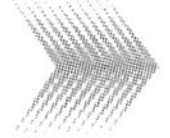

复习思考题

1. 骑马场的收益来源有哪些?
2. 骑马场房地产的主要特点是什么?
3. 影响骑马场房地产收益的主要因素有哪些?
4. 骑马场房地产的评估方法有哪些? 如何选择?
5. 收益法评估骑马场的思路是什么?
6. 如何测算骑马场的租金、收益和运营费用?

参考文献

[1] Allen, Associates Appraisal group, INC. Appraisal Report of an Office Building. Real Estate Valuation and Consulting, 2000

[2] Jack P. Friedman. Definition of the Capitalization Rate. The Appraisal Journal, 1981

[3] Joachim Suechting, Stephan Paul. Bankmanagement. Auflage, Schaeffer Poeschel Verlag, 1998

[4] Juergen Simon. WertR'91—Wertermittlungsrichtlinien. Auflage, Rehm-Verlaggruppe, 1997

[5] Juergen Simon, Wilfried Reinhold. Wertermittlung von Grundstuecken—Aufgaben und Loesungen zur Verkehrswertermittlung. Auflage, Luchterhand Verlag

[6] Kleiber, Simon, Weyers. Verkehrswertermittlung von Grundstuecken. Auflage, Bundesanzeiger Verlag, 2002

[7] Konrad Ruechardt. Der Beleihungswert. Schriftreihe des Verbandes deutscher Hypothekenbanken Band 13, Fritz Knapp Verlag, 2001

[8] The Appraisal of Real Estate. 11th ed. Appraisal Institute, 1999

[9] Verkehrswertermittlung von Grundstuecken in laendlichen Bereichen. Deutscher Verein fuer Vermessungswesen e. V.，Schriftreihe，1997

[10] Wertermittlung im Spannungsfeld der Sachverstaendigen und Nutzer. Deutscher Verein fuer Vermessungswesen e. V.，Schriftreihe，1998

[11] William L. Ventolo Jr.，Martha R. Williams. Fundamentals of Real Estate Appraisal. 7th ed. Real Estate Education Company，2000

[12] 柴强. 房地产估价. 北京：首都经济贸易大学出版社，2003

[13] 曹车建. 对房地产资本化理论的再认识. 中山大学学报，1996（6）

[14] 曹善琪主编. 民用建筑可行性研究与快速报价. 北京：中国建筑工业出版社，2001

[15] 陈海坤. 用收益法评估房地产如何确定资本化率. 房地产评估，2001

[16] 陈作昌，杨春. 关于房地产估价中资本化率计算方法的探讨. 重庆建筑大学学报，2002（3）

[17] [德] 胡·希尔德布兰特. 不动产评估实务. 北京：测绘出版社，1994

[18] 管高. 房地产收益率及有关房地产估价理论与方法的探讨. 中国资产评估，2003（6）

[19] 郭鸿懋等. 城市空间经济学. 北京：经济科学出版社，2002

[20] 建设部标准定额研究所编. 房地产开发项目经济评价案例. 北京：中国计划出版社，2002

[21] 金建清. 估价折旧与会计折旧的比较分析. 苏州城市建设环境保护学院学报，2001（7）

[22] 敬松，韩杰，黄倍蓉，陈怡. 房地产估价中使用收益法应注意的问题. 房地产评估，2003

[23] 孔豫栋. 房地产估价. 北京：高等教育出版社，2000

[24] 李铃. 中国地产价格与评估. 北京：中国人民大学出版社，1999

[25] 李典凯，金公，郭向东. 对房地产资本化率的认识. 建设与管理，2003（8）

[26] 刘木丹，蔚传忠. 还原利率 R 的实质及其确定方法. 重庆建筑大学学报，2002（2）

[27] 吕华主编. 房地产估价——理论与实务. 上海：同济大学出版社，1990

[28] 旅游涉外饭店星级的划分与评定（GB/T 14308—1997）

[29] 骆汉宾. 房地产开发项目评估用收益率指标比较分析. 武汉城市建设

学院学报，1998（3）

［30］美国估价师学会．不动产估价．11版．北京：地质出版社，2001

［31］美国估价师学会．房地产估价．12版．北京：中国建筑工业出版社，2005

［32］［美］杰弗里·费舍，罗伯特·马丁．收益性不动产评估技术．北京：经济科学出版社，2001

［33］［美］理查德·M·贝兹，赛拉斯·J·埃利．不动产评估基础．5版．北京：经济科学出版社，2002

［34］聂琦波主编．全国房地产估价师执业资格考试模拟题解．北京：中国建筑工业出版社，2004

［35］潘根宝，张文尧．怎样修建沙土地网球场．网球天地，1997（1）

［36］曲卫东主编．全国房地产估价师考试历年试题精析及模拟试卷．北京：中国电力出版社，2005

［37］曲卫东主编．2006全国房地产估价师考试历年试题精析及模拟试卷精选．北京：中国电力出版社，2006

［38］［美］沃尔特·马丁·霍萨克．土地开发计算．北京：中国电力出版社，2007

［39］［美］马克·瓦舒曼．住宅比较法估价．北京：中国人民大学出版社，2007

［40］［美］查理斯·B·阿克森．估价师工作手册．北京：中国人民大学出版社，2007

［41］中华人民共和国建设部．汽车加油加气站设计与施工规范，2002

［42］沈振闻主编．2002年房地产估价师考试指南．北京：中国物价出版社，2002

［43］沈振闻工作室编．2003年房地产估价师考试模拟试题解．北京：中国物价出版社，2003

［44］沈振闻工作室编．最新全国房地产估价师执业资格考试模拟试题解．北京：中国市场出版社，2004

［45］搜房研究院．中国房地产指数系统：理论与实践．北京：中国财政经济出版社，2001

［46］唐阿祥．房地产评估中的资本化率及其确定．当代建设者，1999（4）

［47］田景惠．对加油站非油品服务的思考．油品市场，2003（9）

［48］王燕军，黄强主编．全国房地产估价师执业资格考试应试题解．北京：人民交通出版社，2004

［49］王吓忠．房地产估价资本化率的国内外比较分析及启示．中国资产评估，2003（1）

［50］汪俊．网球场是如何建造的．网球天地，1999（6）

［51］吴守志．论资本化率与净收益的匹配问题．苏州城建环保学院学报，1999（1）

［52］小光．北京高校网球场信息．网球天地，2002（4）

［53］严星，林增杰主编．城市地产评估．北京：中国人民大学出版社，1993

［54］叶剑平编著．房地产估价．北京：中国人民大学出版社，2002

［55］叶剑平，曲卫东编著．不动产估价．北京：中国人民大学出版社，2006

［56］殷琳．房地产估价中的折旧问题．西北建筑工程学院学报，2001（6）

［57］俞明轩主编．房地产评估．北京：中国人民大学出版社，2004

［58］张洪主编．城市土地评价理论与方法．北京：经济管理出版社，2002

［59］张瑜主编．土地估价理论与实务——我国城市土地估价实践探讨．北京：企业管理出版社，1992

［60］张文学．用收益现值法确定加油站投资决策的相关参数．石油库与加油站，2003（10）

［61］赵财福，赵小红编著．房地产估价．上海：同济大学出版社，2004

［62］郑明安编著．不动产估价理论与方法．台湾：台湾五南图书出版公司，2000

［63］中华人民共和国建设部．房地产开发项目经济评价方法．北京：中国计划出版社，2002

［64］中国房地产估价师学会编．国家一级房地产价格评估机构房地产估价报告精选．北京：中国物价出版社，1999

［65］中国房地产估价师学会编．中国房地产估价师执业资格考试指定辅导教材．北京：中国物价出版社，2003

［66］中国房地产估价师学会编．中国房地产估价师执业资格考试指定辅导教材．北京：中国建筑工业出版社，2004

［67］中国土地估价师资格考试委员会编．土地估价师资格考试辅导教材．

北京：中国大地出版社，2002

[68] 中国房地产估价师与房地产经纪人学会编．2005国际房地产估价学术研讨会论文集．北京：中国建筑工业出版社，2006

[69] 周红莲等主编．2004年全国房地产估价师执业资格考试复习题解．北京：科学出版社，2004

[70] 周寅康．房地产估价——理论·方法·实务．南京：东南大学出版社，2001

图书在版编目（CIP）数据

房地产估价（第二版）/曲卫东，叶剑平编著.
北京：中国人民大学出版社，2009
（21 世纪房地产系列教材）
普通高等教育“十一五”国家级规划教材
ISBN 978-7-300-11036-3

Ⅰ. 房…
Ⅱ. ①曲…②叶…
Ⅲ. 房地产-价格-评估-高等学校-教材
Ⅳ. F293.35

中国版本图书馆 CIP 数据核字（2009）第 128633 号

普通高等教育“十一五”国家级规划教材
21 世纪房地产系列教材
房地产估价（第二版）
曲卫东　叶剑平　编著

出版发行	中国人民大学出版社		
社　　址	北京中关村大街 31 号	**邮政编码**	100080
电　　话	010－62511242（总编室）		010－62511398（质管部）
	010－82501766（邮购部）		010－62514148（门市部）
	010－62515195（发行公司）		010－62515275（盗版举报）
网　　址	http://www.crup.com.cn		
	http://www.ttrnet.com(人大教研网)		
经　　销	新华书店		
印　　刷	三河市汇鑫印务有限公司		
规　　格	170 mm×228 mm　16 开本	**版　　次**	2002 年 4 月第 1 版
			2009 年 9 月第 2 版
印　　张	25	**印　　次**	2014 年 6 月第 4 次印刷
字　　数	453 000	**定　　价**	35.00 元

版权所有　侵权必究　　印装差错　负责调换

教学支持说明

（教学课件）

中国人民大学出版社公共管理出版分社秉承“出教材学术精品，育人文社科英才”的出版宗旨，多年来，出版了大批高质量的公共管理、教育学、政治学、政治理论公共课教材和学术著作。

为服务一线老师的教学工作，我们为本教材制作了相应的PowerPoint教学课件，任何一位采用本书为授课教材的老师都可免费获得课件。为保证这些课件仅为授课教师获得，烦请您填写如下材料并邮寄或传真给我们，我们将在收到信件或传真后48小时内通过E-mail给您发送有关课件。关于人大出版社公共管理出版分社的其他图书信息，请登录http://www.crup.com.cn/gggl查询。

我们的联系方式：

地址：（100872）北京市中关村大街甲59号文化大厦1506室

中国人民大学出版社公共管理出版分社

电话：（010）82502724　62514775（传真）

E-mail：ggglcbfs@126.com

兹证明__________大学/学院__________院/系__________专业__________学年第_____学期开设的__________课程，采用中国人民大学出版社出版的__________（书名、作者）作为本课程教材。授课教师为__________，授课班级共______个、学生______人。授课教师需要与本书配套的教学课件。

联 系 人：____________________

通信地址：____________________

邮　　编：____________________

电　　话：____________________

E-mail：____________________

系/院主任：__________（签字）

（系/院办公室章）

______年_____月_____日